慧園里 6 號

文革血淚親歷記

方子奮・著

文革十年，浩劫無邊。作者歷經身心磨難，痛逢生離死別，
句句辛酸，字字血淚，令人讀後深深為之動容。

目 次

南京慧園里6號的母子冤魂

　　近年來全國一些著名的網站上爭論文革的文章不少，就對文革的態度而言，似乎可分為兩「派」。一派認為文革的發生有其歷史的必然性，有其合理的一面，有進步積極的作用，尤其是在對腐敗的遏制和發揚大民主方面，有著不可替代的功效，因此對文革不能籠統地全盤否定；另一派則認為，十年文革是中國近代史上的最大劫難，對中國的政治、文化、經濟造成了無可挽回的損失，如果不徹底清算文革這筆舊帳，中國將無法在新的發展道路上輕裝前進，「與時俱進」也將成為一句空話。

　　我在瀏覽了這些文革相關的網帖之後，發現發帖諸君（也包括為數眾多的跟帖網友）大都是中青年輩，文章內容多半是議論，雖不乏舉例，但大部分是引用一些他人的資料，直接描述自己在文革中親身經歷的文字則很少見到。由於缺少當事人的「現身說法」，缺少對當年實際發生的事件的真實記錄，故而文字大多顯得內容空泛、缺乏說服力，讓人讀後很難留下深刻的印象。特別是中青年朋友，由於沒親歷過文革，本來對文革的了解就比較模糊，現在又面臨兩種截然不同的「文革觀」，這就難免在眾多的議論面前莫衷一是，褒貶難定。看來看去，最後還是一頭霧水。

　　我作為一名文革親歷者、「一打三反」運動的直接受害人，在劫後餘生近四十年的今天，和其他千千萬萬當年的政治運動犧牲品一樣，均已步入垂暮之年。這些年來，那些政治運動給我們留下的終生身心損害，特別是精神摧殘帶來的後遺症，隨著年齡的老化日益顯現，心靈的痛感每時每刻都在折磨著我們越來越脆弱的神經。我們一直渴望能有一個合適的機會，讓心中的憤怒和哀傷得以宣洩，能把當

年自己和身邊不幸死去的親友們的悲慘遭遇公諸於世，讓後人記住在那暗無天日的歲月裏曾經發生過哪些駭人聽聞的罪惡，然而出於種種原因，大都默然飲恨，無處傾訴。作為那段黑暗歷史的直接見證者，我們理應是最有資格的發言人，但我們恰恰又是沒有話語權的社會底層族群，面對粉飾太平盛世的強勢喧囂，我們只能繼續蹐伏在被遺忘的角落，默默地舔著永遠無法癒合的傷口，空有滿腔怨憤，卻無可奈何。

感謝上蒼將網路技術賜給了人類，神奇而不可思議的網際網路，像一隻無形的大手撥開了我頭頂上鉛色的雲層，在暮年幾近絕望之際，我終於看到了一片藍天，終於等來了機會。

自2006年開始，在老友「資格龍」及另一小友敦促下，並經此老少二君的熱心指導，筆者躋身網路天地，成了一名花甲網民。從網上瀏覽得知以上所述的各種「文革觀」後，一時禁不住浮想連翩，百感交集。本以為在商品經濟的大潮中，那些塵封的、不堪回首的往事，早被燈紅酒綠、鶯歌燕舞所掩蓋，現實生活中精神的追求已被橫流的物慾所取代，想不到還有如此之多的「好事」諸君——尤其是從未身臨其境的中青年輩——居然對那段歷史饒有興趣、津津樂道，這就使得本人在略感意外之餘，忍不住產生一種強烈的衝動——一種要把四十年前那段親身經歷的歷史原原本本複述出來的衝動。

隨著年、月、日的消逝，我們也越來越老了，如果不抓住最後這個機會，仍舊一如既往地沉默，讓那些我們經歷的往事繼續在歷史的灰塵中越埋越深，最終隨風而逝，且不說是一種對歷史的不負責，最對不起的恐怕就是自己了。

正是出於這種考慮，我寫了本文。

我的敘述，以事實為依據，以真實性為鐵定準則。我唯一要做的，只是忠實地還原出那段血腥的歷史，這使得我只需用最樸素的文字將它們平鋪直敘出來即可，而毫無必要追求任何「文采」。從嚴格的文學意義上來說，本文既非小說，也不是所謂的「紀實文學」，它

不屬於任何類別的文學作品，僅僅是一篇浸透著血淚的歷史記錄。我相信讀過本文的人，都不會認為我這樣說是在故作矯飾。

正因如此，文中各主要當事人的姓名，一概不予隱飾，均以真名實姓出現。有一點需要特別強調的是：本文與其他回憶文章最大的不同處在於，文中所述內容及相關人事，在南京市公安局所存的檔案中均有據可查。

首先自報家門：方子奮，男，1941年出生，現年六十八歲，退休工程師，現居江蘇南京市鼓樓區。

文革期間，我是南京市重大「現行反革命集團」張稼山案的要犯，同時又與李立榮案、林舜英案和曹漢華案（曹案由江蘇無錫市公檢法軍管會審理）直接關連。上述四案的「首犯」張稼山、李立榮及其母林舜英、曹漢華等四人都是我的好友，在1970年「一打三反」運動中全部被處決，而我則被南京市公檢法軍管會以「瘋狂攻擊偉大領袖毛主席、瘋狂攻擊無產階級專政、瘋狂攻擊無產階級文化大革命、瘋狂攻擊社會主義制度」的罪名判處有期徒刑十年。1979～1980年經南京市中級人民法院複查後，確定本案及以上幾案全屬「冤假錯」案而予以徹底平反。本案平反判決的結論是：「經查，所謂現行反革命活動，並無事實，應予否定。所謂攻擊言論，主要是針對林彪四人幫的倒行逆施不滿，不能構成犯罪。因此，原以反革命罪論處，顯屬錯判。」

我的兩份判決書原件現仍存於南京市中級人民法院，判決號分別是「南京市公檢法軍事管制委員會（70）軍管刑字第87號」及「南京市中級人民法院79申（70）軍管刑字第87號」。

由於涉及好幾個「現反」大案，有關我的檔案材料，估計有一、兩百萬字之多，1979年複查時，辦案人員捧出好幾本厚厚的卷宗，疊起來竟有熱水瓶那麼高。其中除我和大量「同案犯」的材料外，還包括涉及其他「現反」集團成員的材料。別的不說，就憑如此

豐富的卷宗材料，即便是對我們案件一無所知的人，也足以看出我的
「案情」之複雜、「同案犯」之眾多、涉及面之廣泛。在這些紛繁的
人事中，每個「同案犯」就是一個「現行反革命」，在今天看來，無
疑就是一個飽蘸血淚的故事。如今要全部寫出這些故事，那將是一樁
不小的文字工程，對我這個年近古稀且健康欠佳的老者來說，艱難程
度很難想像。因此，我只能揀其中最突出、最典型、最具代表性，且
為我最了解的若干人事進行描述，餘者只能留待日後再說。

　　本文寫的是當年南京市一個「反革命世家」的遭遇。

　　下面即將敘述的「反革命世家」，是當年南京市公檢法軍管會
一再稱之為「南京三大反革命世家」中位居榜首的一個「反革命」家
庭。所謂的「世家」，按通俗的理解，常指世世代代具有某種固定傳
統、代代相傳、子繼父業、一脈相承的人家，過去人們普遍羨慕的
「革命世家」，無非指父母是「老革命」，子女是「新革命」；這裏
的「反革命世家」，同樣是指上代為「歷史反革命」，後人為「現行
反革命」。至於「革命」或「反革命」在人類歷史中究該如何定義、
怎樣評價，本文對此不予評述。

　　1966年前，在南京白下區慧園街中段的慧園里，有一棟陳舊的
兩層小樓房，幾十年來門牌一直是6號，裏面住著一戶李姓人家。原
戶主李劍文已於1950年逃往臺灣，其妻林舜英，在南京太平路（現太
平南路）一家小紙製品廠（文革期間名為「南京立新紙製品廠」）當
糊信封女工。長子李蔚榮，因「家庭成分」之故，無法在城內就業，
十八歲那年去了南京東流農場當農工。次子李立榮，在三山街劉長興
麵館緊鄰的一家早點店裏做大餅、炸油條。次女和幼女，一個在銼刀
廠當工人，一個正在讀中學。另外還有個大女兒，婚後隨夫在武漢教
書。一家人在林舜英的帶領下，相濡以沫度日，老老實實做人，日子
過得倒也平靜。

　　已去臺的李劍文，早年在第一次國共合作期間，曾就讀於蘇聯莫斯科東方大學，兩年學業期滿後，會同另外三個同窗好友一起回國。這四個青年留學生中，李劍文和另一同學出於親戚關係（按：李劍文是李宗仁先生的遠房堂兄弟）去了桂系部隊，其他二位同學則參加了共產黨。李劍文投靠李宗仁後，曾先後擔任安徽無為縣縣長、鳳陽縣縣長、蚌埠市長、皖南專署專員等職務。任職期間，為官清廉，政聲極好，目前尚存的縣誌上仍有李劍文主政時肅貪除惡、勤政恤民的記載。

　　由於有「同情共黨」的思想傾向，且利用職務幫過一些潛伏在國民黨內的共產黨朋友的忙，李劍文在抗日戰爭前國民黨的「清黨」運動中，曾被「中統」密捕關在合肥，並被列入處決名單。當時幸得朋友暗中幫忙，將此消息迅疾告知定居南京的林舜英，林得悉後立即去南京棉鞋營李宗仁公館面見李宗仁，懇請老上司搭救。李礙於同鄉之情面，又考慮到是宗族堂弟，遂派程思遠先生攜李宗仁手諭，星夜趕赴合肥，經過一番交涉，好不容易才把李劍文從獄中保釋了出來。

　　抗戰勝利後，李劍文一直在國民黨安徽省省政府中擔任參事之類的閒職。1949年春，國民黨軍隊全線落敗，在南京失守前夕，李劍文、林舜英夫婦攜子女五人及保姆，匆匆收拾細軟，舉家南逃。一家人歷經艱辛逃到廣西境內時，誰知揮師南下的共軍部隊已先於李家攻陷兩廣，斷了李家南逃的去路。眼看南逃無望，李劍文一家只得返程北上，決定先回南京再說。孰料禍不單行，快出廣西時，一家人不慎走散，由保姆背著的老七（男孩）被當地農民強行搶走，從此音訊杳無。一家人好不容易到杭州會合後，李劍文考慮回南京很可能會被查認出來，為了保命，獨自一人去了上海朋友處暫避，林舜英則帶四個兒女回到南京慧園里6號舊居。

　　1949～1950年，李劍文一直躲在上海朋友家裏，這段時間倒也安然無事。1950年全國「鎮反」運動開展的前夕，李劍文突然接到在

上海市軍管會工作的一位朋友透露的重大消息：十天之後將在全國範圍開展聲勢浩大的「鎮壓反革命份子」運動。

這位朋友過去長期潛伏在國民黨安徽省政府內，且已官居祕書長，與李劍文私交甚篤。那時李雖已明知他是中共特務，出於私交以及對國民黨大勢已去的無可奈何，也就睜眼閉眼認定這個朋友，並在暗中幫過不少忙。如今改朝換代後，這位朋友雖然在新政權的上海市軍管會裏身居要職，卻也能念及舊情，關鍵時刻把這個頭等絕密的消息捅給了李劍文，並囑其立即出境，越快越好，稍有遲疑，性命難保！

聞訊後的李劍文連夜趕到南京與妻兒匆匆作別，後在軍管會朋友的幫助下，設法經香港逃到臺灣，僥倖躲過一劫。當年怎麼也沒想到的是，這次南京一別，從此天各一方，成了與愛妻和次子的永訣！

三十九年後的1989年，兩岸關係有所鬆動，李劍文先生以九十高齡之軀重返大陸探親。在慧園里那幢老樓裏，我曾與老人幾度促膝長談，提及這段驚險往事時，李老先生為之唏噓不已。這是後話。

李劍文之髮妻林舜英，原籍廣西桂林，書香門第出身。女子師範學校畢業不久即與李劍文結為夫婦，婚後一直相夫教子，持家主內。其人秀外慧中、婉淑賢慧，李劍文得此賢內助，伉儷之情極深。

自與丈夫分別後，林舜英獨自承接了家庭重擔，平時勤儉持家，慘澹經營，僅靠為數不多的舊日積蓄維持全家生計，偶爾李劍文會通過港澳親朋轉匯一些錢款資助妻兒度日。

1957年春，中國的政治環境處於一個短暫的相對寬鬆時期（若干年後，我們才悟出這是一段暴風雨來到之前的短暫平靜）。林舜英在香港親戚、朋友們的再三邀約下，決定舉家到香港定居。經過多次申請，南京市公安局批准並頒發了林與四個子女的港澳通行證。當時全家已將一切料理停當，連車票都已買好，只待整裝出發，誰知就在出發的前一天，林舜英忽然猶豫起來，不知出於何種考慮，最後竟然決定暫時不走，容後再說！

是捨不得把已經參軍的大女兒一人留在大陸？是對那幢寓居多年老樓的眷戀？還是一個傳統舊女性對「外面的世界」有一種天生的疑慮？現在再做任何揣測都已毫無意義，今天當我們穿越時空隧道回到當年目睹她第二天去退車票的背影時，只有兩句古老的格言在我耳旁轟鳴：「一念之差定生死」、「世上從無後悔藥」！十三年後，在她和愛子一同被綁赴刑場的途中，這兩句話恐怕比即將面對的槍口更加令人撕心裂肺。

到了六十年代初，林舜英眼看全家人天天挨餓，政治運動又一個接著一個，深悔當年錯過良機之餘，決定再次申請全家赴港。然而時過境遷，早已今非昔比，這次公安部門一口回絕了她的出境要求，理由再簡單不過：任何離開「社會主義天堂」到「資本主義地獄」去的企圖，毫無疑問都屬於「對社會主義制度嚴重的不滿」。

對這個法力無邊的「國家」的行事邏輯，作為一個弱女子的她，除了後悔還是只能後悔。從此，這後悔的情緒就一直苦苦折磨著她，直到六十歲那年在南京鳳凰西街刑場飲彈斃命……

為了生計，不久後她到南京太平路一家街道小廠當了糊信封女工，一家人湊合著打發日子。

在林舜英的五個子女中，最聰明、最有個性的是排行老五的李立榮。李立榮自幼聰穎過人，悟性極高。初中畢業後，為減輕母親的負擔，他自動放棄升學機會，進大餅店當了學徒。由於大餅店賣的是「早點」，每天上午9點之後就算下班了，這就給平時既愛讀書又酷好西方古典音樂和電影藝術的李立榮充分的業餘時間，去他愛好的「興趣王國」裏遨遊。大量的閱讀使他迅速積累了豐富的知識，同時也大大開拓了自己的視野。文革前，同他接觸過的大學教師和外國留學生，在談及西方文學、音樂、電影時，無不為這個僅有初中學歷青年的博學多識所折服。他那不俗的談吐和每每流露出來的真知灼見，使每個初次認識他的人都留下極其深刻的印象。由於共同的文學藝術

愛好，李立榮結識了一些情趣相投的熱血青年，而自1965年開始學習小提琴後，又多了一批「琴友」。這一群朋友經常在一起聚會，縱談文學藝術之餘，不免涉及西方的民主政治、人權保障，對中國的現狀流露出一定程度的不滿，尤其對當局的高壓政治和愚民政策特別反感。在這些人當中，李立榮算是最鋒芒畢露的一個。

1965年，一位和李立榮一同長大且過從甚密的朋友，因為和一些歐美留學生交往密切，從而犯了當局的大忌，被以「莫須有」的罪名判刑五年。由於這位朋友的介紹，李立榮也見過幾次外國留學生，因此受到牽連。那時公安局辦案還沒肆無忌憚到若干年後的地步，南京市公安局×處只是派一位警官找李立榮談了兩次話，在訊問了與這位朋友的關係後，對他進行了一番規勸性的「訓誡」。有意思的是，這位警官當時還拖著李立榮陪他打了好長時間的乒乓球（註：李立榮曾是南京市男子少年單打亞軍），一再誇他球打得很出色。

經過兩次「傳訊」，無論從談話的內容還是態度，李立榮絲毫看不出那位警官有什麼明顯的敵意，感到對方只不過是一般性地例行公事。最後警官叫李立榮回去好好上班，平時少和「不三不四」的人來往，並稱以後有事還會找他。

提到這些往事，我總禁不住感嘆命運的神祕莫測。

根據這位警官當時的口吻分析，顯然李立榮並未被列入打擊範圍，最多只是進入了他們的視線，成為注意對象而已（否則早讓他進去了），然而從那警官最後說的「以後有事還會找他」來看，似乎這事又未全部了結，多少還留了點尾巴。

然而，就在這位警官同李立榮最後一次談話不久，文革轟然爆發，緊接著所有「公檢法」全部靠邊，這位警官當然就無心也無力替李立榮了結此案。這樣一來，李立榮那份卷宗就歸於「未結」類檔案，暫被封存，從而成了日後事發的隱患。

當時誰也沒有料到，到了1968年根據「清理階級隊伍」運動的需要重新啟動李立榮一案時，情況已發生了根本性的變化！

假使那警官趕在文革前了結李立榮一案（最壞結果無非是判個兩三年），從後來的實際情況來看，凡文革前的已決案件一般都不會老帳重翻，那樣李立榮完全有可能逃過日後的大劫，一直活到今天！（那位已被判了五年的朋友僥倖活了下來即為明證，他若拖到「一打三反」期間審理肯定在劫難逃。）

假使那警官辦案效率高一些、速度快一些，結案早一些（哪怕趕在文革前一天也好），假使文革推遲幾個月爆發，李立榮肯定會有截然不同的結局！

時間再往前推，假使李立榮全家早在1957年就遠走高飛，永遠離開這塊嗜血的土地，那更不可能發生後來那麼可怕的事！

然而，一個人的一生又哪能經受住這麼多的「假使」呢？幾十年來，這一系列的「假使」經常如燒紅的烙鐵般地炙烤著我的神經。

之後，李立榮還是做他的大餅、拉他的琴，繼續和朋友們沉浸在貝多芬、莫札特、布拉姆斯、柴可夫斯基的美妙音樂裏。當時中國曾上映過相當數量的蘇聯、東歐以及義大利、西班牙、法國、英國、西德、日本等資本主義國家的優秀影片，其中有不少是世界電影史上的經典作品。這些影片大大豐富了李立榮的精神世界、拓寬了他的藝術視野，也更堅定了他對光明的追求和對黑暗的憎惡。到後來，這些都成了他之所以思想反動的根源之一。

日子就這樣一天天過去，在那種無奈的表面平靜下，他本以為今生也只能這樣下去了。他和所有精神正常的人一樣，絲毫沒有預感到一場鋪天蓋地的血腥風暴已經在天邊隱現，一具嗜血的怪獸正張著血盆大口悄悄地靠攏，一場空前浩劫正一步步逼近他的家庭；他做夢也不曾料到，他和他的親人會在即將到來的大災難中在劫難逃，無法倖免。

1966年，文革的腥風血雨迅速席捲全國。到了8、9月份全國「紅衛兵」抄家成風，李家作為「反動派官僚家庭」自然免不了被「紅衛兵小將」們惠顧。好在家中除了幾張床和一張破沙發外已別無它物。除了沙發被小將用刀劃出幾道大口子（檢查是否內藏電臺發報機之類的敵特用具），基本上沒什麼財產損失。

在其後的奪權和派性武鬥中，李家自然不可能參加。造反派們忙於爭權奪利、互相殘殺，這反倒使李家這樣的「反動家庭」由於置身事外而暫時平安無事。這種日子持續了一年多。

在此期間，南京市「革命大聯委」（由雙方造反派及部分軍人組成的臨時權力機構）出於革命需要，組織已經癱瘓的「前線歌舞團」和「海軍軍樂隊」的部分成員，另外吸收了南京各企業的一些音樂愛好者，成立了一個革命樣板戲——芭蕾舞劇《白毛女》劇組。「革命大聯委」的頭頭們不知出於何種原因，在挑選劇組成員的過程中，竟然忘記了至關緊要的「政審」，以致讓好多政治上根本不夠資格為「革命文藝」服務的各色人等混了進去，李立榮就在這種情況下「混」入劇組，成了一名小提琴手。

這個劇組在1967、68年間一度很有名氣，除在本市演出外，還多次應邀赴武漢等外地巡迴演出。若干年後在香港頗有名氣的小提琴家陶葆貞女士，那時就在劇組樂隊擔任小提琴首席。

劇組總共活動了一年左右。這段日子，是李立榮短暫一生中最快樂的歲月。對一個醉心於音樂的青年來說，每天能與心愛的音樂作伴，無疑是夢寐以求的生活；沉溺在音樂中的李立榮，一時忘掉了沉重現實投射在他心靈上的陰影。

命運之神似乎偶爾也熱衷於錦上添花，就在李立榮充分享受充滿音樂的快樂生活時，命運之神又特地為他安排了一段從天而降的愛情！

在劇組排練和演出的過程中，前線歌舞團裏一位漂亮的歌唱女演員走進了李立榮的生命。

從相識、相好到熱戀，感情急劇升溫，兩人很快就達到難分難捨、如膠似漆的地步。那時的李立榮在熾熱的愛情中所迸發出的青春光采，經常使我懷疑眼前的他，是不是我熟悉的那個臉色略呈蒼白、平日不苟言笑的李立榮。我永遠難忘他容光煥發地哼著托斯卡詠嘆調去赴約時那種遏制不住的興奮，那時我和他的母親、兄妹等看到他那副神魂顛倒的模樣，都禁不住哄堂大笑起來，連他五歲的小外甥李離也拍著小手笑說五舅舅是個「大大神經病」。

最令我感到驚異的是，李立榮的女友不但是軍人，而且居然還是中共正式黨員！

一個黨員軍人，一個著名歌舞團的歌唱演員，竟會愛上一個反革命家庭出身，做大餅、油條的「思想異族」，這在中國不啻為當世天方夜譚，恐怕在數以億計的青年男女中也難找到一例，然而這種罕見的怪事卻偏偏發生在我朋友身上，偏偏讓我親眼目睹了這場曠世難遇的愛情。

以她和李立榮的關係，不可能不了解李立榮的家庭出身、職業和思想狀況，但身分的懸殊和意識形態的差異絲毫未影響這對戀人熾熱的愛情。我一生中也曾見過一些動人的愛情，但如他們這般超脫世俗、幾近不可想像的愛情，也就見過這麼一次而已。儘管這場愛情最後只是一場悲劇，直到現在，它依然在我這顆衰老的心中佔據著極為神聖的地位。

為了讓我這個老朋友分享他的歡樂，經李立榮再三邀約，我曾見過他的女友一次。

她確實是個楚楚動人的女孩，一米六幾的身高，一張鵝蛋臉上嵌著一雙清澈明亮的大眼睛，顧盼的美目中透出的親切溫柔，使人一見即可感受到她的單純善良。一件合身的軍大衣加上略抿的小嘴，又使她俏麗的面容平添了幾分端莊剛毅，一看就知道是位很有主見的女孩，絕不屬於那種俗豔輕浮的姑娘。見李立榮有如此漂亮出眾的女

友，我禁不住打從心底為他驕傲，望著她對李立榮親密無間的一顰一笑，無怪李立榮那張年輕的臉上成天燃燒著幸福。

那天我們在中山陵水榭亭旁的草地上待了將近一個下午，告別時，李立榮靠在她身旁，左臂摟住她的肩，右手提著琴盒，一臉燦爛的笑容。當我離開好遠、再度回頭時，這對相偎的戀人依舊在夕陽的餘輝中向我頻頻揮手……

這幅動人的畫面，幾十年來一直「定格」在我的腦海裏，直至今天仍歷歷在目。

動筆寫本文之前不久，為了落實一些細節，我特地拜訪了李立榮的兄長李蔚榮先生，在提及李立榮當年的戀愛時，我們都禁不住老淚縱橫，哽咽難言。

時間到了1968年春夏之交。

這時最高層的第一輪權力更迭已經基本完成，接著經過一年多「狗咬狗」的派性爭鬥，造反派們逐漸明白，近兩年的「革命造反」，只不過是替人充當炮灰的過程，最後誰也沒撈到什麼好處。自從各地實行軍管並建立起「革命委員會」之後，革命大權一股腦兒全落到軍人的手中。槍桿子既已直接牢牢地控制各級政權，偉大領袖有充分的理由認為先前已「放」得差不多，現在該是收拾攤子的時候了，隨著一聲號令，全國展開了轟轟烈烈的「清理階級隊伍」鬥爭。

單從運動的名稱來看，這似乎不過是無產階級的一次「清理門戶」，運動的目標只是將「階級異己份子」逐出「無產階級隊伍」，純粹屬於這個隊伍自己的「內部事務」，與他人毫無關係。但在中國的政治辭彙裏，又何曾有過「名副其實」的情況？這次「清理階級隊伍」的真正內涵，體現在現實中就是：非我族類即為「異己份子」，異己份子即為「階級敵人」，對階級敵人，就得從「無產階級」的人世間將其徹底「清理」出局！最有效的具體措施自然是切切實實地對他們實行「無產階級專政」，或殺、或關、或管、或判！

這時，李家的厄運正式開始了。

由於我的案情和李氏母子的案情緊密交織在一起，因此在敘述李家接下來的不幸遭遇之前，必須先扼要地交代我個人的身世梗概。

我於抗戰期間的1941年出生在南京一個工人家庭中。父親抗戰爆發前在青島的輪船上當水手，曾經參加過有名的「二七」大罷工，還是長辛店罷工總指揮部糾察隊成員。「解放」後不知何故，父親一直找不到正式的工作，只能偶爾做點零碎小生意糊口度日。1953年我母親進了南京織帶廠當紡織工，每月工資十七元。同年我父親跌傷右腿後，全家四口人就靠母親的這點微薄工資慘澹度日。

1954年我小妹出生，母親沒有奶水，小妹終日嗷嗷待哺，但父母親實在買不起任何代乳品，嬰兒食用的奶粉、奶糕，對我們家來說是絕不敢妄想的奢侈品。那時，我們全家人的主食是百分之四十的苞蘆麵（即玉米麵）摻以百分之六十的豆腐渣做成的餅子，父親只能將苞蘆豆渣餅嚼碎後餵給我小妹吃。可是我這個才四個多月大的小妹，自娘胎裏就帶著人類追求物質享受的劣根性，堅決拒絕這種我們全家賴以活命的食物！1954年底一個滴水成冰的寒冬夜晚，出生後一直挨餓的小妹悄無聲息地死去，母親摟著她那纖小的屍體哭了一整夜。次日早晨，一位鄰居借了五角錢給我們，父親買了一個草蒲包，將我小妹裝進去之後送到了亂墳崗。

小妹死時我十四歲，剛上初中二年級。俗言窮人的孩子懂事早，但我和一般的窮人孩子又不完全相同，因為那時我已閱讀了不少中西方的文學作品，並從那些作品中朦朦朧朧地明白了一些道理，若要說懂事的話，小妹的死讓我懂得的最大事情就是，我突然發現自己置身在一個到處充斥謊言的社會中，我感到報紙上的文章、四處張貼的標語、學校校長的報告全都是騙人的。

　　從我小妹餓死的那一天起，我就不再相信什麼「解放」、「翻身」、「人民救星」之類的鬼話，並且無論這種鬼話如何與時俱進、如何翻新花樣，無論教科書上怎麼寫、報上怎麼登、領導怎麼講、老師怎麼教，對我完全毫無作用！在後來的幾十年中，幾乎所有的領導都曾給我下過「一貫不聽毛主席的話、不聽黨的話、不聽政府的話、不聽領導的話」的結論，對這個讓絕大多數中國人為之駭然的評語，我卻安之若素，從無怨言，因為這個結論對我來說確實中肯，我沒有任何理由感到冤枉。我這「不聽話」的德性之所以如此冥頑，其中的重要原因之一就是我那在襁褓中死去的小妹，一切鬼話都不如可憐的小妹生前飢餓的啼哭來得震撼。小妹不幸餓死，使我從十四歲那年開始即對「洗腦」具備了終生免疫力。

　　1955年中學畢業，由於我「家庭出身好」，經由班主任蔡娟老師推薦，我被保送到武漢湖北機械專科學校讀書（軍工院校）就讀。蔡娟老師是我終生感恩的一位女老師，在我赴武漢的前一天晚上，她和她先生、孩子全家一齊特地趕到我家為我送行，並送來一包衣物和二十元錢。在我家那昏暗的煤油燈下，她對我講了很多話，最令我難忘的是，她反覆叮囑我要「永遠做一個正派的人」。

　　就在我離開兩年後的1957年，蔡娟老師被打成右派，在後來的非人待遇中不幸英年早逝。藉此機會，我虔誠地叩請老師的靈魂安息！

　　去武漢讀書後的兩年時間，我由少年逐步過渡到青年，我的精神世界也隨著大量閱讀西方古典文學作品而逐漸豐盈起來。我們學校有個挺不錯的圖書館，我一直是去那裏最勤的常客，記得當時有位長得非常漂亮的圖書館女老師對我特別好，她見我愛看書（尤其是一般學生很少借的書），破例允許我直接進書庫自己挑選，而且每次不限制借書數量。我之所以能在那短短的一年多中幾乎遍讀了英、法、俄所有文學大師的作品，很大程度上是得益於這位女老師對我的特殊照顧。

　　1957年春夏間，「大鳴大放」在全國轟轟烈烈地展開，校園的平靜一下子被蕩滌得一乾二淨，學校裏的正常課程基本停止，大部分時間都在聽報告，討論、辯論、寫大字報，每到星期天還得集體到武漢長江大橋義務勞動，那些挑河沙、搬紅磚的苦力工作，累得我們苦不堪言，但沒人敢發半句牢騷。

　　「大鳴大放」剛開始，我們的校長繆忍安（老先生目前尚健在，已屆九十高齡）在全校動員大會上熱情號召全體師生積極投入「大鳴大放」運動，踴躍向黨、向領導、向政府提意見，要求大家暢所欲言，並再三保證不管提什麼意見、提什麼問題，不管言辭多麼激烈、意見如何尖銳，黨和政府一定會虛心接受，絕對不會秋後算帳。針對一部分心存顧忌、怕上當受騙的老實人，校長有過一段我至今仍記得的精彩講話：「……現在，有一部分同志不相信黨的誠意，心存顧慮，害怕所謂的秋後算帳，不敢寫大字報、不敢提意見。我們去動員這些同志向黨提意見，他們卻說共產黨實在是英明偉大，實在想不出還有什麼意見可提。我認為這些同志講的不是真心實話，說好聽點是客氣話，說得不好聽是不相信黨、不相信政府。難道我們共產黨真的那樣十全十美？真的一點缺點、錯誤也沒有？難道你們真的一點問題也看不出？我就不信！就連我們共產黨自己對自己都有意見，你們就一點意見也沒有？這分明是與黨不同心、不同德嘛……」（現在看來，老先生當年說的應該不是假話。）

　　經過這些大大小小會議的反覆動員，加上基層各級領導的軟磨硬拖，全校很快就掀起了大鳴大放的高潮，一時間到處都是琳琅滿目的大字報，連食堂、廚房和廁所的牆上全都貼滿，我解大便時為圖方便，經常順手撕下一塊擦屁股。

　　那時我儘管對當局沒好感，但我畢竟只是一個涉世尚淺的十七歲毛頭青年，也提不出多少意見，只是隨波逐流地寫了十來張大字報。當時學校對每個人寫大字報的數量有指標規定，每天必須寫三張

以上才算完成任務，為了湊足張數，我的字總比別人大出許多，好多同學戲稱我寫的才算是真正的「大」字報。

就這麼熱鬧了二十來天，突然間風向大變！「大鳴大放」一下子轉成了「反右鬥爭」！

隨著形勢急轉直下，凡是在「鳴放」階段，意見提得多、問題提得尖銳的師生員工，無一例外地倒了大楣，其中五、六位「與黨同心同德」的最「積極」者，全被戴上了「右派份子」的帽子。而我們那位在會上大聲疾呼、號召大家要與黨「同心同德」的校長先生，才一個月不到的時間，就把「絕不秋後算帳」的承諾一口吞回肚裏，當即換上一副大義凜然的面孔，在全校師生員工大會上義正辭嚴地痛斥起「右派份子向黨進攻」的罪行來。

說實話，在此我毫無指謫老校長的意思。在我的印象裏，他是一位不錯的領導，平時治校、行政、為人處世，都稱得上中規中矩，不是那種拿別人的血來染紅自己頂子的政客，他當時的出爾反爾，確實有其不得已而為之的苦楚，今天要把當年那筆帳全記在他頭上，顯然有失公允。如今關於那場「陽謀」出臺的前後經過早為世人盡知，設身處地想一下，在當時的形勢之下，敢於冒天下之大不韙，抗旨違命者能有幾人？我們那位老校長倘若不那樣做，他的上司、他上司的上司，又怎麼能放過他？半個世紀後的今天，當我們回顧那些往事時，雖有不堪回首的酸楚，老校長恐怕要比我們嚥下更多的苦水。

在運動前期，由於我寫的那些大字報都是些人云亦云、無關痛癢的廢話，輪到秋後算帳時，我倒也安然無事。但誰知臨近運動尾聲時，在一次班級會議上，我卻撞在了槍口上，從而在很大程度上改變了我日後的命運。

那次班級會議的主題是：每人總結自己在「反右」鬥爭中的表現和個人的心得體會，包括自己從不理解到理解，以及如何戰勝錯誤思想的認識提高過程。會議開始後不久，某位同學藉「暴露」自己的

錯誤思想為名，提出當初繆校長在鳴放動員大會上信誓旦旦地承諾過絕不會秋後算帳，但還沒等到秋後，怎麼這麼快就把提意見的打成右派了？這是不是秋後算帳？這算不算領導講話不算數？——這位年長我幾歲的同學挺有頭腦，他和我們同樣對這種無恥的騙局深惡痛絕，只是不明說而已，今天正好要大家總結自己「如何戰勝錯誤思想的認識提高過程」，於是不失時機地來了個「明修棧道，暗渡陳倉」。當然他在「暴露」之前，就一再聲明這只是他曾經有過的錯誤思想，後來通過學習提高認識，已經徹底改變了這種錯誤，今天之所以說出來，是為了讓大家了解他戰勝錯誤思想的過程。

但當時才十七歲的我，哪懂得這些「彎彎繞」呢？我不等那位同學把思想「暴露」完，立刻迫不及待地接過了他的話，搶先做了回答：「怎麼不算？當然算！這是地道的秋後算帳、典型的出爾反爾，這是事先設計好的一個大騙局，目的就是等著人們上當！」接下來我又引經據典，從《東周列國》、《孫子兵法》，談到《楚漢相爭》、《三國演義》，列舉了「兵不厭詐」、「引蛇出洞」、「誘敵深入」等古今戰術、戰例中的種種詐術，滔滔不絕，眉飛色舞，以至後半場的班級討論會幾乎被我一人全包了。

人家明明已經有言在先，「暴露」這種錯誤思想，僅僅是一種「過去式」的表述，我這倒好，把人家的「過去式」一下子變成了自己的「現在式」，並將人家吃過的剩菜，添油加醋地烹調成了眼前色香俱全的滿漢全席！

今天回想起來，那句「性格即命運」，真是至理名言啊！我這個人自少年時代就有好出風頭、喜歡逞能的惡癖，自以為比別人多讀了幾本鳥書，遇有合適的場合，總要不失時機地賣弄一番肚裏的半瓶子醋。前一階段，我之所以能平安無事，是因為我對那「大鳴大放」根本不感興趣，並非我有什麼先見之明而沒上當。如今看到這位同學提到「秋後算帳」時臉上那種大惑不解的樣子，我根本沒

想到人家後面還有話，只是眼看賣弄的機會到了，哪肯輕易放過？於是忘乎所以地一頭栽了進去，自覺、自願地擠上了「反右鬥爭」的末班車。

我只顧賣弄，圖了一時的口舌之快，但做夢也沒想到，我的「精彩」發言很快就被整理出來送到了黨委反右辦公室。

我這一番即興的胡說八道，當即引起了黨委的高度重視，一致認為「這是一起嚴重的惡毒攻擊偉大的反右鬥爭、公然為右派份子鳴冤叫屈的政治事件，性質惡劣，影響極壞，一定要嚴肅處理」云云。

後來，多虧我平時人緣還算不錯，班上團支書、領導小組組長等幾位老大哥、老大姐（我在班上年紀最小，俗稱「老巴子」，外號「倚小賣小」；當時我十七歲，按現在的法律規定，還屬於「限制民事責任能力」的未成年人）大都在暗中庇護了我，在開了幾次對我的批判會後，「小罵大幫忙」地做了一個結論，大意是「家庭出身好，不是立場問題」、「問題雖很嚴重，態度還算端正」、「胡說八道，有口無心」、「聞屁不辨香臭，開口不知輕重」等等。最後黨委以「該生一貫思想落後，在反右鬥爭中公然為右派份子鳴冤叫屈，情節嚴重、影響極壞。本應嚴處，姑念年齡較輕，尚可教育」為由，給了我一個「最後警告」的處分。

按當時的校規，警告處分依情節輕重，分別有警告、嚴重警告、最後警告三種，我「享受」的可是最高級別的待遇，離開除學籍、送勞動教養僅有半步之遙。

從此，這隻「黑鍋」在我的檔案裏「背」了二十二年之久，直到1979年才隨著後來的「現行反革命罪」平反同時卸下，而它對我人生軌跡的影響很快就將分曉。

先前有小妹活活餓死的切膚之痛，現在又由於攻擊「引蛇出洞」外加一隻「黑鍋」壓背，十七歲那年，我頓時感到自己「長大成人」了。打那以後，我不僅對「鬼話」更加深惡痛絕，另外還養成了

一個極為頑固的壞習慣——對所有的官方文件和國內報刊，我總是倒過來看！而且這個壞習慣一直延續至今，誠如偉大領袖批判壞人時說的「改也難」。

我就這樣背著「黑鍋」，1960年從學校畢了業。畢業後，隨即被分配到杭州船舶專科學校，名義上的職務是機械製圖教師，但從未教過一天書。

和我一道分到杭州的有三位同學，其他兩位都是團員，報到次日，他們就從人事處領到調令，各自到所在的教研組上班備課了，而我雖名義上被分到機械製圖教研組，卻一連等了三天，才由教研組組長汪先生來找我談話。這位汪先生是老實人，見面猶豫一陣後，吞吞吐吐地對我說目前課程不多，暫時安排我到基建隊去勞動一段時間，等以後課多時再說。見我正要開口問「為什麼」，他趕忙補充說這不是他的意思，請我不要誤解，是領導認為，讓我先去勞動、鍛煉一番比較合適。

不用說，顯然是我那個「最後警告」起了作用！這是我第一次嘗到「黑鍋」的滋味。

到了基建隊後，我被安排在「教師組」幹活。美其名曰「教師組」，實際上主要由右派份子、個別摘帽右派、漏劃右派（我即屬此類）等人組成，另有幾個一貫思想落後或得罪過領導的也權充其內。小組共二十多人，組長姓杜，曾在朝鮮戰場當過汽車兵，不知犯了什麼事，最後成了我們的頭。

撇開政治身分不談，這「教師組」組內有學問的人倒是不少，教授、副教授、講師佔了一大半，最低的也是助教，只有我和組長及另外一位職工沒有職稱。組內有位楊罕先生，是中國有名的德語權威，原在二機部（當時中國只有一機部和二機部）擔任德語翻譯，因為對二機部長趙爾陸的「生活問題」提了幾條意見而被打成右派，一調來學校就進了「教師組」。還有位王傳洛先生，五十年代就是副教

授，由於耳朵不大好，開會學習時老不發言，被認為思想有問題，也成了「教師組」的一員。這兩位後來都成了我的忘年交。

對於自己進了「教師組」這件事，我當時倒沒過於計較，甚至還天真地以為，和這些先生們在一起反而會安全些──同是天涯淪落人，既然都到這地步了，總該相互同情照顧，至少有點「同病相憐」吧？

但我很快就發現自己大錯特錯。

和我成天一起勞動的這些「右派」先生們，不但在繁重的扒石子、扛水泥、抬黃沙之類的勞動中賣力幹活、積極表現，在政治學習發言時更是爭先恐後、唯恐有怠，除了深刻地批判自己，還不遺餘力地揭發組內的「壞人壞事」，有幾位右派在相互揭批時的「火力」，甚至比當年革命群眾批判他們時還有過之而無不及！那種自相殘殺的狠毒，經常讓我瞠目結舌、驚訝不已。

不久之後，我居然成了他們攻擊的箭靶和邀功對象。

當時我在組內年紀最輕，雖無職稱，但頭上畢竟沒有正式的「帽子」，還未被列入「欽犯」，有時我甚至認為自己比「正式右派」還高出半等。這種盲目的「優越感」加上我的幼稚單純，導致我那不設防的嘴巴經常流露出一些不合時宜的言論和針砭時弊的嘲諷。言者無意，聽者有心，這使得右派先生們欣喜地意識到老天爺為他們送來了一個現成的「禮物」──我不僅即將取代他們成為新的犧牲品，同時又將為他們提供「好好表現」一番的絕佳機會！他們要做的僅僅是把我平時的言論稍加整理後交到上面而已。

於是我在平時信口開河的日常講話，很快就變為一疊疊厚厚的材料，躺在黨委書記魏志新先生寬大的辦公桌上。

這位魏書記，過去在部隊裏是中校政委，政治嗅覺敏銳，「階級鬥爭」經驗豐富。當時學校創立不久，書記大人上任以來尚無尺寸之功，急於在「階級鬥爭」中有所斬獲，他看了我的右派同事們的告

密材料後，頓時對我產生了濃厚興趣：眼前正愁沒有合適的新「靶子」，想不到現成的「獵物」竟自動送上門來了，豈能輕易錯過？

魏書記不愧是軍人出身，經過一段縝密的偵察，待搜集到足夠的「罪狀」後，當即召開專門會議進行動員，具體安排對我的揭發、批判、鬥爭。當然，這一切戰前準備都是按照軍事原則、在祕密狀態下進行的，我就像一頭待宰殺的牲口，對即將來臨的災難一無所知，每天只是勞動、吃飯、睡覺，再勞動、再吃飯、再睡覺，直到一個雨天的下午被通知去參加一個會議為止。當主持會議的魏書記宣佈對我進行揭發、批判和「幫助」時，我才明白自己忽然成了鬥爭對象。

事後一位深知內情的女同事告訴我，魏書記看過揭發我的材料之後，非常重視我的問題其重視的程度，可以從他在黨委擴大會上對大家的一番「動員啟發」中看出：「……大家看看吧，我手中這些全是些右派份子的揭發材料！右派份子已經夠反動了吧，現在連他們都認為這個姓方的思想反動，你們想想姓方的反動到什麼程度了！」

按魏書記的邏輯，一個人如果被好人說壞，也許還不至於很壞，若被壞人說壞，那肯定比壞人還壞。這真是比他媽的黑格爾還黑格爾的辯證法！

在對我的幾次批判會上，面對右派同事們那種大義凜然、嫉惡如仇的批判發言，經常使我目瞪口呆。有位年長的講師在揭發我「今不如昔」的反動言論時，還特地安插了一段自編的「憶苦思甜」，說他在萬惡的舊社會如何如何受苦，在新社會如何如何幸福。當時我就想，你他媽的「解放」前就大學畢業了，你老子要不是地主、資本家，怎能供得起你讀大學？你哪來的什麼苦？再說，你既然知道「新社會」如何如何「幸福」，那你他媽的為什麼又要「反黨、反社會主義，猖狂地向黨進攻」？看著他那副聲淚俱下的模樣，真沒想到這套把戲不僅貧下中農擅長，右派講師居然也會耍得如此嫻熟。我實在搞

不懂，一個受過多年良好教育的人，一個理應保持人類起碼良知的知識份子，怎麼會在精神上墮落到如此地步？

不過我也得謝謝他們，正是透過他們對我一條條「反動言論」的揭發，使我看清了這些告密者的嘴臉，也正是從他們那些急不可耐的「表現」中，使我得以窺探到隱藏在人性深處的惡！

三十多年後，當我從張賢亮先生的名作《我的菩提樹》中讀到「和這種知識份子在一起，比夜晚在深山中和狼同行還要危險」一語時，不禁不拍案叫絕，這個張賢亮，簡直他媽的把話說絕了！

同樣在三十多年後，看到某位知名學者在告誡國人「切莫低估三件事」中的「切莫低估中國知識份子的無恥」時，深為言者對中國知識份子的透徹剖析而嘆服。

折騰了十來天，對我的揭發批判總算告一段落。

約半個月後，浙江省公安廳突然來了兩個人找我談話。

第一次來時，他們從公事包裹掏出一疊材料，邊看邊問，顯然是在核實我的一些言論。一周後，這兩人又來了，這次沒提什麼新問題，只是再次對幾點內容反覆問了兩遍，另外又東拉西扯地聊了一陣我的家庭狀況以及平時的勞動和生活。後來，一位長著絡腮鬍的大個子忽然問我：「你和你們領導是不是有什麼矛盾？」

我說：「沒有啊，我不過是剛分配來不久的一個青年教師，平時跟書記、校長連話都沒說過，哪來的矛盾？」

另一位若有所思地自言自語了一句：「這就怪了。」接著，他揚了揚手中的材料對我說：「我們認真看了你的材料，也和你直接進行了接觸。我們覺得你有些言論確實有點問題，不過總的來看，還不屬於敵我矛盾。但你們學校兩次堅持要送你去勞動教養，也不知是什麼意思。」

看我一臉茫然，他又挺誠懇地說：「好好安心工作吧！批判一下未必是壞事，以後吸取教訓，各方面注意些就行了。你是知識份子，不用我們多說也會明白。」

　　最後我在談話記錄上簽字時看了一下記錄內容，上面都是些一般性的對話，根本不像審訊筆錄。

　　就在兩人已經起身走出門後，絡腮鬍子忽然又踅進屋內，低聲地對我說：「在可能的情況下，你最好還是調一個工作單位吧！」臨別時，他和我很認真地握了一下手。

　　這兩位來了之後，我才知道學校已將我的「反動言論」材料報到了浙江省公安廳，並兩次要求送我去勞動教養。幸好公安廳挺慎重地看待我的問題，經過反覆審核，始終未批。

　　到了八十年代後，不少在前半生吃盡政治運動苦頭又經過牢獄之災的朋友在「憶苦」時，往往對共產黨幹部「一言以蔽之」，認為「洪洞縣裏無好人」，而我始終認為這種看法過於絕對而不能贊同。即以當年那兩位公安廳幹部為例，如果他們在學校送我勞動教養的報告上例行公事地大筆一揮，再蓋個章，那是再正常不過的事。從通常的辦案程序來看，他們完全可以閱卷辦案，根本無須兩次直接找我這個當事人，尤其那位絡腮鬍大個子出門後又折回，更屬多此一舉。凡此種種，包括後來我在勞改期間和勞改隊幹部的接觸，即使作為被專政的「階級敵人」，我也能從專政者的身上多少體味到一些人性。

　　公安廳的人走後不久，魏書記單獨找我談話，說：「原本準備送你去勞動教養的，但考慮到你出身好、年紀輕，組織上決定還是要幫助和挽救你，希望你今後認真改造世界觀，好好工作。」云云（他大概做夢也沒想到，公安廳的人會把底透露給我）。我儘管心裏透亮，表面上還是裝出一副感恩不盡、痛心懺悔的樣子，表示今後一定聽書記的話，好好改造自己的世界觀等等。

　　以魏書記的口氣，我以為一切就此結束了，不料就在他找我談話的次日，校方卻貼出一張處分我的公告，以「思想一貫落後」、「散佈反動言論」、「攻擊黨的政策」為名，宣佈給我「最後警告」

的處分。勞動教養未獲批准，魏書記的一番辛苦總不能白忙，好歹搞了點內部創收。

這一來，我就榮獲兩枚「最後警告」了。俗語說：「虱多不癢，債多不愁」，一口黑鍋也是背，兩口黑鍋也是背，即便再加一、兩口也無所謂了，倒是絡腮鬍子那句臨別贈言一直在我腦海裏迴旋。既然魏書記對我如此「青睞」，今後我的日子肯定不會好過，三十六計走為上策，我決定辭職回故鄉南京。

當機立斷，打定主意後的第二天，我就把辭職報告送到人事處。三天後，學校下文批准我自動辭職。

臨走的前一天晚上，我幹了一件至今後悔不已的事——我狠狠地揍了一個鄭姓老右派一頓。

這位鄭老兄原是××機械學院的副教授，年齡已近「知天命」，在反右鬥爭中，大概也是口無遮攔地向領導提了一些意見，最後成了右派。有次我和他一同如廁，蹲著無聊，東拉西扯地說了一番閒話，其中曾扯到餓死人的事。及至召開對我的批判會時，他為了好好表現，把我和他解大便時聊的閒話全抖落了出來，說我「造謠到處餓死人」、「惡毒攻擊三面紅旗」、「污蔑社會主義制度」。

這老鄭本也是個愛調侃的人，細究起來，那天他的「反動言論」比我還多，當時廁所內只有我和他兩人，他若不提，誰也不知道我們談過什麼，現在眼看我倒了楣，他卻臉一抹，來了個落井下石。瞧他在會上那副聲色俱厲、唾沫四濺的德性，當時就想往他臉上狠狠來一記擺拳，現在離開在即，不出這口氣更待何時？

當他鼻青眼腫地到保衛處告狀後，保衛處大概認為這事屬於壞人打壞人，懶得管，結果就不了了之。

這位鄭兄若仍然健在（當近百歲高齡了），我在此真心誠意地向你道歉。「君子動口不動手」，無論出於何因，當年打你總是我的不是。回顧平生，我一輩子從沒主動出手打過人，這回算是破例，但

這唯一的一次，打的卻偏偏是一個年已半百的老右派，一想到此，心中就極不是滋味。

至此，我不由得聯想起中國歷屆政治運動中某些文化名人的德行，即以素來予人謙謙君子印象的吳　為例，這位老兄在「反右」時居然也出賣過好幾位朋友，嚴酷的政治環境能把人的心靈扭曲到什麼地步，實在超乎正常人所能想像！

1961年初秋，一個風雨交加的日子，我離開了那所學校，告別了我進入社會後的第一個工作單位。當我拎著皮箱、撐著傘走出校門登上一個小山坡時，我站在雨中回頭對著遠處的學校看了最後一眼，接著惡狠狠地啐出一口唾沫。我離開杭州不久，大力關照過我的魏書記被調往江西九江儀錶廠（我最要好的兩位同學李永惠和王煥秀夫婦，在該廠一直工作到退休）當黨委書記，八十年代末患胃癌死去。據說死前日夜號痛，全身已被折磨得不成人形。老天總算開了一回眼！

1961年秋，我自動辭職回到南京。作為「漏劃右派」，我跑遍了有關部門，卻找不到任何工作。同年年底，為了解決吃飯的問題，我不得不以「待業青年」的身分，隨同一批中學畢業生到南京東流農場當起了農業工人（主要從事果木種植），每月工資十六元。兩年之後，據說是「落實知識份子政策」（活見他娘的大頭鬼！），每月加了三塊錢。

繁重的體力勞動加上飢餓，剛去農場不久，我就到周圍農民那裏將隨身衣物換成山芋、胡蘿蔔吃了個精光，除了靈魂之外，我在六十年代初期就已成了最徹底的無產階級。如果當年可以把我們的社會結構分成正三十六層、負十八層的話，這時我的社會地位大約相當於負十七層半。儘管到了這個層面，檔案袋裏那兩口黑鍋還是忠實地伴隨著我。1962到1966年期間，由於我的特殊政治身分，一直蒙受農

場領導的特殊關照，但凡政治運動一來，無一例外地都把我當成「優先考慮」的對象，我成了全農場系統「運動員」中出了名的種子選手。1963年，我還榮獲過「監督勞動」桂冠，1964年又莫名其妙地成了一個「反動小集團」的「外交部長」，1966年初，正當「四清工作隊」準備拿我開刀時，幸好史無前例的文化大革命及時從空而降，「四清工作隊」捲舖蓋走人，我算暫時躲過了一劫。

為不沖淡本文的主題，我在農場的遭遇即不詳述，今後將另文發表。

1966年文革開始後，領導們無一例外地成了「走資派」。「走資派」一倒，農場和全國其他單位一樣，一時呈現出一片泛自由化的狀態。從1966文革開始到1968年秋，算是我生活比較舒心的一段日子，單位生產無人過問，上不上班根本無所謂，這使得我這天生好逸惡勞者有了許多看書、拉琴、練字、畫畫的時間。從1967到1968年，我還在外面畫了一年左右的毛××像，由於請我畫像的單位熱情款待，讓我足足吃了一年飽飯，這算是我一生中唯一一次沾了偉大領袖的恩澤。

我認識李立榮是在1966年。

是年我們農場創建閥門廠，負責技術工作的是三位下放幹部，其中兩位是講師、另一位是八級技師，經他們推薦，我被調入閥門廠搞技術工作。進廠後，我認識了當車工的李蔚榮，然後通過他的介紹，認識了他弟弟李立榮。

因為認識李立榮，我的人生出現了重大轉折。

第一次見到他是在一個陽光燦爛的午後。我去他家時，他正在小房間裏練琴，拉的是馬扎斯的一首練習曲。見我在他哥哥的陪同下出現在房門口，他並未停弓，而是拉完最後幾小節後才放下提琴，接著朝我意味深長地笑了一下後伸出了手。那微笑表面看起來似乎不怎麼熱情，但我明顯感受到「早就等你來了」的期盼。

　　沒有任何的客套寒喧，我們在他家大房間裏那張陳舊的長沙發上坐了下來。

　　初見之下，大出我意料的是，他和他哥哥李蔚榮的身材和長相居然找不出一點同胞兄弟的影子。李蔚榮中等個子偏矮，身體壯實，典型的廣西人體型，他卻身材頎長，體形偏瘦，看起來更像江浙一帶人；李蔚榮那張微胖的臉上，幾乎一年四季永遠帶著睡眠不足的倦意，而李立榮那清瘦略白的面容給人第一眼的印象則是剛毅、沉穩，其中又令人感到一些冷峻，精明而又果斷。最引我注意的是他那雙炯炯有神的眼睛，雖然不時閃現出一絲笑意，但我卻感受到他目光中那種掩飾不住的警覺，這和他二十二歲的年齡顯得極不相稱。另外，他那雙手也明顯與眾不同，十指細長、勻稱，特別是那隻左手，食指、中指、無名指的指尖都平平的，這正是拉提琴人常說的「棺材手」，是難得的先天條件。他右手食指和中指的指縫處有塊醒目的黃色，看來和我一樣煙癮不小。

　　由於見面之前，他哥哥早已介紹了他和我的情況，彼此雖是初見卻毫無陌生感，當時茶几上放著一本封面已經捲邊的《繆塞中篇小說選》，我們就從這本書很自然地打開了話匣子。

　　由外國文學進入談話，看來真是再恰當不過了，這使我們一下子就找到共同感興趣的話題，由繆塞談起了法國作家，談到了維克多‧雨果的《九三年》（這是我所有朋友都非常喜愛的一部長篇），談到了巴爾扎克的《人間喜劇》以及莫泊桑、歐仁‧蘇、福樓拜、大小仲馬等人的作品，接著又談到了英國的狄更斯、柯林斯、斯蒂芬遜，美國的馬克‧吐溫、傑克‧倫敦和庫柏……

　　當我們的話題移向俄羅斯古典文學時，我和他幾乎同時笑了起來——想不到對方和自己一樣，也是那樣的喜愛普希金、萊蒙托夫、屠格涅夫、果戈里、赫爾辛基、杜思陀耶夫斯基、車爾尼雪夫斯基、老托和小托。最令我意外的是，李立榮居然也非常喜歡杜勃羅柳波

夫，尤其是他那有名的《多餘的人》，這使我有了非常強烈的知音感。

提到杜勃羅柳波夫，四十年之後的今天，我依然記得當時李立榮那句無心的玩笑。

出於對俄羅斯這位傑出天才的尊崇和惋惜，我們談到杜勃羅柳波夫不幸在二十四歲英年早逝時，都不禁對人生的無常有些感慨，當時李立榮笑著說：「『黃泉路上無老少』，我還不知道自己能不能活到二十四歲哩。」說這話時他和我做夢也沒想到，這句無心的玩笑竟會成了日後的惡讖：四年之後，那麼年輕的他，竟在「一打三反」瘋狂的戮殺中不幸慘遭處決，比杜勃羅柳波夫僅僅多活了兩年。

除了文學，那天我們聊得最多的是音樂。在中國辭彙中，「知音」一詞原本出自音樂，正是音樂，使人與人的心靈得以溝通並達成了高度的相知相契，我和李立榮也是一樣；對古典音樂的共同愛好，使我們從對方身上找到了自己的影子。在老柴那裏，在《天鵝湖》、《絃樂四重奏》、《D大調小提琴協奏曲》的旋律中，我們的心靈激蕩起了強烈的共鳴。

黃昏時，他母親林舜英回來了，她含笑地和我打了招呼。五十多歲的她並不顯老，略顯清瘦的臉上依然留有昔日風姿的餘韻，舉手投足間仍能看出書香門第出身的那種大家風範的痕跡。她一再熱情留我晚餐，我也沒過分客氣推辭。那頓飯我至今仍然記憶猶新，特別是她親手做的那道味道鮮美的酒釀清蒸鰣魚，我一生中僅僅吃過那麼一次而已。

晚飯後，我和李立榮移到他的小房間裏繼續聊。那間小房間很小，除了一張床和一張單人沙發外，剩餘的空間只夠一個人站著拉琴外加一個譜架。當我不經意地瀏覽牆上的擺設時，我驚喜地看到沙發正對面的牆上貼著一張俄羅斯畫家克拉瑪斯柯依的「月夜」，這頓時使我聯想起自己在農場茅屋破蚊帳裏貼的那張同為克拉瑪斯柯依的名

作「貴婦人」（又名「無名女郎」），真沒想到我們對繪畫作品的愛好竟亦是如此一致！寫到這裏，我忍不住要插敘李立榮的一個夢，一個有關「月夜」的夢——

在我們結識後不久，有天夜晚，我們在閒聊中提到了這幅「月夜」時，李立榮告訴了我他所做過的一個奇怪的夢。他說他曾兩次在夢中去過那個花園，那裏的一切都和畫中一模一樣，包括白衣少女背後的那棵樹、那張古樸陳舊的木製長椅、少女腳旁那條雜草叢生的小徑，他甚至嗅到了灌木叢中那些不知名的小花散發出的淡淡香味。然而令他感到奇怪的是，那條長椅上卻空空如也，那位一身白色衣裙的少女不在那裏，什麼人也沒有。

我聽他講完這個夢時還有些將信將疑，但當我看到他臉上那種夢幻般的凝重時，我知道他說的一切都是真的。那時我還不知道佛洛伊德，我只能按我對夢的理解，認為這屬於一種「日有所見，夜有所夢」，但那張畫上的女主人公又為什麼獨獨不見其人呢？這究竟是夢者的一種潛在意念變異，還是一種超自然力量在冥冥之中的某種神祕啟示？為此，我思索了很長一段時間。

在他出事後的那些日子，我每次去他家時都會盯著那幅畫看，同時細細地回味他的那個夢，有時甚至幻想著自己正坐在那條長椅上，熱切等待他進入夢中和我相見……

繼文學、音樂之後，我們的話題自然而然逐漸轉向了政治，聊到西方民主和中國的現實。在瘋狂的1966年的那個夜晚，一個是國民黨反動官僚的「狗崽子」，一個是背叛了工人家庭、「思想一貫反動」的「漏劃右派」，我們倆湊在一起，將會談論哪些有關這方面的內容，這裏我即不必多述，諒必讀到此處的朋友們有足夠的智慧去推測。

後來我們談到了這些年來各自的遭遇和目前的處境。說到這裏，我有生以來首次向朋友真正敞開了自己的心扉。這些年來的坎坷遭遇，在心中積累的委屈、痛楚、憤怒，今天終於有了傾吐的機會。

當我詳細敘述了自己1957年以來的種種磨難後，頓時感到一陣前所未有的舒暢和輕鬆。

將近十年來的各種批判、鬥爭、檢查、交代，加上日常蒙受的歧視、冷眼、羞辱、責罵，我這顆二十六歲的心靈已變得非常冷硬，但面對他在傾聽我訴說時所流露出的那種真誠同情，特別是從他緊握的那隻手中傳來的熱力，讓我體驗到一種強烈的感動。

見我有些傷感，他撫著我的肩膀說：「我早聽我哥哥介紹過你，知道你這些年過得很不容易，不過好在你我都還年輕，我們還有足夠的時間等待，我們應該看到希望。今天能正式認識你，我非常高興。」

我在農場裏待了五年，長年累月和黃土、樹木為伴，從早到晚和階級鬥爭打交道，在窮困潦倒的孤獨中默默地消磨毫無希望的青春，現在陡然面前出現一個如此體貼的知音，我那顆冷漠孤寂的心，頓時充滿了多年不曾有過的溫暖，一時不禁熱淚盈眶。

我們這次縱情的海說神聊一直持續到將近凌晨二點，要不是他清晨四點就要趕到早點店做大餅，大概通宵達旦也不會減弱我們交談的興致。

幾十年來，我始終沒有忘記我們的這次見面談話。那天，我第一次注意到他有個獨特的動作：每當提到他深感興趣的事物，或者我的話引起他強烈的同感時，他並不像常人那樣擊掌稱是或大聲贊同，而是上牙輕輕包住下唇，一面略微歪著腦袋，笑著不斷點頭——這個獨特的動作給我的印象是那樣的深，以致後來他在我夢中出現時，幾乎每次都微歪著腦袋，不斷地向我點頭笑著。

我還記得那天凌晨起身告辭時的一個細節。當我們在樓梯口握手告別時，我突然從他的手想到一個問題並向他提了出來——凡是拉琴的人，都最愛護自己的雙手，最怕幹粗重活，但他每天做大餅時要用雙手揉麵團，這種很傷手的工作，不知他是怎麼適應的？

他一聽，便笑著告訴我，他用的是「高爾基揉麵法」。見我張著嘴不明白，他隨即掄起袖子、露出雙肘，做起了用肘揉麵的動作，我忍不住大笑起來。

就這樣，共同的理念、共同的愛好、共同的憎惡，使我們相見恨晚之餘立即成了莫逆之交。

當我步入老年回首往昔時，我時常會對青年時代經歷的一些事感到迷惘，其中就包括認識李立榮。我總想不明白，在不平常的1966年，他突然像我前世兄弟一樣地出現在我面前，初次相識就一見如故，這究竟是人際之間少有的奇緣巧遇，還是冥冥之中神祕的宿命使然？用哲學語言說，我們的相識究竟是必然中的偶然，還是偶然導致的必然？現在當我回味這些夢幻般的往事時，仍然對此茫然不解。

從認識他開始到1968年夏天分手，那兩年是我一生中最美好、最值得留戀的歲月。儘管四十多年過去了，我仍然時常懷念和他相處的一朝一夕，無法動搖對他刻骨銘心的思念。

我永遠忘不了其中一個美好的日子——1967年的那個端午節。

那天下午3點多鐘，突然一個陌生年輕人風塵僕僕地趕到農場找我，見面後什麼也沒說，只是遞來一張紙條，我一看，上面是李立榮簡短的一行字：「方兄：佳節已到，皮蛋與『葬禮』備好，等你回來過節。」

「人逢佳節倍思親」，為了怕我一人在農場孤單，他特地請大餅店一位小弟兄趕到農場接我去他家過節。

皮蛋是我年輕時最愛的食品，〈葬禮〉（指德沃夏克《第九》中「印第安人的葬禮」那段），是我一生最愛聽的旋律之一。短短一行字中飽含的那種體貼入微的深情，令我第一次感到陽光竟然那樣燦爛，人間竟然如此美好。

當我擠上末班車，匆匆趕到李家時，他們全家正圍在桌旁等我，見我進門，一陣轟然大笑之後紛紛朝我舉起杯來。桌子中央明顯地擺著一盤黑溜溜的松花皮蛋，留聲機正放著「自新大陸」肅穆低迴的優美旋律……

唉！那些美好的日子，在我的一生中是何等彌足珍貴啊！

儘管我們成為最要好、最知己、最可靠的朋友只有短短兩年多的時間，但人與人之間最可貴的相互信任始終貫穿著彼此的生命，後來雖然發生了那麼可怕的事，面臨了那麼嚴酷的考驗，但我們始終都忠於對方，從未產生過一絲一毫的懷疑。在我們出事之後，根據辦案人員的口氣和種種跡象證實，他把只有我倆才知道的一些事一直帶到了刑場——我非常清楚，只要他在被捕後稍微供出這些祕密的一小部分，我很可能活不到今天。

認識李立榮，我走進了李家，也走進了慧園里6號的悲劇。

有關我的介紹，暫且打住。

1968年春末夏初，「清理階級隊伍」運動全面展開，第一批要「清理」的是重大「現行」對象和文革前遺留下來的舊案當事人。（這裏所說的「現行」，主要是指那些寫錯革命標語、喊錯革命口號、書寫「反動」日記、牢騷怪話過頭等等行為，後來把「革命造反派」的某些革命行動也納入了「現行」的範疇。至於極個別真正具有「現行反革命」行為的，根本等不到這次運動來收拾，早就由公檢法「請君入甕」了。）

5月中旬，李立榮從朋友那裏打探到一個消息：大餅店的上級革委會正在暗中整理他的材料，準備辦他的個人專題「學習班」。根據他在大餅店幾年的實際表現，應該說和「現行」根本沾不上邊，唯一的原因就是，他在文革前的舊事又被重提了！

　　1968年6月1日，李立榮的一位朋友W因為「反動言論」在建鄴路小學內召開的大會上被批鬥，我和李立榮一同去了會場。會上有人揭發W和李立榮關係密切，要他交代和李立榮談過哪些反動言論、搞過哪些反革命活動。這W是個不買帳的主，面對革命群眾一片強烈聲討，絲毫不為所動，自始至終不發一言。因為「態度」惡劣，會後W即被關進南京建鄴公安分局看守所（W先生後來被判刑十年，於1979年獲得平反）。

　　W只是李立榮的朋友之一，其他朋友會不會同樣因言獲罪？還有哪些朋友可能會被牽扯進去？這一切都無法預料。以當時各處都在大張旗鼓地抓人、鬥人的勢頭來看，什麼情況都有可能發生。在回來的路上，李立榮說他恐怕會有大麻煩了，我也表示了同樣的憂慮。他的朋友很多，任何一位出了問題，都極有可能順藤摸瓜地牽連到他。

　　在之後的一小段日子裏，我幾乎天天跟他在一起，幫他回憶和哪些人說過哪些話，有無涉及政治，特別是「矛頭直指」的言論，同時商量萬一我們各自都被隔離審查，要如何應對辦案人員的訊問——這是後來公檢法軍管會死死咬住不放的所謂「訂立攻守同盟」。

　　1968年6月20日，李立榮得到可靠消息，明天上午他將被隔離審查。

　　儘管事先有思想準備，當他趕到我家，把這個消息告訴我時，我仍然感到有些突然。望著他一臉坦然面對的神情，我的心隱隱作痛起來，我預感到從這天起，我的生活將有重大改變，命運已將我推到風口浪尖。

　　這天，他母親和兄妹們在對他進行了反覆叮嚀之後，把時間全留給了我們，在他家樓上的小房間裏，我和他一直待到次日凌晨4點多鐘。

　　我們對即將面對的一切做了各種估計，並且做了最壞的打算。根據我們的判斷，他和我，以及我們一班朋友之間，主要的問題無非

只是在一起議論時政，抨擊紅衛兵「造反」、破「四舊」、抄家和打砸搶，最大的「罪過」頂多是對當局幾個最高領導人說過一些不恭之辭。按照當時的情況，這些言論如經查實，大不了判幾年刑罷了。但我們都還年輕，將來總有出頭之日，我們就不信會一輩子置身於黑夜之中。

幾十年後回憶當年，那時我們實在太年輕、太單純、太天真了！我們誰也沒有想到，就憑這些日常的私下議論，竟然也會觸犯「天條」，並由此引來殺身之禍！

臨別時他再三囑咐我小心、保重，他認為我不會有什麼事，因為我認識他們的時間畢竟不長，不至於受到牽連。他希望我幫忙照顧他的母親和兄妹，我再三要他放心，一定不負委託。

快天亮時他送我下樓，我們在底層的樓梯拐彎處擁抱後揮淚告別。這也是我們在人世間最後的一次擁抱。

返家時我獨自走在清靜的中華路上，晨曦已在天空鍍上淡淡的玫瑰紅，空氣中瀰散著一絲甜甜的香氣，眼前的初夏清晨是如此的美好，但熱愛自由的李立榮卻將在幾個小時後失去自由，想到此，我的內心就沉重到了極點。

經過內橋時，我在橋頂倚欄佇立良久，一群鴿子正從天空呼嘯而過，望著牠們漸逝的遠影，那一刻我對牠們羨慕極了，我們要是能有一雙會飛的翅膀，那該多好！世界上有那麼多令人嚮往的自由國度，但我們卻飛不到那裏。李立榮明知今天就要失去自由，卻不得不束手就範，如果明天輪到我，同樣只能聽天由命！早晨的空氣無比清新，但我卻感到陣陣窒息。

上午9點，李立榮被隔離審查，當天下午，又被關進設在太平路楊公井清真寺內的白下區「文攻武衛指揮部」。從這天起，他正式失去了自由。

這「文攻武衛指揮部」名義上是「群眾專政」的機構，實為公檢法軍管會的「編外看守所」，關押對象大致有以下幾類：不安分守己的「四類份子」、造反派中的「壞頭頭」、有不滿言論的「思想反動」份子、投機倒把份子（即十來年後的「個體戶」）、「亂搞男女關係」的、拒不下放插隊的以及一些小偷小摸者。「看守」則由各工礦企業選出一些「思想覺悟高、家庭出身好」的人充當，每批做半個月，到期換人，有點類似1793年法國大革命雅各賓時期的「民眾法庭」。

李立榮進去後的一個多月沒受什麼罪，其間回單位開過兩次批鬥會，只是一般性的低低頭、彎彎腰而已。當時我通過「內線」（我在「看守」中的熟人）可不斷得知他在裏面的情況，他也曾帶信出來要我們放心，說在裏面一切尚好。

8月上旬的一天，「內線」傳來消息：第二天下午在白下路海員學校大禮堂召開全白下區「批鬥現行反革命份子李立榮大會」，規模很大，全區各單位都必須派員參加。除此之外，還有個更令人不安的消息使我憂心不已，「內線」說指揮部原來的老看守已經換防，這次開會時押解李立榮的打手全換了一批陌生面孔，一看就非善者。這些新打手「內線」一個也不認識，他無法保證李立榮在會上不吃苦頭！

是日下午，我趕到了會場。當時批鬥大會的入口處沒人守門，任人自由進出，我剛踏進大門，一眼就看到李立榮的一個朋友顧仕中，估計不少和李立榮熟識的朋友今天都混進了會場。

大禮堂內座無虛席，連走道上都擠滿了人。一條「批鬥現行反革命份子李立榮大會」的大字橫幅懸跨在舞臺上方，周邊的牆上到處貼著「打倒現行反革命份子李立榮」之類的標語。整個會場喧鬧嘈雜，空氣中充滿了瘋狂暴戾。

大會一開始，李立榮被幾個人反架著上了臺，全場隨即爆發出一陣陣口號。後排的人為了看得清楚些，一起站了起來，不少人乾脆

站在座椅上，拚命伸長脖子，口號聲、說話聲、椅子撞擊聲混成一片雜亂聲浪，主持者在喇叭裏反覆叫喊：「安靜！安靜！」，但根本無濟於事，全場秩序亂到了極點。

會上只有三、四個人發言，除念了一大堆「語錄」和常用的大批判「八股」章句外，通篇發言只是象徵性地揭發了幾條李立榮的「三反」（反黨、反社會主義、反偉大領袖）言論，更多的時間則是用於對李立榮的責問、呵斥、詈罵。這種批鬥大會對我來說再熟悉不過了，什麼現場揭發批判，那只不過是裝裝門面、做做樣子，主要目的其實只有一樣，那就是所謂的大造革命聲勢！幾位上臺發言的人看來挺有「舞臺經驗」，每念幾句就要破口大罵李立榮幾聲，這時臺下就會及時插上一陣口號，我記得兩個領頭喊口號的後來嗓子都喊啞了。

最後總結發言的人看樣子是個頭頭。他在講話中點了文革前已被判刑五年的Z某，說李立榮早就是Z的同伙，在文革前就該判刑，後來是「劉少奇資產階級反動路線」包庇了他，讓他成了「漏網之魚」。（下面立即爆發一長串「打倒」類的口號）現在廣大革命群眾把李立榮揪了出來，這是「戰無不勝的毛××思想的偉大勝利」（下面又緊隨一陣「萬歲」類的口號）。接著他又說：「李立榮和很多現行反革命份子臭氣相投，來往密切，經常在一起惡毒攻擊偉大領袖、攻擊無產階級專政、攻擊文化大革命，倡狂進行反革命活動」，號召大家「一定要把這個隱藏得很深的現行反革命集團挖出來」，「不獲全勝，絕不收兵」！當然，他所提到的「很多現行反革命份子」一個也沒點名，他們知道今天參加大會的成員中肯定會有李立榮的「同伙」，大會的目的之一也正是敦促這些「同伙」趕快自投羅網，省得讓他們費心地堵著籠子捉雞。

正如會前「內線」所言，貼身「伺候」李立榮的「文攻武衛指揮部」新打手果然是批心狠手辣之徒，從李立榮上臺之後就自始至終

被架成「噴氣式飛機」，上半身與地面成九十度角，身後有專人揪住頭髮，每當責令回答問題時就把他的頭拉成仰角「示眾」。

在他抬頭的瞬間，我看見他那張蒼白的臉，嘴巴緊抿，兩眼噴射著憤怒，任憑呵斥怒吼毫不改色。面對發言人的頻頻責問，他從始至終沒開過一次口！這種倔強招致了打手們多番拳腳，最後幾次頭被拉起來時，他鼻子裏的血正一滴滴往下落。

為了配合臺上的「革命行動」，臺下的人不停地瘋狂叫喊著：「頑固到底，死路一條！」、「敵人不投降就叫他滅亡！」、「打倒反革命份子李立榮！」、「強烈要求鎮壓反革命份子李立榮！」、「無產階級專政萬歲！」震耳欲聾的口號聲，使人想起地獄中狂暴喧囂的惡鬼！

快結束時，臺上一個穿紅背心的人對著麥克風聲嘶力竭地高喊：「大家說，對李立榮這種頑抗到底的反革命份子該怎麼辦？」話音剛落，會場立即爆發出一片「殺！殺！殺！」的聲浪。

四十年後的今天，當我寫到這裏時，我手中這支筆不禁顫抖起來，我的耳邊再次響起了那震耳欲聾的嚎叫：殺！殺！殺！——殺！殺！殺！

革命激勵暴民、暴民推動革命，兩者就是這樣互動著毀滅人類的良知！

下午4點半鐘，批鬥大會結束。一群打手繼續將李立榮架成「噴氣式」，並在他的頸子上用鐵絲吊了一塊兩尺多長的大木牌，上書「現行反革命份子李立榮」，「李立榮」三個字上面還打著醒目的紅叉。出了海校大門後，右拐沿白下路遊街示眾，向大行宮清真寺「文攻武衛指揮部」走去。

那是一個酷熱的下午，毒辣的太陽把柏油路面都曬化了。被架彎腰的李立榮艱難地一步步挪動著雙腳，頭上的汗珠不停地往下滴，頸上吊著的木牌不時刮擦著地面。從海校到清真寺，我一直推著自行

車混在隨行圍觀人群的最裏層，緊緊伴隨著他。途中有幾次，他趁揪他頭髮的人換手的間隙略略抬頭時看見了我，我乘機做了一個只有我和他理解的手勢，他嘴角立即漾起了一絲不易覺察的微笑。

從海校到清真寺最多不過一公里的路程，卻走了將近一個小時。進入清真寺大門時，打手們鬆開了手，他剛直起腰就猛然回頭，正好和五米外的我四目相對，他眨了眨眼，露出了笑容。緊接著，大門在他身後掩上，這是我今生今世最後一次見到他。

那個嵌著圓形門釘的清真寺大門，就這樣成了我與他生死兩隔的屏障！

他把在人世間最後一個笑容留給了我，也將這個笑容永遠刻在了我的心中。

三十七年後的2005年8月某天，我乘車途經白下路海校門口時正好遇到堵車，車窗外強烈的陽光陡然間觸動了我久遠的記憶，我當即推開車門下了車，並讓司機逕直開走不必等我，然後我獨自一人從海校沿當年李立榮走過的路線，懷著一種跡近「朝聖」的心情，一直步行到楊公井清真寺。

當年的「文攻武衛指揮部」早已灰飛煙滅，清真寺也已恢復了原來的用途，一些虔誠的穆斯林進進出出，門口幾個頭戴白帽的新疆老維，一邊搖著摺扇一邊熱烈地談著什麼。那兩扇嵌著圓形門釘的大門依然如故，但門內再也見不到那張親切的笑臉了，一時我不禁悲從中來。

滿街盡是熙熙攘攘的紅男綠女，他們當中有誰能想到當年這裏曾有過那悲慘的一幕呢？同樣的炎夏烈日、同樣的天空和街道，三十七年前，這裏曾經見證過一個平凡善良的青年人，帶著他做一個最普通的「人」的願望，被一群稱為「人」的野獸架著，一步步走向自己的不歸之路。

我逆著時光回到三十七年前，那喧囂的喊殺聲，那「噴氣式飛機」，那不停朝下滴落的鼻血，那吊在頸子上的大木牌，那艱難的微笑，像是一幕幕蒙太奇在我眼前不停切換……在烈日下我呆呆地佇立在那裏，久久無法動彈。

就在這次批鬥大會的當晚，李立榮被轉到南京白下區公安局看守所，按當時的說法，這叫「升級」。

自從李立榮被隔離後，他的母親林舜英終日思念兒子，既不知兒子究竟犯了什麼事，更不知兒子會有何種結局。李立榮「升級」後，這位可憐的母親幾乎到了精神崩潰的地步，經常獨自一人坐在房間裏，一邊飲泣一邊「老五啊，老五啊」地喚著李立榮的小名。我每隔一、兩天就要去李家一次，每回見到我時，她都會抓著我的手流淚。

當時，李立榮的家人每星期四可到看守所「接見」一次，所謂的「接見」，只是送些牙膏、肥皂、草紙等日用品進去，人是無論如何都見不到的。

一連這樣幾個月過去，既無什麼動靜，也打聽不到任何消息。

暑去寒來，日子一晃到了1969年春節，就在這年的春節期間，出現了新情況。

春節前的臘月二十八，一個自我介紹姓陳的人晚上悄然去了李家，見到林舜英和李立榮的哥哥李蔚榮後，陳某自稱剛從白下區看守所放出來，在裏面他一直和李立榮關在同一間牢房，並且就睡在李立榮緊側，兩人關係極好，平時無話不談。就在他被釋放的前夕，李立榮特意託他帶口信出來，說自己在裏面一切都好，望母親和兄妹不要擔心。陳某說，李立榮最不放心的是幾位好朋友在外面有沒有遇到麻煩。按李立榮囑託，他必須「要與老方和曹漢華見一次面，有些事一

定要和這二位面談一下」。最後，他將和我與曹漢華見面的時間、地點告訴了她們。

次日上午我去李家時，李蔚榮母子和我一起分析了這個來人的情況。按林舜英的意思，兒子又沒犯什麼大法，這個姓陳的鬼鬼祟祟，形跡頗為可疑，會不會是公安局派來套我們話的？她勸我最好不要沒事找事，叫我和曹漢華別去見他為妙。李蔚榮也認為不見為妥，免得節外生枝。

上面提到的曹漢華，現在要簡介一下他的情況了。

我認識曹漢華，是在1967年春。

在我之前，李立榮和他已是知己好友。他一直在無錫市第二製藥廠當工人，愛好古典音樂，喜歡彈吉他，讀過很多書，為人極其敦厚善良，且仗義疏財、樂於助人。在我的朋友中，曹漢華的相貌算是最獨特的一位，他生有一副凸出的高鼻樑，上面架著一副黑色方框眼鏡，和美國國務卿基辛格有著驚人的相像。

提到我和曹漢華的認識，說起來還有一個小故事。

1967年春，李蔚榮的未婚女友L遇上了一點麻煩，急需一份無錫市醫院的空白病假證明，我去李家時，李蔚榮和我說了此事，並請我無論如何要幫這個忙。我一聽當即有些為難，若是搞張南京本地醫院的空白病假證明，那只是小事一樁，可是指定要無錫醫院的卻叫我犯了愁，我在無錫既無親友也無任何社會關係，這一時半會叫我從哪去搞？說這話時，李立榮正好也在一旁，他說他在無錫有個極要好的朋友，去找他肯定會有辦法，他講的這個朋友就是曹漢華。

當天下午我就去了無錫，趕到那裏時已經是晚上9點，記得曹漢華的那間工廠位於無錫近郊的錫澄路二號橋，迎街有一道長長的白色圍牆，上面刷著足足有一人高的大字標語：「橫掃一切牛鬼蛇神！」、「『九二』革命造反精神萬歲！」

　　我見到曹漢華後，遞上李立榮給他的短信並說明了來意，他一見我是李立榮的好朋友，當即表示出了極大的熱情，先在煤油爐上替我下了一碗雞蛋麵，吃完後又陪我到他們那個相當不錯的浴室沖了澡，隨後把我安排進了招待所。當時無錫的激烈武鬥正方興未艾，整個招待所只有我一人投宿，那晚我們在空蕩蕩的房間裏整整談了一夜，直到第二天清晨太陽出來時才意猶未盡地結束談話，準備去辦事。

　　早餐後，他帶我去了附近的崇武區醫院，我們一口氣掛了七、八個不同科目的號，然後到每個診室去「軋苗頭」，繞了一圈，發現大部分診室裏都有不少病人，唯獨五官科裏空空如也，只有一個醫生在內，一看這裏有機可乘，我們趕緊走了進去。曹漢華謊稱喉嚨裏生了個東西，我趁那個留著小鬍子的醫生替他照喉鏡時，從桌上偷走了一整本空白病假證明。

　　一夜的盡興長談加上這次聯手「作案」，讓我們成了不錯的朋友。隨著後來交往的增多，彼此成了至交。

　　共同的政治文化見解、共同的興趣愛好，曹漢華和李立榮一樣，是我青年時代最知己的朋友，儘管我認識他只有一年多的時間，平時見面也不算很多，但在我這一生中，他在我心裏始終佔有極為重要的位置。

　　1970年，就在我被捕判刑後不久，曹漢華被無錫市公檢法軍管會以「現行反革命」罪名殘酷殺害。

　　我會得知他不幸遇難的消息，也是出自一個偶然——

　　1970年冬，我被南京第十一勞改隊押往無錫建華監獄「學習」，在那裏認識了一個姓呂的刑事犯。他在無錫看守所時一直和曹漢華關在一起，並且在同一個「公判大會」上宣判。多虧這位難友，讓我了解到一點曹漢華的最後情況。

曹漢華被捕後，一直是全看守所最頂級的「帶著花崗岩腦袋去見上帝」的「死硬份子」，面對各種刑訊逼供，他自始至終沒吐過一個字，（按現在的法律用語，是典型的「零口供」）惱羞成怒的審訊人員使盡了所有招數，最後竟用鐵棍撬光了他滿口牙齒，即便如此也未能使其屈服。在「公判大會」上宣佈判他死刑之後，他強行掙鬆脖子上的繩圈（這是具有二十世紀中國特色的一種對付死刑犯的特殊手段。每個死刑犯在行刑前，脖子上都會被套上一個繩圈，一旦發現犯人臨刑前要呼口號，身後的員警會立刻抽緊繩圈、勒住犯人的喉嚨，使其發不出聲來。這個方法比起張志新臨刑前的割喉管，多少算是一項人道主義改革，正因如此，一直沿用至今。），聚集了最後一口氣，噴發出了留在這個世界上最後的聲音：「打倒×××！」、「打倒×××！」

1969年春節，曹漢華從無錫回南京過年。一見面，我就把李立榮從看守所託人帶信，以及來人一定要和我們見面的事告訴了他。和我一樣，他也認為應該見見那個姓陳的。

我們分析了一下：如果陳某果真是公檢法派來刺探我們的，那說明公檢法已經非常「看重」我們，因為只有對重大案件才會用上這種「手段」，如果真到這種地步，那恐怕我們已是在劫難逃，既然如此，即便見一次陳某也無所謂了；從另一面來看，倘若陳某確實受李立榮所託前來，而我們卻避而不見，那豈不辜負人家冒險帶信的一番誠意？

按他留下的約定，大年初三下午2點，我和曹漢華在朱雀路（現太平南路）和建康路交角處一座銀行大樓門前和陳某見了面。

這個姓陳的大約四十七、八歲，瘦猴臉，兩片薄薄的嘴皮後有幾顆顯眼的金牙，使人老遠就能一眼認出他來。

　　那是一個大雪紛飛的下午，雪大到連睜眼都很困難，在瀰漫的雪幕中，街道上幾乎看不到行人。我們三人撐著傘，踏著腳下吱吱響的積雪，沿朱雀路邊走邊談。

　　稍稍寒暄過後，陳某立即神情詭祕地告訴我們：「立榮在裏面一切都好。從目前的情況看來，上面並沒有掌握他什麼具體的材料，他的口風很緊，這點諒必你們比我更清楚，因此請二位不必擔心。」

　　「不過」，他放低聲音接著說：「他最不放心的是你們兩位，因為他最看重和你們二位的生死感情。除此之外……」說到這裏，他的聲音更低了。「主要是怕你們兩位會因為他出事而命令組織暫停行動。因此他再三要我轉達你們：不管發生什麼情況，組織活動必須照常進行，絕不能為了他半途而廢。」似乎怕我們沒聽清楚，他又將最後兩句話重複了一遍，並且明顯加重了語氣。

　　「組織」？「活動」？聽了他這番不著邊際的話，我先是莫名其妙，繼而又感到有些好笑。我在謝過之後當即告訴他，我們和李立榮不過是好朋友，大家都愛好音樂、愛好文學，平時不過在一起發過些牢騷，但從來就沒有什麼組織，而且連想都沒想過。」

　　他對我的話明顯地表示了不滿。

　　「看來方兄是不願把實情告訴我了，對此我當然也很理解。」說著說著，他停下了腳步。「幹我們這行的，特別是身在組織的，每家都有嚴格的紀律，每個人都必須保持高度警惕，任何大意皆會造成災難性的後果。既然二位不便深談，那就此為止吧！反正我已經把話帶到了。」

　　見他似乎動了氣，我只得反覆向他說明了我們和李立榮認識、交往的經過，並再三強調我們只是朋友而已，從來沒打算搞什麼組織，更談不上有什麼「組織行動」。

　　「二位話說到這份上，我也就不為難你們了。」想了想之後，他又添了一句：「看來，我們的上面不是同一條線的。」

眼看他越說越邪門，我開始懷疑他的精神是否不太正常。

曹漢華和我對看了一眼之後，笑著拍了拍他的肩膀：「謝謝你老陳，你冒著風險帶信來，真是太感謝你了。不過你提到的組織，我們確實沒有，剛才老方講的全是實話，你若不信，我們可以對天發誓。」

陳某聽後呲著金牙，不置可否地淡笑了一下。

從他的神情可明顯地看出，對於我們始終不肯向他和盤托出「組織」的「祕密」，令他非常失望。這時我的腦海中忽然閃過一陣說不清的預感，但一時間我又無法釐清自己的思路。

不過在下面談話中，他沒有再正式提什麼「組織」的事。

接下來，我們又問了些李立榮在裡面的情形。

他談了些牢房裏吃飯、睡覺、放風、倒馬桶等等的日常瑣事，並不失時機地介紹了李立榮的一些日常生活習慣，特別講了李立榮的刷牙動作（李立榮刷牙時一直是頭動手不動，據他說這是藉刷牙的機會來鍛煉頸部的肌肉），這些細節都說得準確無二。他還「不經意」地提到我和曹漢華的家庭、工作單位情況，連一些細微的小事都沒放過。我和曹漢華聽了都很驚訝，如果不是李立榮親口告訴他，陳某絕不可能對我們了解得如此詳細、如此準確。

這次見面大約持續了半個多小時，後來雪越下越大，走到白下路十字路口時我們分了手。

臨別前，陳某囑咐我們還必須辦一件事：下次去「接見」李立榮時，別忘記送一份《人民日報》進去，並事先在《人民日報》的「人」字右下撇盡頭處用針戳一個小孔，這暗示他已和我們見過面，並表明家裏和我們都平安無事。陳某還說，萬一有什麼重大的情況，可以寫在小紙條上捲起來，從牙膏屁股後面塞入，「接見」時將這裝有祕密的牙膏送進去，他事先已和李立榮商定，每次接到牙膏都會仔細檢查。陳某煞有介事地說這是「特種教程」上推薦的祕密聯繫方法，中共偵察部門到現在還沒識破。

分手時陳某很鄭重地和我們道別：「再見吧二位，來日方長，今後我們肯定還有見面機會，希望二位多多保重。一旦有什麼情況，我會及時通知你們。根據規矩，希望二位不要跟蹤我。」

望著他在大雪中很快消失的背影，我和曹漢華有些茫然。這個陳某，到底是什麼人呢？

根據他的談話，顯然對李立榮、對我、對曹漢華都相當了解。他連曹漢華女朋友的小名和我弟弟的乳名都報得出，這些都不是一般朋友所能知道的，由此推定，他和李立榮一定一起被關過，而且李立榮對他非常信任。

但是，這個姓陳的一再追問的「組織」，又是怎麼回事呢？

我們可從來沒想過要成立什麼組織，李立榮當然也不可能對陳某無中生有地編出這種假話，那他為什麼要反覆提出這個問題呢？

難道陳某是個有幻想症的精神病患者（文革期間精神病患者被抓進去的不在少數）？這也不對。首先，既然他一直和李立榮關在同一間牢房，那李立榮必然很了解他，李立榮怎麼會託一個精神病人帶信呢？再者，從我們和他的這次接觸看來，陳某思路清晰、語言表達準確，怎麼看也不像有精神病。

唯一可能的解釋是，公檢法軍管會並沒有從李立榮嘴裏掏出想要的東西，而且估計很難撬開李立榮的嘴巴，情急之下他們特地精心設計了一個圈套：安排一個「臥底」在他身邊，通過李立榮之口摸清我們的一些日常細節，然後打入我們「內部」，騙取我們信任，最終好把我們這兩條「大魚」釣上鉤。

如果真是這樣，這姓陳的，顯然就是個「臥底」。

倘若我們真有什麼「組織」，倒真如這位「臥底」所言，稍一大意，就會有「災難性的後果」；但問題在於這「組織」原本就是荒唐至極的「莫須有」，下一步他們又將如何呢？

分析到這裏，我和曹漢華不禁倒抽了一口氣。看來，公檢法對於我們兩人已經不是一般的「關心」，巨大的危險正在逼近我們！

不過，我們還是有些迷惑不解：幾個年輕人平時在一起，除了談論文學、藝術，最多不過一時興起，發洩一下對現實的不滿，但我們從來沒有想過要真刀真槍地和當局為敵啊！對我們這些平凡的青年人，值得如此大動干戈嗎？

那時我們怎麼也沒有想到，人的思想和言論、人的獨立思考和意識交流，居然會讓一個武裝極度完備的「國家」感到如此恐懼！非得動用在血腥內戰中慣用的間諜手段來對付我們！

初三當晚，我去李家把下午見陳某的情況告訴了林舜英和李蔚榮，並將我和曹漢華的擔心簡單提了一下，但沒敢深入分析，怕加重李母的精神壓力。

林舜英覺得她兒子和我們這些朋友都是些正派的年輕人，從沒做過出格的事，政府應該不至於拿我們怎樣。她說：「我們家雖然出身不好，但這些年來一直老老實實，什麼法也沒犯過，要抓我們總得給個理由吧！」

老太太雖比我們年長一輩，有豐富的社會閱歷，當年還協助丈夫辦過好多案子，但對當今中國政治的了解比我們還幼稚！

大約隔了一星期左右，那個姓陳的又在林舜英上班的路上和她見過一次面。據林舜英告訴我，陳某再次企圖從她口中套取我和曹漢華的情況。林舜英平素一貫膽小怕事，再說我已經告訴她陳某的可疑，因此講話非常留意，客客氣氣地打發了他。

後來我們按老陳所說的送了一份帶有針孔的《人民日報》進去，不過從未採用他推薦的牙膏方法，這倒不是怕，而是毫無必要。

陳某究竟何許人也？

　　人說「這個世界真小」，此語確實不謬，後來發生的事充分地印證了這句話。

　　1974年，我在南京第四機床廠勞改已經進入第四年，當時有個名叫李海濤的犯人（木匠）和我關係挺好，有天晚上在乘涼閒扯時，他無意中談起了一個鄰居的故事。這個鄰居不止一次在李海濤面前吹噓過，說他在1969年曾經受白下區公檢法指使，打入了一個重大「現行反革命組織」的內部，取得這個反革命組織頭頭的信任後，從中獲取了大量有價值的「情報」，最後終於將這伙人一網打盡，其中四人被判了死刑……

　　言者無意，聽者有心！當我問：「此人是否姓陳，四十來歲，瘦猴臉，口中鑲有金牙」時，李海濤頓時驚得目瞪口呆地反問我：「你怎麼知道的？」

　　望著他那張吃驚的面孔，我告訴他，我正是那個「現行反革命組織」的重要成員，並把當年和陳某見面的經過講給了他聽。

　　李海濤怎麼也沒想到，天下竟會有如此巧合，一番感嘆之後，他告訴了我一些有關這個陳某的細節。

　　此人確實姓陳，原來住在南京白下區洪武路，長年來一直沒有正當職業。為了生存，平時免不了幹些「投機倒把」、偷雞摸狗的事，搞到錢時酒菜滿桌，沒米下鍋了，就去居委會鬧救濟。對這種大錯不犯、小錯不斷的市井無賴，居委會老大媽們拿他也沒什麼辦法。

　　1968年下半年，江蘇革委會頭頭許世友一時心血來潮，決定下放一部分的城市居民去農村。文件一下，全南京市各街道頓時鬧得雞飛狗跳、人心惶惶，基層居委會趁此機會巧作文章，把那些平時不安分守己的角色首先列入下放對象，陳某所在的居委會，理所當然地把這個「光榮任務」第一個分給了他。

　　這陳某當然也不是省油的燈，上面天天宣傳的「廣闊天地，大有作為」，那只是用來騙騙「大腦進水」的普通老百姓的，他這種精

猴子怎肯眼睜睜地往火坑裏跳？任憑居委會白天黑夜上門動員磨破了嘴，好話、歹話說盡，他就是一副「死豬不怕開水燙」的架勢，非但拒不領情，耍潑使賴、尋死上吊，什麼手段都使上了，就是不肯到廣闊天地去大有作為。經他這麼一鬧，其他下放戶就以他為榜樣，賴著不遷戶口，一時搞得居委會頭痛不已。

眼看這顆「耗子屎」就要壞湯，居委會和派出所串通好後，決定以「破壞偉大領袖戰略佈署」為名，先把陳某關起來，煞煞他的威風再說，同時可以藉此殺雞儆猴。於是，別的下放戶去了「廣闊天地」，他則進了看守所。

陳某剛「入籠」不久，恰巧被當時主辦李立榮案子的F××先生一眼相中。（F先生當時是白下區公檢法「專案組」的成員，無錫人，因為有一臉雀斑，外號「F麻子」，以善於審辦「現行反革命」案件著名，南京好幾起「現反」大案首犯的性命都栽在他手裏！後來一直在公檢法口子工作，九十年代末才從檢察長的位置上光榮離休。）

當時F先生由於撬不開李立榮的嘴巴正煩惱不已，一直想安排一個「內線」打入我們「內部」，只苦於一時沒有合適的人選。這陳某一進看守所，恰巧和李立榮關在同一號房，並且緊鄰李的位子，F在了解陳某的底細後，立即覺得此人是再合適不過的「內線」人選，於是連夜找他談了話。根據陳某「有奶便是娘」的特性，F許諾他可以不下放，條件是要替公檢法辦件事。陳某一聽，自然受寵若驚，求之不得，雙方一拍即成。成交之後，F立刻向陳某交代了具體的操作步驟：首先要在李立榮身邊主動說「反動話」，越反動、越激烈越好，以此騙得李立榮的信任後，從李立榮口中套出我和曹漢華的情況，再以「帶口信」的方式來「釣」我們。另外F還指示陳某，要在李家的住宅周圍密切監視往來人員，記下來人的相貌年齡和具體時間。

為了防止我們「反偵察」，F××還和陳某約定，每星期四上午9點在淮海路紅十字醫院門診部碰頭，F聽取彙報並作下一步行動的

指示，平時若有緊急情況，陳某可撥打一個專用電話。至於陳某從F先生那裏領到了多少祕密「偵察」經費，因無確切證據，不能妄言。

從街頭流浪的癩皮狗一躍成為體面的「警犬」，陳某對主人的感恩和賣力可想而知，這樣一來便有了前面已經敘述過的事。

聽了李海濤的敘述，總算解了心頭多年的謎團。老天有眼，多虧這位陳兄從娘胎裏帶來了一副愛吹的天性，否則到現在我也無法盡釋心中之疑，可惜的是，曹漢華到死也沒解開這個謎。

巧事還不止一椿——

十三年後的1982年，當時我住在南京城南鳳遊寺，有天下班快到家時，忽然發覺迎面走來的一個人有些眼熟，稍一細看，他那惹眼的金牙使我立即認出此人正是十三年前打入我們「內部」的那位陳兄。我悄悄尾隨其後跟到了他的住處，發現他獨身一人住在門西花露崗一個老宅第二進天井裏搭建的小披屋裏，那簡陋的小屋面積最多七、八平米，油毛氈屋頂上壓著幾塊石頭，房門由一張報廢的竹床臨時充任，一看就知道陳兄過了這麼多年仍然還沒「富起來」。我悄悄問旁邊一位老太太此人來歷，老太太說他是才回城沒多久的下放戶，前幾天剛由居委會硬塞進來，不知姓甚名誰。

估計當年我們這些「獵物」一落網，這位臨時「警犬」的利用價值也就到此為止，很快被F先生一腳踢開了。後來大概是胳膊終究沒拗過大腿，不得不乖乖去了農村，也沒敢去糾纏主人兌現承諾。

親眼目睹了他的處境，憐憫之心終於打消了我算「舊帳」的念頭。再說，這筆舊帳又能怎麼算呢？他的舊主人在新形勢下照樣在公檢法當官，他畢竟只是一條狗而已。

我悄悄離開了那老宅。此後再也沒見過他。

自1969年春節和陳某見過面之後，再也得不到李立榮的任何消息，其他朋友那裏也沒有什麼動靜。

　　社會秩序漸漸穩定了些，有工作的人基本上都回單位上班了。我仍舊隔三岔五地去李家，不時給林舜英他們一些安慰。眼看李立榮關進去已半年多卻一直不處理，也不知結局到底怎樣，我們每天都在惴惴不安中等待。這期間，李立榮的大姐帶著一雙兒女從武漢回來探過一次親。她似乎比我們更了解「黨的政策」：李立榮既然沒幹過什麼壞事，只是說過一些錯話，應該屬於「人民內部矛盾」，根據偉大領袖「一個不殺，大部不捉」的精神，最多關一段時間就釋放了事。

　　大女兒的勸慰，加上一對活潑可愛的小外孫繞膝撒嬌，林舜英的心情總算有所好轉。對於正在逼近的巨大災難，李家所有的人都毫無覺察。

　　不過，我一直被不祥的預感所籠罩。

　　首先，由於文革前夕李立榮受牽連的事並未了結，那些檔案材料像枚定時炸彈般一直潛伏在那裏，以前之所以沒有爆炸，只是起爆時間未定而已。如今「清理階級隊伍」的運動正是白熱化之際，到處急缺革命火力，這枚現成的定時炸彈怎能讓其白白閒在彈藥庫中？從海校批鬥大會的規模和聲勢，以及會後立即將他「升級」進看守所來看，充分表明對李立榮的重新立案早就啟動，現在要做的僅僅是進一步補充李立榮的「現行」，批鬥會上那位頭頭的發言也明確地表示，這次對李立榮是老帳、新帳一道算。家庭出身、個人歷史，再加上「現行」，這三樣一匯總，李立榮這條難得的大魚，怎麼也逃脫不了無產階級專政的「法網」！

　　其次，經辦李立榮案的那些老公檢法人員，文革初期都有被「打倒」、「靠邊站」的經歷，如今好不容易從「幹校」回來後重新被起用，個個都想在「新生的紅色政權」裏好好表現一番。對他們來說，文革前多少還有那麼一點「條條框框」限制手腳，現在老規矩早被統統砸爛，正是放開手腳大幹一場的大好時機。

　　基於這些分析，我預感到李立榮在劫難逃，而我恐怕也難以置身事外。

　　1969年4月「九大」開過後，在偉大領袖「團結起來，爭取更大的勝利」的號召下，中央的爭權奪利緊鑼密鼓，地方上階級鬥爭如火如荼。全國上下都在鬥人、抓人，由公檢法軍管會簽發的判刑、槍斃的佈告，像如今治療性病的「牛皮癬」廣告隨處可見。我們農場和其他單位一樣，三天兩頭召開批鬥大會，一個又一個的「階級異己份子」被揪出來。平時在人們印象中老實得不能再老實的人，一夜之間忽然成了漏網地主，有兩個一輩子識字從未達到三位數的農民，居然是「系統地惡毒攻擊毛澤東思想」的「現行反革命」……

　　不久，無產階級司令部要人謝富治（時任公安部長，中央「文革小組」成員）的一篇重要講話印刷稿在全國到處張貼，公然強調對階級敵人「可殺、可不殺的堅決殺！」「可抓、可不抓的堅決抓！」

　　同時在全國大批印刷張貼的，還有1967年1月13日中共中央、國務院頒佈的《關於無產階級文化大革命中加強公安工作的若干規定》（即臭名昭著的《公安六條》），其中的第二條「凡是投寄反革命匿名信，祕密或公開張貼、散發反革命傳單，寫反革命標語，喊反革命口號，以攻擊、污蔑偉大領袖毛主席和他的親密戰友林副主席的，都是現行反革命行為，應當依法懲辦。」被作為重點內容在大會、小會上反覆宣傳。

　　1969年3月的「珍寶島」事件加劇了全國的緊張局勢，我們農場一個姓孫的軍代表（此人造孽過多，在十一屆三中全會後因懼怕被他整過的人報復，差點嚇出精神病來。）成天在會上叫嚷著要「大張旗鼓地鎮壓一切階級敵人，該殺的殺，該抓的抓！一個都不能放過！」在一次大會上，他拍著桌子大喊大叫：「蘇修正在妄圖侵犯我們，敵情這麼嚴重，不殺一批人行嗎？我們哪一次和敵人打大仗之前不殺一

批人的？」我當時聽了差點笑出聲來：真他媽的十足草包一個，竟然忘掉他的主子當年怎麼誹議蔣委員長的「攘外必先安內」了！

這一切，預兆著一場鋪天蓋地的腥風血雨已迫在眉睫。

很快我就發現自己的行動已經受到監視——農場宿舍附近經常有一些「積極份子」晃來晃去，好幾次在深夜裏，門外突然傳來異乎尋常的響動。最明顯的一次發生在我被捕的前一個星期左右：那天晚上9點多鐘我去李家，剛從朱雀路拐進慧園街沒多遠就感到身後有隻「尾巴」，當我再拐進通往慧園里6號後門的小弄單後，我多了個心眼，在牆拐角蹲下身子朝弄單口看，果然有條黑影悄悄地跟了進來。這時我故意咳嗽了一聲，那黑影趕緊掉頭走了出去。

種種跡象已經非常明顯，對我下手只是遲早的問題了。

1969年6月初一個非常美好的初夏夜晚，我和從無錫回來的曹漢華在新街口見了最後一次面。

那晚我們坐在廣場中心環形花園護欄上一直談到了天亮，我把自己的處境告訴了他，他笑了笑說這並不奇怪，他早就感到廠裏有人在注意他了，只是和我一樣，不知道該來的究竟哪一天會來？

另外他告訴我，他打算利用工作上的便利，在包裝出口藥品時，把事先準備好的小傳單夾在說明書裏混出國外，讓全世界了解中國發生了哪些事。我勸他千萬要謹慎，萬一被查出來，後果不堪設想，他說他知道這事的風險，而且也不一定就能成功，但人活著總得幹點什麼，哪怕只有一張傳單能送到外國人手裏，這番努力就值得。即使失敗了，最起碼能向當局表明，中國還有人敢這麼做，不是所有人都願意服服貼貼地做奴才。

我至今還記得他說這話時臉上那坦然無畏的冷笑，能交到如此有種的朋友，是我今生今世難得的福氣。

臨告別前，他略帶傷感的告訴我，他已經主動和戀愛多年的女友分了手，原因很簡單：他不想連累這位青梅竹馬的戀人。為了防止

女友割捨不下相濡以沫多年的感情，從春節開始他就故意製造矛盾刺激女方，為之後的分手做準備，以便真到那一天時，女方不至於過分痛苦。

他的女友我見過，是位身世很不幸的姑娘，尚在母腹中即失去父親，自小和母親相依為命，與漢華相愛多年，感情極深，她母親簡直就把漢華當成了親生兒子，真不知漢華遇難後，這對不幸的母女是怎麼熬過那些歲月的。

我充分體諒他做出這種選擇的痛苦，但我又無法安慰他，只能默然無語。

太陽升起的時候，我們再三互道珍重，緊緊握手告別。初夏清晨溫暖的陽光灑滿了廣場，但我的心中卻充斥著寒意，看著他離去的背影，我全身都浸在「風蕭蕭兮易水寒」的悲涼之中。

這一別，成了永訣。

從這次分手之後，我一直牽掛他那個傳單計劃後來究竟實施了沒有。直到我和曹漢華訣別整整四十年後，通過一個極為偶然的機會，我才打聽到了一些結果。

大約是漢華在天之靈冥冥中的啟示吧，2008年夏，亦即本文初稿在網路上流傳的兩年後，漢華在南京製藥廠培訓時的一位同班學員M先生某日在網絡上蹓躂，不知怎麼神使鬼差般地逛進了我在凱迪網上的博客，他從〈南京慧園里6號的母子冤魂〉一文中看到有關曹漢華的敘述之後，當即留了一段留言並附上通訊位址，我在看到留言後，趕忙發了封E-mail給他，就這樣和他相互建立了聯繫。2008年9月5日，M先生特地從外地趕來南京和我見面，在南京一家名為「心源」的茶社裏，我們圍繞亡友漢華短暫的一生長談了九個小時。正是通過這次談話，我才從M先生口中得知，就在當年漢華和我分手後回到無錫沒兩天，他毅然採取了行動，將準備好的小傳單塞進出口藥品的內包裝裏。遺憾的是，那批藥在出口前的抽樣檢查中，被發現其中

夾有「內容極為反動」的傳單，結果全數被扣了下來，並且順藤摸瓜地查到了他。也正是這件事，成了他後來的主要「罪狀」。

在我所有的「反革命」朋友中，曹漢華是唯一一位以實際行動來反抗暴政的勇士，儘管他甘冒生命危險的一番努力在最後關頭功敗垂成，但他的勇氣、他那明知不可為而為之的剛毅，無一不展現出他輝煌的人格魅力，單憑這一點，他就永遠值得我們景仰和崇拜！

這些，都是後話的後話了。

我的預感終於成為現實，1969年6月16日，當局對我下了手。

6月15日晚上應一朋友之請，替他畫了一幅狄更斯小說《奧立弗爾》舊本的封面，完稿時估計是12點了。臨睡前出門解手，外頭一片月光，遠處傳來野班鳩咕咕的叫聲，這使我記起兩年前李立榮第一次來我們農場時的情景：那次他留下過夜，聽到這咕咕的班鳩叫聲時，說不知為何總感到有些不祥，為此我還取笑他疑神疑鬼。如今分別近一年，也不知他在裏面怎麼樣了？仰望天上皎月，不禁生出一番傷感。上床後輾轉反側，隔了好久才沉沉睡去。

上午剛起床刷牙，有人來通知今天上午不上班，8點整在大會議室集中學習。我進入會議室後，很快就感到今天的學習有點奇怪，人已全部到齊卻遲遲不見動靜。隔了一會，我們的書記笑咪咪地指名要我讀報（平時開會學習前總要讀一會報，不過這次特地叫我讀報，顯然是事先的精心安排），同時誇我讀報最好，聲音宏亮、口齒清楚、普通話標準。讀了大約半小時之後，一位叫朱玉成的同事從門外進來坐到我旁邊，他悄悄地告訴我：「今天不知道有什麼事，外面停了好幾部公安局的車子，看樣子像是來抓人的，不知哪個人又要倒楣了！」說話時還伸出雙手做了個戴手銬的姿勢。我一聽心頭不由得一緊，腦中瞬間閃過一個念頭：莫非今天要對我動手？轉而一想，該來的跑不了，聽天由命吧！於是我繼續讀我的報。

9點過後不久，外面走廊裏傳來一陣腳步聲，書記在門口叫我暫停一下，然後滿臉帶笑地對我說：「你出來一下，有人找你。」

我走出會議室剛剛進入走廊，早已等候在此的七八個民兵一擁而上，緊緊揪住了我，隨即把我架進一間小辦公室裏。室內空無一物，只在正中央放了一把椅子，四周牆壁上貼著墨跡未乾的黑體大字標語：「現行反革命份子方子奮必須低頭認罪！」、「坦白從寬、抗拒從嚴，頑抗到底，死路一條！」、「受蒙蔽無罪，反戈一擊有功！」剛進室內，押我的幾個人就把我死死地按在椅子上，其中兩人牢牢地揪住我的衣領角然後剪開，仔細檢查裏面有無氰化鉀之類的毒藥（電影裏常有這種鏡頭：特工人員被捕時只要咬一下藏在衣領角裏的這些劇毒藥品，馬上就能斃命。），緊接著扒光我身上所有的衣褲鞋襪，給我換上一套全新的勞動布工作服。剛繫好扣子，一群人反扭著我的臂膊、揪住我的頭髮，把我架往辦公室外的露天會場。

早上我經過廣場時還空空蕩蕩，現在卻到處人頭攢動。這表明他們事先早已做好了準備。

我剛在會場露面，立即轟然爆發出一陣震耳欲聾的口號：「打倒現行反革命份子方子奮！」、「敵人不投降，就叫他滅亡！」、「揪出現行反革命份子方子奮是毛澤東思想的偉大勝利！」一千多支胳膊隨口號聲一伸一屈，場面壯觀至極。當我被揪到臺前還沒立穩，下面猛然竄上一群人向我撲來，三秒鐘不到，我即被掀翻在地，頓時分不清東南西北、上下高低。我倒在地上，只見拳頭和穿著鞋子的腳在我身上「運動」，我身體的各個部位都經受著拳打腳踢。幸好1960年我在武漢時曾跟體院崔賢洪副教授學過一段拳擊，多少懂一點防護招術，這時我用雙手死命地抱住腦袋，彎腰踡曲，雙膝緊併護住下身，其他部位只好聽天由命了。

不知過了多久，我聽到有人在喊：「大家不要動手，大家不要動手！」但這對狂風暴雨般的打擊根本未起作用，直到到喇叭裏反覆

高喊：「大家注意，大家注意，我們要注意階級鬥爭新動向，防止階級敵人破壞！防止個別壞人殺人滅口！」這時我才明顯感到雨點般的拳腳很快地停了下來。

看來「義憤填膺」的打手們也心存顧忌，怕背上殺人滅口的黑鍋，一個個不得不悻悻而退。

事後回想，我真該「感激」會議組織者的急中生智，否則那天我真有可能被「滅了口」。不過我明白，這位會議組織者之所以在關鍵時刻巧妙地止住了打手們的胡來，倒不完全是關心我的死活，而是非常清楚在這種瘋狂的混亂中，絕不能讓我有三長兩短，我這種「要犯」萬一真被「滅口」，恐怕他也很難洗刷「縱容」滅口的嫌疑。

我被架了起來，下頭又是一陣接二連三的口號。姓孫的軍代表走到麥克風前伸出雙臂，按住了會場的喧囂，稍微停頓後將臉轉向了我：「方子奮！知道我們今天為什麼對你採取革命行動嗎？」

我吐了口帶血的唾沫，毫無表情地回答：「不知道。」

「老實告訴你！今天上午，我們對你們這個反革命集團在滬寧線全線統一實行了抓捕，你們的成員已經全部落網，一個也沒跑掉！時至今日，你唯一的選擇就是徹底坦白地交代自己的罪行，否則你同夥李立榮的下場就是你的鏡子！」

我心裏立刻一驚：李立榮怎麼了？李立榮怎麼了？李立榮怎麼了？

正當我胡亂猜度之際，忽然大會宣佈：「現在由李立榮的哥哥李蔚榮發言。」

李蔚榮隨即站起身，照著手中的稿子念了起來：「前天上午，李立榮已經被白下區公檢法軍管會以現行反革命罪判處有期徒刑十年。政府考慮到他認罪態度較好，能主動坦白地交代問題，因此給予了從寬處理。現在就看你的態度了，你只有老老實實地交代所有問題，才能爭取寬大處理。任何僥倖心理都非常危險，希望你不要走抗拒從嚴的道路，否則你的下場會很可悲……」

聽完這份軍代表們事先替李蔚榮設計好的發言稿，我當即明白軍代表們在玩什麼把戲。他們之所以特地安排李蔚榮第一個發言，無非是故意藉李蔚榮之口透露他弟弟判刑的消息，以此加重我的心理壓力，打消我企圖蒙混過關的僥倖心理，同時也藉此在分化我和李蔚榮的關係。

但軍代表們沒有想到的是，這消息反而讓我懸著的心頓時放了下來——不就判了十年嘛！十年又能把我們怎麼樣？李立榮不過判了十年，曹漢華和我也頂多十年！只要不死，我們這一生還有好幾個十年！

心稍定後，我想了想剛才李蔚榮念的那份發言稿，又暗自覺得有點好笑——李立榮居然會「認罪態度較好」，並且還能「主動坦白地交代」，他要是能「老實坦白地交代」，全中國恐怕再也找不出第二個比他認罪態度更「好」的「反革命」了！

第一次批鬥大會時間不長，總共一小時左右。這次大會的主要目的是「發動群眾」、「大造聲勢」、集中火力狠狠打擊我的「反動氣焰」，會上當然不需要我坦白什麼具體「罪行」，那得留待會後單獨收拾我。就像燉肉一樣，大火只能熟兩成，要想骨酥肉爛，那必須用文火慢慢加熱才行。

從這天起，我正式失去了自由。後來我才獲悉：當天會後我本應直接被送往看守所的，農場革委會為了充分利用我這個「反面教材」來掀起全農場「清理階級隊伍」的運動高潮，經與白下區公檢法軍管會再三協商，硬是「借用」了我兩個多月。

農場特地為我安排了一間密封的浴室作為囚禁場所，由十六個民兵分為四班，日夜輪流看守，這些人清一色是貧下中農出身，大多是黨團員或復員軍人。

第一次批鬥大會後又開過近二十次大小批鬥會。由於我是「要犯」，又是「借」來的，軍代表和農場革委會可能真的怕我被人「滅

口」，以致到時交不出人來，後來每次批鬥會前軍代表都要再三強調，對我只能「文鬥」，絕不允許動手。正是由於這種特殊關照，我在隔離期間始終沒受什麼皮肉之苦，這可算是不幸中之萬幸。

1969年8月24日，我在農場的「借用期」滿，隨後進了南京白下區看守所，復於1970年1月初升級到南京市娃娃橋看守所關押。

就在我進看守所當日，李蔚榮也被隔離，後來我「升級」到娃娃橋時，他又緊跟著進了白下區看守所，公檢法如此精準銜接的目的是防止我們照面，直到在1970年3月6日的五臺山公判大會上，我們才「大團圓」。

白下區看守所總的來說還不錯，裏面的一些看守不大胡來，平時極少虐待犯人（這在當時算是極難能可貴的了）。而娃娃橋看守所則是另一番天地，那裏才是真正體現「無產階級專政」威力的閻王殿！

南京有句出名的順口溜：「進了娃娃橋，小命就難逃」，由此足見這娃娃橋看守所的名聲。我在娃娃橋時的看守大多是轉業不久的軍人，其中大部分是些心狠手辣、殺人不眨眼的高手。有次我被提出來審訊時，親眼見到一個身高一米九幾的姓穆的女看守（據說是自南京軍區排球隊轉業的）正在打一個女犯，這位穆管（看守所裏管理員一概稱為「×管」，有如現今的「×總」、「×局」、「×隊」。）揮起手中一把鎖牢房的大鐵鎖，對著那個雙手已被反銬的女犯人的後腦勺就是一下，女犯人立刻被砸倒在地，一邊翻滾著身體，一邊發出撕心裂肺的嚎叫。當我回到牢房將此事說給同室難友聽時，幾位「前輩」笑我少見多怪，說女牢房裏的女犯見到這個姓穆的無不渾身「篩糠」！

上文已經談過，我在農場隔離階段和白下看守所裏都沒受過什麼皮肉之苦，但到了娃娃橋之後就沒那麼幸運了，沒多久我就親身體驗到「小命就難逃」果然名不虛傳。

　　1970年2月的某一天來了兩個人提審我，這兩位硬要我按他們的意圖揭發一位朋友，由於事關重大且過於離譜，我始終沒能順著他們的「桿子」爬，那天下午一直耗到天黑，他們也沒如願。最後在送我回牢房時，其中一個和分管我那間牢房（當時我被關在東大院7號，編號是2605）的管理員陳「醫生」咬了幾句耳朵，從那神情看來，對我顯然不是什麼好事，只是一時猜不出究竟想把我怎樣。

　　負責我們牢房的這位陳「醫生」是個非常殘暴的傢伙，他這「醫生」的稱號一直使我們莫明其妙，因為從沒見他替誰看過病，只知道他自己非要犯人這樣稱呼他不可，不然就當場要你好看。我剛進7號時，老犯人就要我對他提高警惕，千萬別讓他抓到什麼把柄，否則一定會吃大苦頭。

　　提到醫生，我不由得想起當時管理員中的另一位李醫生。這李醫生倒是位貨真價實的醫生，犯人一旦有什麼頭痛發燒或審訊時受了皮肉傷，總是喊報告請他來。這位李醫生是老公檢法，文革前就在娃娃橋當管理員兼替犯人看病，平時非常人道，從不體罰犯人，替犯人看病療傷也極為認真。遇到在刑訊中受傷的犯人找他治療時，他經常善意地提醒犯人「態度放好點」、「別自討苦吃」，這種變相的安慰，在那種地獄般的環境中往往令人終生難忘。我的朋友群中在娃娃橋關過的有數十人之多，一提起這位李醫生時無不交口稱讚，藉此機會，我謹在多年之後的今天補上對他的敬意。中國自古以來素有「公門好積德」一說，我衷心祝願這位好心的醫生健康長壽！

　　就在上面提到的提審次日，我第一次嘗到了肉刑的滋味。

　　第二天清早我正在起床疊被，忽然牢房鐵門上方的小窗「叭」地一聲被撥開，一張陰沉的面孔在窗口停留了三、四秒鐘後定向了我說：「2605，出來！」我一聽喊的是自己的「番號」，趕忙走到門口高喊「報告」，接著鐵門框噹一聲地打開，讓我走了出來，那位姓陳的「醫生」正背著手立在門口，虎視眈眈地盯著我看。

059

　　為了讓親愛的讀者們多了解一點娃娃橋看守所，這裏我要費點筆墨對管理員「背著手立在門口」這幾個字做一段特別註釋。

　　凡是「有幸」在娃娃橋待過的朋友們應該都記得，每當步出牢房的鐵門時，無一例外都會見到管理員雙手背在後面盯著你，為什麼這些看守都統一保持這種態勢呢？祕密在於他們背在身後的手中握有一把鐵鎖。根據監獄和看守所的規定，管理人員除了參加重大的集體行動之外，平時在監區範圍內是嚴禁帶槍的（萬一發生犯人暴動，管理人員身上的槍枝被奪走，麻煩就大了），既然不准配戴槍枝，一旦遇到亡命之徒利用走出牢房的機會突然襲擊時，牢房門上那把沉重的大鐵鎖就成了管理員最有效的防身武器。管理員之所以將雙手背在後面，目的就是為了不讓犯人看見他握在手中的大鐵鎖。我不知道去過娃娃橋的朋友們是否都了解這個小祕密，反正我始終認為，如果對這個重要的細節一無所知，應該說很難算作娃娃橋看守所的合格「居民」。

　　陳「醫生」將牢房鎖上後，將我帶到旁邊的走廊交界處，叫我立正站好，接著摸出一枝煙用火柴點著了，吸了兩口後吐出兩個字：「跪下。」

　　除了訓練有素的狗之外，我想所有人都不會自動服從這個命令，再說我什麼錯誤也沒犯，你憑什麼無緣無故要我跪下？我瞟了他一眼後動也沒動。

　　「跪下！」

　　這次他聲音一下子提高了八度，那張陰鷙蒼白的臉上充滿了殺氣。

　　我依舊沒動。

　　這時勞動班兩個犯人正好推著稀飯桶小車「嘰嘰嘎嘎」地從旁經過，一見到這場面就停了下來。這些勞動班都是些輕微刑事犯，平時負責送飯、送水、打雜，偶爾遇到機會也會臨時充當一下幫兇，一看我居然把陳「醫生」的命令當作耳邊風，兩人一邊向我靠攏一邊盯住陳「醫生」，等待動手的指示。這時陳「醫生」的手臂做了一個下

按的動作，兩人一邊一個架住了我的兩條胳膊向前推，下面用腳同時一絆，我立即被迫跪了下來。

接著陳「醫生」掏出銬子繞到我身後，二話不說就將我反銬起來。一陣嘎嘎的響聲過後，我明顯感覺到銬齒已經被捏到不能再緊的地步。

這時我問陳「醫生」，我究竟犯了什麼錯，要這樣銬我？要他給我一個答覆。

「娘那個B（這是陳的口頭禪！），你還要問犯什麼錯誤！你早上起床那麼慢還不能銬你嗎？」

我當即表示不服，我說同牢房有好幾個人比我動作還慢，為什麼……

還沒等我說完他就賞給我兩記耳光：「為什麼，為什麼，老子打的就是你這個為什麼！少他娘的為什麼，給老子滾回去！」

牢房門才打開，他從後面一腳把我踹了進去。

同室難友見我平白無故就被戴緊銬覺得有點奇怪，我告訴他們禍因是早上起床動作慢了些，他們說還從沒聽過起床動作慢居然也會戴銬，事情肯定另有蹊蹺。後來我把昨天提審時發生的事講了出來，他們才恍然大悟，告訴我這是提審員和管理員串通起來玩的把戲，有意懲罰像我這樣在審訊中不肯配合的頑固份子。

二十分鐘過後，緊銬的手腕開始火燒似的疼了起來，難友們看了看被銬處，發現雙手已經腫起，周圍的皮膚開始泛紫。我們的勞房長是個被關了三年多的老犯人，見過各種大小場面，他見我才銬半小時皮膚就如此變色，不由得皺起了眉頭，他說我骨肉嫩不經銬，得盡快設法開銬，不然可能會留下後遺症，他曾親眼見過兩個犯人被銬成了殘廢。

接下來的三天三夜簡直不是人過的日子，這是我有生以來第一次真正理解什麼叫痛徹心肺，這種疼痛和那種突發而至的銳痛不同，

它是一種持續的、連綿不斷的、每分每秒都在強烈折磨神經的「鑽心之痛」。這三天三夜我幾乎沒什麼睡，只是在極度疲勞時才闔一會眼，不一會又被痛醒。由於是反銬，吃飯、喝水全靠難友餵，大小便只能請別人解褲子擦屁股。

直到第五天，大概由於所銬部位的局部神經已經壞死的緣故，痛感漸漸緩解了下來，到吃晚飯時甚至不怎麼感覺痛了。我把這個情況告訴了牢房長，他一聽連稱不好，他說戴這種緊銬，如果越來越痛倒不可怕，怕的就是先痛後不痛，一到不痛的階段，表明已經出現壞死，如果不盡快開銬，今後很可能使雙手的活動功能受到嚴重影響。

這時我們的牢房長幫了我一個大忙。

按照慣例，每晚睡覺前，各牢房的管理員都會來例行檢查一次，9點整陳「醫生」準時撥開了小窗，像平時一樣朝內掃了一眼之後問道：「有什麼情況嗎？」

「報告！」牢房長立刻站起來。

「什麼事？」

「報告陳醫生。這幾天晚上2605一直在哼，哼得大家都睡不好，第二天一個個頭昏昏的，影響考慮問題。」

牢房長不愧是老經驗，什麼都不提，獨獨說我「哼得大家都睡不好」，以至影響大家白天「考慮問題」。至於我為什麼「一直在哼」，號長卻隻字未提。陳當然比誰都清楚。

看守所內犯人的主要任務就是「考慮問題」，如今因為我哼而使大家「考慮問題」受到影響，理所當然應該首先排除我這個干擾，言下之意不外乎是要求替我開銬，但又不直接點明，防止怪他多管閒事。

陳聽了後將目光移到我臉上盯了一會，冷冷地說了聲「知道了」之後關閉了小窗。

陳走後牢房長立即到我身邊安慰我說，最遲明天中午肯定會來替我開銬。根據他的經驗，陳聽了報告後說「知道了」，這表示很快就會解決，如果不作聲，那就不知要拖到哪天了。

果然不出牢房長所料，第二天早上勞動班送大桶稀飯來時，牢房門一打開，陳就站在門口喊我出去，什麼也沒說就替我開了銬。從上銬到今天開銬，整整六天。

開銬之後，我驚愕的發現自己的雙臂竟然已經不太適應放在前面，肩部一動就隱隱作痛，反而覺得繼續背在後面更加自然。牢房長說不要緊，凡是反銬多日開銬後的都會有這種感覺，他和另兩位難友幫我推拿了快兩個小時，總算使我舒服些。我低頭一看，兩隻手腕都腫得非常厲害，腕下一片紫黑色，摸上去全無感覺，一圈深深的勒印裏正往外滲出黃水。

直到3月6日公判會前沒幾天，我的雙手才能勉強活動，據牢房長說，這種緊銬再戴上個一星期，我這雙手可能就廢了。

直到近四十年後的今天，每當陰雨天時我腕部被銬處仍然會隱隱作痛，這時我就會不由得「惦記」起那個姓陳的畜牲！

八十年代我平反後，曾多次想再去會會這位陳「醫生」，然而由於各種原因終究未能實現。我想去找他倒不是為了清算這筆舊帳，而是想恭恭敬敬地請教這畜牲一個問題——在人類已經經過幾萬年的進化之後，他是如何把祖先的兇殘獸性如此完整地繼承下來的？

在此我還得順便提一下我們7號的牢房長。他好像是南京鐘山化工廠革命大聯委成員，不知犯了什麼事而進入娃娃橋，我進7號時他已在裏面關了三年。他是位知識份子模樣的中年人，面容清秀，舉止斯文，非常富有同情心，我從沒見他依仗牢頭身分欺負過誰，倒是有些難友遇到麻煩時他總能極力設法周全，為此，全牢房的人對他都十分尊重。我在7號的三個月中他對我一直很好，要不是他及時報告，我的雙手很可能就廢在那個姓陳的銬子中了。八十年代我曾託人找過

他，但鐘山化工廠堅持說從無此人。這裏只能用文字聊表我對這位牢房長的衷心謝意。

寫到這裏，我要以親身經歷為例，簡單介紹一下公檢法軍管會是如何辦案的了。

中國在文革期間之所以像雨後春筍般冒出那麼多的「現行反革命」，後來又發現這些「現行反革命」案件幾乎百分之百是冤、假、錯案，這在很大程度上得歸功於公檢法軍管會（這裏面當然也不能抹煞經過文化大革命「脫胎換骨」後的老公檢法的功績，只是在軍管結束後，老公檢法們出於一種特有的精明，謙虛地把所有功績一股腦全記在了軍管會頭上）。根據我的觀察，公檢法軍管會之所以能取得那麼豐碩的戰績，主要靠戰無不勝的×××思想的光輝指導，並由此建立起一整套獨具特色的辦案指導思想。

這獨特的辦案指導思想和由此制訂的具體策略，我當然不可能知道，而且估計二、三十年之內也不可能公諸於世，不過對他們具體辦案過程中沿襲的那一套路子進行一番分析後，多少也能窺出其中一二。根據我的親身感受，其中有兩點給我的印象最深。

一是一流的想像力，二是高深莫測的「邏輯推理」。

這兩點在審理我們案件的過程中均被發揮得淋漓盡致。

在對我的多次審訊中，除了要我交代和李立榮等人的認識經過及平時的言論之外，有三個問題作為重點中的重點，一直被翻來覆去的盤問，辦案人員一再不厭其煩地追問其中的所有細節，並且一遍又一遍地核實我前後的交代是否一致。

第一個問題是我和李立榮、曹漢華、張稼山等四人在玄武湖、中山陵等地有過哪些活動？

由於毫無隱瞞的必要，我對這個問題如實地做了交代。

1967年初夏，曹漢華所在的無錫到處搞武鬥停產，他回南京待了一段日子。在這期間，他和我、李立榮、張稼山一同去玄武湖和中

山陵水榭亭玩過兩次。當時我們躺在如茵的草坪上縱情談論音樂、電影、文學，談論各國風土人情，又從玄武湖、中山陵的優美景色扯到瑞士日內瓦湖的綺麗風光。我們說如果能到日內瓦遊覽該有多好，可惜中國人出國比登天還難，這輩子看來是沒有指望了。李立榮談到他舊時的一個鄰居，全家遷居香港，前些日子回來探親，說香港那邊非常自由，我們大陸人想都不敢想。談到後來，我們發了些牢騷，說這個國家一天都待不下去，如果有機會出國，連一分鐘都別耽誤等等。

當時談話的內容主要就是這些。除了買幾根冰棍、上過幾次廁所外，其他什麼事也沒幹。

按正常人的眼光來看，無非是幾個小青年結伴出遊，在一起天南海北地亂聊了一番，最多不過是流露了一些對西方生活方式的嚮往，對中國現實有所不滿而已。再說，這些話都是口頭上的牢騷，說過就算，根本沒有任何針對性的策劃或什麼具體行為。

但公檢法軍管會可不這樣看——

既然對中國現實不滿，不滿肯定就要反對，反對什麼呢？肯定是反對無產階級專政、反對社會主義制度、反對無產階級文化大革命；既然要去日內瓦，而瑞士又是個資本主義國家，好好的社會主義祖國不待，偏偏要去西方資本主義世界，這不屬於叛國投敵是什麼？再說，接連兩次到同一「活動」地點集中，同樣的四個成員，談論的是同樣的「問題」，這完全符合「多次祕密聚會」的特點，既然四人個個想叛國投敵，在一起怎麼可能不議論具體叛國投敵的方法？議論就是商量，商量在刑偵中的定義就是不折不扣的策劃！

我們這兩次再平常不過的出遊，經過上述一流的想像和高深莫測的「邏輯推理」之後，成了我們判決書上的主要罪狀之一：「多次在玄武湖、中山陵等地祕密聚會，策劃叛國投敵事宜，由於其他原因未遂！」

至於究竟什麼原因「未遂」，鬼他媽的才知道！

　　第二個問題是：我們這「一伙」人（李立榮、曹漢華、我、張稼山和另外幾位好朋友）在李立榮家一共開過多少次「反革命黑會」，進行過哪些「策劃」？

　　由於這個問題實在太離譜，我實在無法交代。

　　我們這一班朋友確實常在李立榮家碰頭，但在一起時的絕大部分時間只是談論文學藝術和國外的風土人情，有時聽聽古典音樂唱片，由於談論內容廣泛，其中難免涉及時政、涉及文革，一涉及文革，則免不了對當局頭面人物有所議論，對毛、林、江以及靠文革發跡、爬到中央的新貴進行過一些抨擊，假使這些都稱之為「活動」的話，內容也就這麼多。至於「反革命黑會」和「策劃」，那純粹是莫明其妙的想像，按坊間粗話叫「胡扯雞巴蛋」！

　　不過公檢法軍管會自有他們的邏輯推理：根據偉大領袖「我們都是來自五湖四海，為了一個共同的革命目標走到一起來了」的教導，五湖四海的革命者之所以走到一起，是因為有一個共同的革命目標；依此逆推，我們這些散居各地的「現行反革命」之所以走到一起，除了同樣是因為有一個共同的反革命目標之外別無解釋。思想目標既定，行為上又三天兩頭在一起，除了開「反革命黑會」策劃「反革命活動」還能幹什麼？

　　經過這樣推理斷定，剩下的問題就是使用強大的攻心戰術，逼使我們老實交代開「反革命黑會」的次數，進而查清策劃「反革命活動」的具體內容。

　　但這些憑空想像而來、純屬子虛烏有的問題，叫我如何坦白交代呢？

　　由於在這個問題上，我的交代和審訊者的要求距離太大，為此我吃過不少苦頭。前面提到在娃娃橋看守所被反銬六天五夜，和這個問題也有部分關係。

因為我的口供不能使他們滿意，辦案人員對此極為惱火，在審訊中不斷對我施加各種壓力，哄、嚇、詐、騙，一應俱全。好在我很清醒地意識到在這個問題上我必須咬緊牙關，絕不能順著他們的「桿子」爬，只要我一鬆口，按照他們的授意「交代揭發」，後果和下場是可想而知的。

他們的目的我已經很清楚，他們是一心要將我們定為一個「裴多菲俱樂部」式的「現行反革命集團」，李立榮是我們的「首領」，是他在組織、領導我們，他的家則是我們祕密策劃反革命活動的大本營，現在只等我和朋友們的口供來予以印證。至於我們的口供是否屬實則無關緊要，只要供出他們想要的內容，然後簽字畫押，就算大功告成。

我既然深諳其中厲害，當然不為所動。任憑軟硬兼施地逼供，我一直在和他們兜圈子。

大概是其他被關押的朋友們也識破了這個陷阱，絕大部分人都沒有中套，致使公檢法軍管會精心設計的「在李立榮家開會，策劃反革命活動」這段重要情節最終沒能演化為「事實」。當然，這並沒有妨礙他們以另一種表述方式替我們定罪：「張稼山、方子奮、×××、×××等人多次聚集在李立榮家，密謀反革命活動，系統性地瘋狂攻擊無產階級司令部、攻擊無產階級專政、攻擊無產階級文化大革命、攻擊社會主義制度。」

這個結論，後來寫進了我們這個「現行反革命集團」的判決書，成為主要的「定罪根據」。

在此，我要特別插入一段有關我們判決書中一個形容詞的說明，因為由此可以從一個側面反映出南京公檢法軍管會對我們一案的重視程度。

在1970年「一打三反」中罹難的千千萬萬不幸者裏面，絕大部分人都和「惡攻」罪沾上邊。所謂的「惡攻」，是惡毒攻擊無產階級

司令部、惡毒攻擊無產階級專政、惡毒攻擊無產階級文化大革命、惡毒攻擊社會主義制度的簡稱（這個全世界「獨樹一幟」的罪名的版權，一直為中國當局所獨享）。七十年代的中國人一提到「惡攻」，可謂無不談「惡」色變。就是這樣一個本已極為可怕的罪名，主審我們一案的軍管會仍然覺得加在我們頭上有點「委屈」我們，特地將「惡毒攻擊」升級為「瘋狂攻擊」！在我們原判的判決書中，所有「攻擊」的前面都冠有「瘋狂」二字。

據我所知，這種置頂的「瘋狂攻擊」罪名，大概在全國這麼多年來浩如煙海的「現行反革命案」中獨獨只有本案一例！

第三是要我揭發林舜英的所有「問題」。

我最如實、最詳盡供述的正是這第三個問題。

按他們的設想和估計，我既是李家最好的朋友，和李立榮接觸最頻繁，交情也最深，必然對李家的情況了解得最全面、最詳細、最深刻。其中當然包括對林舜英的思想、行為和從事「反革命活動」犯罪事實的了解。

根據他們偉大領袖「世界上沒有無緣無故的愛，也沒有無緣無故的恨」的推斷，林舜英出身於大地主家庭，階級烙印不可謂不深，潛逃臺灣的丈夫幾十年來與人民為敵，作為國民黨官僚的太太，她能不恨共產黨、不恨社會主義嗎？眼前她的兩個兒子都是瘋狂仇恨共產黨、敵視社會主義制度的「現行反革命」，這能和她沒有關係嗎？提審人員在審訊時直接了當地用這些「愛恨理論」提醒我：根據他們的分析和掌握的情況，林舜英絕不是一個小人物，她有重大的犯罪事實，現在就看我的「態度」了。

審訊往往也是「洗腦」的過程，為了挑起我對李家的仇恨，從而能置林舜英於死地，他們多次「苦口婆心」地啟發我的「階級覺悟」，說我雖然「犯了點錯誤」，但在本質上和李家人大不相同，我的父母都是產業工人（有一位甚至煽情地指出，我血管裏流的是「無

產階級的血」），解放前正是林舜英這種反動官僚階級使我父母過著牛馬不如的生活；這次我之所以成了他們的「同伙」，很大程度上是受了李家的「拉攏」和「勾引」……

有段「語錄」不知被他們念了多少遍：「受蒙蔽無罪，反戈一擊有功」。言下之意是：我不幸受了李家的「蒙蔽」，罪不在我，能不能立功則要看我願不願「反戈一擊」。

不提這些屁話倒還好，我這個「無產階級」的後代，一想起「解放」以來的親身遭遇──特別是我那活活餓死的小妹──會有何種反應可想而知，那些「語重心長」地開導我的軍代表們恐怕做夢也沒想到我這個「花崗岩腦袋」如此難「洗」！

對於林舜英的問題，我寫了幾十頁「交代揭發」的材料，就我所看到、聽到和了解到的有關內容如實地做了供述，甚至連她平時的衣著習慣、菜肴口味這些生活細節都沒有遺漏。不過，這份洋洋上萬言的交代材料中，沒有一個字提到林舜英有什麼「反動」思想、「反動」言論，更沒有牽涉什麼「現行反革命」活動──這倒不是故意隱瞞或為她開脫，而是確確實實沒有。

我在材料中詳細介紹了林舜英如何膽小怕事，如何謹小慎微，並列舉了很多具體事例來說明。例如，有好幾次我和李立榮在小房間交談時，她會突然推門而入，怕我們在收聽「敵臺」；有時我們的談話一涉及文化大革命，她會立即將話題岔開，意思是叫我們別談政治，如果我們不聽，她會責怪李立榮，搞得我都有點下不了臺。有次她給在武漢的大女兒寫了封信，信寄後忽然懷疑自己在信封上寫毛主席語錄時漏寫一個字，急得一夜沒睡，第二天清早趕到郵筒旁，等郵遞員開箱取信，直到證實沒有漏字後，心上的石頭才落了地。在李立榮被關押後，她和世界上所有的母親一樣，想兒子、替兒子擔心，但從來沒有為此發牢騷或攻擊過誰，更多的是默默流淚、強忍心中的悲傷。在和她認識的幾年中，我時常在李蔚榮、李立榮兄弟面前半開

玩笑地譏笑過林舜英，說她是個典型的「樹葉落下怕被打破頭的老太太」。有次我甚至當面和她開玩笑說她膽子太小，她笑著說：「我們不能跟你們比。你們家是工人階級，出身好，有點什麼事別人也不會計較，對我們這種家庭可不行。」

交上這份「交代揭發」材料後的次日，來了兩個人提審我。剛剛開始其中一個傢伙就拍著桌子警告我：「你寫了些什麼揭發？看來你是不見棺材不掉淚了！」儘管這兩位來勢洶洶，我還是耐心地向他們再三保證，我說的絕對是實話，如有隱瞞，甘願承擔全部責任。但他們根本不相信我的交代，始終認為我在為林舜英隱瞞、開脫，一再逼我「深入交代揭發」。到最後我也急了，我說「那你們乾脆列個草稿給我，讓我按你們的意思照抄一遍好了。」話才出口，其中一位繞過桌子到我面前搧了我兩記耳光，接著按鈴叫人把我送回牢房裏。

大約十天後，兩人又來了。這次略微比上次客氣了點，對我來說，硬也好，軟也好，該說的全說了，審一百次也沒什麼新內容。

上次打我耳光的那位這次倒變得挺有耐心：「你想過沒有，1957年時林舜英全家已經拿到去香港的護照，後來為什麼又臨時變卦不走了呢？」

還沒容我回答他又接著問道：「照理說，像他們這種反動家庭，做夢都想去臺灣、香港，怪的是護照發給她們後居然又不願走了，你談談看，這說明什麼問題？」問完後用手指尖輕輕叩著桌面，等我回答。

我說，她是不放心留在大陸的大女兒，也有些捨不得那棟樓房。另外她考慮在南京已經這麼多年了，怕到那邊生活不習慣……

他不屑地冷笑一聲打斷了我的話：「不知你是裝傻還是太天真，事情真像你講的這樣簡單？這裏我們可以透露點情況給你，根據我們掌握的事實，她那次之所以臨時決定放棄去香港，是因為接到了臺灣方面的通知，要她繼續潛伏下來做特務。」

話既然講到這份上，除了佩服他們的豐富想像力外，我實在沒什麼話可說的了。

接著他又一臉「誠懇」地開導我：「你也許不一定了解所有的內情，今天告訴你這些，完全是為了挽救你，我們不能眼看你滑入深淵而不拉你一把。你要是繼續執迷不悟，你的處境就非常危險了。」

我同樣「誠懇」地感謝了他們的「挽救」。我抓住了他那句「你也許不一定了解所有的內情」，對他們說：「是啊，如果她真是特務，怎麼可能讓我這個外人知道？不過我有點不明白，既然你們早就掌握她是特務，那為什麼不及時抓她，非得拖到現在才動手？害我以為她是好人哩。」

那傢伙盯了我一會，大約沒從我臉上看出我是在調侃他，輕蔑地撇嘴冷笑了一下：「不抓她？那是為了讓她的罪行充分暴露！時候一到，哪個人能逃出無產階級的手心？」

結束時他們說：「你現在已經知道林舜英的真實身分了，要好好回憶，協助政府查清她的所有罪行。」

我表示一定認真考慮。

我考慮他媽的B！李伯母這麼膽小怕事的老實人居然成了台灣特務，這些狗日的想像力真他媽的豐富，他們怎麼不把自己的老媽當成蘇修間諜抓起來？

回到牢房後，我想了很久，看來林舜英的麻煩大了。提審員的話儘管從頭到尾不離哄嚇詐騙，但如果他們真的拿她當臺灣特務，那也並非不可能，他們還有什麼事情做不出來？我進來已經半年多了，只是不知她如今身在何處，我禁不住為她深深擔憂起來，畢竟她已是個六十歲老人了。

我估計他們很快還會找我，怪的是一直到我離開娃娃橋看守所都沒來過。

最後一次找我了解林舜英，是我離開娃娃橋將近半年之後的1970年8月，那時我已被判刑在南京長江磚瓦廠（後併入南京第四機床廠，統稱「江蘇省第十一勞改隊」）勞改，當時在瓦窯出苦力。

一天下午剛上工不久，我正在烈日下汗流浹背地拖板車出窯，值班的莫幹事到窯頂找到我，要我隨他到辦公室，說有人來外調提訊。

來人共有四位，三男一女，每人的肩上都背著一個軍用黃布書包（這在當時是政工人員常用的行頭），見面後莫幹事向我介紹說，這是南京立新紙製品廠革委會的幾位同志，今天特地來找我了解一些情況，希望我能如實地回答問題，不管自己的、別人的都說清楚。接著，和來人打了個招呼就出去了。

一聽到立新紙製品廠，我當即想到了林舜英。

自從年初在娃娃橋那次提訊後，一直得不到任何有關她的情況，每次父母親來「接見」時，我都想問問他們有沒有林舜英的消息，但由於管理幹部在旁監督很嚴，始終不便發問。我一度以為在娃娃橋最後一次提訊時的那些事都是哄嚇、詐騙，最後肯定不了了之，沒想到他們一直都盯著她沒鬆懈。

就坐前，我略略地打量了他們一下，年紀大的那位男子一看就是公檢法便衣，另外的二男一女都很年輕，看樣子是革委會專案組成員，其中那個女的長得很清秀，臉上戴副淺褐色鏡框的眼鏡，給人的印象挺文靜，後來才發現她最兇，嗓音也最高。

才剛坐下來問話，我就感到今天來的幾個人和以往的外調人員明顯不同。以前來外調的那些傢伙，在正式訊問前往往會有意無意地兜一番圈子，似乎不這樣就顯不出他們的高明，但今天這四位一上來什麼廢話也沒說，開門見山就告訴我，他們這次來的目的是了解林舜英的問題，希望我能如實交代、揭發林舜英的問題，爭取立功贖罪、爭取寬大減刑。

那個公檢法模樣的人說：「你們當中有一個同案，由於揭發他人有重大的立功表現，判刑才兩個月就減了兩年刑，希望你以他為榜樣，徹底檢舉、揭發林舜英，爭取立功減刑，千萬別錯過眼前的大好機會。」

接著，那女的翻開筆記本向我念了幾個問題，要我老老實實地回答，盡量詳細些，越詳細、越具體越好。

這幾個問題是——

林舜英是如何在幕後操縱你們這個「現行反革命集團」的？林舜英是用哪些手段把你們拉下水的？林舜英和臺灣、香港特務有哪些聯繫？林舜英在她兒子被捕後，是如何指使你們進行內外串供、訂立攻守同盟的？

大概是怕我記不清，那女的一字一句念得很慢，念完後接著又重複了一遍。

我一聽不由得一驚——這幾個問題可謂句句咬肉、字字見血，只要沾上其中一條，不死恐怕也要脫層皮！半年前在娃娃橋時，那兩個軍代表只是籠統地點了些林舜英的問題，想不到半年之後他又設計出這麼多的具體罪狀，一種非常不祥的感覺頓時籠罩了我。

正面駁斥這些離奇的罪名顯然不可能也不明智，我能做的只能是盡我所知地讓他們了解林舜英到底是怎麼樣的人，於是我花了足足一個小時，把在娃娃橋交代過的內容從頭到尾重複了一遍給他們聽。為了滿足他們「越詳細、越具體越好」的要求，我又補充了些林舜英的新問題，一是關於她「資產階級思想嚴重」的一些表現，比如年齡那麼大了，平時仍然講究衣著裝扮，每隔幾個月還要去燙一次髮，又說過「再破的沙發也比木椅子看起來舒服」、「我就是討厭那些成天邋邋遢遢的人」等追求資產階級生活方式的「反動言論」；再就是她惡毒攻擊「無產階級文化大革命」的一些言行——她曾不止一次地抱怨「好好的沙發在抄家時被紅衛兵劃了幾個大口子」，67年武鬥時

她還說過「鬥來鬥去，鬥得我們班也上不成了，出門連公車也坐不到」、「這種亂糟糟的日子不知哪天才能結束」，在67年各單位停產、搞武鬥的那段日子，她不但不積極投入文化大革命，反而經常和一些思想落後的人躲在家裏搓麻將等等。

在我這冗長的供述過程中，那個年紀大的便衣一直低著頭看材料，估計是將我的現時口供和以前交代過的文字材料進行比對。其餘三位都在埋頭記錄，那個皮膚白皙、約莫三十歲的高個兒男子的筆頭顯然不行，幾次打斷我，要我講得慢一點。

聽完我的交代之後，那位老便衣抬起臉，盯住我看了一會說：「就這些？」

我說：「是啊，就這些。」

「剛才我們提的那幾個問題，你為什麼避而不談？是不是有什麼顧慮？」

我搖搖頭說：「沒有什麼顧慮，反正我知道的就這麼多，你們提的幾個問題，我確實一點也不了解。」

這時四個人腦袋攢在一起低語了幾句。

「看來你是堅持不肯交代揭發了？」那白皮膚的高個子把筆一摔，氣勢洶洶地站了起來。「我們為什麼隔了這麼長的時間才來找你？就是為了給你足夠的時間好好考慮，想不到事到如今，你的態度還是這麼壞！怎麼啊，你以為判了刑就太平無事啦？老實告訴你，你不老老實實地交代揭發這幾個問題，有你哭的日子在後面！到那時候，恐怕後悔也來不及了。」

我非常平靜地告訴他，我不是不願意交代揭發，而是真的不知道那些事。

想了想，我又接著說：「如果硬要我交代自己根本不知道的事，這不但對我自己不負責，對你們同樣也不負責。今天如果我按你們的要求亂說一通，你們一查，馬上就會發現全是我編的，那不就變

成我要了你們？到時你們肯定不會放過我。這樣吧，你們可以記下我的話，我要是知道那些事而不揭發的話，就算我是故意隱瞞、抗拒交代，隨便你們怎麼處理！」說完我把兩手一攤。

這時，那個戴眼鏡的女子咆哮了起來：「我勸你別關門太早！據我們所知，我們上面提的幾個問題，你比誰都清楚！」說到此，她抓起桌上的一疊材料朝我抖了幾下，接著呼地一聲摜在桌上：「這都是你們一伙人的揭發交代，個個都說你和李家關係最密切，最了解林舜英，連李蔚榮都揭發你是他們家的常客，他媽最相信你，我們提的幾個問題你能不清楚？我看你是不見棺材不掉淚！」

見她提到李蔚榮，我心裏不禁覺得有點好笑。兩天前召開全廠犯人大會，我上廁所時正巧碰到了他，當時我們站在小便池旁一邊撒尿一邊偷偷談了幾句，他和我一樣，也是好久沒有他母親的消息，也從沒人來找過他，這會怎麼突然冒出了他的「揭發」？退一步說，就算他揭發我「是他們家的常客，他媽最相信我」，這又能說明什麼問題？這小娘B的兒歸兒，到底只是個業餘角色，沒騙到我反讓我看出了破綻。在勞改隊裏長久見不到女人，加上她那文靜的外表挺討人喜歡，剛見面時我還忍不住貪看了她幾眼，誰知道竟是個惡B！。

我沒理她。

見我沒作聲，他們大概以為那女人的話打動了我，趕緊趁熱打鐵，又向我宣傳了一番「坦白從寬、抗拒從嚴，立功贖罪，立大功受獎」之類的廢話。那女的還模仿〈敦促杜聿明等投降書〉中的語氣奉勸我：「時至今日，一點游移的餘地也沒有了。你現在唯一的選擇，就是徹底交代揭發林舜英的那些問題，繼續替她隱瞞包庇，只會加重你的罪惡。」

這時我犯了個錯誤──

在他們這番政策攻心之後，也不知怎麼搞的，我忽然情不自禁地笑了起來。現在回想，那笑可能確實夠刺激人的。

　　看我還敢如此放肆，三個男的同時站起來衝到我面前，將我從方凳上掀翻在地，其中一個傢伙狠狠地掐住了我的喉嚨，我想喊人，但叫了半句便發不出聲來，只感到呼吸非常困難，眼前陣陣發黑……

　　這時幸虧值班的莫幹事聽到響動闖了進來，眼見我被掐住喉嚨、按在地上掙扎，趕緊過來為我解圍。他先是泛泛地批評了我幾句，要我端正態度、老實地交代問題，然後又慢斯條里地對他們說：「不要急，不要急，有什麼問題，慢慢問他就好了。」

　　幾個傢伙對莫幹事七嘴八舌、恨恨地抱怨說，這傢伙實在太頑固，氣焰太囂張，不「整整態度」不行！希望勞改隊配合一下，先把他態度好好「整整」再說。——那意思很明顯：不先讓我吃點苦頭，今天這場戲恐怕很難唱下去。我特別記得那個女的惡狠狠地對莫幹事說，他們外調過好多犯人，從沒見過態度像我這樣囂張的，有的勞改隊對這種頑抗的壞傢伙早就給他釘大鐐了，言下之意是希望馬上讓我嘗嘗戴鐐的滋味。

　　好在莫幹事對這些「有益的」建議並未積極回應，敷衍了他們幾句後，卻端了把椅子在門口的樹蔭下坐了下來。

　　經過這番折騰，四位大概考慮到畢竟是在人家的地盤上，不能像在自己單位的專案組裏那樣為所欲為，態度總算收斂了些。

　　我對眼前的形勢很快地做了一下判斷：他們之所以這樣火急的想從我口中掏材料，說明他們目前手裏「現貨」有限，特別是「含金量」差得遠，沒有我這個對李家最熟悉者有力的口供，一時還不太容易對林舜英完成最後的「包裝」，既然他們的需求如此迫切、態度如此狂躁，那麼我就不妨來個以靜制動、以逸待勞。

　　剛才他們的一番「勞累」雖然讓我吃了些苦頭，但也正好為我提供了一個可以充分利用的機會。我在農場經歷了幾十場大小批鬥會，早就積累了相當豐富的臨場經驗——在某些情況下，有人動手未必是壞事，那往往是裝死躺下、乘亂攪局的大好機會，目前的情況正是如此。

當審訊繼續進行時，我抬頭死死地盯住天花板，不停地揉著剛才被他們掐過的喉部，極力做出一副呼吸困難的樣子。每當他們提出問題，我就「認真」地考慮好久，然後以「沒有新的補充」、「該交代的都交代了」作答。任憑如何提問，一律照此辦理。我回答問題的聲音吵啞而低弱，一副喉嚨明顯受到嚴重創傷的腔調。

這種軟硬不吃的態度，很快地又激怒了他們，那個白皮膚的高個子火氣特別大，又最沉不住氣，動不動就跳起來衝著我吼：「今天你不老老實實地交代，絕不會放過你！」這傢伙除了脾氣大之外，四個人中數他口才最差，「翻來覆去」就只會吼這兩句，後來連那個老便衣都對他有點不耐煩了，幾次用目光示意他別浪費火氣，老便衣到底是老江湖，知道對我這號角色急也沒用。

那個戴眼鏡的女子也不含糊，兩次殺氣騰騰地衝到我面前，用手指著我示威：「什麼是無產階級專政？無產階級專政就是要消滅你們這些反動份子！特別是像你這種頑固到底的反革命！」

我繼續按我的既定方針處理，任憑他們暴跳如雷，絲毫不加理會，唯一的應對就是繼續盯著天花板，一動也不動。有莫幹事這位「保鏢」坐在門口，諒他們不敢再對我採取激烈的「革命行動」，現在我要做的只是耐心等待時間一分一秒地逝去。勞改隊裡什麼都珍貴，唯獨時間不值錢，如果能一直這樣坐在椅子上和他們周旋，而不用在烈日下幹那些苦力活，我倒是希望他們天天來。反正混一天算一天刑期。

整個下午，雙方就這麼耗著，任憑他們費盡心機、硬軟兼施，我依然十分耐心地重覆那兩句回答了不知多少遍的的老話。

就這樣，我和他們一直耗到了天黑。

四位眼看我們勞改隊並無招待晚餐的誠意，最後一個個背起黃書包悻悻而去。臨出門時只是瞪了莫幹事一眼，連手都沒握。

此後，再沒來過人找我外調林舜英。

　　寫到這裏，我忍不住又要插入一段與本文並無直接關係的後話了。

　　不知是鬼使神差，或是「緣份」未盡，這次外調近三十年後的1999年，在某裝飾工程公司宴請我們的酒席上，我竟然有了再次邂逅上面提到的這位女士的榮幸。

　　這時的她，是那個裝飾工程公司的「業務主辦」（打工、跑腿的別稱，隨處抓都是一大把。），這次跟隨她那個胖子老闆出席酒宴。當時他們承接了一個不小的工程，接單後發現其中一種石材到處都採購不到，後來打聽到這種義大利西西里島獨產的石材，只有我們公司才有現貨，為此特地請了這桌酒席。更巧的是，她的老闆正好安排她負責和我聯繫石材供貨的具體事宜，於是當年的「革命女將」和反革命要犯，在近三十年後就這樣戲劇性地再次坐到了一起。不過這次隔在我們中間的不再是勞改隊那張臨時充當審訊臺的長方桌，而是擺滿豐盛菜肴的豪華大圓席，當年朝著我呵斥、責罵的提審者，如今卻成了對座下首的陪酒員。

　　為了不過多地佔用本文篇幅，這次見面過程中的一些有趣的細節即不詳述，這裏只扼要地簡介一下和本文有關的一點事。

　　由於闊別二十九年後的我已經有足夠的心理優勢不計前嫌，這次我絲毫沒為難她，當場拍板解決了他們的需求，也算幫了她一個不小的忙。作為回報，她告訴了我一些當年有關林舜英的情況。

　　在他們來外調我之前，林舜英已在看守所關了不少時日，但無論怎麼審訊，林舜英不僅沒有任何「實質性」的交代，甚至連普通問話都懶得回答，純粹一副「死豬不怕開水燙」的架勢，一切硬的、軟的、不硬不軟的手段都試過了，老太太就是不招。

　　為了能從側面攻下這座「碉堡」，他們不惜耗費人力、物力、精力，找遍所有認識林舜英的單位同事、街坊鄰里、親朋故舊，遺憾

的是什麼有價值的揭發都沒得到，這些人對林舜英的共同看法是「老實本分、膽小怕事，不可能幹什麼犯法勾當」，若要說有問題，那就是「成分不好，丈夫在國民黨裏當過官。」

正面攻不下，側面又找不到突破口，這就使得軍管會既頭疼又惱火，但又不知如何是好，按照公檢法的常用語，「審訊一時陷入了僵局」。

這時他們再次想到了我。按他們的設想，已經判了刑的我經過近半年的「改造」總該會有些轉變，說不定能從我這裏找到置林舜英於死地的「重磅炸彈」，誰知從我這裏不僅什麼也沒撈到，反而惹了一肚子窩囊氣。

至於後來軍管會究竟搞到了哪些林舜英的「罪證」，她說她也不清楚，因為從我這裏離開後不久，林舜英一案全部移交軍管會，立新紙製品廠革委會不再過問此案。此外，她又向我提供了一個以前我一直不知道的情況：當時她從內部聽說，區裏向上報林舜英的處理意見時大概是有期徒刑十年，到了市裏，再到省裏，經過層層加碼，最後定成了死刑。當然，這只是她聽說的，事實是否如此，不得而知。

至於她，只簡單告訴我，八十年代初單位垮掉後她不得不自謀生路，兩年前來到了這家裝飾工程公司打工。我想問她工資幾何，想了想，還是沒開口。

臨分手時，她頗委婉地表示對當年的事感到抱歉，我笑了笑沒作聲。她有句話我聽了之後覺得挺受用的：「現在想想以前的事，真覺得沒有意思。」說這話時她絲毫沒有迴避我的目光，我從她眼神中讀出了某種人性回歸後的真誠。

對於她這種人，經過三十年的變化後能意識到當年的事「沒有意思」，儘管這不能算正式的道歉，但比起「過去了的就讓它過去吧」之類的屁話，我覺得這「沒有意思」已經算很夠意思了。

這場小小的外調風暴過後，倒是給我留下一段值得回味的記憶
——莫幹事在送我回監房的路上對我說：「以後有人再來外調提審，
態度要放好點，不要和人家硬抗，省得自找苦吃。」寥寥數語，頓時
像股暖流注入了我僵冷的心。

在那種環境裏，作為一名管教幹部，不僅能及時阻止對犯人施
暴，事後還能這樣含蓄的安慰我，想想確實夠難為他的了。這位莫幹
事生來一副兇神惡煞般的黑臉，下頦佈滿了濃密的絡腮鬍，初見者無
不畏之三分，但此人的心地非常善良，不少犯人在背地裏說他「面惡
心善，阿彌陀佛」。那天要不是他在場，我很可能會被狠狠地「修
理」一頓，甚至落下個殘疾都難說。多年來我一直很感念這位莫幹
事，1975年時聽說他患癌症不幸去世了，令我唏噓不已。世人有「好
人無長壽，惡人活千年」之說，有時還真如此！有如莫幹事這樣的好
人，竟然四十多歲就英年早逝，而那些雙手沾滿無辜者鮮血的老傢
伙，現在一個個仍然成天坐在老幹部活動室裏打橋牌、搓麻將享清
福，老天有時真他媽的不公平！

讓我們再回到1970年的娃娃橋看守所。

就在軍代表最後一次提審我之後不久，牢房裏開始不斷增加新
面孔，幾乎每天都有「新客上門」。我剛進7號時一共十五、六個
人，現在一下子增加了將近一倍，原來地板上的鋪位，每人能攤到二
尺多寬，現在必須側著身、彎著腿、屁股套屁股才睡得下。解放後
曾任江蘇省高級人民法院院長的方征，不知犯了什麼事也關在我們7
號，他偷偷告訴我：「這種大批進人的現象絕不是好事，只有解放初
期『鎮反』時才有過。」這位公檢法老前輩的預感果然很靈，就在他
說這話的十來天後，迎來了南京在「一打三反」中的第一批屠殺。

1970年3月6日，這是一個春寒料峭的日子，早晨剛起床，我們
就覺得今天的氣氛有點不對。按往常的慣例，起床後給我們穿衣、疊

被、抹地板的時間大約有十分鐘，洗臉、刷牙十分鐘，然後全體立正，面對牢房的鐵門背語錄，有時也會多幾分鐘讓我們活動一下手腳，等稀飯桶一到，全體吃早飯，吃完後各就各位地坐下，開始「考慮問題」，新的一天這才算真正開始。但今天我們剛從被窩爬出來正準備疊被時，牢房門上的小窗突然啪地一聲打開，我們那位陳「醫生」沉著臉對我們下令：「動作快點，疊好被子後各人坐在自己的鋪位上，一律不准隨便走動。」有個老犯人請示：「那我們早請示背語錄怎麼辦？」陳「醫生」衝著他吼了一句：「我講的你沒聽見啊？」然後關上了小窗。

清早起來就特別關照我們不准隨便走動，「早請示」背語錄居然也暫停，這可是從來不曾有過的事，每一個人都明顯感覺到了反常。更令人不安的是，牢房裏的喇叭從起床開始就反覆地播放「大刀向鬼子們的頭上砍去」等革命歌曲，一遍接一遍毫無間斷，而且聲音大得出奇，少說也在七、八十分貝以上，老犯人都聲稱，多年來從沒遇過這種情況。

喝完稀飯後，我們一個個乖乖地坐在自己的鋪位上想心事，鄰坐的老爺子方征悄悄地告訴我：「今天恐怕要有大行動。喇叭裏放這麼大的聲音，大概是為了蓋住外面大院裏的什麼響動，不然沒必要這麼做。」（事後回想，這位法院老院長真不愧為公檢法前輩，他的判斷實在太準了！）聽他如此說，更使我狐疑滿腹，不知要發生什麼事。

最令人感到反常的是，平時極為準時的午餐，今天居然提前了一小時左右開飯（牢房裏根據窗外陽光射進來的位置來估算時間）。那天的菜是日常不太吃到的鹹菜豆腐湯，若放到平時，大家一定會興高采烈一番，但今天個個悶著頭吃飯，無人開口說話。中飯結束後，大家惴惴不安地坐在鋪位上，胡亂猜想下面將會發生什麼情況。

飯後約莫半小時左右，我們7號牢門突然框鐺地一聲打開了，二十多雙驚恐不安的眼睛一起盯住了門口，只見背著雙手的陳「醫

生」正陰沉沉地掃視我們的臉，目光轉了一圈之後，最終定在了我身上：「2605，把東西帶出來！」我愣了幾秒鐘，才反應過來是在喊自己，趕緊答「是」。

一聽要我帶東西出去，難友們明白和我分手的時候到了。牢房長、方征、馬聚塵（下面很快就會談到）等幾位處得很好的難友一起圍了過來，七手八腳地幫我整理鋪蓋並換洗衣服，最後用一條單褲叉將鋪蓋紮成了捲。就在這幾分鐘的時間裏，他們幾位再三低聲叮囑我多多保重，祝我好運，相約後會有期。臨別前，老院長方征用濃厚的寶應口音在我耳邊又加了一句：「你年輕有為，以後總會有前途的。」

我按規矩把牙膏、草紙、肥皂全部留給了難友們，匆匆向大家道了聲「後會有期」後，一手拎著褲子，一手夾著鋪蓋，走出了7號。

出了7號之後，我被身後的陳醫生押著走到東西兩大院走廊的匯合處，接著又往左拐，向一個被犯人們稱之為「櫃檯」的地方走去。老遠我看見「櫃檯」旁的牆根處，有幾個人被反銬著蹲在那裏，由於他們一個個埋著頭，無法看清楚面孔。

這「櫃檯」在娃娃橋看守所是個很重要的地方，新來者要在此搜光所有的隨身物品並登記入帳後才能「淨身入戶」，離開時則在此發還進來時扣押的東西。此外，這裏還是「臨時法庭」所在地——已在法院開過庭而又未當庭宣判的犯人往往就在此處領取判決書，有的乾脆由法官在這裏對著犯人念一遍判決書，就算開過庭了。

我一看見「櫃檯」，估計判刑是難免的了。對即將面臨的判決，我倒不像人說的那樣心裏七上八下，因為對此我早有足夠的思想準備並盤算過多次——李立榮不過才判十年，我肯定要比他判得輕，最多五到六年，當時只是沒料到這本老黃曆早已過時。

到了「櫃檯」跟前，陳「醫生」立即命令我將夾著的鋪蓋放在地上，他從一張辦公桌的抽屜中拿出一根布條遞給我，讓我繫好褲子，接著掏出副銬子將我反銬了起來，這次不像上次那樣，銬得倒不算緊。隨後他把我推到牆根那幾個人旁邊，命令我蹲下，並順手將我的腦袋往下壓了壓。

我利用蹲下的那一刻掃了那幾個人一眼，當下不禁為之一怔：他們原來是李蔚榮、張稼雲、Z某、C某等一干朋友！

看到早蹲在地上的原來是他們幾位，我真的感到非常意外。在我的印象中，他們應該不會有什麼麻煩，特別是李蔚榮，他只不過是李立榮的哥哥而已，平時言行很謹慎的一個人，這次怎麼也把他牽進來了？另外三位以往和我接觸不多，我一時還真想不出他們到底有什麼問題。

這幾位中除了李蔚榮之外，張稼雲是李立榮多年的朋友，我是在李家認識他的，後來也成了朋友。他和我們一樣，自少年時代起即愛好文學和音樂，並且很有寫作才華。1979年底他獲得平反後，一直在南京鋼鐵廠工作，業餘時間致力寫作。1994年5月的一天，在單位浴室洗澡時心臟病突發，不幸去世，享年五十五歲，嘔心瀝血所寫的幾十萬字書稿亦未能問世。

另外兩位Z和C，都是李立榮多年的朋友，我和他們的交往並不太多。由於九十年代後音訊不通而失去聯繫，我寫本文前無法徵詢他們是否同意在本文中以真名出現，在此只好以字母代之。讓我感到有些奇怪的是，我們另一位很重要的朋友張稼山，不知為何沒出現在這裏。

這張稼山和李立榮是街坊，從小一起長大，是那種無話不談的好朋友。我是由李立榮介紹認識他的，見面後不久，我和他就成了至交。他身材不高，體型魁梧，為人樂觀開朗，心地極為忠厚，白淨的臉上似乎總掛著愉快的微笑，一雙略帶女性化的大眼睛看人時所透出

的親切溫暖，使人一見就感到特別容易親近。除了煙癮和我一樣大之外，他和我還有一個奇怪的共同愛好：喜歡安徽的黃梅戲，尤其是特別喜歡嚴鳳英演的《天仙配》和《女駙馬》。（這使我們那班酷愛西方古典音樂而對中國地方戲曲從無興趣的朋友們頗感奇怪。）1968年嚴鳳英在合肥挨鬥，我曾連寫三信，叫她到我的農場來暫避「風頭」（這些信估計落在那些軍代表、造反派畜牲的手裏了），張稼山幾次想去合肥把嚴大姐救出來，可惜最終未能去成。

張稼山和曹漢華也是好朋友，在我青年時代所有的朋友中，只有李立榮、曹漢華和張稼山才能稱之為我真正的至交。

一見張稼山不在，我不禁納悶了起來，照理說身邊這幾位既然都陷進來了，那張稼山就不可能平安無事，但現在卻獨獨沒有他，這到底是怎麼回事？會不會人還沒押過來，要等他湊齊後再一道宣判？可等了好久，始終未見他的人影。這時我不免暗自慶幸起來，老天保佑，總算沒有「一網打盡」。

我萬萬沒想到的是，其實張稼山早就來了，只是沒和我們押在一起而已，在我們到「櫃檯」之前，他早已被五花大綁，和另外十個判死刑的一起關在另一間密不通風的小屋內了。

蹲在地上等待的那段時間裏，我勾著眼睛偷偷打探了一下四周，不遠牆角處豎靠著的一捆木牌引起了我的注意：那些狹長的木牌長約一米五六，比手掌略寬，頂尖部成九十度交角，下端削得尖尖的，木牌有一面貼著白紙，由於紙面朝裏，無法看到上面寫的是什麼。不知為什麼，這東西突然觸動了我的某部分記憶，我隱隱約約好像在哪見過，但一時間卻怎麼也想不起來。

直到兩小時後，我才恍然大悟——這些玩意兒正是我在照片、電影上看到過的死刑犯亡命牌，今天是為十一位「罪大惡極」的「現行反革命」特地準備的！

　　上面已經提到，我原以為來「櫃檯」這裏是接受判決的，但左等右等卻一直沒有任何動靜，大約半小時後，從走廊前方來了一小隊軍人走到我們跟前，把我們一行五人押上了院子中的一輛黑色囚車，接著又有八、九個犯人陸續被押了上來。我一看這架勢，估計是要帶我們去集中公判了。

　　隨著一路淒厲的警笛聲，我們很快就到達了目的地，下車一看，我立即認出這是南京五臺山體育場，我們所處的位置應該是體育場的後大院。下車後，我們被安排就地坐在枯黃的草坪上，四周圍了一圈軍人，這些軍人倒還好，允許我們四處張望，不像娃娃橋的看守連頭都不准我們抬。

　　這一天早晨很冷，上午10點鐘後漸漸暖和了起來，午後的太陽照在身上暖洋洋的，使人有點暈眩的感覺。我們已經有半年多沒有曬過太陽了，燦爛的陽光刺得眼睛有些難受，卻使我們沐浴在一種久別重逢的親切之中。這時我們五人相互打量了一下，由於長期不見天日，每個人的臉上都像白紙一樣不見血色，當彼此目光接觸的那一刻，嘴角都掛著一絲不易察覺的苦笑。

　　大約過了一刻鐘，有人過來在我們衣服後背上別了塊小白布條，上面寫著各人的名字，接著每個人身後都來了兩名人高馬大的士兵，一左一右架著我們的雙臂彎腰走到「主席臺」旁一塊空地上就地蹲下。

　　剛蹲下沒有一分鐘，三、四個軍人走到排在我前面的張稼雲面前問他叫什麼名字？張稼雲回答後他們又問了一遍，問完他後又反覆問我們幾人他是不是張稼雲，直到有了肯定的回答後才作罷。

　　這個舉動當時令我感到非常奇怪，別人不問，為什麼單單要問張稼雲？一時誰也不明白究竟為了什麼。後來才明白，他們這樣問的目的是為了「驗明正身」，因為張稼雲、張稼山兄弟倆的姓名只有一字之差，劊子手們怕殺錯了人！

　　緊接著，我聽見一陣急促的腳步聲從身後傳來，很快地有十幾名被繩子緊緊捆綁的犯人被架著逐一經過我身邊，輪到第六個時，我一看頓時呆住了——那是張稼山！

　　他和前面走過去的人一樣被五花大綁著，大概是繩索勒得太緊的緣故，腰已無法直起，一直在哎喲哎喲的呻吟著。

　　看到被綁著的張稼山，我一時還不知是怎麼回事。我們被反銬，他卻被綁著，我們幾人在一起，他卻和別人在一道，這究竟意味著什麼呢？胡思亂想之餘，我甚至產生了一個日後深責自己糊塗的奇怪念頭——我們被銬著的，今天肯定要被判刑，而用繩子綁著的，則是可能會當場釋放的對象，之所以綁他們，是為了給他們吃點苦，出去之後好長「記性」。我做夢也沒想到，五花大綁是對死刑犯特有的臨終「關懷」！

　　片刻之後，大喇叭裏響起「把罪犯押進會場」的喊聲，我像一隻雞一樣，雙腳懸空地被拎上了主席臺的邊側。

　　在此，我要提一下身後押著我的兩個軍人。就在正要押我上臺的那一瞬間，右邊那個軍人在我耳邊低低地對我說：「我們一架你，你的兩條膀子馬上要挺起來，下面隨著我們的力量往前就行，千萬不能放鬆，不然膀子會吃不消。」我按他說的做了，當他們把我架懸空時，由於事先將膀子挺直了，結果沒什麼痛苦。緊鄰我的另一位難友就沒有這麼幸運，由於事先毫無準備，結果膀子差點被架脫了臼。對我說話的那軍人河南口音，身材高大，在人性喪失、良知泯滅的那個年代，他能在這樣一個細節上關照手中的犯人，也算難能可貴了。

　　我被押到臺上腳剛落地，身後的人一把揪住我的頭髮，讓我抬頭「亮相」，另一人則抽住勒在我脖子上的繩圈。我乘抬頭之機掃視了一下整個五臺山體育場，除了四百米跑道上空著，看臺、盆地中央的賽場和其他邊邊角角的空地上，全部密密麻麻地擠滿了人群，我心裏很快地估算了一下，少說當有十萬之眾。就在這時，只聽見大會主

持者大聲命令了起來：「把張稼山現行反革命集團的所有罪犯押過來！」頓時我們被反架著在審判席下一字排開，弓著腰低頭聽候宣判。在念完一段不算太長的罪名之後，宣判人提高嗓門宣佈：「判處現行反革命集團首犯張稼山死刑，立即執行！」

一聽到張稼山被判死刑，我的腦袋裏「嗡」地響了一聲：天哪！這是怎麼回事啊？我們什麼時候成立過「現行反革命集團」？張稼山怎麼會成為我們的「首犯」？他怎麼會平白無故地被判死刑？

我正在急速地轉動腦筋，陡然間張稼山那邊起了一陣騷動，只見好幾個軍人一起向排在我們左邊第一個的張稼山湧去，我聽見張稼山掙扎著要喊什麼，由於喉嚨被繩圈緊緊勒住，只能發出含糊不清的啊啊聲。我彎著腰斜眼看去，只見張稼山瘋狂地扭動著身體，七、八個軍人死命地按住他，拼命掙扎大約十來秒鐘後，他終於歪著頭頹然不動，硬是靠身邊人架著才未倒下……

兩、三個小時前，當我即將離開娃娃橋看守所「櫃檯」時，還暗自慶幸這次張稼山總算沒被捲進來，做夢也沒想到轉眼間他竟成了我們的首犯，而且是死刑立即執行！

接下來對我們五個人進行了宣判：C被判有期徒刑二十年，張稼雲十五年，Z也是十五年，我被判了十年，最後是李蔚榮，八年。

在我們後面是對另一個「現反集團」的宣判，記得首犯名叫厲功友，是個復員軍人，他和六、七個下關的小混混經常一起喝酒亂聊，天南地北，無所不吹，最後稀里糊塗地成了「現行反革命集團」的首犯。不過，厲功友只被判了個「無期」，總算保住了性命，後來在1978年底第一批被平反。

下面接著又判了十個死刑，其中給我印象最深的是馬聚塵。

上文已經提到，就在當天上午10點多鐘，我從7號牢房被帶出來時，同號的馬聚塵還熱心地過來幫我收拾鋪蓋並互道後會有期，當時我們萬萬沒有想到這「後會有期」竟來得如此之快，僅僅隔了三個小

時，他自己也被綁上了五臺山公判大會的審判臺，並且和他的姨父、南京二中校長兼黨支部書記王飛一起被判了死刑，罪名是「叛國投敵」。

他原是南京第二鎖廠的出納會計，1968年秋和姨父王飛從南京飛到昆明，之後又輾轉去了雲南邊境，打算從那裏到緬甸去，越境中途不幸被當地民兵截獲。我進7號不久就看出他是一個很有思想抱負的青年，對當時中國的政治黑暗極為反感，在牢房裏雖不便深談，但這並未妨礙我們成為心靈貫通的難友。他和我一樣，愛好文學和藝術，並寫得一手極漂亮的鋼筆字，到現在我還記得他那與年齡不相稱的遒勁字體。

我在7號被反銬的那六天五夜裏，都是他給我餵飯餵水、料理大小便，並且不時地悄悄鼓勵、安慰我。這份珍貴的難友情誼，多年來我一直感銘在心，可惜永遠沒有報答的機會了。

3月6日這次公判大會，共判處死刑立即執行十一人，其餘十幾人分別被判處無期和有期徒刑。所有被判死刑的，清一色的都是「現行反革命」！

公判大會結束後，我們分別被押上十幾輛敞篷軍車遊街示眾。南京三十萬人被組織起來列隊立於市區主幹道兩旁，像歡迎來訪的外國元首一樣，夾道觀看長長的刑車車隊。前面六輛是死刑刑車，五花大綁的死刑犯被架在車廂前面，頸背插著一米多高的亡命牌，隨著車隊緩緩行進，十一支白色亡命牌彷若夫子廟的條形宮燈在半空中微微搖曳。我被押在7號車上，與被判死刑者不同的是，他們的頭被緊緊捺住低下，而我則由身後的士兵揪住頭髮，強行仰頭「示眾」。

刑車車隊從五臺山體育場北大門開出，沿廣州路轉向中山路，繼而向新街口廣場前行。當行至新街口曙光理髮店（當時南京有名的大理髮店，現已拆掉，原址位於新街口郵局對面）時，車隊忽然停了下來！

這時，我聽到人群中有人連聲高喊：「有人拍照！有人拍照！曙光理髮店二樓有人拍照！」頓時間人群亂了起來，只見好多軍警和便衣紛紛向曙光理髮店跑去。

這位攝影者是出於好奇，還是另有考慮，想記錄下這精彩的歷史瞬間？我至今對此一無所知。多年來我一直想探明箇中原委，也很想知道那位攝影愛好者後來的下落，始終未能遂願。我唯一的希望是那些照片沒被毀掉——無論是至今依然被某些人牢牢控制在手中，或是早就被遺忘在某個部門的祕密檔案櫃裏——只要它們還在，我想總有一天會讓它們重見天日、公之於眾。

約三分鐘後，車隊繼續前進，通過新街口廣場後向左拐上了中山東路，行至大行宮又右轉駛入太平路，繼續朝南開去。行至白下路口，車隊截為兩段：前面六輛死刑車逕直往升洲路方向開去，由那裏將直接通往鳳凰西街槍斃人的刑場，我和後面的車子則停了下來。

看見前面的車子離開我們往前駛去，我知道張稼山最後的時刻到了，頓時淚流滿面。架住我的兩個士兵見我落淚倒是沒怎麼為難我，只是揪住我的頭髮晃了晃，低低地呵斥我別出聲。

死刑車隊遠去後，餘下的半截車隊右拐，最後經白下路駛回娃娃橋看守所。

這就是1970年「一打三反」運動中南京有名的「三六」公判，也是南京成批處決「現行反革命」的首場。繼此之後，又於同年4月28日處決十二名，7月24日處決二十四名，12月10日處決十名。另外還有不少「現反」被個別處決，具體數字無法統計。

上述成批處決的「現反」中，比較有名的有4月28日處決的「張明才反革命集團首犯」張明才，7月30日處決的「王同竹反革命集團首犯」王同竹。湊巧的是，張、王二君和我均有一面之緣。

在這四批集體處決中，最震撼人心、最駭人聽聞的，當數1970年12月10日那場。在「12.10」公判中，李立榮和他母親一起被判處死刑，並被綁在同一輛刑車上駛向刑場。後面將專門敘述這段經過。

以上四批被處決的「現反」，到1980年經複查，全部被確定為冤殺，無一例外。也就是說，冤殺率為百分之百！

「三六」公判大會的第三天，即1970年的3月9日，我被送往南京長江磚瓦廠（後併入南京第四機床廠）勞改，從此開始了我漫長的十年鐵窗生涯。

我在投入勞改後，除了前面插入的外調林舜英一事外，一直得不到李立榮和林舜英的任何消息，我幾乎天天都苦苦地想著他們。儘管我深信等到熬滿十年再見到李立榮時，我們一定會變得更成熟、更堅強，我們一定會勇敢地面對險惡的後半生，但對自己是否真能咬牙撐到刑滿卻又缺乏足夠的信心，漫長的十年，什麼事都可能發生，誰也不知自己能否熬到出去的那一天。

1970年是我勞改歲月中最難熬的日子。那時我被分在八卦窯出窯，窯洞裏的氣溫高達攝氏七十度，汗水滴在剛剛開窯的瓦片上立刻揮發成一個白點。每天拖著一千多斤的板車從高高的窯頂沿著螺旋形陡坡下來時，必須死命地抬起車把，利用車尾底架和地面的摩擦力來延緩板車的下衝速度。每次下坡時，我的每塊肌肉都在顫抖，每一根神經都崩緊到了極限，只要稍不留神腳下一滑衝下去，必然的結果就是車毀人亡！

由於瘋狂地出汗，人得不斷地大量喝水。我的難友曹治平先生（曹先生如今已是資產逾千萬的化工企業家了，諸位有興趣的話，馬上可以用「百度」搜尋到他。）當時和我一起出窯，他曾替我數過，我有次一口氣喝過二十四竹筒的水，加起來絕不少於三千毫升！

　　一面是極度繁重的體力勞動，另一面則是極度的飢餓——每餐只有一缽飯外加大半碗漂著幾片黃瓜的清湯。這頓飯只能抵擋一個小時，其餘時間都是在飢餓中兩眼發青地巴望著下一頓。繁重的勞動所造成的極度疲勞加上無休無止的飢餓，使人虛弱到了極點，夜晚上廁所時必須手扶著牆壁慢慢挪步，否則會一下子癱倒在地。在這非人的地獄環境裏，人的一切信念幾乎都被擊垮，我經常感到自己快要退化成低級動物了，每天頭腦裏想的盡是吃、吃、吃，幻想吃飽後能一動也不動的就地躺下。人類的情感已經非常模糊、非常遙遠，每天早上一張開眼睛就巴望著開飯，然後又巴望早點收工吃飯，晚上巴望早點結束學習，盡快躺在鋪上進入夢鄉，忘掉眼前的一切。

　　那一年夏天出奇的熱，低矮狹小的老式監房到了晚上還至少在攝氏三十八度以上，但學習結束後個個立即擠上床鋪入睡，過度的疲勞使人已感受不到監房裏那令常人無法忍受的悶熱。

　　在這種非人的惡劣環境裏，只有最後一絲人的情感勉強支撐著我熬下去，除為了不讓我慈愛的雙親傷心我得咬牙活著之外，只有李立榮還能給我鼓舞。每當想到此刻，他也在另一處和我一樣備受折磨，也會身同此受並且同樣懷念我時，我的心就會增加一些活力。我始終記得我們在一起說過的話：我們今生唯一的希望只是「時間」。我們的優勢是年輕，那個高高在上的獨裁者已到耄耋之年，不管他的嘍囉們怎樣天天山呼「萬歲萬歲萬萬歲」，但他怎麼也耗不過我們！「慶父不死，魯難未已」，只要他一翹辮子，中國肯定會有重大的改觀！

　　目前我們最重要的是一定得咬緊牙關地活下去。只要能活下去，我們總會有希望。

　　遺憾的是，許多人沒能活到那一天，李立榮不幸是其中之一。

　　1970年12月11日，這天是我們勞改隊的家屬接見日，我的老父親一早就趕到了勞改隊。當時天正下著毛毛雨，我們爺倆擠在接見處走

廊裏一張窄窄的條凳上，父親緊緊抓住我的手一直在不停的顫抖，乘著人多眼雜，他壓著嗓子低低地告訴我，就在昨天的五臺山公判大會上，李立榮和林舜英母子二人一起被判了死刑，並在會後綁到鳳凰西街執行了槍決。老父親顫顫巍巍地哽聲說道：「慘哪，兒子！母子倆被綁在同一部車子上啊！整個南京城都傳遍了！這是什麼世道啊！」

這個消息如五雷轟頂般地將我給炸昏了，我眼前頓時一片黑暗。

無邊無際的空虛絕望，像海上的濃霧團團圍住了我，我頓時感到透不過氣來，窒息的痛苦在吞噬著我的每一個細胞。

我已記不清老父親後來是怎麼離開的了。我只依稀記得，那天我在監房的院子裏像一隻孤獨的狼反覆來回的走動，不時仰望電網高牆內狹小的天空，希望蒼天能再現一次林舜英、李立榮母子親切的面容，但我感受到的只是冰冷的細雨，看到的只是絕望的鉛灰色的天空。

李立榮死了！林舜英死了！曹漢華和張稼山都死了！這些和我精神生命直接相關的人都死了！而我居然他媽的還活著！

我為什麼還要活著？為自己？為父母兄弟？我真的成了一隻貪生的螻蟻？我什麼也說不清！

我在絕望的苦惱中苦苦挖掘活下去的理由，最後好不容易才在心靈的最深處發現了一線尚未完全消逝的生存動機還在那裏勉強跳動著：

總有一天——只要我活著就能看到——眼前的一切將會有一場大改變。到那時，獨裁者和他的爪牙們將會被釘在歷史的恥辱柱上；到那時，民主將取代獨裁，自由將取代專制，光明將取代黑暗，正義將取代邪惡；到那時，人們才能過上真正屬於人的日子，不再會苟且偷生地活在恐怖之中，愛情、友誼和人類一切美好的感情，都會在燦爛的陽光下自由地流淌……

總有一天，我會用我的方式揭露出在這暗無天日的年代裏曾經發生過哪些駭人聽聞的罪惡，讓人們了解罪惡的真相，讓人們明白罪惡的實質和罪惡的根源。

也許正是這麼一點殘存的信念，才驅使我咬緊牙關苦苦地熬了過來，熬滿了十年，熬過了三千多個日日夜夜，沒讓自己沉淪為一具行屍走肉，也沒讓自己的大腦被「洗」成一團漿糊。

有關李立榮和林舜英最後的情況，從1970年到我刑滿出獄的1979年8月23日，我在裏面一無所知。直到出獄之後，通過李立榮的妹妹、李蔚榮的夫人、當年曾與李立榮一起在溧陽社渚農場勞改過的難友、在1970年12月10日公判那天親眼目睹李立榮母子被害經過的幾位熟人，才大致了解到事情的梗概。由於非我親眼所見，這裏只能綜述他們母子最後的遭遇，其中的細節則無法詳盡描述——這一點大概永遠也難以做到了。

就在我被判刑後的1970年夏初，李立榮突然從他勞改所在的溧陽社渚農場被押回南京關進了娃娃橋看守所。據當時和他關在同一間牢房的難友說，他又黑又瘦，臉上有幾處明顯的傷痕，平時坐在地鋪上一動也不動，成天一聲也不吭，兩眼盯住牆壁幾個小時也不轉移目光。同一間牢房的難友問他犯了什麼事時，他總是搖搖頭。

這位難友看著他進牢房，又看著他最後被帶走，從沒聽到李立榮講過一句案情。1970年12月10日那天，上午11點多鐘他被帶出牢房，臨走時什麼東西也沒帶，此一去就再也沒有回來。這位難友後來才知道他是李立榮。

那麼，已經被判了十年的李立榮，究竟為什麼後來又被處決了呢？

這個問題顯然只能由當時的南京市公檢法軍管會來回答，我無法知曉其中的詳情，而且至今我都搞不清楚具體的細節。直到八十年代，我看了李立榮的死刑判決書、回顧了1970年時的階級鬥爭情勢並進行綜合分析後，才基本上找到了答案。

　　前文已述，在1969年我的首場批鬥會三天前，即1969年6月13日，李立榮已被判刑十年。按公檢法的規矩，對政治犯，特別是對李立榮這種「現行反革命」，不榨乾他身上的「油水」，不把所有問題搞個水落石出是絕不會罷手的。當時根本沒有「超期羈押」、「審結時限」之說，一天不搞清就拖一天，一年不搞清就拖一年，甚至三、五年也無所謂，就像雞一樣，非得拔光所有的毛才會下鍋。據此可以推斷，既然判了，必然是所有案情均已查清，絕不可能是由於草率結案致使有「漏罪」或「餘罪」存在。因此李立榮的重新處理，絕不是第一次「老帳」未清所致。

　　另外，根據慣例，對李立榮這種類型的政治犯，在定罪判刑之後是絕少重新處理的（指加重處理），這倒不是什麼為了「維護法律的嚴肅性」，而是出自公檢法內部一種追查政治責任的考慮。

　　對「現反」型的政治犯，公檢法的一貫辦案程序是：首先在預審階段不擇手段地窮追猛打、狠挖深掘，從人犯嘴裏掏出所需的內容，然後再充分發揮主觀臆想，大膽構思，發揮「逼供信」、「莫須有」的強大功能加以充實鞏固完善，直到經過「無限上綱」地包裝完成後，最後才能送到審判人員手裏去「從重從快」。實事求是地講，這種辦案，特別是辦這種大案的每道關節都是極其「慎重」的（當然，這絕不是什麼對政治犯人身權利的考慮，而是出自對「寧可錯殺，絕不放過」這條指導思想的絕對遵從），道道把關，層層加碼，經過如此慎重而嚴密的辦案程序，如果仍然會出現漏判、輕判，其必然結果是相關的辦案人員會受到嚴厲的追究！

　　——為什麼會漏判？為什麼會輕判？是階級立場動搖，還是敵情觀念模糊？是存心姑息養奸，還是故意包庇敵人？只要沾上這其中一條，輕者再回「五七幹校」去種地，重則免不了成為「隱藏在公檢法內部的階級異己份子」！

正因為公檢法辦案人員的這種普遍心態，加之各道關卡間的相互監督，我可以拍胸脯擔保，凡是公檢法這臺功能發揮到極致的機器所製造出來的政治犯，肯定都是百分之百的「鐵案」，凡是已決的政治犯，即使世界上最挑剔的人，也無法找到半條重新加重處理的理由！縱然別有用心的個人想故意找碴挑刺，那也必然會遭到公檢法內部人員的一致強烈抵制。

再者，即使公檢法在辦理驚天數量的反革命案件中百密難免一疏，可別忘了他們頭頂上還有軍管會！軍人的天職除了「服從」之外就是殺人，明明該殺的不殺，他們可容不得眼皮底下的公檢法犯這種「右傾」的低級錯誤！

正因如此，我才敢肯定李立榮的重新處理，和第一次的判刑絕無任何關係！

答案只有一條——李立榮之所以改判死刑，是當局處於內憂外患的情況下，在落實新出籠的對內鎮壓新政策過程中所發生的必然結果。

1969年初，中蘇交惡多年後終於在珍寶島爆發了武裝衝突，兩國關係頃刻間到了劍拔弩張的地步。中國當局外部面臨蘇聯的強大軍事威脅，內部則是一片分崩離析的景象。儘管偉大領袖聲嘶力竭地號召全黨全國人民「團結起來」去「爭取更大的勝利」，但這絲毫沒能延緩中央內部相互傾軋、爭權奪利的步伐。全國各地由於「史無前例」的功勞，生產停頓，財源枯竭，民生凋敝，怨聲載道。面對這種內外交困的局面，要想抵禦「老大哥」的軍事進攻，單憑破釜沉舟的決心（偉大領袖當時曾英明地告誡全黨「要作好打仗的準備，要作好打大戰的準備，要作好打核大戰的準備，要作好死一半人的準備」。）就能「保家衛國」，恐怕連偉大領袖自己都糊弄不了自己。想來想去，除了在軍事上拼湊力量準備應戰，能打一仗是一仗，動員

全體老百姓「深挖洞、廣積糧」，能躲一時是一時之外，迫在眉睫的就是「攘外必先安內」了。

既然要「安內」，最靈光的法寶自然非「階級鬥爭」莫屬。只有通過「階級鬥爭，一抓就靈」，強化全民洗腦，進而從肉體上消滅所有的「異己份子」，才能保證全體子民「統一思想、統一認識」，才能「打一場轟轟烈烈的人民戰爭」，才能使「蘇修社會帝國主義」「陷於人民戰爭的汪洋大海之中」。

正是出於這種高明的戰略部署，中共中央於1970年1月下達了一個三號文件，在全國展開聲勢浩大的「一打三反」運動。（「一打」指的是「打擊反革命破壞活動」，「三反」則指的是「反貪污、反投機倒把、反鋪張浪費」。「一打」是最主要的目的，「三反」只不過是陪襯。）這個「一打三反」，實質上就是在對全體老百姓實施的精神強姦中，向任何敢於不滿乃至反抗者的廣開殺戒。

前面提到我們農場那位姓孫的軍代表在大會上的叫囂，其實並非他個人一時的大腦發熱，那正是層層傳達下來的最高層的意思——「我們哪一次和敵人打大仗之前不殺一批人？」

李立榮於1970年從溧陽勞改農場被提回南京重新發落，正是這位軍代表實話實說的註釋。

「一打三反」開始後，對照這場運動的要求，當局很快就發現運動前不久對李立榮的判刑過於心慈手軟。對李立榮這種反動家庭出身、長期以來思想極為反動，一貫惡毒攻擊偉大領袖、攻擊無產階級專政、攻擊社會主義制度的「罪大惡極」的反革命份子，僅僅判了十年徒刑，這簡直是對黨、對人民嚴重的不負責任！儘管在這之前，判李立榮十年徒刑已經夠「從重從快」了，但疾速發展的革命形勢早已使原判顯得過於「右傾保守」，眼前革命形勢最急缺的是人頭，是鮮血，必須要將李立榮這種不可多得的「安內」犧牲品直接送上革命的祭壇！

這是個難逃的劫數，是李立榮的「命中註定」。

那麼，要怎樣操作李立榮一案，才能將其由十年徒刑變為死刑立即執行呢？

對於掌握了戰無不勝的毛××思想的辦案人員，這真是再容易不過的事了。偉大領袖早有「政策和策略是黨的生命」的教導，只要有政策這塊魔術蓋布，又有什麼把戲不好施展？儘管李立榮在不久前剛剛被判了十年，而且那十年已經是「滿貫」刑了，但昨天的政策僅僅適用於昨天，今天則有今天的政策。過去判十年，有當時判十年的政策，今天改判死刑，同樣有今天改判死刑的政策，這既符合「辯證唯物主義」，又符合「歷史唯物主義」。更重要的是，這一切都源自革命需要，只要是「以革命的名義」所做的一切，必要時甚至暫時將政策一腳踢開也是一種「革命道理」。

既有「政策」為據，又有「革命道理」撐腰，「策略」更是小菜一碟。

對一個正在服刑的勞改犯來說，想將他「升級」到死刑，最佳的「策略」莫過於安排他「重新犯罪」，並且犯的是「組織逃跑、煽動鬧事、抗拒改造、繼續『惡攻』」之類的殺頭重罪。而要做到這一點，對具有豐富階級鬥爭實踐的公檢法人員不過是「舉手之勞」。根據我十年的勞改經驗，勞改當局如果存心要讓某個犯人「升級」，只要像喚狗似的召集幾個勞改積極份子開個小會、祕密佈置一下，積極份子們馬上就心領神會地明白該怎麼做，第二天一大早，針對某人的揭發檢舉紙條就會像雪片糕一樣塞滿管教幹部的口袋，要什麼有什麼！就憑這些「雪片糕」，就能成為某人加刑乃至槍斃的「鐵證」！這些事我在勞改隊見多了。

李立榮死刑判決書中正有此類罪狀：「在勞改期間，堅持反動立場，繼續散佈反動言論，為首組織逃跑集團，煽動犯人鬧事。」

後來，在1979年12月30日江蘇省南京市中級人民法院「79申（70）軍管刑字第377號」平反判決書中，這些罪狀以「經查，並非事實，應予否定」一語推翻。

這就是李立榮被判死刑的內情。

至於林舜英被判死刑，時代背景與李立榮相同，只是「策略」上比李立榮似乎簡化了些。我到目前依然不清楚她被抓的詳情，我只知道她被抓進去兩次，第一次是在我被抓後不久，根據當時的政策，大約是從她身上實在榨不出任何油水，關了兩個月之後放了出來。

就在她第一次被釋放後不久，她特意去農場看過一次小孫子。小兒子進去了，大兒子進去了，自己進去了才出來，當她從兒媳手中接過李家唯一的後代時，其心情可想而知。那天下午由於必須趕最後一班車回城，她謝絕了挽留，並在親家全家陪同下提前在路邊候車，臨別之際，不知是天性驅使還是某種心靈預感，那個剛過周歲的孫子一邊哭一邊死死抓住奶奶的衣領，怎麼也不肯鬆手，發了瘋似地哭著、賴著，非要跟奶奶走不可，無論怎樣哄勸均毫無作用。孩子的哭泣很快傳染給了大人，當這個小「反革命三世」的奶奶、外公、外婆、媽媽、姨媽全部哭成一團時，車子來了，最後不得不強行拆散這對哭著摟在一起的祖孫。奶奶終於帶著無限的眷戀走了，留下孫子在媽媽懷中一邊拼命哭一邊向在塵土中遠去的汽車伸著小手……

孩子哭著要跟奶奶走，這似乎是再平常不過的家常事，但那天親眼見到這場祖孫分別的人都說，那是一種不祥的預兆。林舜英死後，當時目睹這段往事的女人們更將之說成是天意：小娃娃為什麼會哭成那樣？他知道再也見不到奶奶了才會那樣哭啊！

冥冥之中莫非真有天意，真有天示，真有天兆，真有天警？

但誰想得到，那麼疼孫子、那麼慈祥可親的老太太，怎麼突然會變成罪大惡極的「現行反革命」而被槍斃了呢？

　　三十多年後的2005年，我為核實這段情節，特地走訪了當年在場的一位老人，老太太已屆八十六歲高齡，出乎意料的是，她的記性非常好，談起這段往事時她對我說：「當時我們看小娃哭成那樣子就覺得很不吉利，回來說給老頭聽，他還叫我別瞎講。後來聽說老太（指林舜英）被槍斃了，再回頭一想，還真是那麼回事啊。」當和我同去的熟人對她提起我正準備寫書時，老人笑著誇了我一番後又問我多大了？我說：「六十五啦！」她非常驚訝地說：「你已經六十多啦，日子過得真快啊！我記得老太（指林舜英）被槍斃時還沒得你大呢！唉，三十多年了，那年她和她孫子哭成那個樣子，到現在我還記得哩！想想真慘哪，好好一家人，最後被搞成了那地步！」

　　我的心總算得到一絲慰藉，還不是所有人既患了失語症又染上了健忘症。

　　林舜英第二次進去是1970年5月的事，其時正是「一打三反」運動進行得如火如荼之際，這次進去後就沒再出來。我聽說她在裏面什麼都沒招認，曾經兩度絕食，兩次被送到紅十字醫院撬開嘴巴強行灌食。最後一次提審她時，當聽到專案組人員宣佈了李立榮和她的「罪狀」，從而明白她和兒子將面臨什麼樣的命運時，這位年屆六旬的老太太竟然發了瘋似地向審訊者撲了過去。母性和人格的尊嚴，使這個一輩子膽小怕事的老女人戰勝了一切恐懼，陡然間變成了一條在絕境中瘋狂護崽的母狼！

　　最後替她安排的罪狀是：「與×××、×××、×××等多次惡毒攻擊偉大領袖、攻擊無產階級專政、攻擊社會主義制度」、「支持李立榮倡狂進行反革命活動」。

　　林舜英、李立榮母子最後的結局發生在1970年12月10日。

這天，南京市五臺山體育場迎來了本年度最後一次公判大會。就在這次聲勢浩大的公判大會上，母子二人以「現行反革命」罪一起被判死刑立即執行。

當高音喇叭將這個具有特殊威懾效果的判決送進每一個與會者的耳內時，臺下十幾萬席地而坐的人群像大風之下的麥田般頓時湧過一陣波動，人群中的竊竊私語迅速匯成一片低頻聲浪，直到主席臺再三警告「不准喧嘩！保持肅靜！」才逐漸平靜下來。在場的人們都親身體驗到，在強大的無產階級專政面前，人權、人性、人格，人的生命、人的尊嚴，竟然如此脆弱、如此不堪一擊；這些天賦予人的最珍貴的要素，就像潔白無瑕的精美瓷器一樣，在可怕的專政鐵錘猛擊之下，頃刻間成了一堆碎片。

就在判決剛宣讀完的那一剎那，李立榮發瘋似地喊了起來：「這關我母親什麼事？你們憑什麼……」語音未落，立即被頸子上的繩圈勒昏了過去。

那一瞬間，我當然知道他要喊什麼、他想幹什麼！

他是在窮盡最後一口氣，對蒼天、對在場的十幾萬人、對所有的人類，悲憤地傾訴自己和老母的冤情，他要憤怒地控訴那個高高在上的暴君及其爪牙們的血腥暴戾，他要向全世界揭露在這片土地上曾經發生過和正在發生著哪些駭人聽聞的罪惡……。

但他已經什麼都喊不出、什麼也不能做了。那套在脖子上的罪惡繩圈，將他所有的傾訴、控告、揭露，將他在人世被迫發出的最後吼聲，全部勒回了他的胸膛。

滿含著對暴政的仇恨、對愚昧的厭惡、對曾經躋身其中的那個罪惡社會的詛咒，他就這樣匆匆地走完了二十六年的人生旅程。

接下來的遊街示眾，給幾十萬南京老百姓留下了終生難忘的記憶。

　　大約是為了凸顯「威懾」和「鎮壓」的強大效果，林舜英母子一起被綁在第一部刑車上，七八個身材魁梧的軍人緊緊地按住被捆得死死的母子二人，由於無法正常呼吸，二人的頭都耷拉了下來，以致周邊的人已無法看清楚他們的臉。他們母子給人世留下的最後印象，是他們頭頂上那高高豎起的亡命牌和林舜英那頭在寒風中飄拂不定凌亂的白髮。

　　這天上午是多雲天氣，時而還能見到陽光，到了午後，天陡然陰了下來，太陽由於不忍目睹人世間這種瘋狂的戮殺而將臉深深地埋進了雲層。刺骨的寒風挾著淒厲的警笛聲在陰冷的上空迴蕩，驚懼和恐怖籠罩了整個城市，所有刑車經過的路口都戒備森嚴，到處可見荷槍實彈的軍警，全城成了個大刑場。

　　數十萬人列隊夾道來接受「教育」，讓他們親眼看看「現行反革命」的下場。長長的刑車隊伍在已實行戒嚴的市區主幹道上緩緩行進，每當刑車經過，兩旁的人群中就出現一陣騷動，人們交頭接耳地議論著第一輛刑車上的那對母子，不時發出一些驚嘆。惶恐和驚悸像瘟疫一般迅速在人群中擴散傳染，一時間人們不禁懷疑起眼前所發生的一切：這究竟是眼前活生生的殘酷現實，還是一場可怕的惡夢？

　　人，被殺的太多了，反革命，被槍斃的太多了，公判大會、判刑佈告、刑場斃人，早成了司空見慣的事。對許多人來說，這些事就像看一場革命樣板一樣平常，而且連票都不用買。但這次和以往畢竟不同，六十歲的母親和二十多歲的兒子竟然一起成了「現行反革命」，而且綁在同一部刑車上遊街示眾之後一起被送去刑場槍斃，這可絕對是史無前例的事實啊！即使那些見慣了屠殺、見慣了流血，神經已變得麻木的人，在親眼目睹這種人間慘劇後，也身不由己地不寒而慄。

　　人們已搞不清古今歷史上是否有過這樣母子一起被殺頭的悲慘記錄了，只記得在看過多遍的革命樣板戲《紅燈記》中有過相似的情

節。人們又不禁要問：那李玉和母子的同被處決，這李立榮母子的同被處決，兩者之間，是戲劇中虛構情節和當前客觀事實的偶然巧合，還是後者對前者在行為上的刻意效仿呢？日本鬼子當年殺的是和他們蓄意為敵的中國人，而如今要殺的這位白髮蒼蒼的中國母親和他文靜的中國兒子，真的能像李玉和母子反抗日本那樣對當今的中國政權構成嚴重的威脅？

歷史，難道真的非要時時刻刻祭起種族仇恨、階級鬥爭這些嗜血如命的法寶，以人頭和鮮血作為代價，透過永無休止的相互仇殺來開闢自己的道路？

人類，莫非一定得世世代代陷入冤冤相報的循環，歷經沒完沒了的復仇，從而才能走向自己最後的終結？

提到「紅燈記」，出於如何殺人的聯想，在此忍不住要插入幾句略為偏離本題的話。

《紅燈記》，這部以煽動階級仇和民族恨為主旨的革命樣板戲，幾十年來久演不衰，凡是中國人幾乎都看過，有的甚至看過多遍。這樣一部家喻戶曉、膾炙人口的名劇，其中有一個情節上的失誤，多年來卻一直極少為人覺察——那就是日本鬼子鳩山在處決李玉和母子時，事先竟沒有想到割斷他們母子的喉管或套上一個繩圈，以致讓李玉和母子能在槍口下從容不迫地喊完一長串口號後才慷慨就義。這種安排，我敢肯定會給一些「別有用心」的人留下一個可鑽的空子——就連我們這個最講人權、最講人道的社會主義國家在槍斃反革命時，都會採用各種革命措施不讓他們在臨刑前發出聲來，而兇殘成性的日本鬼子居然允許即將被處決的犯人臨死前想喊什麼就喊什麼，這豈不是在表明日本鬼子竟然比我們還講人道、講人權嗎？這不是美化敵人、詆毀我們自己嗎？對於這個情節瑕疵，我也曾多次考慮過，這會不會是編導們一時疏忽所致呢？轉而一想又覺得不太可能。這《紅燈記》可是當年偉大革命文藝旗手江青女士親自把關的經典革

命樣板戲啊，以她一貫雷厲風行、一絲不苟的工作作風，是絕不允許哪怕在最微小的細節上存在差錯的。那麼，這莫非是故意如此安排，為了給觀眾留下一個小小的思索空間，以便讓人們在看了日本鬼子怎樣殺人、我們的新生紅色政權又是如何殺人後，相互進行對比，從而反襯出軍國主義份子的愚蠢透頂和我們紅色政權的大智大慧，並進而表明我們中華民族對日本大和民族在智商方面佔有壓倒性的優勢呢？對此，我又有些不確定。去年，我專為此事請教過南京市京劇團一位資深導演王先生。王導告訴我，舞臺上一般不宜渲染暴力和血腥，因為這對廣大觀眾來說是不健康的。過度的暴力、血腥場面，會使人們在心理上降低對暴力的敏感度，久而久之，人對暴力的反應會越來越遲鈍，從而有可能會誘發暴力型犯罪。王導的這番解釋是頗為經典的，以前我也略知一二，但這依然不能消除我心中的疑惑。若真如王導所言，由於血腥和暴力不宜在舞臺上展現，為此在《紅燈記》中特意替鳩山多少保留了一點人性，沒讓他在槍斃前先割開李玉和母子的喉管，那麼，當縱觀我們當局在日常現實中的所作所為後，不免又會提出新的疑問：難道我們的紅色政權真的就在意那麼一點點人性？真的考慮過血腥和暴力的不良副作用？張志新在臨刑前喉管被割斷，李立榮在有十幾萬人參加的公判大會上當眾被勒昏過去，而後母子二人又在幾十萬人眾目睽睽之下遊街示眾後被押往刑場，難道這不是當眾展現血腥和暴力？但我們的紅色政權對此什麼時候有所顧忌過？與此相反的倒是唯恐影響不夠大、觀眾不夠多、聲勢不夠恢宏、氣氛不夠恐怖。既然在現實中的作為是如此的「無所畏懼」，那麼對區區一部戲的情節，又有何必要去考慮什麼血腥不血腥呢？因此，對主導這番話我也只是聽聽而已。看來，對《紅燈記》中的這個小問題，已經無人能做出令人信服的詮釋了，唯一擁有最終解釋權的江青女士，早在十幾年前就已經用一根繩子將自己掛了起來，因而無法當面請教了。

　　以下再回到正文。

103

1970年12月10日下午4點多鐘，隨著南京鳳凰西街刑場一陣槍聲過後，十顆苦難的靈魂離開了這個罪惡的人世。

南京對所有「現行反革命」的屠殺都是在鳳凰西街盡頭處一片墳場裏進行的，這條鳳凰西街至今還在那裏，作為一個無聲卻雄辯的證人，證明在那個「革命」的年代裏，暴君及其爪牙們的兇殘暴戾能達到何種程度！任何敢於對專制獨裁制度表示不滿的人，其下場又是何等悲慘！

頗值得一提的是，即便是軍管下的公檢法，有時也會展現出富有「人情味」的一面。具體點說，在對林舜英母子後事的處理上就頗為「寬容」，很有「人性化辦案」的色彩——那就是事後「寬宏大量」地沒要李立榮的兩個妹妹補交槍斃她們母親和哥哥的二角錢子彈費。

別忘了當年張志新的親屬可沒有這麼幸運——她的丈夫在接到通知後，乖乖地主動上門交了一角錢。

就在林舜英母子行刑的下午，李立榮的兩個妹妹躲在一間門窗緊閉的小屋內抱頭痛哭，這一哭，就是三天三夜！

這天晚上，我的父母親在家中黯然垂淚，他們都了解林舜英的為人，熟悉她的忠厚慈祥、心地善良，怎麼也沒想到這樣一位老好人會遭遇如此厄運。我父親忿忿不平地對我母親說：「當年在長辛店我們那樣罷工鬧事，吳佩孚都不敢輕易開槍，現在對李媽媽（他們就著小輩稱呼林舜英為李媽媽）這種老好人都能殺，成了他媽的B什麼世道！不知這些狗日怎麼下得了手？」

這就是一個參加過「二七」大罷工的老工人對此中肯而又樸素的評價。

十條生命，對我們這個十億人口的大國來說根本微不足道。偉大領袖連死一半中國人都不在乎，殺十個人又何足道哉？但就是從這微不足道的林舜英、李立榮母子身上，讓幾百萬南京市民從他們同時

被殺的事件中，親身感受到了「紅色恐怖」，進一步了解到「階級鬥爭」到底是什麼？

血淋淋的事實告訴人們，「階級鬥爭」這把高懸在每個人頭頂上的「達摩克利斯劍」，它隨時隨地都有可能悄然落下，使人身首異處，而且令人防不勝防。任何人不論身居何位，如何小心謹慎，如何力圖自保，都因為不知明天自己會不會成為劍下的犧牲品而終日惶惶不安。全體臣民即使都規規矩矩、老老實實地匍伏在君王的腳下三拜九叩、山呼萬歲了，但為了貫徹萬歲爺「階級鬥爭必須年年講、月月講、天天講」的聖旨，還必須從中挑出百分之五的臣民，先將其製造成鬥爭對象，然後再用他們的鮮血來塗抹這把寶劍的鋒口，防止生銹鈍化。「孔老二」當年鼓吹過「有教無類」，現在則是「有鬥無類」、「有殺無類」，不管你是年逾花甲的老人，或是年方弱冠的少年，不論你是學富五車的大家，或是目不識丁的文盲，挑上誰，誰就難逃厄運。上至國家主席、國防部長，下至黎民百姓、布衣庶人，概莫能外。

1970年12月10日的這個晚上，當人們坐上飯桌時，首要的話題必然是下午發生的事：那第一部刑車上的母子、那綁在一起的花白頭髮的母親和身旁年輕的兒子、那高高豎起的尖角亡命牌、那令人心驚肉跳的警報……。那時已能記事的孩子，現在應該有四、五十歲了，他們應該記得當年父母親講述此事時臉上那種驚恐不安的神情，以及「要聽大人話、不能在外面『瞎講瞎說』」之類的忠告。

但凡現年五十歲以上的老南京人，提起那次母子一起被槍斃的事，大部分人應該都記憶猶新。去年（2005），我特別為此做了一次隨機抽樣調查，在我問到的三十個五十五歲以上的人中，有四人曾在當年親眼看到林舜英母子遊街，有七人的家庭成員（包括親戚）看過遊街，有六人聽別人說過此事。儘管取樣範圍還不夠大，但這也能說明目前在五十多歲的人群中，還記得這件事的至少有半數之多。

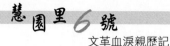

遺忘也許是人類的天性，但有些事是永遠忘不掉也永遠不能忘的。

林舜英、李立榮母子被槍殺後的十天，已去臺多年的李劍文，在日本東京舉行了一次有一百多名中外記者參加的記者招待會，會上李劍文先生聲淚俱下地向記者們披露了妻兒在大陸慘遭殺害的情況。會後，各國記者在本國的報刊上做了專題報導。

1989年李老先生返大陸探親期間，在南京慧園里6號老宅和我長談時回憶了此事的經過，由於怕觸惹老人傷心，我對其中詳情沒敢多問。

就這樣，在腥風血雨的1970年的短短九個月中，在我這一生的精神世界中具有無法取代地位的好友李立榮、曹漢華、張稼山和我尊敬愛戴的林舜英女士，在那場瘋狂的戮殺中先後慘遭殺害。死的那一年，林舜英六十歲，李立榮二十六歲，曹漢華二十六歲，張稼山二十九歲。一個花甲老人、三個有為青年，在紅色的革命年代，他們殷紅的鮮血和成千上萬無辜者的鮮血匯在一起，染紅了紅色政權、染紅了革命紅旗、染紅了紅色江山，真正實現了「全國山河一片紅」！

十年之後。

1980年，林舜英、李立榮、曹漢華、張稼山先後被平反。

林舜英和張稼山的平反判決書作為本文的證據——也是歷史的證據——附於本文最後，遺憾的是，李立榮和曹漢華的未能找到（只查到了李立榮的判決號）。

林舜英和李立榮被平反後，家屬從南京市中級人民法院共領到「死亡補償金」一千四百元，平均每條人命七百元。這錢既不算「國家賠償」（那時還無此一說），也不稱之為撫恤金，籠統稱為「死亡補償」。

張稼山因為生前沒有正式職業，死亡補償金只有三百元（大概是出於他生前沒能對黨、對社會主義作過什麼貢獻的考慮）。他弟弟

張××先生去法院交涉，問冤殺一個人怎麼只補這幾個錢？結果得到的答覆是：「我們嚴格按黨的政策辦事，任何不符合黨的政策的事，我們都不會幹。該給的就給，不該給的就不給，該給多少就給多少，既不能多一分，也不能少一文。」不愧是法院法官，答覆邏輯嚴密，滴水不漏！經張××的再三據理力爭，最後法官大人總算法外開恩，冒著違反政策的風險又補了三百元。前後加起來，張稼山二十九歲的年輕生命，作價六百元，一次性結清。

兩個七百元、一個六百元，一共兩千元，這就是三條人命的代價，這就是號稱「歷來重視人權」的國家在冤殺了三條無辜生命後的補償！其中還有三百元屬於「特殊照顧」。

順帶提一下活下來的我在平反後所得到的經濟補償吧。我們這些承蒙「開恩」未被處決而活下來的人，政策規定平反後由原工作單位補發坐牢期間的工資。我勞改十年，農場補發了我十年的工資。我十年的工資總和是三千四百二十元，扣除十年坐牢期間的伙食費和衣服費一千六百八十元之後，淨落了一千七百四十元。

這一千七百四十元，就是我十年自由的代價！就是從二十八歲到三十八歲這段人生最寶貴的青春歲月的代價！

現在的人們可能會懷疑，怎麼蹲大牢還要自己繳伙食費和衣服費？這到底是怎麼回事？怎麼可能會有這種情況？是不是你惡意杜撰出來的故事？

我可以負責任地告訴大家，這既非我的憑空杜撰，也不是自編的「黑色幽默段子」，這絕對是千真萬確的絕對事實，這有國務院財政部、公安部聯合頒發的紅頭文件為憑，一句話，這是黨的政策。

一個無辜的公民被槍斃，要由家屬補交子彈費，一個無辜公民被判刑，後來又承認判錯了，最後卻要人家自掏腰包補交坐牢時的伙食費（真正有罪的犯人刑滿出獄反而不必繳），這些「黨的政策」確實太具有鮮明的「中國特色」啦！為此，我曾特地請教過幾位歷史學

家，請他們查查人類歷史上是否有過類似的先例，最後的一致答覆是沒能查到。南大一位知名的歷史教授這樣對我說：「根據現有的歷史資料，尚未發現類似的記載。當然，我僅僅指地球而言，至於其他星球是否有過，你得去找天文學家。」

1980年李家被殺的、被判的雖然全部平反了，但慧園里6號那幢老樓作為「反革命活動基地」被沒收後，卻遲遲不能物歸原主。

1970年李家母子慘遭處決後，幸存下來的兩個妹妹立即被掃地出門，房子被沒收（到底由哪一部門來沒收的，至今不得而知），讓一個名叫謝金生的公安局處長全家搬了進去。這位在新生紅色政權的專政機關中擔任要職的謝處長，估計房主李家已永無翻身的可能了，不僅把全家的戶口都遷進了慧園里6號，後來乾脆把他妹妹的戶口也搞了進去。這一佔就是十年。

就在平反判決下達後，南京中法當即通知房管部門盡快將李宅發還原主，白下區房管局當即以書面形式通知鳩佔鵲窩的謝處長，希望他們全家立即遷出。然而這位有來頭的謝處長怎會把小小的白下區房管局放在眼裏？他以各種藉口推諉搪塞，一直賴著不搬，而房管部門拿他也毫無辦法。儘管李氏兄妹幾十次上門協商，請求這位謝處長可憐可憐他們，盡快遷出，以讓他們有家可歸，但處長大人絲毫不為所動：「你們別來找我，要找就找法院、找房管局去。」當李家兄妹去找法院時，法院叫他們去找房管局，到了房管局，又被告知他們管不了，他們早就通知姓謝的趕快搬出，並且已經替他安排了一套住房，但他嫌一套不夠，還要另加一套，不滿足要求就不搬，拿他實在毫無辦法，最後叫李家兄妹還是直接去和姓謝的協商。就這樣踢來踢去，一踢就是兩年。其間，李氏兄妹不得不四處借宿，聊以棲身。李蔚榮有幾次實在無處睡覺，只好到火車站候車室過夜。此事後來若不是王昭詮市長親自過問，恐怕還不知要踢到猴年馬月。1982年，在臺灣的李劍文老先生從子女的信中得悉此情後，無奈之下寫了一封長信

給南京市長王昭銓先生，痛陳往事之餘，懇求南京市政府格外開恩，讓其子女早日有家可歸。

王昭銓先生是位極富正義感和同情心的老幹部，他接信後對此極為重視，經過了解核實後，當即嚴令有關部門責成謝某立即無條件從李宅遷出，不得以任何藉口拖延。這位謝處長儘管從不把天理、國法、人情放在心上，長期霸佔「兇宅」也不怕冤魂纏身，但對上司的指示卻不敢公然違抗，在上級的嚴令下，這才乖乖地捲舖蓋走人。出於一種骯髒惡毒的報復心理，謝某搬走前夕，用撬棍、菜刀將屋內的門窗、紗窗、地板、牆面撬的撬、砍的砍，直到毀壞殆盡仍心猶不甘，最後將所有的水龍頭拆掉復又鋸斷自來水管，方才悻悻而去。當時白下房管局人員親眼目睹謝金生「堅壁清野」的傑作後也不禁為之憤然：「媽的個B，世上竟然會有這種人！」

經過這番周折，李蔚榮兄妹總算回到了慧園里6號那座闊別了十年的老宅。

從李家母子和張稼山被冤殺獲平反後「落實政策」的具體情況，不禁使我又聯想到去年發生的佘祥林案。

被列為2005年中國十大冤案之首的佘祥林殺人案，經複查再審已撤銷原判，宣告無罪，佘祥林因此獲得國家賠償和各種補助合計四十六萬元（一說為六十萬元）。據報刊媒體報導，佘對此不甚滿意，準備繼續告申，進一步維護自己的正當合法權益云云。

看了這些報導，特別是得悉佘祥林幾十萬進腰包後仍不滿意的表態，一時不禁感慨萬千，但又不知該說什麼好，想來想去，還是忍不住要對佘老弟忠告幾句。

佘祥林啊佘祥林，你可知道我那在二十九歲就被冤殺的朋友張稼山平反後賠了他親屬多少嗎？六百元啊！考慮到物價上漲的因素，充其量只相當於今天的六千元，與你的四十六萬相比，僅僅佔百分之

一點三，也就是說，你余祥林所得的賠償，相當於七十六條人命錢哪，何況你還白揀了一條命！

不錯，你是失去十一年的自由，但這狗屁的自由在中國又算得了什麼？又能值多少錢？我不是同樣失去了十年自由嗎，我才拿到了多少賠償？再說，你不過區區一介農民，那些功勳卓著的「老一輩無產階級革命家」，那些傑出的作家、畫家、音樂家、表演家，那些對「社會主義建設」有過卓越貢獻的專家學者、各界精英，他們在白白關了多年後又拿到多少賠償？與我們相比，與千千萬萬被冤殺的、被冤判的、被冤關的相比，你小子他媽的運氣已經夠好的了！

為此，我勸你千萬別貪得無厭，別再得寸進尺，趕快見好就收。千萬別聽那些記者、律師的煽動，別聽他們鼓噪什麼人權。你知道人權是什麼嗎？讓你生存，讓你活著，讓你有飯吃、有衣穿，還讓你每天晚上能和老婆睡在一張炕上，這就是最頭號的人權！記者、律師先生們講的那人權，不僅你這輩子看不到，你兒子、你孫子甚至你的曾孫子恐怕都看不到。我勸你還是捄好已經到手的四十六萬人民幣，萬一哪天又有什麼政策變化，我倒不信你余祥林有本事搬石頭砸天！

到此，本文即將結束了。只是積壓心頭多年的幾句話，始終感到不吐不快。再三考慮之餘，決定一併寫出。

二戰後同為戰敗國的德國和日本政府，在對待曾經深受其害的國家、民族的態度上歷來存在著很大的區別，德國政府由於能誠心誠意地懺悔當年納粹政權的罪惡，並一再公開謝罪道歉，從而取得了國際社會的諒解和寬宥；而日本政府則始終堅持錯誤立場，千方百計抵賴、掩飾二戰中的滔天罪行，一直拒絕向慘遭荼毒的中國人民和亞洲人民公開道歉，為此飽受全世界國家和人民的詬病。按國際共識，公開道歉認錯，是一個國家、一個政黨、一個政府在犯了錯誤乃至犯了

罪之後，表明確實有悔改誠意最起碼的表現形式。國際社會如此，國家內部也不例外。

由此就聯及中國對「解放」以來歷屆政治運動受害者的態度問題。

在中國當局早有定論的主要政治運動中，反胡風運動是錯的，反右傾是錯的，反右派鬥爭儘管名義上未予否定，但由於幾近全數的右派份子都屬錯劃，顯然也是錯的，作為文革序曲的「四清」、「社教」運動不用說，還是錯的，至於作為中國近代重大政治系統工程的文革，已經不是什麼錯不錯的問題，它已被當局定性為「十年浩劫」。（其他一些規模和範圍較小的運動就不一一列舉了。）在長達二十多年的時間裏，在這些接踵而至的、已被肯定是錯誤的政治運動中，被冤殺的、被錯殺的，被錯抓、錯判、錯關、錯管、錯批、錯鬥、錯戴帽、錯遊街、錯示眾、錯處分的，一句話，在生命、人格，肉體、精神上都受到錯誤剝奪、錯誤打擊的，總人數絕對不會低於五千萬。（這還不包括受到牽連的親屬在內，如果要計入的話，總數恐怕要超過全歐洲的人口）那麼，中國當局自十一屆三中全會到目前長達二十七年的時間中，對這五千萬中倖存下來的人以及死去的亡靈，什麼時候公開道過一次歉，公開說過一聲對不起呢？

不錯，十一屆三中全會後的歷屆政府已根據有關「政策」，對以往政治運動中的受害者進行了平反、昭雪、糾錯，但這些遲到的公正，也僅僅是通過法院或行政執法部門所作的平反判決、糾錯決定書上那些冷冰冰的文字例行公事地簡單表述了一下而已。這對幾千萬受害當事人來說，能稱之為真正的公正嗎？那些冤死、屈死的亡靈，那些蒙受幾十年不公正待遇、苟延殘喘活過來的人，他們的生命、青春、自由、幸福、人格、尊嚴、自信、精神追求，這些作為一個人最重要的生命象徵，就憑一紙平反判決、一紙糾錯決定就能重新找回來了嗎？

作為執政黨的中共，在《關於建國以來黨的若干歷史問題的決議》中，僅僅對文革和歷屆政治運動所造成的危害輕描淡寫地一筆帶過，將造成這些事件的原因簡單地推諉於主要領導人的主觀認識偏差、行事專斷、國際形勢的壓力、個人崇拜的風行，而對幾千萬人的生命悲劇卻隻字未提。那麼，這幾千萬人的生命和自由真的不值一提嗎？真的該忘得一乾二淨了嗎？真的該「過去的就讓它過去了吧」？

隨著歷史車輪的滾動，國際社會一直深刻關注的人權，已經越來越深入到全世界人們的意識中，任何一個國家、任何一個執政黨，其對人權的態度無疑將決定其在國際社會中的地位和影響。而對人權的態度，則又包括現時的人權保障，以及對歷史上漠視乃至踐踏人權的深刻反省。作為擁有世界四分之一人口、一貫自詡重視人權的泱泱大國，二十多年來居然從來沒有任何一個政黨、沒有任何一屆政府，敢於出面清算幾十年來欠下的人權舊債，向我們這些受害人表示過精神的撫慰，真誠地道過一聲歉，說過一聲對不起，這種始終堅持拒不賠罪道歉的做法，究竟意味著什麼呢？是一種政治上的複雜心態？是對人權驚人漠視的繼續？還是極權主義與生俱來的專橫？

最後介紹一下李家中活下來的人。

上文已提到李劍文老先生曾於1989年回南京探親。當時他原意待到年底返臺，不料同年春夏正值中國多事之秋，政治流言眾說紛紜，老人懍於往事，心有餘悸，不敢多留，遂提前結束探親，匆匆取道上海返臺。1994年，老先生在臺灣花蓮市去世，享年九十五歲。他自1950年底去臺後終生未娶，始終孑身一人。及至晚年，由臺灣政府撥派一名官員，專門負責李老先生的飲食起居和醫療保健，直至終老。去世後一應後事，亦由當局一手操辦。李蔚榮先生接獲老父去世的消息後，赴臺將老人骨灰接回，最後落葬於廣西老家祖墳。

　　李蔚榮先生已正式退休，現年七十歲。1998年曾患過一次腦梗，病後留下一點後遺症，行走尚可，略有遲緩，唯語言出現若干障礙，口齒不甚清楚。1970年判刑後，其妻所屬的單位二十四小時全天候有專人做「工作」，要其盡快劃清界線，與李蔚榮離婚。一農村弱女攜一小「反革命三世」，實在抗不住壓力，遂於同年與李蔚榮辦了離婚手續。雙方所生的兒子一直由女方撫養，1979年李蔚榮平反後，兒子終於回到他的身邊。2000年兒子結婚，現已有一個六歲的孫子。李蔚榮出獄後一直未再成家，目前和兒子、媳婦、孫子一家仍住在慧園里6號那幢老樓裏。我在寫本文前特地去拜訪了他，相見之下撫今追昔，恍若隔世。由於說話吃力，言語不多，一雙略帶混濁的老眼中，透出的是更多的蒼涼和無奈。臨別之際，我用數位相機照了二張合影，一併附於本文之後。

　　李蔚榮的二位妹妹，現均五十好幾，各有子女，生活正常。那位一直在武漢工作的大姐，十年前不幸心臟病突發，猝然去世。

　　倏忽之間三十多年過去了，李家中活下來的人，絲毫未因歲月的流逝而沖淡對不幸死去的親人的悼念。當年多次徹底仔細的抄家，沒給李家兄妹留下任何死者的遺物，就連骨灰也早已不知去向，世間已找不到任何藉以寄託生者哀思的載體。每逢清明掃墓時節，他們沒有任何一處墳塚可供祭奠，即便當年的刑場——那塊浸透千萬無辜生命鮮血的土地，也早已建起幾十幢高層建築。每年的12月10日，他們只能在慧園里狹窄的樓間通道裏焚燒一疊疊紙錢，望著嬝嬝飄起的灰煙，遙寄對母親和兄弟的無窮思念。

　　根據一個古老的傳說，逝者的靈魂必須要有一處固定的棲息場所，才能得到最後的安寧，為此，李家兄妹前兩年特地在公墓買了塊墓地修建了兩座墳塋。與那一大片墓群不同的是，那只是兩座空墳，裏面既無骨灰，也沒有任何死者生前的遺物，盛放在那裏面的，只有

一段足以讓後人感悟、覺醒、反思的歷史。刻在大理石墓碑上的林舜英、李立榮母子姓名，和1970年12月10日那個滴血的日子，會一直保存到大理石風化成一堆粉末為止，到那時，人世應該不會再出現瘋狂的殺戮了。

墓地的座落地址是：南京中華門外牛首山麓普覺寺公墓，「和字01區」第20排70號和71號。

細心的讀者可能會注意到，還有一位人物未被提及──李立榮那位漂亮的女友。

作為李立榮那麼傾心的戀人，我當然非常關心她後來的下落，然而在當時的處境下，出於多種考慮，我始終沒和她聯繫過。在我臨出事前不久，曾想和她見一次面，遺憾的是未能如願。

就在我和李立榮最後待在一起的那個夜晚，他特別談到了她。

事前李立榮已經再三叮囑過她：一旦自己出事，要她盡快忘掉一切，忘掉世界上曾經有他這個人，千萬不必等他。他擔心女友感情上一時可能會受不了，特地把我的住址和農場地址告訴了她，要她萬一有什麼事，可直接找我，一定能從我這裏得到安慰和幫助。另外，李立榮還囑咐我，如果有事必須見她，可在玄武湖公園大門口售票處旁的遊客留言欄裏貼一張「遺失啟事」：「本人不慎在公園內丟失提琴一把，拾者請交公園管理處，面謝。」──這表明我要緊急約見，她一見到「遺失啟事」自然會來找我。（按他們之間的約定，她每隔幾天都會去一次玄武湖）不過李立榮又關照我，有無必要這樣做，由我審時度勢自行決定。

從李立榮失去自由到1969年春節，我一直沒考慮和她見面，到了1969年5月，眼看風聲越來越緊，我擔心自己一旦入獄後，她萬一來找我會惹麻煩，因此不得不啟動了這個「應急方案」，於是按約定

去貼了一張「遺失啟事」，但她始終沒來找過我。事後我特地去玄武湖門口看過，那張「遺失啟事」仍然紋絲未動的貼在留言欄裏。

是轉業回老家了，還是出於其他原因不能見面？我對此始終一無所知，在我失去自由後她是否找過我、有沒有遇到麻煩，我就更不清楚了。

大約是在1975年秋，我父母親在「接見」時告訴我，他們數日前收到了一封從天津寄來的信（從郵戳上得知），信封上的收信人是我，寄信人地址是「內詳」。拆開一看，薄薄的一頁信紙上只寫了幾行字，大意是「一別數年，諒一切安好。年輕時發生的事我並沒有忘記，它們雖然越來越遠，但我一直感到彷彿就在昨天。我想只要能記住那些美好的往事，我們的一生就不會『一窮二白』了。」（出於「反革命家屬」的警惕，我父親看完信後就燒掉了，信的內容僅僅是老人的轉述。）信中既無抬頭稱呼，結尾也未落款留名。我父親頗有文字功底，他根據筆跡斷定是位女子所寫，這使我一下子想起肯定是她！

我無法判明她是否已經知道李立榮的結局，從信中的語氣看來，似乎還不清楚我已身陷囹圄五年。我們的案子在1970年初曾經交由全市每個單位「討論」過，加上五臺山公判大會後貼滿全城的判刑佈告，南京人對我們可謂家喻戶曉，那時她如果仍在前線歌舞團的話，肯定會知道我的情況。既然事隔幾年之後她會寫信給我，並且還在信中牽掛我「諒一切安好」，表明她對我的遭遇一無所知，估計她在李立榮入獄不久後就轉業回老家了。

如果真是這樣，她很可能一直不知道李立榮的結局，這對於我來說多少是一個安慰。

自1975年後再也沒收過她的信，也沒有她的任何消息。

但願她永遠不了解後來發生的事吧！年輕時留下的愛情傷口，總還能用時間慢慢治癒，而瘋狂屠殺激起的仇恨，恐怕使她這一生永遠無法平靜。

屈指算來，現在她也是年屆花甲之人了，當年的青春美麗，經過幾十年的風刀霜劍也許早就蕩然無存，過去的事還可能像夢一樣留在她的記憶中，然而失去了的那些夢，又能從哪裏去尋找呢？

假使她一直不了解後來發生的悲劇，不知這麼多年之後，她心中是否仍然埋藏著一絲和年輕時戀人重逢的幻想？倘若她已經知道了事情的真相，更不知她這三十多年又是怎麼走過來的？如果她能知道幸存下來的我正在著文悼念親愛的亡友時，我想她一定熱切盼望能找到我，但置身在茫茫人海中的我們，今生還有見面的機會嗎？

——面對這一連串的問號，也許我永遠無法探明答案了。

文中各主要當事人沉浮既定，本文也該告一段落了。

春節前夕，我去李宅，老樓周圍的一切一如舊時，看不出有多大變化，依然那樣令我感到親切，令我非常熟悉。遠遠望見李家二樓的燈光時，驀然間一陣衝動從心中逕直湧向眼睛，淚水不禁奪眶而出。就在那瞬間，我耳邊迴響起了波隆貝斯庫《敘事曲》優美的旋律，那是當年李立榮最愛拉的曲子之一。三十八年前，每當我走到那裏時，總能聽到從他家二樓飄過來的悠揚小提琴聲，於是我的心中就會立即注滿莫可名狀的親切溫暖。當我想到再花一分鐘的時間走進那幢樓裏，就會有林舜英慈祥的微笑和李立榮熱情的問候在迎接我時，我往往三步併作二步地向慧園里6號那棟老樓走去……。

我停下了腳步，我的雙腿像灌了鉛似的沉重，我仰起淚流滿面的臉，我望著璀璨的星空，我集中了所有的懷念、回憶，我用盡了胸中所有的氣力，我悲愴地對天狂喊了起來：

——「魂兮歸來！」

一個國民黨員和他的煙嘴

「呼！」沉重的牢房鐵門撞擊聲把我驚醒過來。

左上方老虎窗外的天空已經泛出魚肚白，估計有6點多了。忽然感覺腳頭似乎有什麼東西壓著，仰起身一看，一個頭戴東北大皮帽、身著一襲黑色加厚棉襖棉褲的人背對著我，蹺身坐在我腳邊，他身邊一個黑布行李捲正好壓在我的腳上。我輕輕用腳撥了一下，他緩緩地直起身子轉過來，一張佈滿溝壑的蒼老臉龐，竭力在向我擠出討好的笑容，咧開的嘴露出一個黑洞，裏面幾乎已經沒有牙齒，看來年齡離七十不遠了。

「才送來？」我悄悄地問他。

「俺是路過南京的，在這裏臨時待兩天。」他低低答道。

一口明顯的東北腔，看來是從東北某勞改隊來的。從他低眉順眼的神態和那身袖口和膝蓋處已磨得發亮的棉衣棉褲來看，肯定是個老犯人了，剛才的牢房鐵門聲，顯然就是因他而響的。

正打算和他聊兩句，忽然走廊裏傳來了起床的哨聲。同室的二十幾個難友一個個爬出被窩，懶洋洋地疊好被子，洗漱完畢，席地而坐等吃早飯。

就在飯前的這一小段時間裏，坐在斜對面愛打聽閒事的老于，已把剛進來的東北老頭的底細摸了個大概。老頭解放前是國民黨南方某市黨部的一個要員，解放前夕慢了一步沒走掉，1950年被祕密送到北京戰犯學習班集中學習，不久後被判了十八年，和其他判了刑的同學一起被送往中蘇邊境附近的北大荒某農場勞改。近二十年來和家人音訊中斷，對外界的事基本上一無所知。前不久中蘇關係急劇惡化後，戰事眼看一觸即發，當局將邊境所有的勞改犯人和刑滿留場的編

外犯人全部遷調內地，老頭已刑滿留場「就業」一年，這次也被列入內遷對象，由勞改農場幹部押解他遷回浙江老家。途經南京時，押解人員說要看看南京長江大橋順便玩兩天，便把他這個不是犯人的犯人暫時寄押在我們娃娃橋看守所。

我們問他老家還有何人，老犯人一語未發，只是茫然地搖著頭。

很快地早飯送來了，大家立刻捧起那一大瓦缽熱騰騰的麩皮稀飯盡情享受起來。東北老頭說他不想吃，要睡覺。我說：「你睡吧，我們把你那份稀飯替你留著，等你醒來再吃。」他咧嘴朝我感激地笑了笑說：「不用了，你們大家分分吧。」說完便在牆角落打開鋪蓋捲，然後開始脫衣服。

揭下東北大皮帽，他露出了一頭半寸長的銀髮，在黧黑的臉皮襯托下，顯得特別耀眼。當他脫下棉襖和棉褲時，我們一個個驚訝得幾乎叫出聲來。

他全身的衣服只有一件棉襖和一件棉褲，裏面什麼都沒穿，解開上衣的鈕扣，鬆開腰間一根暗紅色的舊布帶，赤裸的全身立即在我們面前暴露無遺。

他的身材極瘦，一根根肋骨清晰地凸了出來，鎖骨上方一邊一個深深的窩，估計兩個窩窩頭放進去都填不平。胯處由於沒有肌肉，左右髖骨拳頭似的凸出在兩側。奇怪的是，陰毛居然也和頭髮一樣，清一色全白。下面兩條腿，簡直就是兩根佈滿節疤的樹棍。整個身軀給人的第一眼印象，像是醫學實驗室裏的一架骨骼標本，好在他有一雙大腳，使人看起來不至於散落倒下。直到現在，我還沒見過如此骨瘦如柴的人。

儘管那瘦骨嶙嶙的身軀已夠令人驚訝的了，但最令我們心驚膽戰的，則是他前胸後背的那些傷疤——從頸下到腰際，起碼有四、五十條條狀的傷疤相互交叉覆蓋，整個胸和背皮膚彷若印滿圖案的花布，若不是近看，倒真的以為他套了件花紋獨特的背心。那些傷疤呈

紫黑色，看起來並不深，也無明顯的凸起，顯然不是被利器之類的東西傷害所致，形成的原因，估計是被一寸寬左右皮帶之類的東西抽打之後所留下的。

同牢房的阿四問老頭身上的傷疤是怎麼回事？他只是輕輕地嘆了口氣，接著一言未發就鑽進被窩筒，很快就發出了鼾聲。

稀飯喝完後，牢房裏開始活躍起來。這臨時集中牢房比普通牢房要自由一些，看守們懶得管我們這些很快就要送勞改隊的「已決犯」，既不安排學習，也不要我們幹手工勞動，任由我們海天闊地吹牛談天，只要不打架鬧事即可。

我和李蔚榮都靠在被子上想心事。儘管牢房裏看起來管理鬆，我們畢竟是同案，不敢過多交談，很難說這臨時牢房內有沒有事先安插的「耳目」。

從3月6日的公判大會到今天已經是第三天，張稼山被殺，張稼雲和C、Z都分走了，也不知他們去了哪處監獄，只有我和李蔚榮還臨時關在南京娃娃橋看守所這集中牢房裏等待發配。在我未來的十年刑期中，將會有什麼樣的遭遇等待著我，那即將面臨的地獄，究竟可怕到什麼程度，我能否在十年的勞改歲月中熬過來，我那年邁的父母親還能不能活著等到我刑滿，這一連串的問題，自前天以來就一直折磨著我，而這東北老頭的出現，使我的思緒更加紛亂起來。

他那骨瘦如柴的身架，特別是前胸後背的那些傷疤，不用說都是經受了長期非人折磨和虐待後所留下的印記，那些斜條傷疤，大概每一條都記錄著一個悲慘的血淚故事。二十年的痛苦、勞累、飢餓、屈辱，真不知這位老前輩是怎麼苦苦熬過來的！聽著他的鼾聲，心裏不由得對他泛起了一絲敬意。

那麼他那些可怕的遭遇，是否也會落到我頭上呢？我將來的結局會不會和他相似呢？十年之後，難道我真的也會像牛虻那樣變為「列瓦雷士」？健康喪失殆盡，臉上一道長長的傷疤，全身皮包骨，

拖著一條瘸腿……，想到這裏，我只感到脊柱裏一陣陣冰涼不停地遊走著。

就在胡思亂想之際，忽然牢房門框噹地一聲被打開。三個管理員站在門口，虎著臉掃視著我們，其中手裏拿著一張名單的矮胖子發話：「聽到名字的，馬上把東西全部帶出來！」

看來，今天也許輪到我正式向地獄出發了。

果然，在念到的名單中，頭兩個就是我和李蔚榮。坐斜對面的老于也在內，另外還有四個在3月6日公判大會上宣判的L××一案的成員，此外，幾個刑事犯也在名單之內，總共大約有十來人。原先擠得滿滿的牢房，一下子出空了一大半。

我很快地收拾好鋪蓋和用具，順便看了一眼蹲臥在角落的東北老頭。他已被吵醒，見我看著他，從被窩裏伸出一隻青筋畢露的手朝我招了二下。我見管理員正在門外邊聊邊等我們，便裝出找東西的樣子，走到老頭身旁蹲下來，問他有什麼事？他見沒人注意，偷偷地把一根小木棒模樣的東西塞到我手上，然後低聲地對我說：「一個小煙嘴，自己做的。我看你是個好人，留著做個紀念吧！」我張開手一看，果然是一個木製煙嘴，三寸多長，表面還刻了一些花紋。我道了聲謝後，將之塞進棉衣貼胸口袋，然後匆匆地和他道了別。

幾分鐘後，我一手夾鋪蓋，一手拎著裝有臉盆、杯子的網兜，隨著一行人走出了牢房。臨出牢房門前，我又回頭瞥了老頭一眼，那混濁的老眼裏沒有任何表情。

從此，再也沒見過這位勞改前輩。

這個木煙嘴此後就一直跟著我，無意中它成了一件紀念品。從入監檢查到十年勞改中無數次的搜查，由於它實在不起眼，從沒引起過任何人的注意，勞改犯每人得會縫補衣服，我把它當成繞線軸用了將近十年。

1979年8月23日我刑滿時，它也和我一起走出了勞改隊。此後，我將它和幾件其他勞改紀念物一併放在大盒中，平時鎖在大衣櫃的頂部抽屜裏，每年8月24日打開一次，逐件把玩一番後復歸原位。

倏忽之間，又過了二十年。

1999年8月24日，我循舊例再次打開小木盒，當時我旁邊寫字臺上正好有個放大鏡，我順手摸起放大鏡來察看那個木煙嘴，這麼多年還真沒有仔細地瞧過它。

經過歲月的打磨，煙嘴的表面已變得非常光滑，但那些花紋依然清楚，只是看起來刻得很粗糙。在放大鏡下，那雜亂的刀法更顯得拙劣，歪七扭八、深淺不一，顯然，那位東北老犯人根本不是什麼雕刻高手，估計連雕刻的基本技巧都沒掌握。當我一點一點的察看到煙嘴的中部時，發現兩條葉蔓形花紋之間有一個小圓圈，裏面似乎有些很小的三角，由於圖形太小，看不出它清晰的輪廓，僅僅感覺出那是一個頗為特殊的圖案。為了看清楚，我移到了檯燈下，並仔細地調整了放大鏡的焦距，這時出現的圖形，頓時令我驚訝得闔不上嘴。

那是一個國民黨的青天白日黨徽！

外面一個小圓圈，中心是一個更小的圓圈，兩個圓之間夾著十二個極小的三角。儘管圓刻得扁歪，那些小三角在圓周上分佈得也不均勻，但那確實是青天白日的圖案。

當我移走放大鏡後，不管怎麼仔細地盯著看，卻絲毫看不出這個獨特的圖形。不用說，主人公在雕刻這玩意時特意做了精心的掩飾。

隨著這個三十多年後遲來的發現，那位勞改前輩佈滿皺紋的蒼老臉龐，那滿頭的白髮，那具骨骼標本，那些前胸後背的傷疤，一下子紛現在我的眼前。

一個在歷史中整整被掩埋了二十年的囚犯，每天都在經歷我們難以估計的各種非人折磨，在那種嚴酷的煉獄環境中，真不知他是怎麼刻成這只小小的樹根煙嘴的。沒有放大鏡，沒有微雕工具，更重要

的是沒有微雕技術，而且每一刀、每一劃，都必須在無人監視的情況下才能進行，一旦被人發現，無疑是自尋死路，這一切，他究竟是如何一一克服的，實在叫人無法想像。

令我感到不解的是他雕刻這件不平凡作品的用意——在那種險惡的環境中，他甘冒生命危險雕刻的這個象徵國民黨的青天白日黨徽，無非是以此紀念他曾經身為其中一員的那個黨，但他有必要這樣做嗎？

儘管他在北大荒勞改隊裏被掩埋了二十年，但他不可能不知道國民黨氣數已盡、大勢已去這個不爭的現實。再說，以他解放前在國民黨內的經歷和感受，對國民黨的腐敗無能早有切身體驗，應該察覺到國民黨的失敗只是遲早之事，任何人也回天乏術。既然如此，他這樣做的動機究竟是什麼呢？

是對信仰的堅持？是對故主的忠誠？是對往事的留戀？是無可奈何花落去的悲悼？是對「反共復國」的夢想？對他那一代人，我不好妄加猜測，這些答案可能都是，也可能都不是。

我陷入了沉思。

這時，我突然想起了幾年前的一件事。

1992年9月，我應邀去九寨溝旅遊，返程途中下午4點鐘經過松潘，參觀了那裏一間紅軍長征紀念館。該館建築頗具規模，館外的廣場上還矗立著一座白色花崗岩砌就的紀念碑，紀念館裏陳列著紅軍長征時的一些事蹟，其中有一欄專門介紹了紅軍長征中成員的年齡，我記得最大的是位七十四歲的炊事員，最小的僅僅只有十三歲，是個小號兵。（這一老一小，在翻越夾金山時都沒能挺過去。）展館內還有一座很大的雕塑：一位頭戴紅星八角帽的老人坐在一塊石頭上在吹笛子，上身反穿著一件破爛羊皮坎肩，衣褲上全是破洞，腳上用繩子綁著雙破草鞋，他的頭微微仰著，蒼涼的目光正遙望著遠方。在他的兩腿之間，一個至多只有十三、四歲的小紅軍坐在地上，渾身襤褸，腰

裏繫著一根草繩，下面赤著光腳，身子斜倚在老人的腿上，一隻手托著腮，仰起臉，神情專注地看著老人手中的那根笛子。雕塑的兩位主人公，正好表達了當年長征紅軍的極限年齡。

就造型和手法而言，這是件雕刻技藝很不錯的作品，當然，這也是件飽含政治色彩的宣傳品。但在我眼中，我卻看到了另一種含意，也許是作者不曾料到的含意。

當我剝掉這幅雕塑的所有政治屬性，不去探究意識形態對這老少二人的作用，也不管他們的信仰和他們所屬的黨派，從而將他們抽象地還原為本義上的人之後，這件作品頓時給了我一種全新的感受，那就是老少主人公目光中所透出的那種堅定的信念——一種人在逆境中追求美好未來的強烈執著。

那個未來，也許是個永遠無法實現的幻象，甚至是政治家們虛構出來的誘人美景，但這並不能抹煞掉他們那種可貴信念的客觀存在。他們一直緊緊跟隨著紅軍的隊伍，始終不掉隊、不做逃兵，明知雪山無法攀越，仍然不顧一切地向上登爬，最後長眠在那裏，這一切雖然是他們個人的悲劇，但不論他們生死與否、成敗與否，他們那種執著追求美好未來的信念早已超越他們的行為本身，而昇華成了一種可貴的精神。歷史可以作弄他們的命運，但歷史無法掩埋他們的信念。

不同的國家、不同的民族、不同的黨派中，都不乏這種人。

就憑這種執著的信念，他們便永遠值得後人景仰和尊敬——哪怕是曾經和他們相互廝殺過的對手同樣不例外。

想到這裏，我內心深處肅然升起一陣蒼涼悲壯，一陣對歷史的深深敬畏。

天空一片湛藍，遠處雪山頂峰在殘陽的映照下潔白耀眼，孤零零地立在廣場中央的紀念碑，在透著寒意的晚風中襯出一片肅殺，我走到碑前，畢恭畢敬地深深三鞠躬。

　　和我一起去的一百多人當中，大多是機關幹部，中共黨員最起碼有半數以上，除了我之外，憑弔致敬者竟無一人。歷史就是這樣，不時會諷刺一下我們這些芸芸眾生！

　　想到那座雕塑，我已經沒有必要再去猜度這位老國民黨員的真實動機了，和上面提到的那位七十多歲的長征紅軍老人一樣，正是一種極為堅定的信念，驅使他們做出了常人很難理解的行為。當然，他肯定還是一位極有骨氣並且很有毅力的男人，正因如此，儘管經歷了那些年的強行「洗腦」和肉體上的殘酷折磨，但在心理上始終沒有垮掉，從而成功地保持了一個政治犯的氣節！

　　不過我還是有些疑問：這個使他歷經各種磨難好不容易完成的心血作品，照理說是極為寶愛的，理當終生妥善保存留念才是，但他為什麼偏偏送給我這個和他認識還不到一個小時的素昧平生者呢？他自己保存不是更合情合理嗎？

　　在那短暫的道別瞬間，他對我說：「我看你是個好人」，但他根據什麼判斷我是個「好人」呢？難道在娃娃橋臨時牢房裏的那個早晨，我提出幫他將稀飯留待他睡醒後再吃的建議，這樣就算是「好人」？在經歷那麼多生死劫難之後，單憑這點微不足道的小事，他真的相信這個世界還有「好人」？

　　另外，就算我是個「好人」，他又憑什麼能預見到我這個「好人」在十年勞改中不會被加刑、不會被槍斃，刑滿後能平安地活到他當年的歲數，並且還能用文字讓世人知道，曾經有過一位在坐牢期間冒著生命危險把青天白日黨徽祕密地刻在煙嘴上的國民黨員呢？

　　莫非他真有超越時空的靈感？上蒼有時對世間事物真的會作出某種神祕的安排？

　　這些我始終無法明白，我想誰也無法解釋。

這些年來，我一直想寫一篇紀念他的文章，但我又很難動筆。因為在我們萍水相逢的半個多小時裏，我只看到那頭銀髮，那骨骼標本似的身架，以及那些可怕的傷疤。他姓什麼、叫什麼，他的身世、他家在何方、他那二十年的遭遇，我全都一無所知，而且已經永遠無法打探了。我可以憑空杜撰出一個「他」來，但那不僅是對歷史的不負責，也是對他的不尊重。

我在冥冥之中卻又感到他在對我質問：「我已經留給你一個煙嘴了呀！難道這還不夠？難道這個煙嘴就不能構成一個故事？」

是呀，我想想確實如此。

那些看似很詳盡、具體的細節，有時並不一定能使人深刻地理解到事物的本質，而某些很不起眼的表象，卻往往能將我們引入事物的真諦。有這麼一個特殊的煙嘴，對我來說應該已經足夠了。

於是，作為本人回憶文章全篇的開頭，我寫了這位老國民黨員和他煙嘴的故事。用當前時髦的網路名詞，我把他「頂」在了文章的第一樓。

在下面長長的故事中，這位勞改前輩不會再出現了。作為本篇故事的「局外人」，我只能在情節尚未展開之前，讓他從歷史的迷霧中匆匆現身，和我們打一下招呼。

那一天，是1970年3月9日。

我捧著一盆尿邁入勞改隊大門

囚車剛剛拐出娃娃橋看守所的大門，車速立即快了起來。我和李蔚榮等十幾個犯人反銬著坐在車廂的地板上，背靠背地擠在一起。兩側的條椅上坐著全副武裝的士兵和員警，由於空間狹小，我們的頭幾乎挨著了他們的膝蓋。那時的囚車還很落後，設施簡陋，警「匪」混裝，不像現在用進口車改裝的囚車，前面一小半部是坐在沙發靠椅上的押解人員，後大半部是運送的犯人，中間則有鐵柵欄隔著，既安全可靠又舒適保險。

臨上車時，我打量了一下這部不知要把我們送到哪去的囚車。依據外形判斷，它的前身應該是一輛老式大客車，車身比現在的「大巴」短，後頂有個很大的圓弧，即使在1970年，這種老款式的車子在路上也很少見了。那通體漆成黑色的車身，配上車頂不停閃耀的紅色警燈，使人一看就知道，車上的乘客絕不會是普通的革命群眾。

在牢房裏就聽老犯人多次講過，娃娃橋看守所裏有一部專門押運犯人的黑車子，主要用來押送犯人去宣判，有時也送已判過刑的到勞改隊。凡是用這部黑車送出去宣判的，除了少數「陪斬」的幸運兒外，從沒有人活著回來過。3月6日下午五臺山公判大會開始前，我的同案張稼山和在會上同被判處死刑的十個「現行反革命」，就是一起被捆著塞進這輛黑車，從娃娃橋押送到五臺山體育場公判大會現場的。

整整九個月後，即1970年的12月10日，我親愛的兄弟李立榮和他的老母親林舜英女士，也在娃娃橋看守所一起被五花大綁後塞進這部黑車，送到五臺山公判大會會場，當場被判死刑，母子二人同時慘遭殺害！

127

　　旦凡南京在文革「一打三反」運動中被無辜槍殺的那些「現行反革命」，無一例外地都曾經是這部黑車的短途乘客，最後由它將他（她）們送到了血腥的革命祭壇上。這輛幽靈似的黑車只要從娃娃橋看守所開出，意味著我們紅色江山的上空又將多出一批到處遊蕩的冤魂。

　　今天我們幸好不是去「天堂」報到，而是去地獄改造。

　　囚車很快地開上了南京長江大橋引橋，所有的押運人員抓緊了手中的傢伙，帶隊的連吼帶叫地命令我們把頭低下去，直到腦袋全部埋進褲襠為止。我左邊外號叫「大橋」的犯人低頭動作稍慢了一點，一個士兵朝他頭上就是一槍托，「大橋」慘叫著埋頭哭嚎起來。

　　過了十來分鐘，我估計已經過大橋了，由於反銬著坐在地上，頭老埋著，呼吸極不順暢，憋得胸口發疼，下意識地微微抬了抬頭，藉以調整呼吸，這才剛動了一下，前額上猛地被狠狠蹬了一腳。

　　「操你媽的，你狗日的不老實是不是！」

　　「我實在喘不過氣來，不是故意的。」我趕緊解釋。

　　見我敢於回嘴，緊靠我旁邊的那個士兵立即站了起來，一腳踩住我的後頸朝下壓來，直到我的前額貼到地板為止。那隻腳在我的脖子上足足踩了五分鐘才收回去，此後我就一直前腦貼地、蹶著屁股跪在地上。這種姿勢儘管不雅，至少比著腦袋時呼吸順暢了一些。俗話說人在屋簷下不得不低頭，眼前可不是屋簷，而是裝滿實彈的槍口。

　　我這一生挨過很多次打，而被士兵打，這倒是唯一的一次，因此記得特別牢。寫到這裏，正巧是2006年「八一」建軍節的當日，昨晚電視上有一場慶祝晚會，當威武雄壯的軍人一個個在臺上亮相的時候，我首先想到的就是那隻踩在我脖子上的腳。

　　後來在我漫長的勞改歲月中，通過與獄警和警衛部隊士兵的接觸，發現這些當兵的無論從品質、素養哪方面都無法和獄警相比。尤

其是那些農村兵，自私、愚昧、殘忍、缺乏人性，幾乎是他們的共性，儘管兩者都算作階級鬥爭的工具，但這些士兵充其量只能充當炮灰角色。以後我將專門記錄有關他們德行的情節，此暫不表。

　　大約又開了一袋煙的時間，我們的囚車忽然停了下來。這時窗外有火車頭喘氣的響聲，估計這是一個鐵路道口，囚車正在欄杆前排隊等候通過。這時有個員警告訴我們，可以把頭抬起來了。

　　這頭雖然抬起來了，但尿又漲得大家難受起來。早上每人那一大缽子麩皮稀飯喝下去，擱在平時早撒好幾泡尿了，而今天到現在還沒撈到機會小過一次便。這時正好有兩個員警乘停車之機下車小便，這條件反射一刺激，更使每人的膀胱漲得難忍，難友老于實在忍不住了，帶頭喊報告，要求下車小便。

　　還是剛才罵我的那個士兵又吼了起來：「操你媽的又來找事是不是？都給老子老實待著，一個也不准動！不然要你好看！」

　　另外幾個蹩不住的幾乎同聲發出了哀求，說再不下車去小便就只好尿在褲子上了。那個愛「操你媽」的士兵上前對著其中兩人的臉上就賞了幾個嘴巴，一邊口中惡狠狠地罵道：「哪個敢把小便滴在地板上，老子就叫你們一口一口舔掉！」

　　這時有個年齡稍大的員警大概感到有些說不過去了，出面打了個圓場，他叫我們拿出臉盆來，就把尿撒到臉盆裏，等到達終點後，下車再倒掉。接著，他和另外兩名員警將我們的反銬改為前銬，讓我們取出臉盆，解褲子，撅傢伙跪在地下放尿。我的同案李蔚榮沒有臉盆，只得和我共用。誰知蹩得太久，這車子雖然停著卻不停地搖晃著，我們竟然一滴尿也擠不出。幸好那老員警對此很有經驗，他教我們張嘴用力哈氣，下面不要猛掙，微微收縮腹部壓迫膀胱，肯定會有效用。這一招果然很靈，按他的辦法，我們總算解決了「內部矛盾」。全部尿完後，我和李蔚榮兩個人的尿加起來已經快漫到臉盆口

了。大約是考慮到我們還得用手扶住這些臉盆，不讓裏面的尿晃出來，小便之後就沒再將我們的正銬還原為反銬。

很快道口開放了。經過道口時車子有些顛簸起來，又是那個「操你媽」氣勢洶洶地警告我們：「替老子把盆扶穩了，誰把尿潑出來，你就給老子舔乾淨！」在剩下的路上，為了免遭舔尿，我們不得不集中所有精力扶穩裝尿的臉盆。但在一輛急駛的汽車上，要想成功地做到不讓一滴尿潑出來，這絕不是一樁容易的事，後來我們乾脆用雙手將尿盆捧在懷裏，萬一晃出來，最多把衣服搞濕，但絕不至於讓地板沾上尿。

終於平安地熬到這次「旅行」的目的地了。當囚車緩緩地駛進一個大門時，我看到了拱形門楣上的字——南京長江磚瓦廠。還在牢房裏時就聽人吹說，龍潭勞改隊已人滿為患，最近凡是十年徒刑以下的，基本上都送到長江磚瓦廠，此說果然靈驗。

接著囚車慢慢拐進一條水泥路，再右拐一次，眼前出現了頂端架著電網的高高圍牆，不用說，那裏面就是我今後要待的「新家」了，囚車越開越慢，最後在監房大鐵門口的接待室前停了下來。

和其他下車旅客不同的是，我們下車時不是肩扛手提大大小小的隨身行李和物品，而是每人雙手小心翼翼地捧著一個裝著尿的臉盆。由於初來乍到，誰也不敢造次，下車後我們繼續捧著臉盆，規規矩矩地立正站在牆根並排成一排等待下一步指示。

接待室那個老員警從門內出來看到我們這頗為奇特的一排人時，問我們手裏捧著什麼東西？還沒等我們回答，同來的一個員警立即命令我們倒掉盆裏的尿。接到指示後，我們趕緊將尿潑入牆邊的陰溝裏，接待室的老員警覺得味道有些不對，一邊捂著鼻子一邊對看守所來的一個員警喊道：「老王！你們他媽的搞什麼名堂啊？怎麼把這麼多小便帶到我這裏來啊？」那位老王沒回答，只是笑著擺了擺手。

　　放下臉盆後發現，同來的每位難友的前襟都濕了一大塊，其中以我為最甚。我的臉盆本來就不大，再加上裏面裝了兩個人的尿，這一路下來估計至少有一半全晃到了我身上，以致從外到裏快濕透了。白樂天《琵琶行》末尾兩句是「座中泣下誰最多？江州司馬青衫濕」，眼下濕我「青衫」的可不是眼淚，而是我加上李蔚榮這兩個「反革命」的尿。

　　後來在勞改隊放電影時，我曾看過好幾遍一部中國某領導人和傣族人民一起歡度潑水節的新聞紀錄片，那裏面有大段的潑水鏡頭，每當看到他們一個個手裏捧著個臉盆興高采烈地相互潑水時，我就不由得想起當時我們十幾個犯人手裏捧著一臉盆尿排成一隊的情景。這時我就忍不住笑出聲來，看一次，笑一次。旁邊的人都以為是銀幕上的歡樂氣氛感染了我，其實我想到的是，假使那些傣族人換成是我們十幾個犯人，捧著那個臉盆與那位領導人相互對潑將會怎樣……。

　　倒完尿，我們趕緊再次上車去搬下各人的鋪蓋和日用品，接著是排隊等待逐個驗明正身。迎送的交接手續辦得很快，大約一刻鐘後就全部完成，打開我們的手銬後，帶我們進了監房大鐵門，然後直接送到了集訓隊。

　　就這樣，我以雙手捧著一臉盆尿的獨特方式跨進了勞改隊的大門，開始了我第一天的勞改生涯。

勞改首日

　　和所有的新犯人一樣，我進勞改隊的第一天就進入集訓。

　　當天下午，對我們剛進來的十幾個新犯人進行「落髮」──由一個老犯人主刀，將我們剃成光頭。

　　這個老犯人刀法極為熟練，三分鐘一個，乾淨俐落。就在頭上操刀之際，還耳提面命地在我們耳畔低低囑咐：「現在你是真正的勞改犯了，往後一定要老老實實地接受改造。」這兩句對每人都是同一內容，顯然是早已背熟的口頭禪。

　　同來者之中有兩位看到自己一頭烏黑的髮絲紛紛揚揚地飄落到地上時，一時禁不住悲從中來，眼淚像斷線珍珠般叭答叭答地滴在那發黑的圍脖布上，我這人多年來已忘了多愁善感，剃掉頭髮或刮光屌毛，對我來說幾乎都沒多大觸動，只是在低頭的那兩分鐘裏，忽然冒出一個奇特的聯想：人死之後跨進地獄大門時，不知是否要剃光頭？

　　頭一剃光，這勞改犯的「形象包裝」就算完成了大半，接著集訓隊大值星檢查了一下我們的個人用品檢查並做了登記，然後將我們分到各小組去，我被分到集訓第一組，李蔚榮則被分在第五組。

　　到此，我算正式在編的勞改犯了。

　　在下午剩餘的時間裏，我們這一行新犯人各自到所在的組參加學習，組長把我領到第一組，位於緊靠廁所的一間監房內。臨近時一股臭味飄了過來，我心中有些懊惱，天天在臭味中度日，真夠倒楣的。和我一起分進來的一個「二進宮」，卻對能分到廁所旁邊表現出極大的興趣，他情不自禁地自言自語道：「我們運氣太好了，一下子就分到了廁所旁邊。」我也不知道他說的是真話或是反話，隨便答了一句：「在廁所旁邊天天聞臭有什麼好？」他笑著對我說：「這你就

不懂了，門口雖臭一點，但監房裏面不怎麼會臭。這裏最大的好處是清早起床後上廁所方便，你要不信，你很快就會明白。」

等我走進監房門後，果然裏面不太臭。在以後的日子裏，我很快就發現這位「二進宮」的預見非常準確，這鄰近廁所的現實意義顯然要比緊靠食堂的現實意義大得多，前者可以捷足先登、不受限制地大便，後者卻不能搶先一步、敞開肚皮地吃飽。

我這第一組的組長由大值星兼任，他叫顧蔓生，二十九歲，揚州師範學院數學系畢業。右臂因自小得過小兒麻痺症殘廢了，平時耷拉著不起任何作用，一切活動均靠左手，卻寫得一手好字。他的左眼也有點殘疾，儘管戴著眼鏡，別人也能看得出來。他有一顆碩大滾圓的腦袋，前庭飽滿，給人第一眼的印象是：這是個挺有思想的人。

畢業後，他被分到江浦一所中學教書，因姦污女學生被判刑五年，下來已經四年，是我所在中隊的頭號勞改積極份子。後來他把案情告訴了我，當時我一聽就感到他挺虧的。

在他擔任班主任的初中畢業班上，一個十六歲的女孩子主動愛上了這位身有殘疾的班主任老師，後來兩人發生了關係，不久後女孩子懷了孕。女方的父親是個公社幹部，聞知此事後大發雷霆，到學校大鬧，堅決要求法辦顧蔓生，最後顧以「姦污幼女罪」被判了五年。這種事放到今天，用粗話說屌事沒有，那時的顧蔓生則只能自認倒楣。

可能是勞改隊幹部看了他的卷宗後，也認為他有些冤，再加上是大學生又有殘疾，一直安排他當大值星，沒出過一天苦力。

我和他曾在同一個中隊相處了三個多月，不久後他被減刑提前釋放。（這釋放可不是放回家，而是強迫留廠就業，官方說法叫「廠員」，我們則稱他們為「老廠」。）儘管他對我挺不錯的，不過我對他一直多少抱有一些戒心，無法了解他的真實思想，直到好幾年後聽到他的死訊時，再聯及和我接觸時他所說過的一些話，我才算大致認識了他為人真正的一面。有關他的結局，後面將會特別提到。

為了讓我們這些初來的新犯人多少了解一點環境，學習會上顧蔓生簡單地介紹了我們的勞改隊長江磚瓦廠的概況。

我們這長江磚瓦廠地處南京江北石佛寺，編制為江蘇省第十一勞改隊，主要產品就是磚瓦，據說質量居省內第一，在市場上非常搶手。到這裏來的犯人，絕大多數都是從事磚瓦生產。一小部分犯人搞農業，以生產蔬菜為主，主要供應幹部食堂和家屬，多餘的也送犯人食堂。

全廠有三個制磚中隊，一個製瓦中隊、一個農田中隊、一個基建中隊，一個犯人大食堂，總共約有一千多名犯人，刑期大都在十二年以下。

我們集訓中隊和農田中隊共用一個大院，集訓期間就在農田隊幹活。

顧蔓生還在會上向我們剛到的新犯人宣講了最起碼的一些監規紀律，諸如不准和他犯交流案情、不准隨意走動、不准爭吃爭喝，凡有行動必須三個人一組集體行事、有事必須先報告組長，以及面對幹部時的各種規矩等等。最後臨下學習時，每人填了一張新犯人入監登記表。

利用散會後開飯前的十來分鐘，我打量了一下我們這個監房大院。全院呈長方形，長約三十多米，寬十來米。院門不大，兩米寬不到，白天有兩名犯人輪流值班守門（外面仍然是監區總大院，故不需在本院設警衛），防止犯人私自跑到其他中隊串門，夜晚由值班幹部從外面上鎖。縱向兩側是整排監房，進門後右手邊有一間會議室，供全中隊犯人集中開會學習時使用。監房的建築已很破敗，外牆的磚頭風化得很嚴重，用手一摸就直往下掉粉碴。簷口歪歪扭扭，露出不少破蘆蓆，看樣子只能勉強遮風擋雨而已。地面全用豎立的磚頭鋪就，表面看起來還算乾淨，但人走在上面時，不時就會從接縫中冒出一股黑水來。院子頂頭橫著一排廁所，緊靠廁所的是圍牆，頂上密佈著電

網，一個個白色的瓷瓶在鐵桿上分外惹眼。我目測了一下，從廁所的房頂到電網的頂端至少有四、五米高，這足以保證任何膽敢爬上廁所房頂越獄的犯人，在幾秒鐘之內就會燒成一堆黑炭！

比起看守所的牢房，這已算是廣闊天地了，然而想到在今後漫長的十年中，我將只能局限在這三百平方米的圈子裏，胸口不由得感到一陣悶窒。我抬頭仰望被四周高牆切割成長方形的天空，夕陽下鍍成金黃的浮雲正在緩緩飄過，天空還是那麼美好，晚風和夕照依舊那樣令人遐想無限，但那一切都不屬於我了，我已成了一隻失去自由的孤獨的狼，只能在這帶著電網的高牆內絕望地望著天，連仰天長嗥的自由也被剝奪殆盡。置身在四面高牆中的我，不禁想起囚犯的「囚」字，在中國六萬多個漢字中，還有哪一個字能像「囚」字這麼形象呢，創造這個字的肯定是個犯人。

很快地就開晚飯了。這是我入獄以來真正的第一頓囚飯，上午我們抵達時已經過了開午飯的時間，只是在會議室裏胡亂吃了一點由大雜務臨時搞來的剩飯剩菜。

每個人的餐位就在床頭，由於上鋪的只能坐在下鋪的床頭吃，大家幾乎是肩挨肩地擠在一道。飯是統一用鋁皮製的圓飯缽蒸出來的，根據各人不同工種、不同定量分為三兩缽和四兩缽，我和其他新來的晚餐一律都是三兩。菜是一勺雞毛菜，連湯加起來有一中號搪瓷盆。同看守所一樣，菜裏的鹽份挺足，而油是絕對看不到的，即使用高倍放大鏡也無用。

正當我抓起飯勺，剛將第一口飯送進口中時，突然間有人高吼了起來，像猝不及防的爆竹般把我嚇了一大跳。在那神聖就餐儀式的靜謐中，一下子突兀地冒出那麼大的聲響，大概任何人都受不了。順著聲音望去，只見一個禿子犯人正站著誦讀偉大領袖的《南京政府向何處去？》。據旁邊的老犯人相告，這是集訓隊的傳統老規矩，每到

吃飯時，特地選出嗓門大、口齒清楚的犯人高聲朗讀一到二篇偉大領袖的光輝著作等等。

過去當然聽過大聲朗讀，但用將近八、九十分貝的聲音念書，絕對可以稱之為罕見奇聞，平生首次遇到，毋怪嚇了一跳。好在中國人的適應性特強，以後很快就習以為常。

根據學者的研究，動物的條件反射是很容易形成的，有本雜誌上曾介紹過，養豬的飼養員每次在餵食時吹一陣哨子，然後再給豬吃食，要不了多長的時間，豬只要一聽到哨子聲，馬上就會自動擠在食槽旁邊，倘若忘記吹哨子了，儘管豬食已倒進槽內，豬也無動於衷，哨子不響，牠就是不張口。這就是條件反射在豬身上的效果。豬是如此，估計人的情況大概也差不到哪裏。當時我為此就曾經擔憂過，這每頓飯邊吃邊聽讀《毛選》，若是長此以往下去，等到我十年刑滿吃完一萬多頓牢飯時，肯定早已到了聽不見讀《毛選》就無法進食的地步了，那出去後的日子還怎麼過？

幸運的是，這個「精神食糧」和物質飯菜一同進食的好方法只在集訓隊採用，而我也只僅僅享受了幾個月的時間，還沒來得及像豬一樣形成條件反射時就離開了，在我正式下隊後再也沒遇到過。

2000年底，我在夫子廟「金陵人家」宴請義大利克萊瑪公司總裁多明尼克先生，正當賓主觥籌交錯之際，我們宴席旁的小舞臺上忽然走出一位穿長衫的人，拍了一下驚堂木之後，猛地一聲高吼：「話說武松見樓下宋江被一行人押了過來……」，我陡然一驚之餘，很快就明白此乃這家飯店的常規節目，今天這位是在說《水滸》。但外國佬在用餐時素有保持安靜的習慣，哪想到吃得好好的，突然會爆出這種大嗓門，這多明尼克先生本來心臟就不好，腦後突然冒出那麼大的聲音，不知發生了什麼事，頓時臉色發白、雙手捧胸，隨行祕書密司許趕緊給他服了急救藥才恢復正常。之後我趕忙通知說書人，請其中斷演出。就在這時，三十年前我吃第一口牢飯時那讀大聲讀《毛選》

的嚇了我一大跳的情景，突然在腦海中冒了出來，看來人在吃飯時受不得大聲驚嚇，不同的人種、民族都一樣。這多明尼克老頭當年假使在中國犯事坐牢，估計他那顆義大利心臟撐不了幾天。

晚飯後是常年「雷打不動」的學習。每晚兩個小時，休息日的頭一天晚上不學。（那時每個月休息三天，每旬逢十不出工，謂之休息。）學習就在監房內，每人一個小板凳，全組圍坐在一起，由專門的小組學習值星掌控。這學習可不是普通的讀書、寫字、學文化，除了讀十分鐘報紙之外，主要的內容是檢舉、揭發、批判、鬥爭小組內的壞人壞事。

照理說這勞改犯都是標準的壞人了，既然是檢舉、揭發、批判、鬥爭壞人，那是否可以理解為就是犯人之間狗咬狗地相互撕咬呢？從本質上說來似乎是這樣，不過勞改隊中所謂的壞人，卻另有獨特的含義。

這裏說的壞人，主要指的是「反改造份子」。所謂的反改造反子，是指抗拒、反對、抵制改造的少數犯人，也就是壞人中的壞人，或說比壞人還要壞的壞人。由於壞人中的壞人畢竟是少數，批判、鬥爭這些人就符合偉大領袖「團結大多數，打擊一小撮」的戰略方針。

所謂的壞事，除了赤裸裸的反動言行（這很罕見），其餘的統稱為「反改造言行」。這「反改造言行」包含的內容極為寬泛，大到逃跑、越獄、襲警、公然對抗、破壞生產、毀壞公物，小到互送吃喝、私自托人發信、偷吸煙、偷喝酒、亂開玩笑、打架罵人、給幹部起外號等等。我這裏所說的小，只是一種相對提法，在勞改隊中，實際上大錯誤和小錯誤之間往往沒有明顯的界限，大問題轉化為小錯誤是極其少見的，而小錯誤轉化為大問題的卻屢見不鮮。偉大領袖說過：「問題不在大小，關鍵在於態度」，可見態度是決定因素，而態度好壞如何認定，那當然全憑勞改當局根據政治需要和個人好惡來定奪。

在勞改隊裏，一件不起眼的小事很容易就演化為「反改造言行」。

我就曾親眼見過一個犯人因為放屁而倒楣的事。

那時我已下隊幹活。同組有個犯人姓徐，是普通刑事犯，共判七年，刑期已過大半。這徐某素有一令人討厭的惡習，每到開會學習時，他就左一個右一個地放屁，不但聲音奇響，而且氣味惡臭。同組的人個個討厭他，卻又對他奈何不得。某次小組調整後新來了一個學習值星（組長），這新組長原是個醫生，因為破壞軍婚被判了三年，平時極愛乾淨，由於犯的是輕罪，又是醫生，幹部對他很不錯，一下隊就當了值星。在他第一次主持小組學習時，對徐某的頻頻放屁極為惱火，只礙於自己初來乍到，立足未穩，忍住沒有公開發作，只是狠狠地用眼睛瞪了瞪徐某，示意警告。誰知這徐某自恃是老犯人，根本不把這新組長放在眼裏，第二天晚上學習時不僅不加收斂，反而「火力」更猛，幾乎每隔二、三分鐘就來一個，以致新組長的發言不停地被他的響屁打斷，每放一個，周圍就是一陣哄笑。在忍無可忍之下，醫生開始不點名地敲打徐某：「學習時請大家嚴肅點，個別不自覺的要注意了，不要自找難看，可別弄個反改造的帽子戴上，到刑滿時回不了家！」這徐某當然也不是省油的燈，組長話音剛落，他立即迫不及待地蹦了起來：「說誰啊說誰啊你？老子放屁礙著誰啦？俗話說管天管地，管不了屙屎放屁，有本事別進來，待在家裏想聽老子放屁都聽不到哩！」新組長見他公然撒潑，二話不說就去值班室報告值班幹部。

那天也活該徐某倒楣，正好一位姓郭的大隊長晚間巡視監房路過我們中隊，當時正和中隊值班幹部聊天，一聽新組長的彙報，他立即火冒三丈地直接插手處理，隨新組長來到監房。

這郭大隊原在部隊是個營長，據說不知犯了什麼事，被貶到勞改隊來當了個大隊長，平時言語不多，成天板著面孔，遇到不順眼的

犯人出口就是山東「省罵」：「俺操你姥姥，你替俺小心點！」除此之外平時還有個特別愛好：專門喜歡用腳蹬人。

郭大隊黑著臉進入監房後，問誰是那個故意放屁破壞學習的？犯人組長指著徐某說：「就是他！」徐某立起身來正欲開口辯解，郭大隊就厲聲叫他站到中間來，並叫其他犯人統統靠後讓開。徐某一看這架勢，明白今天栽到槍口上了，趕忙主動討饒：「報⋯⋯報⋯⋯報⋯⋯告大隊長，我⋯⋯我⋯⋯我錯了，今後再也不敢了。」「聽說你喜歡放屁？再來兩個俺聽聽！」郭大隊說完後，背著手開始圍著徐某繞圈子，幾圈下來繞到徐某身後時，朝屁股猛地就是一腳，徐某一下子跌了個狗吃屎栽出去好遠，趴在地上鬼哭狼嚎。這一腳下去之後，郭大隊調頭出了監房，大約三、四分鐘後又帶來一個幹事，當場命令那個幹事把徐某銬在床鋪的橫樑上面，然後揚長而去。軍人辦事果然乾淨俐落，前後不到十分鐘，徐某囂張的「反改造」氣焰頓時煙消雲散。這次徐某算吃了苦頭，直到我們全鑽進被窩，也沒人來替他開銬，整整銬了一夜，站又不是，坐又不是，更別提睡覺了。直到第二天早飯前銬子才被打開。

說來也怪，就這麼一次「教育」，徐某放屁的痼疾竟然從此不治而癒，自那以後，在學習時再也沒聽他放過一次屁，一直「沉默」到刑滿。

大概是我們今天剛到，壞人壞事還沒來得及出現，今晚學習只是讓各人簡單談了點入監的感想，當監區大門對面那口吊鐘敲響後，當晚的學習結束。

半小時後，鐘聲再度敲響，所有犯人聽到後必須立即睡覺。

學習結束之後，組長分給我一個上鋪。我們睡的是大通鋪，由毛竹排拼成，立柱也是毛竹，用竹絲將竹排綁紮在一起，人在鋪上一

動，到處吱吱作響，不論上鋪、下鋪，高度只夠坐而不能站，上床、下床都得彎腰行事。

我拎著鋪蓋爬上去之後，攤開被子準備睡覺，由於燈光昏暗難辨高低，腦袋就這麼撞在屋頂上面，頓時腫起一個大包。等眼睛慢慢適應光線後，發現上面的通鋪空蕩蕩的，只見角落處有一位臉朝外趴著，正捧著一本書看。當時我奇怪得很，在這麼差的光線下居然還有人在看書，不知什麼書能如此吸引他？這勞改隊裏怪事還真不少。我才躺進被子裏，讀書人卻悄悄地爬到我身邊來。

「今天才來呀？判幾年？」

一聽口音是到地的南京人，心中多少感到一絲親切。

我告訴他：「十年，上午剛剛到。」

「什麼問題？」

「現反。」

「哦，和我一樣。」

由於下午學習時，大值星已告訴我們不准和其他犯人相互打聽案情，我不敢多聊。

「這上鋪現在就我們兩個人睡，其他四個人昨天都下隊了。」他低聲說道。接著又問我：「家中還有什麼人？」

我不喜歡剛見面的陌生人查高問低地打聽我的家庭，含糊地咕嚕了一聲就沒再答理，開始閉眼裝睡。他見我如此，自己爬到角落去鑽被窩了。

當時我沒想到，這位主動來打招呼的居然很快就成了我在勞改隊的第一位老師，正是多虧了他的指點，使我在集訓中幾次遇到麻煩時能夠安然無恙。

一天下來經歷了不少平生第一次遇到的事，人感到有些疲倦，想盡快入睡，但怎麼也睡不著。

自3月6日張稼山被槍決的三天以來，可能是精神上過度震驚後的短暫麻木所致，晚上睡得倒還可以，但不知怎的，今晚卻難以入眠。眼睛一閉，張稼山那帶著微笑的蒼白臉龐馬上就浮了出來，以前和他在一起時的那些情景，一幕幕地在腦海中閃過，我特別想到了前年秋天我和他一同去靈谷寺的那次談話。

那是1968年11月中旬的某日。當天氣候很好，我們一起去中山陵風景區散心。下了5路公車總站後，我們由中山陵踱步向靈谷寺，邊走邊聊，途中相互訴說對李立榮的思念以及對他未來的擔憂，談到多年來李立榮對他的幫助時，張稼山忍不住淚流滿面。

當我們感到有點累時，我們在路邊林蔭下的石頭靠椅上坐了下來。

就在那座石椅上，張稼山略帶感傷地對我傾吐了從未向其他人提及的愛情祕密──他一生中唯一的也是最後一次的和一個女人之間的愛情。

三年多之前，他在當建築小工時結識了一個女人。

她的年紀比他大，也是一個建築小工，丈夫不幸病逝，身邊有一個五歲的女兒，婆婆沒有收入，得靠她養活。一個孀婦既要侍候婆母又要照應女兒，度日是很艱難的，在生活壓力下，原本漂亮的她顯得十分憔悴，但張稼山非常非常喜歡她，稱她為出生以來最為之動心的女人。而她對他，用張稼山的話說，既是充滿火熱激情的情人，又是處處關懷備至的姐姐。

不僅他們之間的感情一直很好，那個老太太也很喜歡他，甚至把他當半個兒子看待。而那個孩子，早就把張稼山當作父親一樣依戀，每次見面，老遠就張開雙臂、咯咯笑著撲向他的懷抱。

最可貴的是，那個女人從來不對張稼山提結婚的事──她怕自己配不上他，並且很真誠地多次對張稼山說，如果他找到稱心如意的對象，她一定不會拖累他。張稼山還提到，每次在她那裏過夜時他們那

熾熱的歡樂，離開時又是何等難分難捨……。他告訴我很想娶她，但又不能那樣做，因為他一直沒有穩定的收入，自己養活自己都結結巴巴，一旦結婚，這四口之家的生活可是個不小的負擔。他倒是希望女方能找一個經濟條件較好的，共同攜手走好後半生的路，但兩人的感情又不允許自己另做選擇，於是就這樣一天天地拖了下來。

另外張稼山還提出自己的擔心：李立榮的案子一直沒有消息，作為他的老朋友，我們很難保證不受牽連，如果真出事的話，那就坑了那女人一家了。

我想想也是。

望著他那張真誠的臉，我只能陪著他嘆息。

至於那個女人的姓名、住址和工作崗位，張稼山都沒告訴我，我當然也不便深問。

那座石椅至今依然躺在那裏，當年它和我一樣，在默默傾聽了張稼山那傷感的訴說後，怎麼也沒想到僅僅隔了十六個月後，主人公會在「一打三反」的腥風血雨中被殘忍地剝奪了二十九歲的年輕生命。

後來我們又在靈谷寺空蕩的茶舍裏坐了很久，彼此心情都很沉重，什麼都沒再說，只是怔怔地望著遠處暮靄中紫金山的頂峰，各自默默地懷念看守所裏的李立榮，想著自己的心事。

一陣秋風過處，幾片楓葉靜靜地飄落在我們腳前，松林中隱隱傳來瑟瑟的濤聲……

……很快地，往事像蒙太奇似的又切換到三天前下午的五臺山公判大會。

……幾個身材魁梧的軍人正緊緊按著被五花大綁的他，由於喘不過氣來，他整個臉和脖子全憋成了紫色，嘴裏痛苦地呻吟著。當宣判他死刑立即執行時，他劇烈地掙扎起來，頓時又過去幾個軍人，死死地將他按跪在地上……。

……刑車車隊在白下路口停了下來，他往前去了鳳凰西街刑場，我向右回到了娃娃橋看守所，他被綁著、我被銬著，我只能淚眼模糊地望著他頭頂高高的亡命牌逐漸遠去，他只能在那勒緊的繩子捆綁下艱難地喘出臨終前的最後幾口氣，我們好朋友一場，最後竟然以這種方式生死分別……

……1968年6月李立榮被隔離的頭天夜晚，我們在一起待了一個通宵，臨別時李立榮還特地囑咐我說，張稼山過於忠厚、講義氣，有時也愛衝動，要我時常提醒他，一定要遇事冷靜，不可大腦發熱。但怎麼也沒想到，在南京「一打三反」的高潮中，他竟成了先李立榮而去的第一批受難者，走得那麼突然、死得那麼悲慘……

今天是第四天了，那個女人肯定已經知道張稼山的結局了。我不敢想像，她在滿城張貼的判刑佈告上看到打著紅叉的張稼山的名字時，她會有什麼樣的反應，還有那位老太太、那個五歲的孩子……。

十年之後，我才了解到，就在我勞改的第一個夜晚躺在監房鋪上苦苦懷念張稼山之時，他身後的另一個悲慘故事正在發生，只是我毫不知情。

就在張稼山被處決的當晚，噩耗傳到了他母親——一位極為慈善可親的老太太——耳中，老人無法承受這撕心裂肺的痛苦，當場就精神失常了。十天之後，張稼山的二姐把老人從南京潤德里19號接去了六合，希望藉由更換環境再加上女兒的愛慰，使老人能從由極度悲痛所導致的崩潰中逐漸清醒過來。但這位失去了親愛兒子的老母親的心已經全碎了，即使萬能的上帝面對這樣一位痛不欲生的可憐母親，可能同樣也顯得束手無策。

一個苦風淒雨的黃昏，迷失心智的老人從女兒家悄悄跑了出來，獨自一人沿著一條小河漫無目的地向遠處走去，後來大約實在走不動了，她在河邊坐了下來，這一坐，老人再也沒站起來。

當人們找到她時，所有在場的人在那幅悲慘的畫面前都不禁痛哭失聲：渾身濕透的老人已經靜靜地歪坐在河邊死去了，頭低垂在胸前，一雙腳浸泡在河中，披撒下來的白髮不停地滴著水……。

三十多年過去了，和張稼山當年相好過的那位大嫂也許快七十歲了，我既不知你的姓名，更不知你現今身在何處，不知你一切可好？我只祈望你有一個幸福安定的晚年，能在兒孫繞膝的天倫之樂裏享受人生最後的歡愉；但我同時又不無擔心的憂慮，你會不會像那些生活在社會最底層的老人們那樣，處境窘迫、貧病交加，會不會在暮年的淒涼中依然沉浸在那些悲慘的回憶裏而難以擺脫？

如果蒼天有眼使你能看到本文，我想你一定能設法找到我。對於能否分享你晚年的快樂，我並不在意，但你如果遇到困難，需要我的幫助，我一定會把你當成我的親姐姐來看待！

昏黃的燈光如愁雲慘霧般地在監房內瀰漫，淚水悄悄地沿著我的臉頰滴在枕頭上。張稼山就這麼悲慘的死去了，而我們這些倖存者，還不知有多少可怕的磨難等待著我們，今天僅僅是勞改的第一天，還有漫長的九年多歲月等我慢慢熬過，望著污漬斑斑的屋頂，悲哀和絕望鋪天蓋地般壓向了我。

不知什麼時候我才緩緩地滑進睡鄉。

那一夜，我沒有作夢。

我在勞改隊的老師

在揭開我十年勞改歷史的第一頁之後，現在要一步步地進入那些難熬的歲月了。

勞改的第一個夜晚，我睡得很遲，次日早晨一陣床鋪的強烈抖動將我從熟睡中驚醒過來，周圍一片吱吱呀呀聲提醒著我，這會我正睡在勞改隊監房裏的竹排床鋪上，我趕緊坐了起來。

睡在角落的那位正在穿衣服，見我醒了，他立即告訴我起床動作一定要快，起床穿衣、整理鋪蓋、上廁所、洗臉刷牙，加上吃早飯，只有半個多小時的時間，帶隊幹部一到，就要全體集合排隊點名，如果起遲了，沒趕上點名報數，輕則罰站挨罵了事，重則當場批判鬥爭。聽了這番告誡，不由得使我對這位昨晚剛認識的新難友湧過一陣感激。正如他所言，沒幾分鐘的功夫，所有床鋪全都空了，沒有一個人敢賴在被窩裏磨磨蹭蹭。

我的動作還算跟得上，出監房門一看，院內到處是忙碌的人群。

早晨起床後的所有活動中，給我印象最深的是上廁所。

我們中隊廁所的坑位共有十五個，每當清晨起床後，為了爭取第一批登坑拉屎，犯人們第一件事就是拎著褲子飛快地奔向廁所，特別是距離廁所遠的，必須拿出百米衝刺的速度才行。但即使是百米冠軍，有時也輪不到第一批，這時只得守住一個坑位，靜待捷足先登者完事後才能就位。十五個坑位對於一百多個犯人要在短短的一、二十分鐘內都能解決「後顧之憂」，顯然為數太少，供需之間的差距，就經常引發為爭先拉屎而產生的糾紛，有時甚至大打出手。我就親眼見過好幾起為搶坑位而打架的，最後一直鬧到幹部那裏去，大概是這種

事情實在上不了「綱」也上不了「線」，只是各打五十大板後就叫他們滾回去，在晚上小組學習會上檢查了事。

我第一天早晨上廁所時，儘管出監房門兩、三步就到，然而我剛入內就發現每個坑位旁邊都已有三、四個在排隊「恭」候，如同「三年自然災害」時，飯館裏每個座位後都有好幾個人在排隊等吃飯一樣。難怪昨天下午那位「二進宮」得知我們監房緊靠廁所時那麼高興，遺憾的是我卻沒能充分利用這「地理優勢」，距離最近，卻落在了別人後頭，幸好我還沒到最後關頭，沒去湊熱鬧排隊拉屎。

七點二十分，帶隊幹部來帶人，我們立即全體集合，按規定排隊站好，等待點名報數。記得當時共有十一個組，每組十幾個犯人縱向排成一列，生產組長排頭，學習組長殿後。十一列犯人排下來，我所在的第一組已快擠到牆根了。

這天來帶隊的是指導員。

勞改隊裏的中隊是基層獨立單位，每個中隊配備有六、七個管教幹部，管理著全隊一百多名犯人。幹部中設隊長（或主任）一名、副隊長（或副主任）一名、指導員一名，其餘統稱為幹事。隊長管生產，指導員負責犯人的思想改造，幹事也有內部分工，有的協助隊長管生產，有的協助指導員管思想。中隊的幹部職別雖有高低，但在犯人面前，每個幹部都可單獨代表政府，在犯人眼中，不管哪個級別的幹部，一律統稱為政府幹部。中國不少地方的勞改單位規定，犯人對管教幹部直接稱為政府，可見政府就是幹部，幹部就是政府。

當然，如果哪位幹部犯錯甚至犯法了（此乃家常便飯），這時他就不代表政府了，那只能算是他個人的事，因為幹部可能會犯錯，而政府是從來不犯錯的。這就如同江青犯錯不代表偉大領袖、林彪犯錯不代表共產黨一樣。

這指導員姓李，是老公檢法，江甯南鄉一帶人，中等身材，三十多歲，長相很不錯，一副書生臉，上唇蓄著淡淡的小鬍子，使得

文靜秀氣的臉上又平添了一些男子漢的氣息，在勞改隊中能有李指導員這種長相的不多見了。

李指導員從大值星手裏接過點名牌後逐個點名，點到者當即應聲回答「有」或「到」。每點到陌生名字時，他的目光都要在被點名者臉上停一會。點到我時，他照例盯住我的臉看了三、四秒鐘，就在看過我後，他對我說：「你就是方子奮啊？」我趕忙回答：「是的。」

「等會你留下來。」他又補了一句。不等我回答，他就繼續往下點名了。

點完名之後是報數，報完數後出工勞動的犯人排成四路縱隊魚貫走出院門，最前面有一位幹部領隊，隊尾則由另一位幹部壓陣。我們集訓隊在集訓期是上午學習、下午參加農田勞動，等出工的走完後我們再回監房內學習。

出工隊伍出去後，李指導員對下面的集訓做了些簡要指示，他說具體要求和步驟，各個組長都清楚，各組由組長具體掌握。

當大院只留下我一人後，李指導員向我走了過來。

昨天下午，顧蔓生已經告訴過我們，有事報告幹部時，必須在三米外立正喊報告，獲准後方可近前；進辦公室前，必須在門口立正報告，得到同意後才能進入。在室外和幹部單獨講話時，不論幹部是站是坐，犯人必須蹲下。我見指導員過來了，趕緊自動蹲下，但他卻輕輕抬了抬手，示意我站起來。

「那個被槍斃的張稼山，和你是一個案子啊？」他看起來很隨意的問道。

「報告指導員，是的。」

「你們這個集團是什麼時候成立的？」

「報告指導員……」

他打斷了我的話：「不用每句都報告，直接講好了。」

「是！我們沒有什麼組織，公檢法軍管會認為我們是現行反革命集團。」

「搞過哪些活動？」

「我們主要是攻擊無產階級司令部和文化大革命。」

「我指的是有哪些具體行動。」

「我們的活動就是言論攻擊。」

「言論是言論，我指的是行動。」李指導員後半句明顯透出一些不滿，似乎懷疑我在耍花招。

「報告指導員，我們真的沒什麼行動，只有言論。」

「什麼行動也沒有？」顯然他有些不信。

「真的沒有。我不騙您。」

他盯著我看了一會，輕輕地「唔」了一聲。那表情似乎壓下了還想問的一些東西。

三年後的1973年，他被調入汽車分廠一車間，再一次成為我的指導員，應他要求，我每晚單獨給他講一節技術課，一連講了好幾個月。透過這種「師生」的接觸，使他和我的關係有所貼近。有次講課結束後，我們像朋友一樣的聊天，他特地提到這第一次談話，他說他當時怎麼也不相信我的案情介紹，假使沒有具體的反革命活動，怎麼會判張稼山死刑呢？直到後來，才知道我說的是真話。

看來勞改隊裏一些老公檢法的思想，還真有點跟不上文化大革命形勢的發展，這使我頗感意外。

簡單地問了我的案情之後，他背起手，平和地對我說：「聽顧蔓生講，你字寫得不錯。」

「哪裏哪裏，還差得遠哩！」我趕忙自謙一下。

他稍稍笑了笑，擺了擺手：「這樣吧，最近中隊要出幾期大黑板報，你就幫顧蔓生一起搞吧，爭取在全廠拿個頭名。」

我覺得有點詫異，他怎麼知道我字「寫得不錯」的？腦筋一轉，旋即明白：昨天下午在填入監表時，顧蔓生曾盯住我填的表看了一會，估計他正在物色一個出黑板報的幫手，見我的字寫得還可以，特地向指導員推薦了我。

我趕緊表態：「是！」

接著我向小組學習。

昨天由於是入監的第一天，學習的內容只能算是個引子，今天就「言歸正傳」了。

學習一開始，顧蔓生就把集訓的主要內容和要求向我們一一講述，此人不愧是教師出身，講得既清楚透徹又簡明扼要，當然那套內容他也不知講過多少次了，早已是精通此道的老手。

除了幾個沒文化的，所有新犯人都老老實實地邊聽邊記，只有我一人僅是洗耳恭聽而雙手抄在袖筒裏取暖。我這個人無論聽什麼報告，從來不做筆記，那些積極要求進步的人，聽報告時無一不在恭恭敬敬地記錄，以此表示對領導的尊敬，但我從來沒幹過這種事。這「報告」二字的本義是向上級或尊者呈述、表達某些事情，我聽報告，則是看得起報告人才來的，既然如此，憑什麼我要煞有介事地記下那些無用的屁話、廢話？好在顧蔓生倒不介意我做不做記錄。

所謂的集訓，是集中訓化的簡稱。這是每一個新犯人投入勞改後必經的一關，即使是「二進宮」、「三進宮」，也一律從集訓開始，概莫能外。集訓的目的，實際上就是對剛來的犯人來個下馬威，讓其盡快明白自己是什麼人，到這裏來是幹什麼的，從心理上摧垮犯人的反抗、抵觸和不滿，粉碎他們任何敢於對抗改造的企圖。經過一個月左右的集訓，分到中隊去幹苦力的犯人，絕大多數能成為絕對服從、逆來順受、意志喪失、唯管教幹部是命的准機器人。

集訓的具體要求是，每一個犯人必須「過三關」。這三關你過也得過，不過也得過，毫無商量的餘地。

第一關曰「思想關」。首先是徹底批判自己的「反動世界觀」，狠挖犯罪思想根源，檢討走上犯罪道路的主觀原因。接下來是每人交代「餘罪」，把政府還沒有發現的大大小小犯罪事實竹筒倒豆子般地主動交代出來，此外，還得揭發別人的犯罪事實，或提供線索，由政府順藤摸瓜地去抓壞人。

為了不使犯人徹底絕望，集訓中也安排一些老犯人現身說法，講些某某人由於怎樣怎樣積極政造，怎樣怎樣獲得寬大減刑之類的故事，從而使集訓犯人相信，只要老老實實地接受改造，前途仍然一片光明。這有點類似帝國主義的「胡蘿蔔加大棒」，只不過大棒是主藥，胡蘿蔔只是藥引子而已。

第二關是「勞動關」。這些參加集訓的人都是剛從看守所送來的，在長期關押之後，由於成天坐在地上，雙腿的走路功能基本上都已丟失了一大半，別說體力勞動，每邁一步腿都相當艱難，因此在正式幹苦力活之前得有個適應過程，這「勞動關」的目的，就是盡量縮小這適應過程。集訓時是半天學習、半天勞動，每天的勞動強度逐漸加碼，以不使你一下子累癱為限。一般到了集訓期滿時，體力大部分都能恢復到五、六成，至於下隊後你能不能通過那真正的勞動關，那就看各人的造化了。

第三關是「生活關」。在勞改隊裏，「生活」可不是社會上泛指的吃喝住穿（當然也包括性生活），它僅僅是「吃」的專用代名詞。過「生活關」，概括起來就是三句話——雖然成天挨餓，但要你自覺的絕不喊餓，而且善於裝出一點也不餓的樣子。

「過三關」可不是開開會、發發言就能輕鬆完事，它是透過批判、揭發、坦白、交代、檢舉、鬥爭、戴銬、上鐐、禁閉等具體形式來促進我們強行通過的。至於每個人能享受哪一種形式的待遇，則要根據具體人、具體事而具體對待了。

實際上，犯人的整個勞改刑期也就是一個「過三關」的過程。集訓只不過是對每個犯人突擊敲打一下而已。這集訓期的「三關」再怎麼難「過」，充其量只有一個多月，而真正的「三關」則要在漫長的刑期中慢慢去「過」。至於能不能「過」好這「三關」，只有天知道，反正我直到刑滿，哪一關也沒「過」好。

當然，上面只是以我的口吻來介紹集訓，顧蔓生當時講得要冠冕堂皇得多。

接下來，我們就開始「過關」了。

上午是每個人輪流對自己批判、深挖、檢討，大家根據某人自我批判的力度、挖掘的深度和檢討的態度，表態是否同意，大家都同意就算「通過」。名為大家，實際上全看組長的眼色行事，組長說行就行，說不行就不行，由此可見在勞改隊裏，和組長搞好關係是件非常重要的事。

這批判自己的「反動世界觀」、狠挖犯罪思想根源，顯然難不倒任何人，在中國，除了偉大領袖和精神病人之外，還有誰不會批判自己的呢？因此除了組長看不順眼的兩個傢伙返了點工，其餘人都順利地通過了對自己的批判深挖。組長小結了一下各人的自我批判後，接著就下班吃飯了。

下午1點，我們集訓隊正式出工勞動幹農活。

從監房到後山農田大約有二里路。走了不到一半，我們這些新來的便感到吃不消，兩條腿又酸又軟，完全提不起腳步來。旁邊押陣的幹部不停地呵斥著催我們快一點，我每邁一步，腳踝就一陣痛，牙都得咬一下，這天正好天晴出太陽，很快地我的內衣就全濕透了。

好不容易挨到了後山。所謂的後山，原來是四、五十米高的小土山，長年挖土燒磚後，現在基本上已夷為平地，只是還有不小的坡度。整個後山的面積大約有幾千畝，平坦的部分種植蔬菜和少量莊稼，有坡度的地段則栽有蘋果、梨、桃、杏等果樹。

　　大概考慮到我們這些新犯人體力還沒恢復正常，今天頭一天出工，給我們安排了一些輕活，我們第一組被分配在果樹周圍挖施肥坑。顧蔓生由於不參加出工勞動，就由農田隊一個老犯人帶領我們這組幹活。

　　這挖深肥坑算農田隊最輕鬆的活了，即使如此，我們還是吃不消。那個老犯人倒挺好的，勸我們不要急，說每個從看守所來的新犯人一開始都做不動，但很快就會適應的。我心想：什麼他媽的適應不適應，周圍全是崗哨、刺刀、電網，不適應也得適應。

　　儘管挖坑的活不重，但才做了一會，人就站不住了，腰和腿揪心的酸痛著，每挖一鍬都得靠毅力硬撐著，眼前不停地冒著金花，耳中時時嗡嗡作響，旁邊有幹部不停地來回走動，誰也不敢抬腰休息，只是盡量地省點力氣，勉強地做出挖土的樣子，不至於癱倒在地。做了約兩小時後，通知我們休息十分鐘。

　　趁著直起腰稍稍休息的片刻，我看了看周圍的環境。左前方一百多米的山坡上，幾臺推土機正「突突突」地把土推到兩條輸送帶的入口，一些光著頭的犯人彎著腰往入口處扒土，動作既緊張又熟練。坡下有好多犯人推著板車急促地來回小跑著，運的好像是土坯，看來我很快就將成為其中一員，在那裏，我要推著板車跑十年！

　　正前方的遠處有一條河，在陽光下閃耀著粼粼的波光，對岸是公社的農田，隱約能看到有人在田間忙著什麼，想到那裏就是自由，我卻還要等十年後快四十歲時才能抵達那條河的彼岸，我不禁長長地嘆了一口氣。

　　總算熬到了收工，一個下午我挖了十六個坑，在全組位居第一。我以前在農場勞動時幹過這挖坑活，多少有點經驗，想不到今天在勞改時派上了用場。

　　幹了一下午活，在回監房的路上兩條腿更加難挪了，簡直是步步咬牙、步步鑽心，現在回想起來，真不知道那天收工時是怎麼走回去的。

人儘管極度疲勞，但腹中的飢餓依然殘酷地折磨著我的神經，開飯時還沒等那位爆竹嗓子讀完第一段《毛選》，我就狼吞虎嚥地吃完了那份飯菜，當勺底刮著空飯缽底發出呱呱響時，這響聲更激起了我的食慾，我又在院子的大水缸裏舀了一大瓢水，咕嚕嚕地灌了下去，這才勉強壓住從下午3點鐘不到就出現的強烈飢餓。

晚飯後有半個多小時的自由活動時間，供犯人洗臉、抹身、洗衣服，但這一切對我毫無必要，我實在是累癱了。我坐在監房外的牆根下，頭仰靠著牆休息，不知不覺間就睡著了。

後來是顧蔓生把我拎了起來。原來晚間學習已經開始，一查少一個，他在廁所旁邊找到了我。

從今晚開始，集訓的學習進入「交餘罪」的階段。時間不限，直到每個人都交得乾乾淨淨為止。

當時我非常納悶，像我這種「現反」要犯，經原單位專案組到市、省公檢法軍管會專案組三級審理後，早把我的歷史問題和現行問題掀了個底朝天，只差用手術刀取出我的腦組織，在顯微鏡下檢查有沒有反革命思想的細胞而已，凡是能加上的「罪惡」，早都塞進了我的檔案，只要還能硬塞進點什麼，他們怎麼可能輕易放棄？我實在不明白，自己到底還有哪些該交代而沒交代的「罪惡」。

根據中國特有的反革命分類法，反革命分為「現行反革命」和「歷史反革命」兩大類，前者比後者級別高；在「現行反革命」中又有集團和單幹個體之分，集團要比單幹的級別高；在級別最高的「現行反革命集團」中，又分為「斐多菲俱樂部」式的和一般集團兩種，前者級別又高於後者。江蘇省、南京市兩級公檢法軍管會已經把我們加工成「斐多菲俱樂部」式的「頂級現行反革命集團」了，怎麼可能還允許我存在什麼沒有交代過的「餘罪」呢？

假使我真的還有什麼沒交代過的「餘罪」，那只能說明，公檢法軍管會在審理我們這個南京頭號現行反革命大案的過程中出現了重

大失誤，即使不是由於階級立場有問題而包庇我們這些「頂級現行反革命份子」，那最起碼也是出現了重大疏漏，不論怎樣，公檢法嚴重瀆職的責任是逃不掉的。如果真是這樣，這豈不是對新生紅色政權下公檢法的一種否定嗎？

其他新犯人也許沒我想得這麼多，但對這「交餘罪」的種種疑慮卻普遍存在。試想一下，沒有「餘罪」的，你叫他拿什麼來交？真有「餘罪」的，他想想判都判過了，誰肯主動再往自己頭上添幾條罪狀呢？

於是，「交餘罪」出現了冷場。

為了啟發、幫助大家，打消我們的疑慮，組長顧蔓生再三強調、說明，凡是主動交代出「餘罪」的，不管罪有多大、後果有多嚴重、性質有多惡劣，一律不予追究，再大的罪，只要你主動交代出來，就不會重新算舊帳。這就是黨的政策！同時他還告訴我們，前幾批集訓犯人中有幾個犯人由於不相信黨的政策，拒不交代「餘罪」，結果被查出來了，每人都改判了重刑，其中有一個還被加判為死刑！這些人要是在集訓中都主動交代的話，個個都不會有事。因此他說，讓我們主動「交餘罪」，既是考驗我們是否相信黨的政策，也是對我們的挽救。機不可失，時不再來，過了這個村就沒有這個店了！

聽了組長做的這些動員，我心裏不免覺得好笑，天下竟然還有這等好事！幾天前，當我們在五臺上公判大會上低頭聽候判決時，那判決書上哪一條不是虛構捏造出來的？就憑這些人為製造的罪名，張稼山就被判了死刑，要是真有那些事，我們一百個腦袋也不夠搬的！活到這麼大，如果笨到連黨的政策都不懂，哪還能算是人呢？

任憑組長顧蔓生怎樣反覆動員，似乎對大家的觸動並不大，整個晚上都是顧蔓生一人「包場」。眼看局面打不開，顧直接點了兩個刑事犯（這顧蔓生不愧為老經驗，他很會選擇突破口），要他們先談談，其中一個五十多歲犯流氓罪的趕忙討好地笑道：「顧組長，您的

指示我都理解了，只是我該交代的全交代了，實在沒什麼可交代的了。」

顧蔓生一聽，馬上用那倖存的好手在床上一拍，旋即指著那個老流氓，命令他站到中間去，並叫他將腰彎成九十度。

「大家聽他說了吧，『該交代的我都交代了』，大家想想，這句話說明了什麼問題啊？」他像過去給學生上課時一樣，手中拿著記錄本、轉著身子，用目光在每人臉上掃了一圈。

好幾個刑事犯馬上搶著舉手回答：

「組長，他在和政府搞軟抗！」

「組長，他是妄想蒙混過關！」

「看他這樣子，就是一個老奸巨滑的『反改造』，組長，千萬別讓他蒙混過關！」

「組長，我們要注意他的話，他說：『該交代的都交代了』，這充分說明他還有不少不該交代的還沒交代哩！」

「對！」顧組長顯然等的就是最後這句話，由新犯人嘴中講出來，要比他直接點明更合適，他給了這位一個微笑，然後接著說：「剛才這位同犯說得很對，『該交代的都交代了』，什麼叫『該交代』的？既然有『該交代』的，那必然還有『不該交代的』，這不正說明，他還有很多沒交代的東西嗎？看來，他已經交代過的只是些小問題，那沒交代的才是大問題哪！」

那位不幸的老流氓，只不過是在語言邏輯上犯了點小錯，沒想到卻給人敞開了射門的機會，這時他心裏一定懊惱得要命，只是彎著腰不敢辯解。3月份的晚間還挺冷的，但他前額的汗珠已一滴滴地往下掉。

其實包括顧蔓生在內的所有人，都明白老流氓犯的話是怎麼回事，但在中國所有階層大大小小的批判鬥爭會，幾乎都是以類似方式進行的，尤其是搞人人過關時，為了打開局面，總得先選一、兩個倒楣鬼來開刀。

157

學習開始時聽了顧組長的動員，我心裏還冷笑，現在看到這架勢，輪到我自己頭上冒冷汗了。

好在沒多久，下學習的鐘聲響了，我輕輕地舒了口氣，反正今天輪不到我「交餘罪」了，一切聽天由命吧。

我胡亂地洗了把臉，艱難地爬到上鋪，和衣靠在被子上忐忑不安地為「交餘罪」發愁。

我的鄰鋪幾分鐘後也爬了上來，先朝我笑了笑，算是打招呼，接著又在我腿上拍了一下，便坐在我身邊。

「我們聊一會，你躺下來，這樣對面上鋪就看不見我們說話了。」他一邊低聲吩咐我，一邊脫去外套。

趁他脫衣時，我打量了一下他，看起來他比我大幾歲，有張瘦削的臉，兩眼明亮，鼻子挺拔、略略有點鷹鉤，一張微抿的嘴給人以剛毅的印象，整個臉部在昏黃的燈影下特別顯得稜角突出、線條分明。

我們頭靠頭躺下後，他悄悄地問：「我們小組有沒有人開始交餘罪了？」我說還沒，同時把晚上學習會上發生的事告訴了他。

他用很低的聲音警告我：「你可別聽組長那一套，千萬別上當。」

我說我不會的，不過下面每個人都要一一過關，到時真不知如何是好。

「老弟啊……」他笑了笑說：「一看就知道你是個聰明人，這點事情還能難住你嗎？」

「那該怎麼辦呢？」我實在想不出，這和我聰不聰明有什麼關係。

「這勞改隊一進來，交餘罪是老皇曆，也不知道搞了多少年了，你想想有幾個是真交的？都他媽的在糊弄幹部他們。」

「怎麼糊弄呢？」

「這就要看怎麼各顯神通了。比方說那些扒竊進來的，公檢法怎麼可能搞清一個小偷到底偷過多少次，還不是大概地估計一下罷了。偷三十次和偷四十次根本沒什麼區別，該判幾年還是幾年，多偷幾次、少偷幾次，絲毫不會改變判決。既然如此，在學習會上再交代個兩、三次扒竊，既不可能加刑又能在小組會上過關，這不就解決了嗎？其他刑事案件大體也是這樣，只要你隨便編點內容當成餘罪交，一般都能順利過關。」

「但我們是反革命犯呀……」

見我著急了，他趕忙接著說下去：「你講得對，對我們這些反革命犯情況可就不一樣了，你別急，聽我慢慢說。我們可不能像刑事犯那樣隨便亂說，一點都不行。但有一點你應該想到，我們的檔案材料是從不跟隨我們人走的，勞改隊手中只有我們的判決書，具體的案情細節他們根本就不知道。你只要從以前交代過的東西裏挑幾條出來，在小組會上重新交代一遍，保證你順利過關，誰知道那是不是餘罪！」

為了使我相信，他又補了一句：「這辦法絕對有用，以前我用過，這次當然還是老辦法。」

以前用過？莫非他也是「二進宮」？

「你以前……」

聽出我的懷疑，他輕輕地嘆了一口氣：「這個暫且不談吧，以後我再告訴你。」

我接著問他：「按你說的辦，雖然小組通過了，但他們去調查時若發現我在騙他們，那怎麼辦？」

他略帶不屑地說：「你真呆耶，你以為他們真會相信我們交的餘罪啊？我告訴你，勞改隊永遠都不會相信犯人的，即使對那些勞改積極份子，也不過是利用利用他們而已，怎麼可能真的相信他們？他們搞這個交餘罪活動的目的，主要是敲打敲打我們，要我們成天思想

高度緊張，防止我們閒下來胡思亂想，便於管理我們。你想想看，這全場有兩千號犯人，要是對每個人所交的餘罪都一一核對，那該要派出多少人去外調？」

我想想也對，勞改當局怎麼可能相信我們勞改犯的話呢？就連他們幹部之間，誰又相信別人說的全是真的？在這說假話的年代，還有誰相信別人會說真話？

「萬一要去調查呢？」我總想考慮得盡量縝密一些。

「那你就說在集訓時被逼得吃不消了，不得已才『炒冷飯』的。不過那時你早下隊幹活了，中隊才不管這些事哩！」

將已經交代過的再重複交代一次比作「炒冷飯」，真是既貼切又形象，我不禁笑了出來。

他接著說：「這一套其實很簡單，我以為你肯定會想出來，哪知道你真的一無所知。你要記住，在勞改隊這種險惡的環境中，處處都潛伏著殺機，必須要善於動腦子，遇事首先得用頭腦好好想想，這樣才能保住自己。」

聽了他這番的指教，我當然對他感激萬分。但轉念一想，昨晚我才認識他，以前又素昧平生，他為什麼對一個剛剛認識的勞改犯人要如此推心置腹地傳授他那套寶貴經驗呢？透過他剛才的話，似乎他以前也「進來」過，既然是「二進宮」，他當然懂得在勞改隊裏絕不能輕信他人這個最起碼的常識，他難道不怕我把他對我講的那些話拿去告密？他為什麼對我如此坦承，為什麼這樣相信我？

一連串的疑問頓時湧進我的腦中。我甚至懷疑，他睡在我旁邊，會不會是當局精心佈置的一個陷阱，他會不會是一隻「特洛伊木馬」？想到這裏，我不免有點緊張起來。

見我沉吟不語，他似乎猜到一點我的心思。

「你和李立榮很要好吧？」他問我。

見他突然提到李立榮，我不免為之一驚。

「我們見過面，你還記得嗎？」他接著問我。

但我怎麼也想不起在哪裏見過他，我輕輕地搖搖頭。

「你再想想看，前年春節時，我和周××在李立榮家的小房間裏修琴，你正好去他家，當時李立榮還替我們作了介紹，想起來沒有？」

經他這一提醒，我猛然想起確實有這回事。

1968年的大年初四，我去李立榮家，推開小房間門後發現有兩位來客正在和李立榮談話，見我進來後，李立榮當時為我們做了簡單的介紹，其中一位姓石的好像就是眼前這位，那天他穿著一件中裝棉襖，有著一頭吹成波浪型的濃密頭髮。由於只匆匆見過一面，而且已事隔兩年多，最重要的是，當年他那頭濃密的頭髮已經蕩然無存，現在和我一樣成了光頭，故而怎麼也沒認出他來，想不到在這裏居然能碰到他，我心裏不由一熱。

「你是老石！我想起來了。」我驚喜地握住他的手，激動地坐了起來。他趕緊把我按住：「別起來，別起來，躺著慢慢說。」

「哎呀，你怎麼也進來了？」

他嘆了口氣之後，把他的案情告訴我。

他在南京某技工學校讀書時，和幾個年齡差不多的同學經常在一塊閒聊，其中夾有對現實不滿的牢騷怪話，相互之間的信件中也有一些攻擊「大好形勢」的內容，後來其中一個同學因為牽涉到一起反動標語案件被拘留，進去之後禁不住哄嚇、詐騙，把他和同學們平時聚在一起發牢騷、說怪話和相互寫信攻擊「大好形勢」的事全交代出來了。結果反動標語查清了倒沒有他，而聚在一起發牢騷和相互寫信的事不僅嚴加追究，還把其他幾個同學都牽扯了進去，最後全部送到南京青龍山雲居寺去勞動教養，老石當然也在其中。

勞教期滿後，大概考慮老石當時年齡還小，沒強迫他留廠就業，讓他回了家，進了一家五金廠當鉗工。1969年初，他娶了一位南

京郊區的菜農姑娘，就在他還沉浸於新婚的歡樂中時，突然一場彌天大禍從空而降。

1969年5月，他所在的五金廠革委會組織大家批判劉少奇，規定每個人都要寫大批判發言稿，寫完集中上交。他也和其他人一樣寫了兩頁紙，寫完生怕出錯，一個字一個字地反覆檢查多遍，確定沒問題後才放心地交了上去。

第二天早晨上班時，他才進廠門一會，一部北京吉普停在廠門口，車上下來兩個公檢法人員，二話不說就掏出一副鋥亮的銬子將他銬住，送進了南京建鄴區公檢法軍管會看守所。罪名是「書寫反革命稿件，惡毒攻擊偉大領袖毛主席」。

這一夜之間像「通古斯隕石」般突然落下的頭號政治問題，究竟出在哪裏呢？我根據他的敘述，現將他那份批判稿的致命要害部分列在下面的框框裏。

> ……我們要徹底清算中國赫魯雪夫、叛徒、內奸、工賊、反革命修正主義頭子劉少奇的滔天罪惡。對任何妄圖負隅頑抗的敵人，我們都要堅決打倒。偉大領袖毛主席教導我們：凡是反動的東西，你不打他就不倒，這也和掃地一樣，掃帚不到，灰塵照例不會自行跑掉。……

（下劃之波浪線是我所加。）

從文意來看，這段文字可說毫無可以指謫之處，即便用高倍放大鏡來檢查，也捕捉不到「反革命稿件」的半點影子，令他怎麼也沒想到的是，那張用來寫字的紙要了他的命。

當他寫到第二行的「堅決」二字時正好寫到行末，下面的「打倒」兩個字不得不另起一行，而這「打倒」二字的後面恰恰又緊跟著

「偉大領袖毛主席」幾個字。另外，誰都知道，這手寫的文字，顯然不能和印刷或打字比，不僅字體大小很難完全一致，字距、行距的隨意性也很大，尤其是標點符號，漏用和錯用的情況幾乎人人都有過，這幾種情況一湊合，於是第三行就成了「打倒偉大領袖毛主席」。

假使那張紙寬一點或窄一點，字寫得大一點或小一點，總之，只要錯開幾個字，使那「打倒」二字不出現在頂頭行首，此「反革命」的罪證也就不能構成。這正應了「無巧不成書」那句老話，不過這個書不是一般意義上的書，而是殺氣騰騰的「現行反革命」判決書！

有了這鐵證如山的白紙黑字，再加上他又有思想反動的「前科」，任憑他呼天搶地喊冤，哪有人聽他辯解，很快地他便以「現行反革命罪」被判了八年。

我一向自認是個老牌的「政治運動員」，對我們當局豐富的革命想像力有足夠的認識，儘管如此，聽了他的案情介紹後也不禁目瞪口呆！

他進看守所時，新婚的妻子剛剛懷孕不久，今年2月份，在他被送到勞改隊來的前十天，女兒在「一打三反」運動高潮中呱呱墜地。

接著他又談到李立榮。

他透過那個會修琴的姓周的朋友，在67年就認識了李立榮，不過交往不算密切，也沒有「案情」牽涉。他聽李立榮曾經談到過我，知道我和李是至交，而且關係非同尋常，3月7日，他在貼進監房大院的判刑佈告上看到了我的名字，昨天我一進集訓隊，他就認出了我，巧的是，我的鋪位正好分在他旁邊，而且上鋪只有我們倆，昨天就想和我聊聊，後來看我不怎麼搭理他，也就沒多說什麼。

當我告訴他，李立榮已被判十年之後，他說還在牢房裏就聽說了。在提到張稼山3月6日被處決時，他恨恨地說：「總有算帳的一天。」

在這昏暗的監房上鋪，居然能遇到李立榮的朋友，一時真令我百感交集。頃刻間，我對他的所有懷疑都煙消雲散。接下來，他又對我說了好多要注意的事。

他和我談到了組長顧蔓生。他說，很難準確評價這個人，此人看起來很積極，幹部挺信任他的，算是全中隊頭號幹部的「紅人」，不過根據他二十多天以來對顧的觀察，發現顧蔓生的有些做法，和其他一些組長或勞改積極份子不太一樣。作為集訓組長，按照幹部旨意訓整新犯人是他的本分差事，但他在整人時往往有所選擇，對刑事犯，尤其是對那些犯流氓罪進來的老傢伙特別厲害，對詐騙犯也毫不手軟，不過對政治犯卻不怎麼找麻煩，有時似乎還會給他們一點照顧，這在勞改隊倒是不多見的。他特地叮囑我，一定要和顧蔓生搞好關係。

我告訴他早上李指導員要我幫顧蔓生搞黑板報的事，他聽了趕忙對我說，這是個難得的好機會，要我千萬要充分利用。他說這搞黑板報，可不是一般人能爭取到的好差事，可以不出苦力不說，由於能和顧蔓生在一起，接觸多了總會有感情，這在今後的集訓學習中肯定對我大有好處。

聽了他這一大番指教，我懸著的心總算落了地。人在那種處境下，忽然得到高人指點，無疑是難得的好運氣。我這個人一生中每遇危難，往往總能碰到好人，也許是上蒼冥冥中註定我能一直活到現在，透過我來把那些可泣而不可歌的往事再現給後人。

直到夜深，不得不休息了，我才想起要打聽他的名字。

他姓石，名叫石炳富。

精神的負擔雖然消除了，但渾身散架的酸痛又折磨著神經，我已動彈不得，連衣服都未脫，裹著被子就睡著了。

後來發生的一切，完全如石炳富所說的那樣，我不僅在集訓期間圓滿地完成了「交餘罪」的任務，而且在後來每隔一、兩年就要搞

一次的「坦白檢舉交餘罪」運動中，我都能像魔術師空中取物那樣，變出幾條「餘罪」來交代，以致其他犯人看我每次總能交出新鮮的「餘罪」而羨慕得要死，這時我就會衷心感激起石炳富這位在我剛剛入「學」時的啟蒙老師。

1970年9月我被調到修造隊搞設計，那時石炳富已先被調進來當鉗工，不過他的處境一直不太好，原因是他有一手出色的鉗工技術，為此遭到其他犯人（包括廠員）的強烈嫉妒。在勞改隊裏能被安排到室內幹活，是極為幸運的事，而室內勞動的名額又極其有限，為了保住自己能穩定地留在室內勞動崗位上而不去工地當苦力，好多人都千方百計地想擠走別人，不惜使用各種骯髒的手段，栽贓、陷害、誣告，什麼技倆都使得出。石炳富就是因為技能突出而遭到了別人的暗算，結果被排擠出修造隊。1970年10月，他被調到製磚五中隊去拖板車，同年年底隨同五中隊一起被調到江蘇溧陽竹簀勞改隊。

動身的頭天晚上下學習之後，他偷偷串門到我的中隊來道別，並把當天下午，他母親和抱著女兒的妻子來「接見」時帶來的一張照片給我看了。他的妻子非常漂亮，一雙略帶憂鬱的大眼睛，使人看一眼就能記住，頭上紮著馬尾巴，裝束打扮一點也看不出是個郊區農民。懷中的那個小女兒，嘴裏含著一根小指頭，正甜甜地朝著人笑。照片的背面寫著一行字：「馨香禱告燕子的爸爸一切平安。」字體有點歪扭，但可以看出，那是一個「現行反革命」勞改犯的妻子蘸著心頭的血，一筆一劃艱難寫就的。臨別時，我送給他一根電工皮帶作為紀念。

從此之後，我沒再見過他。

四年之後，我聽到了他的死訊。他大約是在繁重的體力勞動和飢餓的雙重折磨下患了重病，最後死在溧陽勞改隊。

三十六年過去了，我一直記得他那雙明亮的眼睛、他美麗的妻子那憂鬱的目光，和他妻子懷中那個小女兒含著指頭的甜笑，特別是

「馨香禱告燕子的爸爸一切平安」那一行略帶歪抖的字。那個名叫燕子的小女孩今年應該三十六、七歲了。

也許你永遠都不會明白，當年媽媽一邊哄著你一邊在照片背面寫那行字時，曾經將多少思念、希望、痛苦、擔憂一起混合著淚水，溶入「一切平安」四個字中，但你的爸爸——自你懂事後就一直沒見過的爸爸——在他英年早逝的一生中，從來沒有平安過。

我不清楚他的家世，只記得他住在南京中華路內橋灣，我很熟悉秦淮河畔那條地上鋪著鵝卵石塊的古老小巷，可惜我不知道門牌號碼。我在1979年平反後曾特地去過內橋灣，希望碰碰運氣，看能否打聽到一點他身後親屬的下落，遺憾的是一無所獲。

石炳富這個名字，大概和成千上萬的文革遇難者一樣，早已被歷史的塵埃所掩埋，現在還能記起他的人已經屈指可數了，但我從來沒忘記過他。在我這顆越來越衰老的心中，他始終佔據著一個重要位置，我永遠記得這位我在勞改隊的老師。

往事像潮水般洶湧澎湃地逆著時光向我撲來，波濤的浪頂，一朵白色的浪花顯得那麼耀眼，臨近我時，它又粉碎成了無數的泡沫，然後又逐漸匯合、聚集，最後定格成了一張我熟悉的臉，那張棱角突出、線條分明的臉依然對我微笑著，正在向我娓娓道出勞改隊的那些祕密……。

石炳富，我的老師！

我眼中的「二進宮」

　　經顧蔓生找了兩個「典型」開刀之後，小組內的「交餘罪」開展了起來。接下來一連多日的學習都是「交餘罪」，按石炳富的「祕方」，我在第三天晚上用半小時功夫交了七八條「餘罪」後，果然很順利地過了關。顧蔓生還表揚我相信黨的政策，說我「經過激烈的思想鬥爭後，終於在認罪服法的道路上邁開了重要的第一步」。

　　同組的幾個「現行反革命」則遠沒我如此幸運，前前後後折騰了好幾天才勉強通過。相比之下，刑事犯們「交餘罪」都比政治犯容易過關，我們組除了那個老流氓耗了些時間以外，其餘的基本上都一次成功。晚上睡覺前，我把這情況告訴了石炳富，他說這一點也不奇怪，是勞改隊的一貫傳統。別看這裏關的雖然都是犯人，但刑事犯和政治犯有很大的區別，他們屬於「內部矛盾」，好比是國家不爭氣的兒子；而我們這些政治犯則屬於「帝修反」的野種，兩者內外有別，不能相提並論。同樣一個問題，出在刑事犯身上根本不算回事，若是換成政治犯，那後果就很難預料。「交餘罪」如此，其他事也不例外。在後來長長的勞改歲月裏，無數的事例都證實了石炳富這段話堪稱經典。

　　在我那批集訓的各小組中，我這個組算是「交餘罪」最好的一個，曾經兩次在會上受到指導員表揚。我們組之所以能受到指導員青睞，當然和顧蔓生直接有關，他既是指導員眼中的紅人，確實又有能力，受表揚是理所當然的事。不過據我觀察，除了這些因素之外，要是沒有我們組兩個「二進宮」犯人的積極配合，這「交餘罪」恐怕就不可能如此順當且有聲有勢。我對「二進宮」的注意，也正是從「交餘罪」開始的。

　　如同被人販子出賣的良家女子第一次躺在男主人的床上一樣，我們這些初來的在「交餘罪」之前，幾乎個個都緊張得要命：不湊點「餘罪」出來，肯定過不了關，那個老流氓替死鬼挨鬥的慘樣就是一面鏡子：若老實交代吧又怕惹來新麻煩，誰知道會不會在老帳上再加新帳？3月份天還很冷，好多人還沒輪到自己出場就早已緊張得滿頭是汗。正因如此，儘管在「交餘罪」第一天，顧蔓生拿那個老流氓開刀之後已打破了僵局，但此後兩天，組內「交餘罪」的情況仍不順暢，有時難免發言中斷。

　　每逢這時，我們組那兩位「二進宮」的作用就凸顯出來了。只要小組發言一旦停頓，兩位馬上就會挺身而出主動接上，絕不讓小組發言出現冷場（這時我總忍不住想起戲劇界「救場如救火」那句名言），有這兩位「二進宮」如此熱心捧場，就使得主持會議的組長少費許多口舌，其他人的思想壓力也大大減輕。尤其是幾個膽子特別小的，最希望別人的注意力從自己身上移開，現在有了這兩位，無疑就像天上掉下了救星。指導員在表揚我們時，誇我們組「人人踴躍發言、個個爭交餘罪」，依我看，起碼有一半的功勞要記在這兩位頭上。

　　除了發言踴躍之外，這兩位「二進宮」說起事來的語言表達能力也絕非常人可比。井井有條、脈絡清楚的敘述，加上葷素搭配的形容詞、歇後語，簡直不亞於王少堂說評書，使人聽著聽著就入迷了，甚至會不知不覺地進入到角色中去。聽了他們幾次講話後，我就在想，這兩位要是派到聯合國大會去發言，肯定會語驚四座、力挫群雄。

　　我最佩服的是組內一個姓張的慣偷犯。這傢伙四十出頭，連這次進來，已是「四進宮」了。據他自我介紹，前三次在勞改隊中累計已待了十幾年，這次又被判了七年。這老兄頂多只上過三、四年小學，他的入監登記表還是我幫他填的，文化水平雖低，但開起會來特

別能說會道，聽他第一次發言我就覺得這小子是個天生說書的料，「交餘罪」後，更使我們領教了他的口才。

這張某口頭「交餘罪」時的最大特點是，善於運用相聲藝術中的「抖包袱」。在還沒說之前，他往往一再聲稱這次要交代一件「從來都沒交代過的嚴重罪行」，我們一聽，都以為是殺人放火、爆炸投毒之類的驚天大案，一個個伸著脖子，盼望他趕快說出具體內容。待大家的胃口被吊起來之後，他這才不慌不忙地道出實情——弄了半天，原來是些根本構不成違法犯罪的屁大小事，諸如偷拔了鄰居幾顆白菜，騙了農村貨郎兩袋樟腦丸之類「提不上筷子」的東西。

遇到這種情況別人還不能說他，如果有誰埋怨他小題大作、浪費大家時間，他馬上會振振有詞地和你說個沒完：「怎麼啊，這不算餘罪啊？難道偷人白菜、騙人樟腦不算犯罪啊？那你的意思是讓我今後出去接著再做是吧？」「政府一再號召我們，不管大罪小罪，都要竹筒倒豆子徹底交清，你這倒好，讓我交一半留一半，這不是明明在和政府唱對臺戲嗎？」逢到這時，連顧蔓生也不好多說什麼。

儘管大家上了幾次當之後，對他有點不耐煩，但我們還是喜歡聽他胡扯那些故事，在那種緊張氣氛中有這麼一位活寶，不知不覺間人總會感到幾分輕鬆。

他交代的最精彩的一個「餘罪」，到現在我還記得。

那是「交餘罪」快結束的最後兩天了。那時我們組裏的每個人都已過關，學習時大家七扯八拉的打發時間，張某一看個個都沒什麼「餘罪」可交了，大概是為了討好組長吧，決定最後再表演一次。

他先是一臉惶恐地表示，還有一件長期以來始終不敢坦白的重大犯罪沒交代，由於犯罪性質太惡劣，怕交代出來後會加刑甚至會槍斃。說到這裏停了一下，把目光定在顧蔓生的臉上，意思是請組長明示他究竟該怎麼辦。

顧蔓生這時正在為如何打發最後兩天的學習時間動腦筋，雖說「交餘罪」的任務已經提前完成，但任由大家在學習時這樣七扯八拉的，傳出去總是不太好，一見張某這時又一次站了出來，當然求之不得，當即做出一副深信不疑的樣子，正經八百地念了一番政策經之後，要張某徹底打消顧慮，堅決相信政策，千萬別錯過交代「餘罪」的最後期限。另外又叫他「既然要交代就把問題說清楚，不要漏掉內容」。

見組長如此重視，心領神會的張某更來勁了。

「聽了組長這番政策教育後，我決心老老實實地徹底交代我的一件搶劫殺人犯罪。」說到此張某臉上露出了極為凝重的表情。「我搶了我們村上的一個老寡婦！」

一聽這次是貨真價實的搶劫殺人大案，我們都有些意外，眼看「交餘罪」馬上就要結束了，想不到這傢伙把如此重要的「好貨」留到了最後，頓時個個來了精神。

於是張某有條不紊地展開了他搶劫作案的過程。當時我被顧蔓生指定代理小組會議記錄，這件「重大搶劫案」就是我一人做筆錄的。俗話說眼看十遍不如筆寫一遍，正因如此，至今未忘。

這張某家住南京市江浦縣，一直未婚，在農村一人獨居。他的住處附近有位五十歲寡婦，膝下無兒無女，也是單人獨戶。寡婦的門前屋後種了一些蔬菜瓜果，收穫後就堆放在堂屋中。張某原本是靠偷竊為生的樑上君子，對左鄰右舍的家當，天生具有敏銳的觀察力，寡婦家的財產狀況當然也逃不過他的眼睛。某天他見寡婦收穫了一大筐扁豆，心動不已，決定晚間去「光臨」一次，搞它個十來斤來換點小錢花。當夜11點鐘，夜深人靜之時，張某夾著一隻米口袋，躡手躡腳地撬開了寡婦家的門，正當灌了一口袋扁豆準備勝利撤退時，黑暗中忽然有雙手一把緊緊地揪住了他……

　　說到這裏，正好上午的下班鐘響了，全組人只能懷著滿腦子的懸念散會吃飯。下午勞動時，好幾位出於好奇，悄悄問張某後來的結果到底怎樣？可張某任憑追問，始終不答一言。

　　晚上整整兩個小時的學習都由他繼續「包場」，直到鐘響前幾分鐘，這起「搶劫殺人」大案才水落石出。後來的作案情節梗概是：寡婦睡得很淺，張某一進門，她就在暗中認出了他，發現張某偷了扁豆之後，既沒開燈也沒喊人，而是一把抓住了他。嚇了一大跳的張某，當即把寡婦摔倒在堂屋的柴禾堆上，準備當場掐死寡婦，殺人滅口。正要掐住寡婦的喉嚨時，那不幸的寡婦在他身下不僅沒反抗，反而柔聲嗔怪他「只曉得蠻搞」、「一點也不懂人家的心思」。張某一聽話中有話，趕緊鬆手讓寡婦起身，寡婦說：「你只要今晚留在這裏陪我，我不但不告你，連扁豆也送給你。」居然天下還有這等好事，張某不禁大喜過望，當晚就留宿在寡婦家中，幾度雲雨，一夜折騰，後來這位靠扁豆招親的寡婦就成了他的情人，在他被捕前不久，還幫寡婦翻蓋過茅屋……

　　一起搶劫寡婦、殺人未遂的驚天大案就此結束。

　　聽他抖完「包袱」，再看著我手中記錄的幾頁紙，我差點把眼淚笑出來。臨睡前我把這事當笑話講給石炳富聽，他卻一點也不覺得好笑，叫我千萬別把這些「二進宮」當小丑看，囑咐我今後一定要注意這些「二進宮」的刑事犯，盡量和他們保持距離，同時又別得罪這些人。這些人都是人渣，什麼事都做得出來；這些人又都是人精，什麼人他們都有辦法對付。

　　通過這段集訓「交餘罪」中的親目所睹，又有了石炳富的這段提醒，我在勞改初期對張某之類的「二進宮」們一直相當反感。尤其是他們那種對犯罪無所謂的麻木態度，那種不以犯罪為恥反而津津樂道的表演，令我既厭惡又替他們感到悲哀。同樣是人，他們怎麼會墮

落到這種地步呢？這些連做人最起碼的道德準則都已喪失殆盡的傢伙，他們不進監獄還能去哪裏！

然而，經過多年與這些「二進宮」的日常接觸以及發生在他們身上的事，我逐漸發現事情並不像我想像的那樣簡單。這些經常被人們貶為「社會渣滓」的墮落者，並非如我們想像的那樣從頭到腳一無是處。

和我們大多數人一樣，在他們身上同樣也存在著「雙重人格」的現象，從精神和心理方面來看，絕不像某些狗屁專家所分析的是人格分裂、心理變態的異類。不但如此，他們中有些人在一些大節大義方面所表現出來的品質，甚至足以讓我們這些對他們側目而視的人汗顏。

我手中就有兩個現成的例子，通過這兩件事很能說明以上看法並非我個人的憑空臆造。

第一個例子就是上文所提到的「搶劫」老寡婦的張某。

他於1976年刑滿，被強制留廠就業。那年4月份天安門事件發生的當時，某天幾個「老廠」（刑滿留廠就業人員的俗稱）在宿舍裏一起偷偷議論外面到處流傳的「政治謠言」，張某正巧也在場。由於他對這些事歷來不感興趣，任憑別人聊得熱火朝天，他從頭到尾一句也沒參加。後來在場成員中有人告了密，很快所有參與者和在場的人都逐個被審查。哄嚇詐騙之下，各人都老老實實交代了談話內容和經過，張某作為在場成員，自然也是審查對象。

論起利害關係，這件事可說同張某沾不上邊，換成其他任何人，肯定會如實講清當時的情況，免得惹火燒身、自找麻煩。作為老江湖，張某更該清楚箇中利害，先將自己洗刷乾淨，遠離這灘渾水才是。

但這傢伙這次的表現卻大出所有人預料，不管幹部怎樣盤問、追問、逼問，皆一口咬定什麼都不知道，既不說有哪些人參與，也不交代聽到哪些內容，任由幹部磨破嘴皮，就是不為所動。

　　惱羞成怒的審訊幹部最後祭起了「問題不在大小，關鍵在於態度」這個法寶，先將張某關進小牢房，後又釘上腳鐐強迫勞動。即便如此，張某從頭到尾都沒咬過任何人。

　　參與談話的人批鬥一番後不久都沒事了，而與此事毫無關係的張某，卻憑白無故地戴了幾個月大鐐。當時我們在出工、收工時，幾乎每天在路上都能看到他拖著鐵鐐嘩啦嘩啦艱難地挪著步。想想當初他「交餘罪」時那番令人噁心的「主動」，再聯及在這人人自危的險惡處境中寧願自己受罪、絕不出賣他人的「頑固」，誰能相信這居然是同一人所為？

　　不錯，他這種「頑固」也許和他浪跡江湖多年所養成的所謂「義氣」有關；但這種在大是大非、大節大義面前所表現出來的「義氣」，難道不比我們動不動就「大義滅親」，遇到點小事就「反戈一擊」高尚嗎？張某在這件事上的表現，不僅沒有「道德準則喪失殆盡」，相反地表明，他對做人起碼道德的把握比我們要精準得多！

　　在中國幾十年的歷屆政治運動中，從頂層到高層，從中層到基層，從政界到學術界，從文藝界到教育界，無論是一貫「立場堅定」的黨國要人，還是號稱「道德楷模」的謙謙君子，能夠始終堅持做人的起碼道德，從來沒出賣過朋友的，試問全國又有幾人？

　　和這位「四進宮」勞改犯相比，究竟誰算高尚呢？

　　第二個例子是一個頗帶驚險色彩的真實事件，主角也是一個「二進宮」刑事犯。

　　1970年10月我在無錫建華機床廠（監獄）學習，其間曾參加過一次寬嚴大會，會上對一個姓徐的刑事犯宣佈兩年半的餘刑全部減免，當場釋放回家。減刑的理由是該犯有重大立功表現。在勞改系統裏能一次減免掉兩年半的餘刑，這可是極其罕見的事，我出於好奇，好不容易向當地犯人打聽到了其中原委。

173

70年無錫建華機床廠根據「江蘇省勞改系統工業大會戰」的要求，承接了一臺二十四米龍門刨床身的鑄造任務。這龍門刨的鑄鐵床身有二十多米長，重量近百噸，根據建華機床廠的鑄造設備能力，根本無法澆鑄這麼大的鑄件。首先由於鐵水包容積太小，每次只能澆鑄床身的一小部分，而床身又不能分段澆鑄，必須一次性地整體澆鑄方可成型，因此澆鑄方案成了關鍵。經過研究，決定先單獨製造一個很大的「中間保溫」鐵水包，其容量足夠一次澆鑄床身，每爐鐵水化好後，先傾入鐵水包保溫，直到總容量足夠了再用兩臺行車共同吊起鐵水包，移到澆口進行澆鑄。

那天省勞改廳的頭頭帶了一班幹部特地趕到建華機床廠去參觀澆鑄現場。為了絕對保證領導們的安全，特地安排他們待在鑄造車間端頭的二樓上，那裏可以居高臨下看到澆鑄的全部過程。

按照預定方案，一上來就進行得很順利，鐵水一爐爐很快地注滿了中間的鐵水包，十幾個爐前工犯人在鐵水包周圍緊張地做著起吊的準備工作。這個故事的主人公徐某，當時正是這些爐前工中的一員。他既不是組長，也不是骨幹，屬於最不起眼、聽人使喚的底層苦力。

正當行車緩緩開到鐵水包上空，垂下吊鉤、準備起吊時，突然間一個誰也沒料到的意外發生了——鐵水包離底部一米多高處，不知怎麼突然出現了一個漏洞，一千多度的紅色鐵水頓時從洞中向外湧出！

爐前工們見狀，趕忙操起爐釺、戳著耐火白泥團去封堵，誰知由於這鐵水包容量太大，鐵水對內壁的壓力已遠遠超過普通的鐵水包，儘管十幾個爐前工不顧灼人的熾熱拚命堵洞，不僅洞沒堵上，連鋼製的爐釺都被高溫的鐵水燒化。更要命的是，隨著鐵水的不停外湧，洞口被沖得越來越大，剛開始只有小茶杯口的大小，很快就變得有碗口那麼大，鐵水像條紅色巨蟒，貼著地面恣意遊動，所經之處都是一片滋滋作響的青煙……

在場的人都明白，按這種情況發展下去，一旦漏洞擴大到一定的程度，鐵水包極有可能整體崩裂，到那時，近百噸鐵水將在頃刻之間傾瀉而出，在場人員連逃命都來不及，所有人都將在幾分鐘內化為一股股刺鼻的青煙……。

整個現場亂成一團，驚呼狂喊不絕於耳，眼看慘案在即，高高在上觀看的大小幹部，一時全驚呆了。

令人深省的是，圍在鐵水包前的十幾個犯人卻無一人從「火線」上撤退。

是不敢？不願？無知？愚昧？事後，誰也沒提及這類問題！

就在這千鈞一髮之際，那個從來不被人看好的徐某，這時卻做出了一件誰也沒想到的驚人之舉——

正當別人拚命用爐釺和其他工具枉然地封堵那個越來越大的漏洞時，他在旁不聲不響地捧起一大塊白泥，迅速將其篤成一塊有鍋蓋大的厚厚圓餅，接著用雙手將這塊大泥餅反貼在後腰上，一面高喊身邊同伴用鐵鍬在地面上撒上一層厚厚的爐碴，替他鋪成一條通道，然後踩著爐碴、彎著腰，背起那塊大餅向冒著鐵水的漏洞靠過去，臨近洞口處，猛的連人帶泥背對著洞口死死貼了上去。

就這麼一下，那個漏洞居然成功地被他成功堵住。

一看漏洞不再往外冒出鐵水，其他人趕緊過來幫忙用鐵板和白泥加固封口，接著又用電焊把封口的鐵板牢牢焊在鐵水包外部的鐵殼上，漏洞終於徹底被封死。

龍門刨床身按計劃澆鑄成功。

站在二樓的領導們親眼目睹了危情的全部過程。眼看今天非出大事不可了，誰知忽然冒出來這個亡命之徒使情況轉危為安，人人長長地舒了一口氣，有帶照相機的，趕緊對著現場頻頻按起快門……

聽完這個真實故事後我首先向自己提了一個問題，這個「二進宮」的徐某，他究竟為什麼要這樣做？我們又該怎樣看待他的這個行為？

　　按中國人的習慣思維，有如此驚人之舉必定有相應的思想指導，那麼又是什麼思想指導他如此玩命呢？

　　是為了搶救國家財產？是為了完成上級交代的生產任務？是為了不辜負黨和政府的教育改造？是受了黃繼光、董存瑞、王傑、歐陽海等英雄人物的感召？──這些無疑是最上選的答案，但對於一個一而再、再而三走上犯罪道路的「二進宮」，恐怕連鬼都不會相信他有如此之高的思想境界！

　　是為了好好表現自己爭取立功減刑？或是為了大出風頭而不顧危險，一鳴驚人？──這個答案表面上看來有點適合他，但這位「二進宮」難道就沒有想過，如果那個漏洞沒能堵住，那一千六百多度的鐵水一下子澆到身上將會有什麼後果？到那時，立功減刑出風頭又還有什麼實際意義？

　　以上問題不但令我百思不得其解，同樣也使事後為他寫減刑報告材料的人煞費苦心：立了這麼大的功，你他媽的總得編點什麼高尚動機之類的東西充充門面呀，這還要人教嗎？可這位「二進宮」老兄始終只有簡單的幾句話：「我看其他辦法沒用，估計這個辦法拆娘的肯定可以，上去一試，拆他娘的果然靈光。」真是上不了臺面的蠢貨，問來問去還是這幾句，其中還夾著兩個「拆他娘」。

　　這思想動機姑且不去枉費心思亂猜了，有一點可是鐵板釘釘的事實：

　　──在那千鈞一髮的瞬間，有他那種敢於玩命、捨身堵鐵水洞的膽量的，在場的犯人沒有，犯人組長、勞改積極份子沒有，中隊幹部沒有，監獄長政委沒有，省勞改廳的大大小小頭頭們當然也沒有。

　　只有這個開口不離「拆他娘」的「二進宮」有！

　　究竟誰算高尚呢？

也許正是這些「二進宮」們對我的觸動，我逐漸糾正了對他們的偏見，同時也使我對他們之所以一而再、再而三走上犯罪道路的複雜成因開始認真思考。

關於產生重複犯罪的起因，這涉及到很多方面的調查和研究，作為一個勞改犯人，我當然沒這個能力。我只能根據個人對社會的感受，以及對「二進宮」犯人的觀察，簡單地歸結出我的看法——

對於中國社會中為數不少的重新犯罪現象，除了當事人的主觀因素之外，我們現存的社會為此毫無疑問應該負有很大的責任，其中極重要的一個因素就是我們這個社會過於冷酷，而一個冷酷的社會，恰恰是激發重新犯罪的溫床。

直到今天我這個看法仍然沒有改變。

伴隨著革命發生的殺戮、流血、鎮壓、鬥爭，我們的社會早就成了一臺冷冰冰的政治機器。人與人之間的正常感情，特別是對弱者的同情、憐憫、慈悲、關懷，隨著階級鬥爭的不斷強化，統統都被貼上「資產階級」的標籤，當作「歷史垃圾」丟進了革命熔爐裏，人與人之間唯一剩下的，只是你死我活、尖銳對立的「階級感情」。雷鋒先生的名言：「對人民要像春天般的溫暖，對敵人要像冬天一樣的嚴酷無情」，就是被全國公認的「階級感情」泛大眾化的通俗解釋。隨著感情的極端化，中國人和動物的唯一區別只不過是比動物懂得階級感情，或者說中國人不過是懂得階級感情的動物。到了這種地步，對那些由於種種原因初次走上犯罪道路的人來說，一旦失足成了罪犯，整個社會群體對他的感情也只能是「像冬天一樣的嚴酷無情」，並且到死休想改變。

當一個剛剛刑滿的曾經失足者拎著鋪蓋捲走出監獄的鐵門時，他何嘗不想痛改前非好好重新生活，何嘗不想重新融入社會再塑人生？但我們的社會接納他嗎？會給他機會嗎？要說給他什麼的話，那

也只是「刑滿釋放份子」、「未改造好的地富反壞」、「兩勞人員」之類的終身「桂冠」。當他處處面臨敵視、冷漠、拒絕、抵制而飽嘗「像嚴冬一樣的嚴酷無情」時，怎麼能指望他對社會做出友情回報而從善如流？對刑滿人員來說，最可怕的並不是就業和生活上的各種困難，而是心理上由於受到社會強烈排斥之後所產生的徹底絕望。這種心理的絕望，既使他們對前途完全喪失信心，同時也使他們對善與惡的感覺越來越麻木，最後的結果，只會是對未來採取一種消極放任的態度——既然這個社會對我如此敵視、如此不把我當人看，那麼再回到勞改隊去獲得一種相對的平等又有何不可？反正罐子已破，摔成碎片又有何妨？

長期以來，偉大領袖有一段關於如何對待壞人的指示一直被奉為經典：「我們看一個人的過去，就可以知道他的現在，看看他的過去和現在，就可以知道他的將來。」聽聽，——話都說到這個份上，那些犯過罪、判過刑、失過足的人，還有誰能翻得了身？

1974年春，勞改當局向我們傳達過一次偉大領袖特地對犯人所做的最高指示。政委一再強調：「這是偉大領袖對犯了罪的人的人道主義關心，是無產階級專政國家革命人道主義的最高形式體現」，要我們勞改犯「一定要深刻體會」。

這段最高指示是：「要把犯人和犯過罪的人當人看。」

當時我一聽就啞然失笑，這次他老人家總算破例說了一次老實話了！

不過，這老實話卻又不在言內而在言外。掰開指頭一算，從「解放」到現在已經二十多年了，到這會兒才心血來潮地想起要把我們「當人看」，這說明什麼？這只能說明在此之前他老人家和他所統治的國家，從來沒有把犯人和犯過罪的人當人看待過！

（這可不是我別有用心地鑽偉大領袖的孔洞，其實長期以來，我們當局一以貫之的主導思想和所作所為從來就沒有把犯人當人看待

過，只是沒好意思明言而已。謂予不信，只要到任何一處看守所、監獄、勞改隊乃至強勞隊去看一下，那裏進門後的迎面牆上，無一例外的會有赫然醒目的八個大字：「認罪服法，重新做人。」這八個字是什麼意思呢？那是在提醒每一位「來客」：進了這個大門，您就不再是人，要想重新做人，還得請您耐著性子蹲到期滿再說！）

再來分析一下他們在「交餘罪」中的表現吧。

從表面現象看，「二進宮」們在談及自己犯罪時是那樣的不知羞恥，這足以讓第一次聽到如此炫耀自己犯罪的人為之臉紅，其實，這並不是他們所謂「骯髒靈魂」的真實暴露，而是在極度自卑的作用下，特別渴望別人尊重的一種變態表現（只不過他們自己並未意識到而已）。和大多數正常人一樣，他們也希望受到尊敬、渴望受到重視，但他們中的絕大多數從小到大都沒嘗過受人尊重的滋味。作為社會最底層的小人物，從來沒有人認真地看過他們一眼，除了在法庭或批鬥會上，從來沒有人認真地傾聽過他們的聲音。他們所處的社會環境，除了需要反面角色時才會想起他們，平時有誰關注過他們的死活？更別提對他們還有什麼尊敬和重視了。除了用犯罪的經歷能夠暫時博得別人的「重視」外，他們又能拿得出什麼可供炫耀的資本呢？能夠獲得一種相對的平等，能夠得到周圍人群的重視——哪怕是畸形的重視——的唯一機會大概只有在勞改隊「交餘罪」時才可能存在，這機會一旦出現，他們當然不會白白放過！

他們何嘗不懂得自己添油加醋編出來的故事不光彩，但勞改隊裏又有誰光彩呢？在同樣不光彩的勞改犯群體中，能有那麼多人全神貫注地觀看他們表演，這畢竟可以抵消一些他們內心深處的自卑，從而獲到一點可憐的安慰。人到了不得不靠賣弄犯罪來吸引別人重視，從而獲得某種心理滿足，與其說這是一種精神變態，不如說是社會的巨大悲哀！

　　我想，聰明的顧蔓生肯定早有這種看法，我一直覺得他對組內的兩個「二進宮」有某種袒護，除了利用因素之外，對他們的理解和同情大約也是原因之一。

桃樹旁的那個坑……

　　就在我們集訓進行到快一半時，全廠展開了一場轟轟烈烈的「坦白檢舉」運動（簡稱「坦檢」運動），我們集訓隊的學習直接納入運動，只是半天學習、半天勞動仍然不變。

　　這「坦檢」運動，實際上是社會上正如火如荼進行的「一打三反」運動在監獄系統的內部版，主要的內容是要求全體犯人和「老廠」主動坦白交代、相互檢舉揭發各種反動言行，重點是「現行反革命」言行。

　　為了體現運動的重要性和必要性，全廠破例停工半天，各中隊集中坐在各自大院內聽王政委做動員報告。這王政委老家大概在江蘇和山東的搭界地段，一口地道的土話本來就非常難懂了，加上那故意拉長的怪腔怪調和監房裏失真的喇叭，使人根本聽不清他說什麼。一場報告下來，我只勉強聽懂「批判」、「鬥爭」、「檢舉」、「揭發」、「鎮壓」、「打擊」、「死刑」、「加刑」等熟悉的字眼，其餘內容一概不知所云。不過，對我們這些剛從公判大會審判臺下來沒幾天的人，報告的內容根本無所謂，有運動的名稱，加上王政委那一長串的革命字眼就已足夠。這「坦檢」運動無非意味著，又將有一些無辜的犧牲被奉上革命的祭壇。

　　王政委報告的當晚，我們中隊又召開中隊大會，進一步動員全中隊犯人認真投入「坦檢」運動，會上一位姓姚的幹事手中拿著一張判刑佈告，專挑上面判死刑的作為反面教員警告我們：「凡是不老老實實交代自己的問題、企圖蒙混過關的，這些人就是你們的下場！」當他按順序念出佈告上的死刑犯姓名時，第一個就是我們一案中被判死刑的張稼山。原來這正是3月6日有我在內的那張判刑佈告。

接下來念到已被判死刑的王飛和馬聚塵時，佈告上王、馬的罪狀僅僅短短幾行字，而姚幹事卻另外講了不少他們的具體「犯罪情節」。當時我以為姚幹事過去認識王飛和馬聚塵，否則不至於對他們的案情那麼清楚，後來才知道自己猜錯了。原來在我們判刑之前，南京幾百萬革命群眾早就對我們的情況一清二楚，不但了解，還人人參與過對我們如何處理的討論，全南京只有我們這一小撮「現行反革命」被蒙在鼓裏。姚幹事參加過討論，本身又是公檢法圈內的，對包括王飛、馬聚塵在內的我們這些人當然不會陌生。

談到對我們如何處理的討論，這裏不得不花點筆墨介紹一下當時發生的事。

就在3月6日公判大會前一個月，南京市公檢法軍管會就已經把我們這些將在公判大會上亮相的人的「材料」印刷了十幾萬份，分發給南京市（包括各郊縣）各機關、學校、社會團體、企業、街道、居委會，並統一佈署安排全市各個單位組織群眾開會，集中討論如何處置我們這些「現行反革命」。會上按名單上的人頭一個一個過堂，對某人該怎麼判，殺還是不殺？如果不殺又怎麼量刑？人人都得發言，個個必須表態，最後將大家的意見統計後逐級上報，一直集中到南京市公檢法軍事管制委員會。按當時的官方說法，這是根據全南京市廣大革命群眾的意見來處理我們這一小撮「現行反革命」，是充分發揚革命大民主的「群眾專政」體現。

四百多萬南京革命群眾做夢也沒想到，要由他們來直接決定我們這些反革命的生死。一輩子從沒嘗過權力滋味的勞苦大眾，昨天還在為吃了上頓沒下頓而發愁，今天居然一下子成了操有生殺大權的法官，激動之情可想而知！一時之間，我們這個民族潛意識中嗜殺、嗜血的優秀傳統頓時一股腦全冒了出來。據我在1979年出獄後特意對1970年那幾次群眾討論情況的調查，至少有百分之七十以上的人，不管討論到哪個「現行反革命」時，都是一個字——殺！

　　好多單位在討論時，名字才剛念出來，連具體情況都等不及讀，下面馬上就異口同聲地喊「殺」，念一個，殺一個！鉛印名單上那長長的一串姓名，已不再象徵著一個個年輕鮮活的生命，而只是必須立即宰殺的一群瘟雞！

　　這其中當然包括少數迫於政治壓力違心表態的，也有個別湊鬧熱跟著起哄的，但大多數人確實是出於本意地在喊「殺」。誰叫他們反對偉大領袖？誰叫他們反黨、反社會主義、反文化大革命？不殺這些人殺誰？

　　我父親後來告訴我，我們家所在的居委會在討論我們時，除了對我沒有全部喊「殺」外，對文件上其餘的二十幾個「現行反革命」一致要求全判死刑，之所以有人對我「法外開恩」，大概多少礙於一點老鄰居的面子。最令我吃驚的是一位我們從小對她就很尊重的鄰里老太太，多年來一直為人和善，從未得罪過人，屬於走路都怕踩死螞蟻的老好人一類，但這麼一個老好人在當時的討論中竟然「殺」字喊得最響，連我這個她看著長大的孫子輩也不放過！真不知是瘋狂的年代造就了瘋子，還是瘋子造就了瘋狂的年代！

　　一些學者把歷史上某些特殊時期那種民眾對領袖和革命的絕對敬畏、絕對盲從稱為「集體無意識」，我認為這種提法不是很精確。人的意識本是極為複雜的多元集合，這集合中的諸多元素如果按人的本性來劃分，則只能有兩種，一為善，一為惡。假使全體民眾經過「洗腦」已經失去個人意識，那麼構成人性最本質的善惡觀念必然也喪失殆盡，與其說「集體無意識」不如稱之為「集體無人性」更為妥當。如果不是這樣的話，何以有那麼多人對這種瘋狂的殺戮甘心推波助瀾？何以對一個個素無冤仇的青年必欲置之死地？

　　驚魂回首，我們當時還真得感謝公檢法軍管會，要不是把我們像「野獸」般地關在籠子裏而是放在外面，南京四百多萬人的「殺」聲還不把我們嚇得靈魂出了竅？如果真的由幾百萬南京革命群眾來定

奪我們的生死，哪還能容我活到現在，讓我有機會坐在書房裏如此從容地寫下這些讓人恨得牙癢癢的文字？

八十年代，我在一次政協座談會上曾經公開說過：「以我解放後的經歷，特別是57年到79年這二十二年的遭遇，我這輩子對共產黨恐怕是愛不起來了，但我對所謂的『中國人民』更愛不起來；我倒是真心希望共產黨認真吸取歷史教訓，好好執政，切莫再瞎折騰，特別是千萬別再每隔幾年就搞估一次群眾運動！假使今後萬一非得那麼做，我寧願請貴黨再次把我送進勞改隊去當『二進宮』，也不願再一次接受『群眾專政』。」

就在我寫此文前不久的某日，我和兩位正廳級老幹部在茶舍聊天，老先生離休賦閒後權力少了牢騷卻多了。我這人平素最討厭吃肉罵娘，當即毫不留情地奉勸他們：「勸您二位別跟著老百姓瞎攪和說共產黨的壞話，還是多發揮點餘熱，為貴黨再出點力吧。照這樣下去，萬一哪天群眾真的起來造反，別說您二位身家性命難保，就連我們這些差點被你們整死的都要跟著倒楣！這幾十年你們成天把人民群眾掛在嘴邊，如果真的讓人民群眾成了氣候，那才是全中國的滅頂災難。我寧願你們七千萬共產黨人個個在臺上搞腐敗，也不願再出現陳勝、吳廣、李自成、洪秀全！」

這既非牢騷怪話，也不是調侃挖苦，而是我地地道道的肺腑之言。

就在姚幹事抓住王飛、馬聚塵這兩個「典型」教育我們時，我還覺得有點奇怪，我們那張判刑佈告上有幾十個人，單是判死刑的就有十一個，為什麼獨獨選中王飛、馬聚塵，而不挑其他人作為反面典型呢？我先前以為，這只不過是信手拈來的一個偶然，事後再一想，我立即明白，姚幹事之所以這樣做，完全是一種獨具匠心的選擇。這是因為王飛、馬聚塵和其他被殺的反革命有所不同。他倆不僅是同

案，還是兩代親屬：王飛是馬聚塵的姨父，馬聚塵是王飛的姨侄。用這個案例當反面教材，更富含「教育」價值，更容易被人記住，從而也更符合宣傳目的。勞改當局做事從不無的放矢。

中國的統治者自古以來，一直將「滿門抄斬」、「滅族」之類的殘酷株連奉為徹底消滅政敵的經典手段，同時也是對懷有貳志者的強力震懾。如今到了革命年代，這些過於極端的做法自然不宜照搬。但深諳中國民眾心理的當局非常清楚，將一些相互有血緣關係連接的「階級敵人」捆在一起殺，其產生的影響和效果將會更加突出、更富刺激性，也更能觸及人們的靈魂。文革伊始，發動者就公然宣稱，這將是一場「觸及人們靈魂的大革命」。批鬥、抄家、遊街、關押、進「牛棚」，那只是革命的初級階段，它們觸及的僅僅是靈魂的表殼。要真正觸及人們的靈魂深處，則必須通過殺人才能做到，而殺人又因為過濫從而降低了它的「嚇猴」威力時，那就得不斷提高殺人的藝術，翻新殺人的花樣才行。既然「滅族」、「滿門抄斬」不宜照搬，那又有什麼能比退而求其次地把母子、兄弟、叔侄等親屬捆在一起殺，更能觸及活人們的靈魂呢？這正是當局總愛精選這些特殊案例進行宣傳的原因，姚幹事當然也不能免外。

王飛、馬聚塵已經死去三十六年了，他們的名字早就被人遺忘，但只要一提到在「一打三反」中姨爹和姨侄一起被槍斃的事，南京有很多老人馬上就能想起來，這不正是當局所希冀的效果嗎？當然，王飛和馬聚塵與九個多月後同遭處決的林舜英、李立榮母子相比，其影響和效果又略遜一籌，後者那才算是超完美的殺人「傑作」。

事有湊巧的是，姚幹事重點挑出的馬聚塵，在娃娃橋看守所和我關在同一間牢房裏，並有一段短暫卻永遠難忘的難友情誼。

當時我們一起被關在娃娃橋東大院7號，我的代號是2605，馬聚塵的代號是3419，我坐在進門左側，他在右側，彼此正對面。我在

1970年元旦後不久，由南京白下區看守所「升級」到娃娃橋。從進去到判刑，總共待了兩個月左右，其間相處最好的有兩個人，一個是原江蘇省高級人民法院院長方征，另一個就是馬聚塵。

那天下午我剛跨進7號，面對十幾雙目光的盯視，儘管已有幾個月的「牢齡」，作為初來乍到者一時之間仍不免有些不知所措。正當我夾著鋪蓋、立在中間四處尋找容身之處時，一個年輕人很熱情地走過來把我手中的東西接了過去，隨即幫我在一個年紀較大的犯人旁邊勻出一個鋪位，接著又告訴我隨身物品怎麼放置以及看守所的一些規章制度。稍稍收拾停當後，我趕緊向他道謝並請教他的姓名，他告訴我他叫馬聚塵，番號3419，同時又把我們7號的牢房長介紹給我。他約莫二十六七歲，中等身材，白臉，微胖，背有點駝，黑油油的頭髮略有捲曲，上穿蘭色棉襖，下著黑色燈芯絨褲，在我進來之前已關了不少時間，算得上是個7號的老資格了。那時的娃娃橋儘管以厲害出名，但有一樣規矩比其他看守所好，那就是允許犯人之間隨便談話，不像我原來待的白下區看守所，放個屁聲音大點，都會有看守過來問怎麼回事。第二天下午，馬聚塵爬到我的鋪位來主動和我聊天。在牢房裏，案情是嚴禁交談的，我們只能相互簡單了解一下彼此的案由，一聽都是「現反」，彼此不由得覺得靠近了一大步。很快地我就發現，他和我一樣也是外國文學迷，讀過很多古典文學名著。後來睡在我身邊的方征，經常笑著調侃我們：「看了那麼多『封資修』的書，不變成反革命才怪。」

在我進入7號不久，由於拒絕與審訊員「合作」，不肯檢舉揭發我好朋友李立榮母親林舜英的「現行反革命罪行」，經審訊員和我們7號的管理員串通後，被那個人稱陳「醫生」的管理員以起床動作慢作為懲罰的藉口，將我反銬了六天五夜。在那酷刑折磨的日子裏，馬聚塵、方征和牢頭一起用蘸著水的毛巾在我身後的手腕上冷敷，幫我減輕一些疼痛，同時負責幫我鋪被疊被、洗臉刷牙和脫、穿褲子，餵

飯餵水。大小便也全靠他替我解褲子、擦屁股。在幫我料理這些事時馬聚塵總是低聲地安慰我，鼓勵我一定要咬牙熬過去。人到那個地步能有如此關照，內心的感激實在難以言表。我這個人六十多年來除了父母之外，在感情上欠別人的債不多，而在娃娃橋那六天五夜中欠下幾位難友的感情，我至死都不會忘卻，直到今天都因為永遠無法報答而遺憾不已。

馬聚塵在他遇難前的十天，還被他的提審員「惡搞」了一頓。

3月6日的前十天左右，某日中午剛吃完飯，馬聚塵突然被帶了出去，直到傍晚才被送回牢房。一坐下他就帶點興奮的告訴我們，他的案子快要處理了。下午他被帶到原單位和住地所在的街道，分別開了兩場批鬥會，會上只是一般的低低頭、彎彎腰、喊喊口號，沒像以前那樣挨打挨踢，回來的路上提審員在車中還特地對他進行了一番教育，叫他以後認真吸取教訓、轉變思想、好好工作，盡早回到人民隊伍中來。最後要他回牢房寫一份思想檢查，以前的問題不必再寫，主要寫經過這段關押和批判之後，思想認識有哪些提高、今後有哪些打算。

我和牢房裏的裏難友合計了一番，根據那提審員的口氣，分明是在暗示馬聚塵不會被判刑，最多不過戴上「反革命」的帽子，回原單位交群眾監督罷了。見他自由在望，我們都很為他高興。

在牢房裏見到難友釋放回家，每個人的情緒都會受到感染，都會點燃對自由的幻想，看別人自由了，似乎自己離自由也隨之近了一大步。那晚我們7號裏的氣氛非常活躍，幾個平時天天交談的又開始了「精神會餐」，我也坐在方征旁邊津津有味地聽他聊著當年審判犯人的故事。

馬聚塵悶著頭很快寫好了他的思想檢查，微笑著遞過來說要我「斧正」。在看了他那一手蒼勁有力的鋼筆字之後，不知為什麼忽然在心頭掠過一絲不祥之感──我父親過去經常對我說字如其人，字的風格、筆力和人的閱歷、年齡密切相關。而馬聚塵這一筆少見的遒勁

書法，和他二十多歲的年齡實在太不相稱了。「皎皎者易折」，我隱隱感到此人日後恐非長壽之輩。

在他交了那份思想檢查後，我們以為他很快就要走人了，上午巴下午，今天巴明天，卻一連幾天都毫無動靜。人沒走，牢房裏倒是又進了幾個新來的，睡覺越來越擠了。隨著日子一天天後移，馬聚塵開始有點沉不住氣，我們也為他著急，但表面上還得編出各種理由來安慰他。那時我們怎麼也沒想到，這一切只是那個提審員為了穩住馬聚塵而設的一個「緩兵之計」，其實在出去批鬥之前，他早已被列入處決名單！可憐的馬聚塵，十天以來每一分鐘都在做著自由的美夢，殊不知死神正一秒一秒地向他逼近。短短十天之後，他竟然成了南京首批血腥屠殺的刀下鬼！

那篇為了迎接自由的思想檢查，成了他留在人世的絕筆！

日曆很快翻到了1970年3月6日那個令人難忘的血腥日子。

那天近午我是7號第一個被提出去的。臨走前馬聚塵在幫我捆好鋪蓋和物品後和我再三互道了珍重，那一刻我和他誰也沒想到，兩個多小時後我們在五臺山公判大會上再次站到了一起，他和他姨父王飛一同被判了死刑！（有關當時的一些細節，請參閱〈南京慧園里6號的母子冤魂〉一文）

我和馬聚塵今生最後的一點緣分，是共同乘囚車遊了一次街——從南京廣州路五臺山體育場北大門出發，在道路兩旁數十萬人睽睽目光注視下，沿廣州路、中山路、新街口、大行宮、楊公井一直到太平路和白下路的十字交叉路口，在那裏我們訣別，我回到娃娃橋看守所，他則去了鳳凰西街盡頭處的刑場。

一小時後，隨著十一聲槍響，他和他的姨父王飛，我的好友張稼山，以及另外八位不幸的難友，一起化為十一縷冤魂，飛向虛無縹緲的太空。

　　我和馬聚塵在同一間牢房裏只相處了短短兩個月，而且根據看守所的規定，相互之間嚴禁交談案情，因此我只知道他犯的是「叛國投敵」，具體情節則不清楚。直到好幾年後，才陸續從別人那裏打聽到一些他和王飛的事。

　　他的命運或多或少帶有一點宿命的色彩。

　　他原是南京第二鎖廠的出納會計，家住南京建鄴區明瓦廊富民坊，他的姨父王飛是南京二中校長兼黨支部書記。長期以來姨侄二人一直對中國的政治現實非常反感，文革開始後，更使他們感到無法在這個國家繼續待下去。1968年經過反覆密商，他們決定越境到外國。為了防止親屬受到牽連，他們瞞住了所有家人，直到他們走後，家中任何人仍不知道這姨爹、姨侄二人的去向。

　　大約是王飛曾在雲南部隊裏待過，對邊境情況較熟，他們計劃從雲南邊境越境偷渡去緬甸。當時馬聚塵利用出納之便，私自拿了三百元公款，由王飛搞了兩張乘飛機的介紹信（那時普通百姓坐飛機比登天還難），二人由南京飛到昆明，再從昆明輾轉到了中緬邊境。根據事先約定，為了防止越境時被一網打盡，決定兩人分開行動，出境後再在緬甸邊境的某個小鎮碰頭，萬一有一人被抓獲，另一人不必管對方，能逃出去一個是一個。具體的路徑通道，估計他們早就熟記於胸，至於成功的把握到底有多大，只有他們自己清楚了。

　　分頭行動後，王飛很順利地抵達了緬甸境內的那個小鎮，但等了好長的時間，都不見馬聚塵到來。按事先約定，等待的時間早以過去，他完全可以撇下馬聚塵不管。可是王飛沒有這樣做，而是返回中方境內來找馬聚塵，然而一直找到原先的出發點，也未見馬聚塵的蹤影。王飛怕在自己回來的這段時間裏馬聚塵說不定已經過境了，不敢多留，再次沿老路出境，但第二次到達緬方小鎮時，還是沒見到馬聚塵。之後，王飛又反覆三次進進出出，直到第五次回到中方境內，才碰到迷路後暈頭轉向的馬聚塵。二人或許命中該絕，就在他們沿著王

飛進出幾次都平安無事的小道走到臨近界碑只有幾百米處的時候，被巡邏的民兵一起抓獲。

南京方面很快去人將他們帶回，此後就一直關在娃娃橋。

多年來，每當我和朋友們懷舊談起王飛和馬聚塵時，總禁不住嗟訝一番，當時假使馬聚塵不迷路，假使他們比巡邏民兵早一分鐘到達界碑，假使他們選擇另一條林中小路，若有一個「假使」能夠成立，那該有多好！

我不知道他們越境出去究竟想幹什麼，也不知他們最終去向是哪裏，但有一點是肯定的：和我一樣，他們共同追尋的，其實僅僅只是一個人最起碼的要求——自由。

任何政治運動的最高表現形式無例外的是殺人，王政委報告之後沒兩天的1970年3月20日，全廠召開了一次公判大會。

頭天下午我們出工去後山時，有四個老犯人接到一個特別任務：在兩棵桃樹之間挖一個長約二米、寬約零點七米的深坑。兩個帶隊幹部待在旁邊看他們幹活，一再叫他們挖深一些。兩個幹部閒聊中不時提到「到時別他媽的讓野狗給扒出來」、「乖乖，明年這兩棵桃樹結的桃子可大了」。勞改犯不敢多問這個坑究竟幹什麼用，只能私下瞎猜，有的說埋死貓死狗，有的說埋死豬死牛，我在下班前假裝小便過去看了一眼，那坑足足有一人多深。

當晚下學習後，顧蔓生悄悄地把我帶到他專用的大值星小屋，關上門後，從抽屜裏拿出一份稿子要我幫他看看，客氣地問我：「還有什麼要修改的？」我一看原來是一篇大會發言稿，內容是批判一個名叫仇賢武的犯人，此人原來是刑事犯，這次不知怎麼升級成了「現行反革命」。稿子上列舉了幾條惡毒攻擊偉大領袖和文化大革命的反動言論，接著逐條批判了一番，最後幾句是強烈要求政府堅決鎮壓這個罪大惡極的「現行反革命份子」！我看過後恭維他寫得非常好，實

在不需要動一個字，並順便問他這個大會什麼時候開？他低聲告訴我是明天下午，並再三關照我不許對其他人講。

臨睡前我偷偷將此事告訴了石炳富。經我們一合計，顧蔓生發言稿中的那個仇賢武，明天肯定會被判死刑，下午在桃樹旁挖的那個坑，看來正是替他準備的。想到明天又要殺人，但此時此刻，這位不幸者還不知道明天就是他的末日，我忍不住替他難過了好久。

第二天中飯才結束，緊急通知下午召開全廠犯人大會，要求我們事先排完大小便，會上一律不准走動。隔了半小時，中隊院外的主幹道上傳來一陣嘩啦嘩啦的腳鐐聲，一個戴大鐐的犯人在十幾個獄警押解下，從禁閉室裏走出來，經過我們中隊門前艱難地一步一步朝監房大門口挪去，不用說，這人就是仇賢武了。遠遠看去，他個子挺高的，背部有點佝僂，上身穿的是件很破的深灰色棉襖。

公判大會的會場設在後山的一大塊空地上，主席臺是臨時搭的，上方拉著一條寫著「公判大會」的紅色橫幅，周圍山頭每隔四、五米就是一個持搶的士兵。那麼大的範圍單靠我們勞改隊一個警衛連，兵力肯定是不夠的，估計臨時到附近部隊借來了不少軍人。我們在嚴密監視下，按中隊席地坐在事先用白線劃定的方框裏。整個會場鴉雀無聲，只聽見「公判大會」的紅布橫幅在寒風中不停發出的啪啪聲響。

大會一開始，首先宣佈紀律，不准呼喊口號、不准大聲喧譁、不准交頭接耳、不准隨意走動，比起南京五臺山早幾天的公判大會，會場的殺氣似乎更濃一些。好在十來天前，我才見過比這更大的場面，不像老犯人們個個一臉驚悸。

王政委首先講話。這次由於離他近，基本上聽懂了他那山東、江蘇的雜種土話，他嚴厲警告全體犯人和「老廠」們，只有徹底坦白、只有主動交代自己的罪惡才是唯一出路，否則下面馬上就要宣判的仇賢武就是你們的下場。接著是「老廠」和犯人各一名代表發言，

犯人代表是顧蔓生。這傢伙不愧當過教書匠，文字語氣都把握得相當出色，尤其最後那段強烈要求人民政府堅決鎮壓「現行反革份子仇賢武」的呼喊，既表現出了對「反革命」的義憤填膺，卻又不忘自己的身分，把情緒控制得恰到好處。我心想，這傢伙要當演員還真他媽的不錯。

接著就是王政委代表公檢法進行宣判。一聲「把現行反革命份子仇賢武押過來」的大喝之後，被五花大綁的仇賢武在四個獄警簇擁下被推上主席臺，腳上的鐵鐐已被拆掉，頭無力地耷拉在胸前，全靠身邊的人架著才勉強站立，瞧那樣子，估計已經被繩子勒得半死了。判決書不長，當最後念到「把現行反革命份子仇賢武立即押往刑場就地槍決」時，下面湧過一陣輕微的嘈雜，喇叭裏立刻響起嚴厲的警告：「不准講話！不准出聲！不准講話！不准出聲！」會場於是又恢復了一片靜默。這時另有十幾個軍人加入了押解人群，一起架著仇賢武越過小山坡，很快就從我們的視線中消失，最多只隔了三四分鐘，耳邊就傳來幾聲清脆的槍響。

我頓時想到桃樹旁的那個坑，心中一陣黯然。

打那以後，每當遇到槍斃人甚至看到死刑佈告時，桃樹旁的那個深坑馬上就會在我眼前出現。從那天開始，我一直不吃桃子。

槍斃仇賢武的第二天，顧蔓生通知我和他一起搞一期黑板報，主要內容是配合運動，製造聲勢。指導員要求中隊每個犯人都要寫稿，不會寫字的請人代寫。名為我協助顧蔓生搞黑板報，實際上全部的任務都由我一人承擔，他把我帶到中隊院外的黑板前和我一起把黑板洗乾淨後就忙他的事去了。這可是我在勞改隊第一次辦黑板報，我絲毫不敢怠慢，好在以前在原單位經常搞版報，積累了一套經驗，心中倒很有把握。書寫之前，我花了半天時間做準備，從通欄大字標題到版面設計，包括犯人們投來稿件的文字修改、大小插圖、裝飾圖

案，我都精心做了考慮。我把方案寫成文字，給顧蔓生看了一下，他說：「很好，就按你的方案辦。」之後我使出渾身解數，在第三天下班前完成了我在勞改隊的這幅黑板報處女作。黑板長八米、高一點六米，當我一個人又寫又畫地完成了這十幾平方米的版報後，直累得腰酸背疼。但這比起到後山挖大土、挑大糞輕鬆得多，再說又是獨自一人幹活，多少要相對自由一些。

顧蔓生看到我的「作品」後，當場笑逐顏開地誇我真有一套，說他從來沒見過如此精美的黑板報。當晚下學習後他又和我打著手電筒，將黑板報上的文章逐字逐句地檢查了一遍，確定沒有錯後才睡覺。

第二天上午我正在小組學習，一個犯人通知我立刻到院外的黑板報跟前去，我到那裏一看，四五個幹部正在黑板前指手劃腳地議論著，還有兩個抱著膀子遠遠地盯著我，我頓時感到血衝腦門：「糟了糟了，肯定是哪裏出問題，招來了這一幫幹部！」正在我驚恐不安之際，李指導員笑咪咪地過來對我說：「王政委看了我們中隊的黑板報，覺得搞得不錯，想見見你。」聽到這話，我才長長地舒了口氣，趕忙立正等待指示。王政委盯了我一眼，咧了一下嘴說：「寫得不錯嘛！有文化、有才能，關鍵是還要好好改造才有前途。」我趕緊說：「是」，口中如此，心中卻在操他祖宗：「你他媽的心血來潮要見我，可把老子嚇得夠嗆！」後來才知道，他帶了一班幹部巡視監房總大院時，特地留神看了各個中隊的黑板報，見我們中隊搞得最出色，想見見辦報人。見面後看我一副貌不驚人、才不出眾的邋遢樣，也沒對我多講什麼。

這期黑板報居然受到政委的表揚，李指導員顯得非常高興，顧蔓生也因為推薦有功，一副面有德色的樣子。也正是通過辦黑板報，顧蔓生和我的關係一下子貼近了許多。

當時我可沒想到，就是這期受到表揚的黑板報，在很大程度上改變了我的命運。

1970年4月中旬，我們集訓期滿。像我這類年輕的政治犯，絕大多數都分到了新成立的製磚五中隊，這個中隊後來又於同年10月全部調往江蘇溧陽勞改隊。以我的案情和年齡，按說應該必調五中隊。據顧蔓生事後告訴我，去五中隊的名單上本來有我，只是在最後定奪時，李指導員將我的名字劃掉了，把我改分到農田中隊農活最輕的拾邊組，唯一的原因就是搞黑板報時我可以派上用場。

如果我去了溧陽，後來的事就很難說了。前面已經談到，石炳富就死在那裏。雖然後來在6月份，我被調到八卦窯並在那裏經歷了一段煉獄考驗，但幸好時間不長，不久後長江磚瓦廠和南京第四機床廠合併，我被調去搞機械設計。在長達八年的時間中，經過我的不斷努力，終於在1977年之後成了犯人中的總工程師，從而在待遇和處境上得到了極大的改善。倘若去了溧陽，這都是不可想像的事，幾十年後回想起來仍然深感僥倖。當一個人的命運完全掌握在別人手中時，一個細節、一件不起眼的小事，有時卻能影響到自己的一生。我父親從小就教育我「有才不為過，藝多不壓身」，正是在他嚴厲的訓導下，我練就了一筆還能說得過去的字，後來又學了一點繪畫，真虧了這點雕蟲小技，在關鍵時刻助我逃過了一劫。

第二天我老父親第一次來「接見」，那天恰逢李指導員值班。父親見我那副樣子，還沒說兩句話就忍不住老淚縱橫、泣不成聲，見他如此傷感，我一時也哽咽難言，父子二人只是相對而泣。李指導員先給我父親倒了一杯水，然後對他說了一段至今我都記得的話：「你這麼大年紀了，不要太傷心，你和他母親一定要好好保重身體，這樣他在這裏面改造才安心。你們這種情況，全國也不是只有你們一家，既然進來了，那就好好改造吧，剛剛來可能不適應，慢慢就會習慣

的。」語氣平和而又不失溫婉，絲毫不帶勞改隊幹部那種盛氣凌人的十足官腔。

幾十年來，我最看重的就是他這「全國也不是只有你們一家」一語，這句話看似普通，實際上既是安慰，又是同情，既透出對當前時局的無奈，又隱含明哲保身、好自為之的忠告。以他的身分和職務，能道出這番肺腑之言，當時頗令我有些意外。

在我失去自由後，我父親對兩個與我有關的人一直感銘於心。一個是我原單位南京西崗果牧場的周敬鋼副場長，他在我隔離時曾多次給予我父母以真誠的安慰和勸解；另一位就是這李指導員，他那句「全國也不是只有你們一家」，使我父親直到去世都感到，中國有良知的人畢竟還沒死光。我們的當局經常宣傳「反動派陣營內部已經分崩離析」，其實他們自己內部又何嘗是鐵板一塊！

「坦檢」運動一直進行到4月中旬，對於我們這些剛來的新犯人來說，「餘罪」已經交清，又來不及在勞改隊犯下新罪，因此實在沒有什麼有價值的罪行可以坦白檢舉，大家基本上都平安過關。

根據慣例，我們很快就要結束集訓下隊了，誰也不知道自己究竟會被分到哪裏，每個人的心裏都有些忐忑不安。為了留個紀念，我和李蔚榮交換了一個吃飯用的鋁調羹，我請一個負責修板車的姓陳的老犯人用鋼字碼在調羹柄上打上了「79823」五個阿拉伯數字——前兩位表示79年，後三位表示8月23日，按判決書上的規定，這是我刑滿的日子。巧的是這五個數字的總和是二十九，那一年我正好二十九歲。從此，這「79823」就緊緊伴隨著我，每用過一次，我就想到又少了一頓牢飯，就這樣吃了一頓又一頓，想了一次又一次，一直到1979年8月23日出獄那天的最後一頓早飯為止。前後累計起來，總共用它吃了一萬零兩百多頓牢飯。

　　這把調羹至今已跟隨我三十多年，我早將其作為「現行反革命」文物珍藏，每年的3月6日和8月23日，我都要請這位老伙伴現身，陪我吃一頓飯，以此聊以自戒，千萬不可健忘。

　　1970年4月15日，李指導員做了一次集訓總結報告，當場宣佈我們這批新犯人的去向，李蔚榮被分到修造隊去做車工（那是最受犯人羨慕的工種），我則分到農田隊的拾邊組。

　　集訓就這樣結束了。

拾邊組記事

　　1970年4月中旬集訓結束後我被分到了農田中隊拾邊組。

　　這拾邊組是個很怪異的名稱，去報到後我才知道「拾邊」原來是收拾邊角零碎的閒置的小面積空地，在其上種植瓜果蔬菜之意。農田中隊成片大面積的農田主要種植青菜、苞菜等高產蔬菜，供犯人食堂、「老廠」食堂使用，挑出來的精品則供應幹部食堂及家屬；我們拾邊組種的則是些黃瓜、四季豆、番茄、扁豆、絲瓜等精品蔬菜，專門供應幹部家屬享用。

　　我們這個組共有十四五個犯人，除了我之外全是五十歲以上的老齡者，組長老田六十多歲，頭髮已全白，原來是農民，因為參加「一貫道」被判了十年，我到拾邊組時他離刑滿只有半年多了。大約是在會道門裏當過堂主之類的首領，平時把我們小組管理得井井有條。老田組長是個勞改隊中不多見的正派人，從不亂彙報別人的不是，因此大家很尊重他。照理說他這種人不適合當組長，估計是看他管理菜地和管理小組確實有一套，犯人又都服他，故而多年來一直讓他負責小組。

　　學習組長姓童，原是南京建鄴區飲食公司的會計。這老傢伙在單位平時悶聲不響，幾年時間獨自貪污了五千多元。（這個數額在六十年代已可槍斃了。）「四清」運動中，工作組查帳時發現他的帳目出奇乾淨（一塌糊塗的亂帳和過於乾淨的帳目，都是「四清」工作組的重點查處對象），不免起了疑心，但查來查去怎麼也查不出問題，就在準備結束審查的頭天晚上，這位童大會計由於心中有鬼沒能堅持到底，主動向工作組交代了所有的貪污問題，並且一下子捧來幾

年辛辛苦苦、提心吊膽搞到手的贓款，交給了工作組。五千多塊，居然一分都沒捨得動用！

最後法院念其認罪態度好，從寬判了十二年。

童組長平時有點愛打小報告。不過他不愧是老會計出身，很精於算計，對幹部較看重的犯人和勞動好的犯人他一般都不得罪。之所以如此，是因為他體力勞動不過硬，怕別人在勞動中出他洋相。我剛去時他曾經彙報過我兩次，我很快就明白是他點了我的「眼藥」，於是專門挑他和我合抬大糞，兩次下來終於使他明白，我不是個能隨便捏的「軟柿子」，從此和我一直相安無事。後來我還請他幫忙抄過黑板報，他為此挺感激我的，誇我雖然改造時間不長但「進步」很快。

我在拾邊組只待了兩個多月，大部分犯人的情況現在已記不清，只有同組的兩個「現行反革命」同類留給我較深的印象，一個是由於他對自由的獨特理解使我驚異，另一位則是其案情的奇特令人難以釋懷。

前者姓朱，是個瘦矮乾癟、蓄著鬍子的小老頭，實際年齡五十不到，看起來卻有六十開外。他是江浦縣某公社農民，三代貧農出身，單身光棍一條，大字不識一個，一輩子種地為生。由於「小糧田」（自留地）被公社收繳，罵了一句：「我操他媽，狗日的共產黨還讓不讓人活啦？」結果被綁到革委會，只關了十來天就被「從重從快」地按「現行反革命」判了三年。

這位老貧農是我在十年勞改期間遇到過最安心改造的犯人，幹活認真、遵規守紀，成天樂呵呵的，還經常哼哼《小寡婦上墳》、《十八摸》之類的小調。他的良好心態一直讓我感到納悶，成天在高牆、電網、刺刀下服刑，不知哪一點值得他如此高興？

有次我問他為什麼坐牢了卻一點也不煩，他笑呵呵地對我說：「小老弟呀，我和你們不同。老子連雞巴帶人二十一口，無牽無掛，一人吃飽，全家不餓，我有什麼好煩的？」我說人失去了自由總歸痛

198

苦啊，哪像在外面自由自在的！一聽到「自由」二字，他頓時激動起來：「自由？自由有他媽B屌用！人在外面是自由，但我們那個公社才八分錢一個工，每天起早摸黑只能掙毛把錢，人苦的像老牛，肚子卻混不飽。在這裏雖說自由少一點，可一天管三頓飯，熱天發單衣，冬天發棉襖，每個月還發三塊錢零用，說良心話我們生產隊長現在都不如我，你說我要那個屌自由有屁用？我現在不煩別的，就煩刑滿了，自由了，出去後卻不知怎麼辦才好？我就怕刑期一滿就把我送回去！」

這句話倒真的不幸被他言中了。

按當時的政策，凡是犯「現反」罪的城裏人，刑滿後百分之九十九點九九都戴上「反革命」的帽子留廠就業，要想釋放回城安戶口簡直比登天還難；農村來的則相反，戴帽子後一腳踢回去交貧下中農監督改造，想留下來就業也是沒門的事。老朱刑滿的頭一天下午，中隊幹部找他談了一次話，意思是要他做好思想準備，明天一出獄立即回老家報到。

當晚他找到我，向我請教該怎麼辦。我當然拿不出什麼好辦法，只是泛泛地安慰了他。別人在刑滿前夜往往興奮得睡不著，他卻因為明天刑滿，愁得整夜沒闔眼。凌晨1點多鐘我起來上廁所時，他還一人坐在床上唉聲嘆氣。

次日一早，他拎著鋪蓋才出牢房大鐵門就直奔管教科，一進辦公室就跪在地上叩頭，再三要求留廠就業，怎麼也不肯回農村，無論管教科幹部如何勸說，就是死乞百賴不走。最後他發毒誓說，如果硬是把他送回去，他馬上就喊反動口號爭取「二進宮」，要麼立馬一頭在牆角碰死！

令人意想不到的是，最後管教科幹部居然被他打動了，難得地破了回例讓他留了下來。更令人驚詫的是，竟然沒給他戴「反革命」的帽子，連他自己都極感意外。

就這樣，他戲劇般地爭取到了留廠就業的資格。

八十年代末某次我去第四機床廠時還看到過這位老兄，當時他喜孜孜地告訴我，他已享受正式職工退休的待遇，並且娶了個寡婦，廠裏還分了房子給他。經過坐牢繼而又主動放棄自由賴在勞改隊不走，最後「修得正果」，他算是我見過的唯一特例。

另一位姓李，南京下關人，五十多歲，生就一張紫膛臉，雙眼微眯，一看就知道是個厚道人，因為參加「現行反革命」集團被判刑十年。

此人一直在鐵路工務段當巡道工，被捕前已有十多年黨齡，是南京鐵路分局有名的勞動模範。文革前夕在一次值班巡道時被一列急馳而過的列車撞倒，頭部和下肢受了重傷。據說當時這事驚動了鐵道部的高層人物，指示要不惜一切代價把他救活。最後送到上海華山醫院，總算將他從死亡邊緣拉了回來。出院後，又把他送至北戴河、青島、黃山、杭州等地的療養院療養了好長一段時間，用他自己的話說就是，在他身上花的錢能買一輛火車頭了！令人感到驚異的是，這樣一個老工人、老黨員、老模範，因工負傷後又受到如此優厚的照顧，後來卻神使鬼差地成了「現行反革命」。

自從受傷以後，他就不再上班，但工資照發，另外還有養傷補貼，人在家裏養得又白又胖。本來他可以一直這樣終老此生的，誰知一個親戚斷送了他的好日子，將他一下拖進了十八層地獄。

他有個遠房親戚蕭某，這姓蕭的不知是大腦進水還是愛國心過於強烈，他眼看文革期間國家大亂，以為共產黨大勢已去，一時異想天開，認為該由他出面來收拾中華大地了，遂組建了一個「中華救國黨」，並在親戚朋友中發展了幾個黨員。李某由於是他親戚，不知怎麼被他七哄八騙地也拉入了伙。這成員才發展四五名，還沒來得及施展「救國」抱負，卻不知在哪個環節上露了餡，結果一股腦全進了監

獄。軍管會可能多少念及李某有點「老本」，從寬判了他十年，其餘的人都在十五年以上，還算他們運氣不錯，沒人被判死刑。

後來和李某搞熟了我才知道，那個「首犯」蕭某只讀過幾年小學，其他幾個難兄難弟中最高學歷者也只不過初中一二年級。這幾位救國志士之所以能走到一起，除了「愛國」情愫之外，他們還有一個共同愛好，那就是個個嗜酒如命。用老李的話說，他們這伙朋友出生以來喝過的墨水，遠不及下肚白酒的十分之一。老李之所以入伙，是因為蕭某三天兩頭到他家喝酒，他很佩服蕭某的酒量，認為酒量大的人肯定能成大事，於是在一次八兩白酒下肚後醉醺醺地報名入了「黨」。估計該黨其他成員的入黨儀式基本上也是在酒桌上舉行的。

有次我們拾邊組晚間學習，每人輪流檢討、批判自己的罪行。中隊熊隊長一直坐在一邊旁聽，見我們每個人的發言都是些不痛不癢的廢話，熊隊長忍不住把大家訓了一頓，後來把矛頭對準了老李和我。這熊隊長是位階級立場很堅定的軍隊復員幹部，之所以挑中我倆，估計是因為我和老李都是無產階級出身的「現行反革命」，對我們這種「階級異己份子」，熊隊長特別義憤填膺。

他訓我的主要內容是：你父母都是老工人，黨和人民辛辛苦苦培養你讀完大學，結果你反而恩將仇報，倒過來反對毛主席和共產黨，你這種人不好好認罪服法、加強政造，黨和人民怎能放過你？面對這種義正詞嚴的訓斥，我不得不表現出一副愧疚有加的神情，連聲稱是。

輪到老李時，熊隊長一開始態度還算平和，到後來越說越激動，人不僅站了起來，連帽子都被拿在手中揮來揮去，藉以發洩心中的怒火。

「……你從小討飯到南京，解放前吃盡了苦，解放後國家安排你到鐵路上工作，培養你入了黨，給了你那麼多榮譽，你受傷後國家

花那麼多錢搶救你，還到處送你去療養。你倒好，最後反起共產黨來了，你他媽的良心讓狗吃掉啦！」

早就畢恭畢敬立正挨訓的老李，只能不停地罵自己「該死！該死！」

餘恨未消的熊隊長一邊用手指狠狠戳著老李的額頭一邊咆哮：「別人反對共產黨、幹反革命我就不說了，你狗日的反黨反革命實在是天理不容！依老子看，你這種忘恩負義的東西槍斃了才好！」

不知是自覺理虧還是真怕熊隊長把他拖出去槍斃，老李竟嚎啕大哭起來，下學習後他還獨自站在那裏，如喪考妣般地乾嚎了好久。

幾十年來所遇「現行反革命」可謂多矣，然而如李某這樣的「反革命」我只見過一例，對此我不僅印象特別深，而且有些耿耿於懷。這種令人啼笑皆非的「反革命」案件，荒唐程度且不去說它了，最主要是把他們這伙酒鬼定為「現行反革命」，和我劃入同類，在感情上我無論如何接受不了！

既然是「反革命」，那總得多少懂點什麼是「革命」，然後才能去「反」，最起碼要「攻擊」兩句才夠格吧（我們就是由於「攻擊」才「達標」的）？但敲了一輩子鐵軌，連自己的大名都寫不周全的李某，對「革命」的了解從來都不如對白酒品牌的認識，僅僅由於灌了幾杯黃湯，糊里糊塗地入了那個活見大頭鬼的「中華救國黨」，單憑這點事居然也能混成個「現行反革命」，這實在有損我們「現行反革命」的名聲！把我們這些「文化人」打成「現行反革命」倒好說，因為這既有悠久的「革命傳統」，又有新的「革命精神」，現在居然把老李這種「老工人、老黨員、老模範」也硬塞進我們「反革命隊伍」裏，這嚴重影響到我們「反革命隊伍」的「純潔」！

可惜我沒有言論自由，否則肯定會強烈要求當局將這種冒牌「反革命」清除出我們「反革命隊伍」！

　　歷史也會跟著湊熱鬧。到了1979年全國平反「冤假錯」案時，我們這類「貨真價實」的「現行反革命」一個個都獲得了平反，而李某一案卻被壓了下來。據說他們屬於有「組織」、有「名稱」、有「行動綱領」的「反革命組織」，和我們「思想犯」、「言論犯」相比，他們屬於「真反革命」。

　　十年牢坐下來，我一直認為自己是「貨真價實」的「真反革命」，到了1979年才明白，原來我是「假反革命」，正因如此才被平反；而我一直認為屬於冒牌「反革命」的李某，怎麼到最後他倒成了「真反革命」，這筆帳到現在我也沒算清。

　　（這兩位老同犯還健在的話，已經快九十高齡了，若碰巧讀到本文，文字間的冒犯尚乞海涵。）

　　和其他農田組相比，我們這個組不僅勞動強度較小，還由於要「拾」全廠各處的「邊」，因此允許我們跑遍全廠各個角落，不象其他犯人每天集中在一小塊指定的區域內幹活，絕不允許超越範圍。相對來說，我們自由活動的空間要大得多。

　　我們的組長老田是個極富「創意」的老犯人，他總會特別挑選一些緊靠廠區邊界的邊角土地去種上一些菜，這樣我們去幹活時，就要花很多時間跑很遠的路，而走路比起幹活畢竟要輕快得多，多花一分鐘走路，就意味著可以少幹一分鐘活。天下的勞改犯都有個共同的想法，那就是：時間過得越快越好，活幹得越少越好。「寸金難買寸光陰」是有權有錢的自由人的感慨，對我們勞改犯而言，恨不得一覺睡醒，十年就已經過去。偉大領袖曾意氣風發地豪言「一天等於二十年」，可惜僅僅是說說而已，要是能按他老人家的話計算我們的刑期，那該有多好！

　　除了能夠「以走代幹」這個因素之外，由於我們的菜地遍佈全廠各處，這樣我們就隨時有理由到處亂逛，往往不知不覺間一天就混

過去了，在勞改隊這都是難得的機遇。後來我在回憶十年勞改歲月時，將拾邊組的這兩個多月稱之為一段短暫的「小陽春」。

4月下旬正是瓜豆下種的季節，一個春光明媚的日子，老田組長帶著我和老朱去點種扁豆，每人一把四寸長的小鏟子，外帶一小布袋的扁豆種，事先沒有具體目標。我們懶洋洋地四處遊走，看到合適的角落就挖個小坑、埋入三粒種子。和煦的春風使人在無限的愜意中生出倦怠，到了無人處我們就席地躺下，將帽子罩在臉上，讓全身沐浴在溫暖的陽光中，簡直和城裏人在陽春三月去野外郊遊踏青幾無二致，只是沒有豐盛的野餐而已。當時的長江磚瓦廠佔地大約有五平方公里，我們用了三四天時間才逛遍全廠的每個角落、點完所有的扁豆種。埋豆種時我還在想，等到採收時我們又可以快活好幾天，可惜當扁豆成熟時，我早已在八卦窯出苦力了。

前一節已經談到，我之所以能調入這拾邊組，主要是李指導員看在我善於搞黑板報的份上，而我也正藉出黑板報的機會恢復體力。那段日子，每隔十天半個月就要出一期黑板報，每次得用去兩三天的時間，不重的農活加上搞黑板報這種輕鬆差事，使我基本上消除了大半年看守所帶來的體力損害。假使沒有這段恢復期，兩個多月後的出窯勞動很可能一下子就會將我擊垮。在後來的日子裏，常為能有拾邊組這麼一小段體力緩衝階段而感到慶幸。

1970年4月29日，中午收工時我挑著一副糞桶才剛進監房院門，就看到會議室裏到了一批「新客」。放下糞桶走過去一看，正好碰到曹治平。

他剛「剃度」完畢，正站在室內望著窗外發呆。我們交換了一個眼色後對笑了一下，由於彼此的案情有點牽扯，沒敢直接交談，直到傍晚天快黑時，我們才利用上廁所解大便的機會相互簡單介紹了一下各自的情況。

　　1967年時我就認識了曹治平，那時他和李立榮都在南京《白毛女》劇組拉提琴。他高中畢業後不知何故老考不上大學（這個謎直到他六十歲的2006年才解開，詳情參見〈狗日的檔案〉一篇），只好進銼刀廠當工人。由於愛好西方古典音樂、藝術而結交了一些情趣相投的朋友，李立榮和他也很熟。文革開始後，他和一班朋友先是對抄家、遊街、燒書、砸唱片這些「革命」行動不滿，繼而又把矛頭指向了「無產階級司令部」和「中央文革」。「一打三反」開始後，他們作為重大的「現行反革命」集團要犯全被抓了起來。在1970年4月28日南京五臺山公判大會上，他們榮登當天公判對象的「首席」。

　　在1970年南京公判的所有「現行反革命」大案中，最負「盛名」的當屬兩個「現行反革命」集團，一個是我躋身其中的張稼山集團，另一個就是包括曹治平在內的張明才集團。按當時公檢法軍管會的定性，我們都屬於「斐多菲俱樂部」式的「現行反革命」集團，在他們看來凡是這種集團的成員，最反動、最瘋狂、最頑固也最危險，一個也不能輕易放過！

　　曹治平他們是前一天宣判的，他們一案的「首犯」張明才被判死刑，會後綁赴鳳凰西街刑場處決。其他幾位分別獲死緩、二十年、十五年重刑，公檢法大概在曹治平頭上實在套不上什麼重大罪名，判了他七年。

　　和我們集團的「首犯」張稼山一樣，張明才被處決同樣也是曠古奇冤。

　　張明才原先在南京馬巷（原是昇州路東段一條很窄的小巷，如今已拓寬為八個車道的大馬路）「三八婦女用品縫紉社」工作。他在美術學校畢業後分到這家小單位搞美術設計，為人極守本分，除了對美術雕刻感興趣之外別無所好，屬於與世無爭的老好人一類。我在「進去」之前曾見過他兩次，微胖的中等身材加上一副深度近視眼鏡，給我第一眼的印象是憨厚，細看之下似乎又略帶點滑稽。

　　文革期間，單位的人都去造反不上班了，他和幾位搞美術雕刻的朋友閒來無事，常在一起練素描、搞臨摹，藉以打發時光。某日在閒聊中一位朋友提議說，現在外面毛××石膏像很受歡迎，行情相當看俏，我們何不做一批去賣，搞得好肯定能穩賺一筆。這個建議當即獲得一致通過。

　　對美術專業出身的他們來說，造石膏像是再簡單不過的事了：從市場上買一個現成的毛××石膏像回來，利用其外形製作一副凹模，再將石膏粉用水調成濃漿、傾入凹模，等模內石膏凝固後即可做成和原物一模一樣的石膏像。技術問題既不存在，他們又就銷售、品質甚至品牌的事討論了一番，所有該想的細節都想到了，唯獨沒有想到做這事所隱含的極大兇險。這幾位企圖在毛老太爺身上發點小財的年輕人，怎麼也沒想到這是筆絕對不能沾手的買賣，其兇險程度可說毫不亞於在家庭廚房進行核反應試驗！從決定要搞石膏像的那一刻起，張明才和他的朋友就已經陷入滅頂之災，踏上了不歸之路！

　　真是鬼迷心竅啊！

　　第二天他們就分頭準備，工具是現成的，生石膏粉到處有得買，不到半天，一切就緒。工作地點就設在張明才家中。

　　和生產製造其他產品一樣，生產石膏像當然也會出現瑕疵品和廢品。尤其在澆注石膏和啟模時，成品表面出現瑕疵是很正常的現象，若只是輕微的瑕疵，修補後可照用不誤，有較大缺陷的成品，就只能作為廢品捨棄。按通常的做法，每天收工時把報廢的石膏像集中砸碎後倒掉，是再正常不過的事，但問題就出在這廢品的處理上。不用我多說，凡是經歷過文革的人，大都能料想到會有什麼情況發生。

　　接下來的事是，砸碎、報廢石膏像的行為被定為「惡意侮辱偉大領袖紅寶像」，加上他們平時收聽外國電臺音樂和議論時政，這就足夠成為送上斷頭臺的理由。

　　張明才既是主要組織者，場地又設在他家，「首犯」自然非他莫屬，刀下之厄也就在所難逃。曹治平幸好沒參與做石膏像，因此判得最輕。

　　最令人不堪的是，張明才的父母雙雙自殺！

　　就在1970年4月28日下午張明才被處決的當天，張明才母親的精神頓時徹底崩潰。這位一生只有唯一孩子的母親，把平生所有的愛、所有的希望都傾注在親愛的兒子身上了，兒子就是她的一切，兒子就是她的性命，失去了兒子，她也就失去了一切，生命對她已毫無意義可言！

　　這位不幸的母親選擇了一種罕見的自殺方法：她用一把釘錘狠狠地砸向自己的頭顱，一下、一下、一下，反覆不停地砸著，噴湧而出的鮮血也沒能阻止她，直到耗盡最後一絲氣力，抬不動手臂才頹然倒下，當她躺在血泊中死去時，手中仍緊緊握著那把沾滿鮮血的錘子……

　　血淹滿了她居住斗室的地面，事後人們踮著腳尖搬運她的遺體時，驚異地發現她的嘴角竟浮著一抹微笑！這也許是這位不幸的老婦人留給世人的最後一個神祕啟示——我終於和兒子在一起了，只要能和兒子相聚，這生不如死的人間世界又有什麼值得留戀？

　　回到家中，看到躺在血泊中的妻子，張明才的老父親立即明白了一切。老人什麼話都沒說，默默取來一根繩子打了個活結，接著搬了把椅子，把繩子繫在樑上，然後將頭伸進繩圈，最後低頭看了一眼血泊中的妻子，一腳蹬倒了椅子……。

　　兩代老少三人就這樣死了。

　　即便在殺紅了眼的「一打三反」運動中，類似張明才一家的滅門慘案也不多見！

　　張明才一案於1979年6月28日獲得徹底平反。由於全家死絕，直至今日，還有張明才的幾百元死亡補償金懸在法院裏無人認領。

張明才案的原判決號是「（70）軍管刑字第107號」，平反判決號則是「79申（70）軍管刑字第107號」。

以上兩份判決書影印件均作為附件，列於本文最後。

要再次一提的是，張明才一案和我們一案（也包括1970年南京四批大屠殺中的所有「現反」死刑案）的審批人，都是許世友和楊廣立這兩條嗜血的惡狗！

在後來的勞改日子裏曹治平一直和我在一起待到76年刑滿，在最艱難的出窯日子裏，兩人推過同一部板車，我們成了患難之交。

現今的曹治平已是家產逾千萬的董事長，他的南京四新化工研究公司已成了全國研製生產消泡劑的知名企業，產品還遠銷國外呢！

在拾邊組期間，通過一個偶然的機會，我還了解到一椿好多年前在南京鬧得滿城風雨的「賣人腸子」事件的一些情況。

1962年南京曾到處流傳過一個「謠言」，說新街口自由市場（當年在新街口曾自發地形成過一個流動的自由市場，參加者多是無業人員，主要從事倒賣各種票證及香煙、肥皂等計劃供應物品）有人賣人腸子，出售者將死人的腸子洗淨切成一段段的，佐以醬油和各種調料煮熟後放在一隻鋼精鍋裏端出來冒充豬大腸賣。最後此事雖被人識破，但已經有好多人買過、吃過云云。

此事當時被描繪得活龍活現，今天六十多歲的老南京一提起這段舊事，絕大多數人都能記得。

這「謠言」由於傳播面過廣，很快就引起了當局的注意。當然，當局重視的並非這「賣人腸子」本身，而是製造或傳播這個「賣人腸子」的「謠言」。「賣人腸子」的情況即使真的存在，那也只不過是個別不法之徒一時不擇手段的非法牟利而已，但廣為傳播「賣人腸子」就不是一般的問題了，這顯然是惡毒攻擊「三面紅旗」、蓄意抹黑社會主義的嚴重「政治事件」！據說當時市委主要領導就此下了

「死命令」，就算挖地三尺也得把「謠言製造者」找到。領導如此重視，下面當然不敢怠慢，在公安部門的引領下，各單位各街道各居委會都積極行動了起來。當然，這一切都是在暗中進行的，因為過分的張揚，是變相給謠言火上加油。

在一個四五百萬人口的大城市裏，要想查找出真正的「謠言製造者」，其難度無疑相當於在大海裏撈針，但據說最後這根針還真的被撈到了。

當時的追查方法，是慣用的「順藤摸瓜」戰術，凡查到一個談論「賣人腸子」的，就要他交代出「謠言」的來歷，只要交代出聽何人所說、上家是誰，馬上沒事回家；在查了為數極可觀的傳播者之後，終於找到了一個重要疑犯——不論怎樣反覆逼問，此人始終交不出上家。既然如此，看來「謠言」的源頭必屬此人無疑了。是他也是他，不是他也是他。最後，法院以「反革命造謠罪」判了該人十幾年刑。

誰知這傢伙接到判決書後大呼冤枉，當即提出上訴。南京中院經過慎重覆核後對此案進行了改判，所謂的改判，只是改了一個字：將原判的「反革命造謠罪」改為「反革命傳謠罪」，其餘絲毫未動，刑期仍舊是老樣。

此事當時我只是聽別人所說，究竟如何則不詳。出於某種特別的好奇，我一直想準確地了解這「賣人腸子」事件的真相，但一直未能遂願。時間一長，也就逐漸淡忘了。

我在拾邊組搞黑板報時，每到下午4點多鐘，總會看見一個五十歲左右的老犯人拖著一輛熱水車經過。此人個子不高，微黑的面孔，一口黃牙，令我印象最深的是沒有眉毛，使人看來極不舒服。這老犯人每次經過黑板報前都會停下來歇會兒，坐在車把上看我寫字、畫畫，似乎對黑板報極感興趣。剛開始我以為他也是搞黑板報的同行，曾客氣地請他多加指教，但他說他連字都寫不周全，哪會搞黑板報？

只是覺得我畫的那些五顏六色的插圖很好看，比他們中隊那黑板報強多了。後來見面次數多了，彼此漸漸熟了起來，我就打聽他犯什麼事進來的，他吞吞吐吐地說是傳播「小道消息」。我一聽就覺得奇怪，在中國沒聽過「小道消息」、沒傳過「小道消息」的人比太監還要少，怎麼獨獨他會為了這事坐牢？於是我追問究竟是什麼樣的「小道消息」。問了半天，他才支支吾吾地說是「賣人腸子」，我說是不是當年新街口那次「賣人腸子」，他點了點頭。

我的天啊！眼前這位正是當年傳播「賣人腸子」「謠言」的直接當事人！

多年前的好奇頓時被這意外的邂逅啟動了，我隨即把以前道聽途　的那些事向他核實，但他只是苦笑了一下：「事情已經過去那麼多年了，還提它幹什麼？」見他話中有話，我緊接著問他那些事究竟是他編的，還是聽別人說的？他嘆了口氣說：「當時只不過是人家說我就跟著說，南京說這事的人太多了，最後卻把帳記在我頭上判了我十二年。算我倒楣！」

問到這裏，顯然沒必要再繼續問下去了。

後來他一直在製磚中隊拖水，我也常見到他，只是感到他老得很快，那張缺了眉毛的怪臉也越來越令人不忍卒看。大約在「批林批孔」運動前後他刑滿走了，從此再沒見過。

雖然我始終沒弄清楚究竟「賣人腸子」的事是否真的發生過，也沒弄明白到底誰才是「造謠者」，不過借這位勞改前輩十二年的人身自由來平息那場「謠言」的事，總算被我證實。想想我多少有些為他感到慶幸——好在那是發生在六十年代初，若在文革期間，恐怕借的就不是十二年的自由而是他的腦袋了。

在回顧那段在拾邊組裏的往事時，還有一個當年在南京頗有名氣的人走進了我的記憶，那就是六十年代南京有名的眼科醫生李培。

六十年代南京洪武路北端工人電影院北側有一幢不大的兩層小洋樓，從外形、風貌來看當屬民國早期的建築，當時李培的私人眼科診所就設於其內。他的診所不大，但名氣不小，我曾進去過一次，室內牆上掛滿了各地患者贈送的大大小小錦旗，上面嵌著「妙手回春」、「華佗再世」、「重見光明，恩同再造」之類的金字。「解放」後南京絕大部分的私人診所都聽從黨的話，走社會主義的康莊大道，逐步合併到國營或集體性質的醫院中，「為廣大的工農兵」服務去了，唯獨李培不識相，始終頑固地堅持走資本主義的道路，繼續開他的私人眼科診所大把大把的賺鈔票。黨和國家的的忍耐是有限度的，到了1964年，李培的資本主義道路終於走到了盡頭。

李培被捕及其診所被抄發生在1964年秋。查抄李培診所的那個早晨，聞訊趕來看熱鬧的人為數眾多，差點擠出人命。據當年目擊者聲稱，桌子上堆滿了抄出來的一紮紮拾元鈔票（那時人民幣的最高面額），有不少鈔票由於存放過久已經開始發霉。一個小小的診所居然藏有如此多的現金，單憑這件事就是嚴重的罪過。當時圍觀者群情激憤，振臂高呼，一致強烈要求政府嚴厲懲治這個膽敢如此暴富的不法之徒。

不久李培被判了十年。給他定的主要罪名是「販賣假藥，非法牟利」。

之所以說假藥，是因為李培替人治病的眼藥大都產自臺灣和海外。李培原籍臺灣，海外有不少親朋好友，別人無法買到的進口藥，他都能託人弄到，這些來自資本主義世界的眼藥，最後一律被認定為騙人、害人的假藥；既然用假藥替人治病，平時診所的看診收入自然就屬非法。有位解放軍軍官眼睛患了怪病，跑遍各大醫院都治療無效，聽說李培的診所有進口好藥，特地慕名前來就診，結果沒治好——這責任也一股腦全推到了李培頭上，認定他利用假藥對偉大的中國人民解放軍施行「階級報復」。此外由於李培免費替一些外地的貧

苦農民治好了眼睛，他們送了點雞鴨給李培表達謝意，結果讓他被認定為「殘酷剝削貧下中農的血汗」。

我到拾邊組後，李培就和我住在同一個監房，那時他已經老了，在老殘組做些編籮筐、削鍬柄之類的輕活。浮腫的臉，使那副貼了膠布的破眼鏡後面的雙眼擠成了兩條縫，一口濃重的閩南話，讓人很難聽懂他要說什麼，我好幾次看到他站在幹部面前支支吾吾的囉嗦，幹部都皺著眉頭，揮手要他走開。

這位當年鈔票多到用不完的闊醫生，他的吝嗇和貪小便宜給我留下了深刻的印象。

一次同組一個老犯人在補衣服時向李培借點線，經過再三央求，李培總算勉強答應。在得到對方日後肯定歸還的保證後，他張開手指仔細度量並記好長度，才將兩尺多長的線交給對方，那神情不亞於證券交易所內交割幾百萬股票般的鄭重。還有一次是晚上下學習之後，有個犯人因為水瓶碎了向他討杯開水，但李培就是不肯，最後連我們老田組長都看不下去了，說了他兩句，他才勉強倒了半杯給那位犯人。

再來就是他對物資的有效利用。在農田隊的犯人（病者除外）是不會有剩飯剩菜的，吃完後即使把碗口朝下都不可能掉下一粒飯或一滴湯水。但李培在處理餐具時的精到之處，令所有犯人都自嘆弗如。每次在吃光缽飯後，他都會先用一根特製的竹籤仔細地剔出飯缽皺縫裏的殘渣，然後倒入少量開水反覆搖晃後喝下，接著還要再倒入一次開水，直到確定水中沒有任何懸浮物時才作罷。接下來是處理菜盆：第一次用開水涮一遍後喝下，然後摘下眼鏡，耐心地用舌頭舔遍菜盆的每一處角落。聽說他關在娃娃橋看守所時還為和人爭刮稀飯桶挨過打，雖然此事未經證實，但從他的行事風格看來，是極有可能的。

　　一個從業多年的名醫，一個鈔票多到發霉的富人，進了勞改隊後竟然到了如此地步，人生在世真是變幻莫測啊！

　　李培在七十年代後期才回到社會上。令人感嘆的是，這位曾經治好無數患者眼睛的眼科專家，晚年卻罹患了視網膜脫落症，據說這是種眼科絕症，不知他後來在失明的痛苦中是如何走完一生的。

　　1970年5月底，勞改隊召開了一次「寬嚴」大會，前面幾篇文章中提到的顧曼生作為「從寬」的「典型」被提前釋放。所謂的釋放，也只不過是將床鋪搬到「老廠」宿舍，換了個地方而已。承他的情，他刑滿後還偷偷溜出監房來看過我一次，在他身上完全感覺不到蒙受「寬大」後的喜悅，反而覺得他比以前消沉得多。他問我要不要帶個信回家，我想了想，謝絕了他的好意。不久後他被調到蘇北的一個勞改農場，大約在75年前後，聽說他被牽扯進替一位有來頭的公檢法大幹部「翻案」的事，結果遭就地處決。算起來，他也屬於我剛進勞改隊時的一位啟蒙先生，只是我始終不太明白他在集訓期間為何對我那樣多方關照，後來細想，估計是出於「臭老九」之間的一種惺惺相惜吧！

　　6月中旬的一天晚上，學習鐘聲才剛響起，我們中隊幹部和幾個陌生面孔的幹部一起來到監房，命令全體犯人集合開會。會上李指導員宣佈要對犯人的勞動崗位進行調動，有十幾人被調往新成立的瓦窯中隊，我和曹治平均在其中。會後，我們立即整理好鋪蓋和物品並被帶往新監房。

　　兩個多月的「小陽春」就這樣結束了。煉獄般的出窯日子正等待著我！從拾邊組離開時，老田組長將我悄悄拉到一邊，說了句到現在我都還記得的話：「慢慢熬吧！總會到頭的！」

✿ ✿ ✿ ✿ ✿ ✿ ✿ 最 高 指 示 ✿ ✿ ✿ ✿ ✿ ✿ ✿

堅決地將一切反革命分子鎮壓下去，而使我
們的革命專政大大地鞏固起來，以便將革命進行
到底，達到建成偉大的社會主義國家的目的。

✿ ✿ ✿ ✿ ✿ ✿ ✿ ✿ ✿ ✿ ✿ ✿ ✿ ✿ ✿ ✿ ✿ ✿

中国人民　　江苏省南京市公检法军事管制委员会刑事判决书
解 放 军
　　　　　　（７０）军管刑字第１０７号

　　现行反革命首犯张明才，男，二十六岁，上海市人，资本家出身，
学生成分，捕前系南京三八缝纫社工人，住本市淮海路九十二号。

　　现行反革命犯王化生，男，二十七岁，江苏省六合县人，伪军官出
身，学生成分，捕前系南京朝阳电机社徒工，住本市洪武路二十八号。

　　现行反革命主犯杨文中，男，二十六岁，天津市人，伪官吏出身，
学生成分，捕前系南京金星标牌厂工人，住本市常府街铁路边二十二号。

　　现行反革命主犯唐武来，男，二十四岁，山东省益都县人，地主出
身，学生成分，捕前系南京晒图厂工人，住本市反帝南路一○五号。

　　现行反革命主犯刘健华，男，二十八岁，安徽省定远县人，伪官吏
出身，学生成分，捕前系南京五四印刷厂工人，住本市砂珠巷二十九号。

　　现行反革命犯曹治平，男，二十四岁，江苏省启东县人，职员出身，
学生成分，捕前系南京光明锉刀厂工人，住本市广州路八十一号之十三。

　　现行反革命犯陈和平，男，二十五岁，上海市人，伪官吏出身，学
生成分，捕前系南京木器厂徒工，住本市洪武路三十六号。

18/1

上述罪犯以张明才、王化生为首纠集杨文中、唐宝来、刘健华、曹治平、陈和平等，经常聚集在张、王家，放黄色唱片，收听敌台广播，散布反动言论，恶毒攻击社会主义制度，污蔑、辱谤无产阶级司令部。破坏、倒卖塑料、石膏宝饰。积极策划出版反革命刊物，造反革命舆论，阴谋颠覆无产阶级专政。气焰嚣张，罪大恶极。

为保卫无产阶级司令部，巩固无产阶级专政，根据党的"坦白从宽，抗拒从严"政策，依法分别判处如下：

判处首犯张明才死刑，立即执行。

判处首犯王化生死刑缓期贰年执行，强迫劳动以观后效。

判处主犯杨文中有期徒刑贰拾年。（刑期自一九七〇年一月二十九日起算）

判处主犯唐武来有期徒刑拾伍年。（刑期自一九六九年十一月十四日起算）

判处主犯刘健华有期徒刑拾年。（刑期自一九七〇年二月二十六日起算）

判处曾犯治平有期徒刑捌年。（刑期自一九六九年六月二十一日起算）

判处陈犯和平有期徒刑伍年，交单位群众监督执行。（刑期自一九七〇年一月三十一日起算）

一九七〇年×月二十六日

18/2

江苏省南京市中级人民法院刑事判决书

78中（70）军管刑字第107号

张明才，男，一九四四年生，上海市人，原三八缝绣社工人；

王化生，男，三十六岁，江苏省六合县人，原朝阳电机社学徒，现在江苏省第七劳改队劳改；

杨文中，男，三十五岁，天津市人，原金星标牌厂工人，现在江苏省第三监狱劳改；

唐武杰，男，三十三岁，山东省益都县人，原南京雕刻厂工人，现在江苏省第十三劳改队劳改；

·刘建华，男，三十七岁，安徽省定远县人，原南京五四印刷厂工人，现在江苏省第十一劳改队劳改；

曹治平，男，三十三岁，江苏省启东县人，原南京光明锉刀厂工人，现在汉中机械厂工作；

陈和平，男，三十四岁，上海市人，原南京水器厂徒工，现已下放淮安县农村。

上列被告人张明才等因反革命集团一案，经中国人民解放军江苏省南京市公检法军事管制委员会于一九七〇年四月二十六日以现行反革命罪，判处张明才死刑，立即执行，判处王化生死刑，缓期二年执行，强迫劳动，以观后效，判处杨文中有期徒刑贰拾年，判处唐武杰有期徒刑十五年，判处刘建华有期徒刑十年，判处曹治平有期徒刑柒年，判处陈和平有期徒刑伍年。王化生等六人及其家属不服，多次提出申诉。

现经本院再审查明：原判认定张明才、王化生为首纠集杨文中等五人，聚集在张、王家放黄色唱片，收听敌台广播。经查，在张明才、王化生家放的不是黄色唱片，张、王等人曾收听过外国电台广播的音乐节

19/1

在「隔離」的日子裏

　　「隔離」一詞，在漢語辭典中只是作為一個動詞介紹，是將人與人、物與物或人與物之間隔開，使之不能相聚、斷絕往來的意思。這個詞在中國近代的政治運動特別是文革中，被賦予了新的含義，成了無產階級專政條件下開展階級鬥爭的一種特別形式。但凡親歷文革者，可謂無人不知，無人不曉。

　　文革中的「隔離」，是在「群眾專政」背景下對公民採取的一種剝奪自由的手段。它的最大特點是摒棄了所有法律層面的條條框框，想抓就抓、想放就放，手續簡便、運用靈活，根本不必像公檢法部門那樣，還得裝點門面、履行一番拘留或逮捕之類的程序。出於階級鬥爭的需要，各單位革委會一旦認為有必要將本單位的某人關起來，馬上就可自行定奪、立即實施，最多不過做做樣子向上級革委會請示一下，而上級革委會為了顯出本系統的階級鬥爭成效，巴不得下面關的人越多越好，百分之百照准不誤。

　　「隔離」作為一個新生革命事物的普遍推廣使用，始於1968年的「清理階級隊伍」運動初期。一上來，它的主要對象是些思想有問題的，犯有小偷小摸、男女關係、投機倒把、派性鬥爭等等錯誤的，還有一些革委會認為有必要關起來的人。這裏說明一下，上面所舉「思想有問題」的，僅指平時愛發點牢騷、講點怪話或有過一些不妥言論但又不屬惡意攻擊者，如果犯了《公安六條》中所列的「反革命」言行，那就享受不到「隔離」的待遇，而是直接由公檢法帶走處理了。總之，「隔離」的初級階段大都用於「小是小非」或曰「人民內部矛盾」，犯事者的情節和性質都不嚴重，這類人公檢法往往不收，但放任不管又太便宜了他們，於是乾脆先關起來再說，一旦發現

是「大魚」，再送進看守所也不遲，用老百姓的俗話說就是：「魚不打反正養在塘裏。」

隨著革命形勢的飛速發展和運動的步步深入，敵情越來越嚴重，原有的監獄看守所到處人滿為患，實在已經關不下猶如雨後春筍般不斷冒出來的階級敵人。而中國鋼鐵、水泥、磚瓦的產量一時又滿足不了大規模修建監獄、看守所的需求，如何關押大量新增的犯人一度成了當局史無前例的頭等難題。這時，「隔離」的重要作用就自然而然地凸顯了出來。它很快地成為逮捕、拘留的最佳替代手段。它的適用對象不再局限於「小是小非」，其屬性也由初級階段升到了高級階段。到了「一打三反」運動時，除了少數重大的「反革命」案件立即送看守所外，大部分的涉案人員都是先由本單位「隔離」，等看守所有了空位再補缺，最終經公檢法「包裝加工」後再送到刑場或監獄。

「隔離」的擴展應用，相當於全國一下子增加了幾百萬個看守所，這既大大緩解了專政機關的壓力，又為國家節省了可觀的人力、物力、財力在中國的近代革命史上，「隔離」有著不朽的歷史功績，當屬馬列主義和中國革命實踐完美結合的成功實例之一。

當時中國幾乎每一個單位都有自己的隔離室，一般是利用空餘的辦公室、庫房、浴室等權充，再配上一些基幹民兵、復員軍人、積極份子作為看守，硬體條件雖略遜於正規的監獄或看守所，但從大量的實踐來看，其作用並不亞於配有荷槍實彈軍警的看守所，某些方面甚至超過後者——正規看守所多少還得注意點政策，而作為新生革命事物的「隔離」則完全不必拘泥於舊的條條框框，從隔離室內不斷傳出的哭嚎慘叫，往往更能讓廣大革命群眾深刻體會到「革命不是請客吃飯」的道理。

當然，儘管到了高級階段，也不是所有的「隔離」對象一律都會被轉到看守所，那些無論如何「上綱」也實在達不到殺、關、管的

標準的，關了一段日子以後，也會對其宣佈「解除隔離」。不過放人時絕不會簡單地一腳蹬出，臨走前除了有一番諸如「這是黨對你的挽救，是偉大領袖『給出路』政策的體現」之類的臨別贈言讓人感恩戴德之外，還會讓你明白出去後最好閉緊嘴巴，少提「隔離」期間的事情為妙，否則隨時都有可能再次「請君入甕」。

我被正式宣佈「隔離」是1969年6月16日。按我的案情，本來應該當天就直接進看守所的，由於我們農場革委會和軍代表的「慧眼識人」，認為我是一個極具利用價值的反面教員，可以通過我進一步揭開農場階級鬥爭的蓋子，為此和白下區公檢法軍管會再三協商後硬是「借用」了我兩個多月。因此我的被「隔離」不同於一般所謂的審查，一開始就註定我屬於打殺的對象，但究竟是打還是殺最後得由公檢法軍管會定奪，農場革委會無權干預。

正由於我是借來的，根據「三大紀律八項注意」中「借東西一定要還」的鐵紀，農場革委會不得不加強對我這個「特殊借用品」的保管。為了防止我逃跑、串供甚至絕望自殺，以至到時不能「完璧歸趙」，在對我的「隔離」措施方面可說費盡了心思。

關我的地方是一處多年廢棄不用的浴室，裏外兩間，我被安頓在裏間的浴池內，四米見方大小，上面是拱形屋頂，下頭是水泥地面，四周六面密不通風；外間的更衣室供看守們值班，公檢法來人提審時也在這裏進行。專門為我成立的看守班共有十六人，全是精心挑選出來的黨團成員和積極份子，其中大部分是復員軍人或基幹民兵。這十六位看守每天分為兩班輪流值勤，不論何時我的身邊總有八位在忠實「伺候」著。浴池頂部吊著一盞電燈日夜照明，我在裏面的一舉一動外間的看守盡收眼底。如此的結構佈局再加上十六比一的絕對優勢，我一進去之後就立即明白，任何想從這「插翅難飛」的浴室中逃跑的打算都是癡心妄想，因此非常「安心」地在裏面待了兩個多月。

下面敘述的的幾個小故事，都發生在1969年6月16日到8月20日我被「隔離」的期間，粗看毫不起眼，細品卻餘味無窮，茲錄於下。

一個不該讓我接的電話

1969年6月16日上午10點鐘我剛被宣佈「隔離」，看守們第一件事是扒光我全身的衣褲，然後對我進行了一次全面「體檢」。從頭髮到牙齒，一直檢查到生殖器、肛門、腳底心，在確定我身上絕不可能藏有任何爆炸物和氰化鉀之類的自殺劇毒藥品之後，讓我換上一套嶄新的勞動布工作服。當時我曾有點詫異，庫房內舊工作服多的是，為何非得給我一套新的？半小時後才恍然大悟，這正是革委會領導們精心的未雨綢繆。

當時對壞人的重要措施之一就是「揪鬥」，既然要「揪鬥」，那首先得牢牢「揪」住才便於鬥。人身上最適合用手揪牢的地方主要有兩處：一是頭髮（壞人若是禿子，只好改揪耳朵），再來就是衣服。鑒於「革命不是繪畫、繡花，不能那樣雅緻，那樣從容不迫、文質彬彬，那樣溫良恭儉讓」，故而在「揪鬥」過程中出現暴力是不可避免的，這樣一來，對被「揪鬥」者服裝的堅固程度就有了相應的要求，既要能經得住揪，還得耐撕耐扯，如果被鬥者的衣服三下五除二就成了布條，要牢牢揪住那大汗淋漓的光身子可不是件容易的事。記得偉大領袖有段語錄：「一切產品，不但求數量多，而且求品質好，耐穿耐用。」足見偉大領袖早就英明地預見到衣物的耐穿、耐用，即使在對敵鬥爭中仍然具有重要的意義。

十分鐘後看守們反剪著我的雙臂、揪住我的頭髮，將我押到了批鬥會場。一陣口號才過，前排一下子竄上一群人將我放倒在地，接著就是急風暴雨般的拳打腳踢。好在軍代表了解我的「來頭」，怕我

在混亂中被人滅口，到時還不出人，於是拚命制住了革命群眾的「義憤」，我雖然受了點小罪，身體並無大礙。批鬥會結束後，我被押回臨時關押我的辦公室內。

待心情稍定後我周身檢查了一下，一小時前剛穿上的新勞動布工作服已沾滿了泥土，中間的一排扣子只剩下領口的那一枚，其他的早就不翼而飛，右邊的袖子也快掉了，只有腋窩的部分還連在衣襟上。這時我感到左邊的膝蓋越來越痛，捲起褲管一看，一塊姆指大小的、三角形的生銹鐵片透過褲子豎嵌在膝蓋處的肉裏。我咬著牙猛拔了出來，頓時血從傷口往外直冒，用手緊按好久才勉強止住。（這塊創疤如今仍然清晰可見，算是一個永久紀念了。）

很快就到了午餐時間，幾個看守都去食堂打飯了，只留下一人端了把椅子堵在門口看著我。看守我的人名叫D××，是個二十出頭的閩門廠學員，家庭出身貧農，是團幹部，正積極地要求入黨，典型的「根正苗紅」的重點培養對象。上面已經提到過，這次凡是被抽出來看守我這個「反革命」要犯的，全是這類積極份子。

我埋著頭靠牆坐在地上默默想著心思。儘管我對今天發生的一切早有思想準備，可眼下事到臨頭之際還是感到有些突然。我想得最多的是父母親，一旦他們得知這個壞消息，真不知會急成什麼樣子。尤其是母親，我非常擔心她能否經受住這個從天而降的打擊。也許是過度緊張之後的虛弱所致，我漸漸進入了一種半恍惚的狀態，眼前一片灰白，只有母親那瘦弱的身軀和親切的微笑時隱時現，她彷彿要對我說些什麼，可離我又非常遙遠⋯⋯。

就在這時，一陣刺耳的電話鈴聲將我驚醒過來。當時全農場只有一部老掉牙的手搖磁石式電話，正好裝在關我的小辦公室門口。

D順手抓起電話，聽了幾秒鐘後又把話筒放回原位，接著咕嚕咕嚕地搖了好多下才正式接聽。這種磁石電話當有遠距離外線打進來時

必須猛搖一番，否則根本聽不到聲音，由此判斷，這個電話肯定是外線打進來的。

剛聽幾句，D就對著話筒說了句「你等一下」，接著又用眼睛掃視了一下周圍，然後用手捂住話筒，低聲地對我說：「方師傅，你的電話。」同時用嘴朝電話連呶了幾下，示意我快接。

我猶疑了一下：這個時候誰會打電話來呢？

那時電話不像現在這樣普遍，我一年都難得接一次，我才剛被「隔離」，接著就來了電話，這未免有些蹊蹺。照理說，對我這種被「隔離」者，他們首先要做的就是切斷我和外界的一切聯繫，即使有電話來，也絕不可能讓我本人接聽；現在倒好，看守居然主動叫我接聽，這種極不正常的情況，頓時使我警覺起來。今年春節時我和曹漢華已經領教過公檢法軍管會的「釣魚」高招了，這次莫非又是他們特地為我精心設計的一個新圈套？

見我愣在那裏不動，D有點急了，連聲催我「快點，快點！」

我想了想，把心一橫，管他娘的圈套不圈套，接了再說！立刻爬起身，走過去接過了聽筒。

見我接了電話，D轉身走到走廊大門口。

聽筒裏傳來的聲音非常微弱，我搖了好多下後才聽出是李立榮的小妹老八打來的。她告訴我李立榮前天已被白下區公檢法軍管會判了十年，很快就要送勞改隊，她和她母親問我在農場還好嗎？

一聽是這事我不禁舒了口氣。老八顯然還不知道我已經失去自由，更不知道在剛才的批鬥大會上軍代表故意借李蔚榮之口，已將李立榮被判刑的事告訴了我。現在最重要的是必須將我出事的消息捅給她們，好讓她們思想上有所準備。但眼前看守就在近旁，我不便多說什麼，只好壓著嗓子，急促地告訴她我有麻煩了，不能再和我聯繫，這個電話絕對不能再打！再三要她們多多保重後我匆匆掛上電話。

在通話的幾分鐘裏，D一直背著手立在大門口觀望著外面，那模樣顯然是在替我「把風」。

接完電話後我返回室內並在牆角坐下，他則繼續坐在房門口履行他的看守任務。

「謝謝你，××。」想想剛才還在懷疑他讓我接電話是另有用意，覺得有點冤枉人家，我很誠懇地向他道謝。

「不用謝，不用謝。」他有些局促不安地笑了一下。

接著，他立起身來出去繞了一會，緊接著又踱回來抱著雙臂靠牆站在那裏。稍停後他緩緩地對我說道：「方師傅，您是我的老師，一日為師，終生不忘，我一直都很尊重您，遺憾的是幫不了您。事到如今，只希望您自己多多保重！」

說這話時，他一直定定地望著走廊大門外，臉部混合著一種複雜的感情。

我聽後不禁愣住了。

這種時候，以他我和目前的關係，他居然還當面稱我為老師，並且敢如此露骨地表示對我的同情，我簡直不敢相信自己的耳朵！要不是剛才他那番話中掩飾不住的誠懇，我真懷疑他是否在別有用心地調侃著我。

來農場這麼多年了，這還是我第一次被人稱作老師；而這第一次卻又發生在我剛剛成為囚徒之際；稱我為老師的又是監管我的看守，命運還真會開玩笑啊！

我在農場既未正式教過學生，也沒帶過徒弟，只不過給包括D在內的學員們講過一些技術課程，而那僅僅是領導硬行攤派的任務，我可從來沒把它們當回事過，沒想到就這幾堂技術課居然讓我糊裏糊塗地成了別人的老師，並且還被人如此看重，一下上升到「一日為師，終生不忘」的高度。一時間我不免感慨萬分。

多年的政治運動中，學生出於政治目的出賣老師的事太多了。文革開始後，揪鬥、批判甚至打殺老師的事早已司空見慣，造了幾年的反，為革命「大義滅親」、「六親不認」幾乎成了全民共識，老子都能出賣，誰還會把老師當回事？如今到了1969年這人人鬥紅了眼的年代，一個身負看守重任的學徒，竟然還會對淪為犯人的所謂老師如此念念不忘師生之誼，這實在是令人匪夷所思！

在所有的學員中，D在政治上應該算是最為出類拔萃的一個了，而我在師傅中除了技術高人一等之外，一直是階級鬥爭的「靶子」。政治身分的懸殊，使我和D平時既不可能有什麼交往，更談不上有多少感情。作為革命後起之秀的他，經過多年的「洗腦」早該明白「階級立場」的重要性，他擅自讓我接電話，並且還善意的安慰我，這種行為意味著什麼想必他比我更清楚。且不論我和老八通話的內容如何，單憑擅自作主讓我這個已被「隔離」的「現行反革命」和同案犯家屬通話這一條，就是不折不扣的「喪失階級立場」，進而可被列為性質相當嚴重的「資敵」行為。一旦被發現，他的前途極有可能就毀在這上頭，今生今世都會為此付出慘痛的代價。這種事早有前例可循，不少人就因為出於同情、出於人道，在關鍵時幫了點朋友的忙，從此被打入十八層地獄而永無出頭之日！

既然如此，那他又為什麼要這樣做呢？

難道他真的對「一日為師，終生不忘」之類的舊道德律條就如此盲從？就他的年齡、文化以及意識形態的薰陶來看，很難相信他會到達這種程度。可除此之外，我實在想不出其他能驅使這個年輕的革命後生忘掉階級立場的顯見理由。

想來想去只有一種可能：在他那革命、積極、進步的表象背後，一定有著更深層的思想內涵。

我想，那是一個農家子弟與生俱來的樸素良知，一種對革命暴力天然的厭惡，一種對無辜受害者潛在的同情。儘管他的精神世界已

經受到一定程度的污染，但那些善良的天性始終牢牢地根植在他的心靈之中，一旦有機會，它們總會自覺或不自覺的表現出來，誠如偉大領袖所說的：「要它們不反映、不表現是不可能的。」

當然，出於自身安危的考慮，他也會權衡自己行為的利弊，這就使他在不得不追隨大流時和善良的本性產生衝突。這種精神和行為相悖的矛盾也許令他苦悶、徬徨，但我相信最後一定是良知佔了上風。正因如此，我敢肯定他他在讓我接電話並安慰我時一定有過一番短暫的思想鬥爭，最終是人性戰勝了階級性，他寧願冒險「賭一把」，也不願日後讓內心的良知折磨自已。

想到這裏，我就不得不認真審視自己的一貫立場。

多年嚴酷的階級鬥爭，不僅嚴重扭曲了鬥人者的靈魂，被鬥者的心理也在不同程度上產生種種變異。從57年到69年，這些年的慘痛教訓，使我對周圍任何黨團員、積極份子都本能地充滿了敵意。按我的思維慣性，像D這類的積極份子，在我心目中理所當然地要被列入我的假想敵範圍，何況目前他還是上面派來的看守，正在奉命嚴密地監視我的一舉一動！但眼前發生的事實，卻又和我的主觀判斷大相徑庭，於是我第一次對自己的思維定勢產生了懷疑，看來我可能有些「過左」了！

很多年後，當人們反思那段歷史時都熱衷於將那些瘋狂的舉止簡單地歸結為「極左」觀念所致，其實，當年我的觀念和當權者們的「極左」比起來，不僅毫不遜色，甚至有過之而無不及。只不過，我的「過左」僅僅是一種被動的自然反應，就像一頭羊無論把狼想像得怎樣兇殘都不能算作過分。

剛剛被「隔離」三個小時的我，還來不及考慮如何應對日後的種種兇險，但剛才這個電話，特別是D的這番安慰給我沮喪、絕望的心中注入了一絲希望，我突然感到周圍並非想像中的那般黑得伸手

225

不見五指。既然有如D這種無產階級革命接班人的天理良知都尚未泯滅，我又有什麼理由把未來的一切看成一團漆黑？

沒坐牢前早聽人說過「監獄是所大學校」，想不到剛和監獄沾上邊，就受了一次特殊教育。如果說我曾給D教過技術課程而有資格被他稱作老師的話，那他更有資格被我稱為老師：在那短短的幾分鐘裏，他給我上了一堂終生難忘的課——人性課！

歷史經常像孩子一樣喜怒無常。

十八年後的1987年，我和D再次走到了一起，不過這回彼此角色已和當年不同：他是書記，我卻成了廠長。一個當年的革命看守，一個當年的反革命罪犯，共同被歷史狠狠地作弄了一番之後終於成了真正的同事，成了真正的朋友，並將這份友情一直延續至二十年後的今天。

撰寫此文的半個多月前，我和D在南京某家茶舍聚會了一次，我們再次回顧三十七年前的那段往事，最後臨別乾杯時，彼此不約而同地道出了一句各自的心聲——「讓那段歷史見鬼去吧！」

來路不明的香煙

「隔離」我的那座浴室儘管戒備森嚴，但美中不足的是沒有廁所。小便好辦，在看守簇擁之下，出門站在牆角即可解決，但大便必須要到廁所才行。革命雖然「不是請客吃飯」，但革命並不禁止大便，革命者和反革命者都要大便，因此我在「隔離」期間一直享有人權中重要的組成部分——每天可解一到兩次大便。這節小故事正是由上廁所大便而導出的。

　　既然我享有大便權，但我又沒有選擇廁所的自由，那就得替我安排個拉屎的地方，問題在於浴室周圍恰恰沒有合適的廁所。

　　剛被「隔離」的頭兩天，我一直在附近一個露天茅坑湊合著大便，專案組很快就發現那個過於簡陋的茅房不安全，經革委會會同軍代表實地考察並慎重研究，最後選定了兩百米開外一處比較正規的廁所。那個廁所牆壁厚實，獨門進出，安全絕對可靠，另一個好處是周圍視野開闊，萬一逃跑，抓捕來也極為方便。

　　這處由軍代表等領導欽定的廁所好雖好，缺點是離關我的浴室太遠。每去一趟往返有四五百米，這可是個不短的距離，萬一我這個「借」來的「反革命」要犯在途中逃跑或是發生什麼意外，那無疑是天塌下來的頭等災難。對看守們來說，最頭疼的事莫過於押解犯人外出，因此每次我要去「辦公」時，那總是看守們一天中最最緊張的時刻。

　　我們農場由於專政條件所限，既無腳鐐也無手銬，用繩子綁吧既費事又怕「影響」不好，因此在押解我往返廁所的途中，他們只好前後左右緊緊地貼著我圍成一圈，有的架著我的肩膀，有的扯著我的衣服，那架勢從遠處看，活像一群螞蟻圍住一隻蚜蟲一步步地朝窩裏拖。

　　看著他們那副緊張萬分的樣子，我經常感到有些不安。一想到為了拉泡屎竟會給這麼多人造成如此之大的麻煩，我就為自己的消化功能良好而暗暗自責。好多年後，每當在報刊和大標語上看到「緊緊圍繞在以×××同志為中心的……」時，我的第一個感受就是下意識地想起當年被人圍繞在中心去解大便時的情景。

　　臨近廁所時，為了確保我在任何時間、任何地點、任何情況下都處於被「隔離」的狀態，先得由一人入內清場，確定無人後才能讓我進去。在我獨用廁所的期間，周圍實行臨時戒嚴，任何登廁者均被擋在三十多米開外，不許靠近。

有關大便的其他細節就不多說了，下面進入故事的正題。

我在被「隔離」的當晚，軍代表會和特地為我成立的專案組審了我六個小時，臨結束時他們問我有什麼要求。

我連想都沒想就脫口而出：「唯一的要求是准許我抽煙。」

軍代表聽了之後皺著眉說「這恐怕不行！」

我當即提出了我的理由：「多年來，我已經養成了一個頑固的習慣，畫圖、寫字或者和人交談時非得抽煙不可。你們既要我徹底坦白交代，還要我寫檢舉揭發材料，卻又不讓我抽煙，這恐怕不行！」最後一句，我有意模仿了他剛才的話。

上午在會上知道了李立榮被判十年的消息，加上剛才審訊者們的口氣，到這地步我已經根本不抱任何僥倖心理了。我才不信「問題不在大小，關鍵在於態度」那種鬼話，還是盡量爭取一點眼前的實惠再說。

幾位頭頭咬了會耳朵後表示同意我抽煙，但要我必須老老實實寫交代材料，我點點頭說一定一定。

既然准我抽煙，我又不能隨便外出，這買煙的差事只好落到看守們的頭上了，我每天起床後的第一件事就是請看守幫我把當天要抽的香煙買來。自從我被「隔離」之後，革委會根據「革命人道主義」精神，一直照發我的工資。當時我的月薪為十九元，扣除十四五元的伙食費，每天只能買八到十枝兩角四分一包的烽火牌香煙。按我的煙癮，一天兩包絕對不在話下，但照這樣抽法不到一星期就抽光我整個月的香煙費了，因此我只能每天零買，以此保證「細水長流」。當時，我對每天的定量進行了科學分配，上午、下午各抽三支，其餘留在晚間。每個香煙屁股還得精心保存，聚到十來個後集中剝出煙絲，用紙捲成個小喇叭，這樣能頂兩三支。遇到專案組提審時，我就老實

不客氣地向提審員討煙——他們專門配有提審時給犯人的香煙，不抽白不抽。

看守們很快就對我每次八支、十支的買法不耐煩起來，他們問我，為什麼一次不多買點，非得這樣零買不可？那意思好像是我在作弄他們似的。我在據實彙報自己的財務狀況後笑著告訴他們：「我恨不得一下子買一箱來才好哪，但我拿什麼付錢呢？你們要能行行好，先借點錢給我，我立刻就去買幾條來，省得麻煩你們天天跑腿。」這些革命看守原先以為像我這種大「反革命」肯定能從美帝、蘇修或者臺灣那裏領到可觀的「活動經費」，否則不會挺而走險為他們賣命，怎麼也沒想到我這個「反革命」居然會窮到如此地步，無奈之下他們只好耐著性子替我跑腿。

當時我們農場在場部周圍只有一家小店，賣些煙酒和零碎日用品之類的東西，店主是位六十多歲姓倪的老太太。這位老太太很會做生意，佔著獨家經營的優勢，儘管小店只有幾個平方大，生意卻挺紅火的。那小店正好位於離廁所不遠的小路旁，每天我去大便都要從它門前經過。既然看守天天押著我經過小店，為了圖省事他們就准許我早晨上完廁所後順便進小店買煙。當然，在我進入小店之前也得清場，確定店堂裏空無一人後才放心讓我獨自進入，他們一起把在門外戒嚴，絕不讓任何人和我接觸。

照理說，看守們這種防範確實夠嚴密了，但正如俗話說的那樣，百密往往難免一疏，讓我獨自進小店買煙，他們就沒想到再派個人跟我一起進去在旁監督。如果革命警惕性再高一點，排除掉這個小小的疏忽，始終有人緊緊跟隨在我身旁的話，這個故事也許就不會發生了。

就在准許我自己進小店買香煙沒兩天，一天早晨，我入店後正在掏錢時，倪老太太朝門口看守們瞥了一眼，確定沒人盯住我後悄悄

從櫃檯下拿出兩包「烽火」放在我面前，接著低聲對我說：「拿走吧，錢已經有人替你付過了。」

我怔了一下，趕忙輕聲問是誰替我付的？她用食指架在唇上示意我別開口，接著揮揮手要我趕緊拿走。

怪事！到了這種時候居然會有人送我兩包煙！我怕門口看守生疑，沒敢多問，隨即走了出來。

看守們見我破天荒的一次買了兩包煙，倒也沒怎麼在意，只有其中一位打趣地問我：「今天怎麼這麼大方，一下買兩包了？」我沒好氣地堵了他一句：「我高興！」

這筆小小的「意外之財」所帶來的驚喜很快就過去了，接著就是考慮此事究竟是何人所為。那天我從早到晚都在苦苦思索這兩包煙的來歷，但想來想去就是想不出來。看守們見我一直皺著眉頭想事情，以為我為了是否徹底坦白交代正在進行著劇烈的思想鬥爭，為此還特地開導了我一番，鼓勵我丟掉包袱，堅決走「坦白從寬」的光明大道。

兩包煙供我抽了兩天，第三天早晨大便後當我去買煙時，想不到又發生了同樣的情況：我剛靠上櫃檯，倪老太便遞給我兩包煙，這次什麼也沒說，只是昂了昂下巴示意我快走。

這就更怪了。上次還可以理解為某位好心人的一時善舉，然而再次發生這種事，只能表明有人成心要在我這倒楣時刻接濟我。

更怪的事還在下面。

兩天後當我再去小店時，這次倪老太沒有遞煙給我，但她的一番話更令我驚訝不已。她悄悄告訴我說，從今天起我可以在她那裏拿煙，還可以拿肥皂、毛巾、牙膏、牙刷和草紙，用多少就拿多少，一分錢也不用付，由她記帳，到時有人統一付款。

這一次，我必須要弄清楚究竟是怎麼回事了，但老太太始終守口如瓶，只是板著臉要我別問那麼多，千萬別向任何人提起這事就行。

這天我只拿了一包煙和一盒火柴，外加一塊肥皂。

人多少總有點不知足。我想這筆人情債反正將來是肯定要還的，既然如此，乾脆每天來一包吧，於是從第二天開始我每天都去拿一包煙，後來還拿過牙膏、牙刷、火柴和一條毛巾。草紙倒沒拿過，專案組給我的審訊筆錄稿紙就夠我擦屁股了。

到1969年8月20日為止的一個多月中，我大約拿了四條煙，連其他日用品加起來共十多元。

從頭拿到尾，我始終不知道付款者。

由於這期間我父親到農場看我時帶了點錢給我，另外又有位女同事冒著風險硬說以前欠我幾元餞，託看守「還」給了我，這兩筆加起來，看守們倒也沒因為我突然出手大方起來而懷疑我的財政收支是否平衡。

這人到底是誰呢？

綜合各方面情況來看，這位朋友自從我被「隔離」之後，一直在暗中密切注視著我的一舉一動，他既了解我每天上廁所後要買煙，又知道我進入小店時身邊無人監督，還能如此巧妙利用看守們的這個小疏忽見縫插針，足見其心思相當縝密，應該是位很有頭腦的人。從個人利害分析，在那種境況下，誰都清楚接濟「反革命」意味著什麼，一旦被人發現，後果又將如何，這位朋友明知風險極大而敢於為之，我想他和我一樣也是個膽子夠大、敢於冒險的人。

另外，他在實施這個「援助」方案的過程中還必須取得倪老太太的幫助，否則一切努力都是白費。就憑他能說動那個唯利是圖的老太太幫他淌這趟「渾水」，表明這位朋友很擅長拉攏「落後群眾」，平時方方面面的人緣肯定相當不錯。

我怎麼也想不出周圍朋友中有誰是這樣的人。

平時和我關係較好的同事們顯然都做不到這一點，自從我出事後，他們自身都成了過河的泥菩薩，誰也惹不起這個麻煩。再說他們

和我一樣窮，即使有心恐怕也無力。其他對我心存同情者也許不乏其人，但在那種環境下誰都明白暗中接濟一個被「隔離」的「現行反革命」會有什麼後果，又有誰肯冒這麼大的風險呢？我將所有的農場朋友在腦海中過濾了幾遍，始終得不出答案。

1969年8月23日宣佈逮捕我的全場職工大會上，就在我被戴上手銬即將押走的那一刻，我知道再也找不出這位暗中幫助我的好心人了。此一去，不知何年何月才能出來，到那時我還能找到他，補上遲來的感謝嗎？一想到此我有點黯然。

臺下黑壓壓的人群都盯著我看，那位朋友此時肯定也正關切地注視著我，但我卻不知道茫茫人海中他身在何方。我下臺時回頭向會場投去最後一瞥，我相信那位不知名的朋友會想到那是留給他的。

十年之後的1980年，我專程去農場想找到這位在患難中幫助過我的朋友，我幾乎問遍了所有熟識的人，遺憾的是一無所獲。那位姓倪的老太太「作古」已好幾年了，那個小店早就拆掉，我站在小店舊址旁默然良久，最後決定不再找了。

一個誠心幫助受難者而又不願暴露自己身分的人，其行為的本身就足以表明他的所作所為從一開始就不帶有任何功利色彩。他那樣做無非是想讓我知道同情我的大有人在，讓我不要絕望，讓我明白只要咬牙活下去總會有出頭之日。既然我已領悟到他的良苦用心，又何必拘泥於世俗的報恩觀念去「眾裏尋他千百度」呢？

三十七年過去，這個謎一直沒有解開，估計永遠也解不開了。「大恩不言謝」，他對我的那些幫助也許稱不上大恩，但它們在我心上的分量一直是沉甸甸的，它們一直在提醒著我：不論極權主義政權如何殘暴的剿滅人類的良知，其一切努力註定都是枉然，獸性在人性面前永遠不可能成為勝者！

一次驚心動魄的批鬥會

我在「隔離」期間一共被鬥過十九場，其中主鬥十八場，陪鬥一場。

在主鬥的這十八場中，除了第一場有些武打表演外，其餘場次基本上符合中央的「文鬥」要求。這倒不是說農場的革命群眾都是「溫良恭儉讓」的禮義之輩，而是因為軍代表怕我這個好不容易「借」來的「現反」要犯被人滅口。每次批鬥會前他都要嚴厲告誡大會組織者不准對我動武，即使是最起碼的低頭彎腰「架飛機」，也得適可而止。照理說這些內情是不該讓我知道的，可是有一位看守在向我宣傳黨是如何千計百計地關懷挽救我時不小心說溜了嘴，無意中將這個祕密洩漏給我。

既然明白了軍代表的這番「良苦用心」，我當然不會辜負他的「美意」，從而也就順水推舟地充分利用特殊的身分優勢盡量享受起特殊特遇來。每次鬥我時，除了剛開始低低頭、彎彎腰做做樣子，不到三分鐘我就直起身子、抬起頭，盡量把身體調整到最舒服的站立姿勢，免得脊椎、頸椎和腰腿都跟著我受罪。遇到臺下群眾義憤填膺地要我低頭彎腰認罪時，我照例是裝聾作啞、充耳不聞，任憑口號震天，「我自巍然不動」。主持人由於事先領受過軍代表的「密旨」，當然不會過於計較我的「囂張氣焰」，往往總會想法子打個馬虎眼讓批鬥會進行下去。

只是，有一次出現了意外。

大約是第十二場批鬥時，會場在上西崗生產大隊。一位主持會議的姓夏的隊長大概是恨透了我們這些「反革命」，會議剛開始不久他就把軍代表事先的警告忘得一乾二淨，親自動手對我施展起拳腳。

先是把我強行捺成九十度彎腰，並且猛蹬我的膝蓋，不許我的腿有絲毫彎曲，見我似乎不大服貼，又用手掌砍我的後脖。臺下幾個積極份子一看領導赤膊上陣了，立即跳上臺來幫忙，我的兩條胳膊被反剪朝天，幾個人按頭的按頭、捺背的捺背，一下子就把我擺弄成當時款式最酷的「米格噴氣式」造型。

除了第一場批鬥享受過類似的待遇之外，之後的十來場我一直是在跡近「休閒」的狀態中度過的，會前我怎麼也沒想到今天竟會有這種情況發生，一時不禁有點發懵。

幸好我的反應夠快，一看這架勢，立刻感到苗頭不對，若弄得不好，恐怕還有更激烈的在後面。好漢不吃眼前虧，眼前最佳的選擇看來只能是「裝死躺下」，只要我一躺倒，諒他們不敢進一步把我怎樣，不管三七二十一，先躺下再說！於是我將身子往下一賴，就勢跪趴在了地上。身後揪住我的幾位沒提防我會來這一手，有兩位跟著跌在了我的背上。

我這一「裝死躺下」，會場頓時熱鬧起來，有喊口號的，有嘰嘰喳喳議論著的，一些看熱鬧的小孩紛紛跑到臺前蹦來蹦去，整個亂成一團。

好在那天專案組有人在場，一看到這種場面，趕緊跳上臺把夏隊長拖到一旁耳語了幾句，夏一聽總算反應了過來，立即揮手讓揪我的人一起退到臺下。當他大聲喝令我站起來時，我卻繼續弓著身子蹲伏在地上，任他喊任他拉就是賴著不動。

眼看會是難以開下去了，那位專案組成員招手喚來幾個人硬是把我架了起來，又連攙帶扶地將我帶進會場旁的一間農具房內。他先讓我坐下，又倒了杯水給我，急著問我傷著了沒有？這時我心裏正在盤算，今天這個頭一開，往後再到別的隊裏挨鬥時難保不會被人「活學活用」，我可千萬不能讓這種事再發生第二次！既然剛才在臺上已

經「裝死躺下」，現在索性堅持到底吧。我一邊揉著腰一邊苦著臉說實在站不住了，下面的大會就讓我躺在地上接受大家批判吧！

專案組的人見我那副齜牙咧嘴的樣子，出去了一會，大約十分鐘後進來說：「今天的會不開了，改日再說。」

在回來的路上，護送我的八名「保鏢」不停地埋怨著那位隊長：「真他媽的草包，事先明明講好開會時不准動手的，誰想到他卻親自帶起頭來了。這倒好，下次還得再跑一趟！」看守們口出怨言倒不是因為同情我，他們是擔心途中會不會發生逃跑之類的意外，從浴室到上西崗往返將近十里，押著一個要犯走這麼遠的路可不是件輕鬆的差事！

我邊走邊哎喲哎喲的呻吟著，五里路我們走了一個多小時，一路上我心裏不停的在笑。

隔了十天左右我又被押去補開了一次批鬥會，這次軍代表親自光臨了現場。他搬了把椅子坐在臺上，從開始到結束都板著臉一言未發，全場一片嚴肅，秩序井然，我連頭都沒低過一次。上次那位階級感情特別熾烈的隊長則一直沒見他露面。

會議結束下了後臺後正巧他抽著煙經過我身邊，我順便向他借了個火，他掏出火柴盒一看剩沒幾根了，就連盒子一起丟給了我，接著又狠狠地瞪了我一眼：「上次你的表演不錯啊！」果然不愧是軍代表，一眼就能洞穿「階級敵人」的陰謀鬼計。

我趕忙諂笑答道：「哪裏哪裏。」

上面介紹的片斷可能會被人誤以為對於那些批鬥場面我太過輕描淡寫了，其實我並無心為當年的那段血腥歷史掩蓋什麼，我在這裏表述的只是自己親身的經歷，凡與我不直接有關的事一概不在本文敘述的範圍之內。有關那些批鬥的血腥場面早有大量的文字記述，即以我自身而言，亦多次親眼目睹農村那種慘酷的批鬥，那些對付「階級

敵人」的種種慘無人道的酷刑，即便現在回想起來還會令我產生作嘔的感覺。當人的原始獸性被革命煽動後，所做出的那些連最兇殘的野獸也相形見絀的血淋淋勾當，我到死都無法忘懷。

我之所以經過那麼多的批鬥還能僥倖地得以保全，主要得益於兩大因素，一是我名氣大，再就是我是全農場唯一「借」來的批鬥靶子。

中國歷來有「木秀於林，風必摧之」、「出頭的椽子先爛」的說法，普通百姓也常愛把「人怕出名豬怕肥」掛在嘴邊，其實有時未必如此。在某些情況下，出了名的倒楣者比不出名的反而沾便宜的事並不罕見，我本人就算一個較典型的例子。

我們農場形形色色的「階級敵人」有數十人之多，哪一個沒嘗過鼻青眼腫、皮開肉綻、傷筋動骨、遍體鱗傷的滋味？但能如我鬥了近二十場仍然保持「全鬚全尾」的，可謂「碩果僅存」。之所以如此，恰恰就是因為我名氣和「來頭」大的緣故。正由於我是南京市「頂尖級現反集團」的要犯，軍代表們才會有怕我被滅口的顧忌，如果在送公判大會之前把我搞死了，那就等於「精心印刷」的反面教材還沒來得及正式出版就被撕掉了一頁。再說，公檢法還有待於從我口中咬出更多的暗藏「反革命」，我這一死，那一顆顆隱藏的定時炸彈要如何去挖？這些，都是軍代表在每次批鬥會前，總要特別關照手下必須保證我安全的原因。

說來滑稽的是，由於我名氣大而享受到的「照顧」，居然還引起過同類難兄難弟的嫉妒，在此不妨順帶一提。

我們農場當時有個姓劉的地主，思想一貫反動就不說了，最大的毛病是雖經多年改造，卻始終改不掉「亂說亂動」的壞習慣。更要命的是，他這「亂說亂動」又不分場合，想說就說，想動就動，為此只要運動一來，他都當仁不讓地被列為頭號靶子。

　　自我出事之後，這位和我八杆子也打不著的難兄難弟不知是出於羨慕或是出於嫉妒，不止一次當著別人的面公然對我無恥吹捧：「這個狗日的方子奮真有一套，犯了那麼大的事，鬥了那麼多場，竟然一點苦都沒吃到！你看他在臺上那副不陰不陽、不硬不軟的樣子，哪像我們一個個跪在臺上鼻青臉腫的那副死相！更怪的是，居然從來沒人敢對他下手，真不知那套本事從哪搬來的？我們他媽的想學都學不會！」

　　劉某此言一出，後果可想而知，當晚就替他安排了一場批鬥會，當革命群眾要他跪在地上交代為什麼要吹捧「現行反革命」時，他又忍不住高聲叫屈：「他現行反革命也是牛鬼蛇神，我們地主也是牛鬼蛇神，憑什麼我的待遇不如他？黨的政策到哪裏去了？」

　　我的天啊！這位地主老兄跪在批鬥會臺上居然還念念不忘黨的政策！

　　沒隔兩天，他以「無恥吹捧現行反革命份子」的罪名進了白下區看守所，此後整整被關了半年。

　　大約是在85年，我又見過這位劉地主一次，當時他已是滿頭白髮的老人了，人也胖了許多。那天他正抱著孫女曬太陽，一見到我，立即扯住我的手興奮地叫了起來：「好你個胡漢三，今天終於又還鄉啦！當年我可為你關了半年哩！」這老傢伙還是那副德性，我們都不禁開心地大笑起來。

　　下面要講述的一場批鬥就味道不同了。這是我作為陪鬥角色出場的唯一一次批鬥大會，也是我親身經歷的一次稱得上驚心動魄的批鬥會。

　　批鬥會的主角叫楊××。（根據中國的現行法律，此案屬於涉及被害人隱私而不公開審理的案件，故不便直呼其名，權且稱之為老楊。）

　　這老楊五十多歲，貧農出身，在農場某隊當炊事員。解放以來老楊雖然在政治上早就翻身當了主人，但經濟上卻一直屬於「越窮越光榮」族群中的皎皎者，年逾半百依然窮得沒娶老婆。他所在的隊裏某職工有個十八九歲患癡呆症的女兒，老楊利用女呆子經常到食堂打飯的機會，暗地裏施以飯菜之類的小恩小惠誘姦了她，一來二往，女呆子珠胎暗結，肚子漸漸大了起來。家裏人一審，女呆子乖乖地「竹筒倒豆子」，於是事情立即敗露，老楊成了我「隔離」浴室內的第二位「顧客」。

　　批鬥老楊的大會在1969年的8月上旬某日舉行。那天正下著雨，剛吃完早餐看守們就通知我馬上要參加一個批鬥會，看守班的頭頭特地把我叫到外間低聲地關照我：「今天你只是陪鬥，站在一旁聽聽就行了，不過在臺上要聽話，一定要服從安排。」我問鬥誰？他朝裏間的老楊呶了呶下嘴。

　　按我的想法，老楊只是個普通刑事犯，依當時的定性，不過是「人民內部矛盾」（貪污、盜竊、強姦、流氓等一律都算作「人民內部矛盾」），今天這場批鬥會無非安排幾個人發言，喊幾個口號，最多兩個小時完事，當時怎麼也沒料到，這次大會竟然是一場讓我真正體驗到什麼是「群眾專政」的專業課。

　　由於是雨天，批鬥會場設在大倉庫內，主席臺由幾十張辦公桌拼搭而成，牆上貼滿了花花綠綠的標語，主席臺上方懸著一條大橫幅「批鬥老流氓楊××大會」。我和老楊被押上臺後，照例是一陣震耳欲聾的口號，只是喊到那句「揪出大流氓楊××是戰無不勝的毛澤東思想的偉大勝利」時我忍不住想笑：明明是那女呆子鼓起的肚子壞了事，這同毛澤東思想也有雞巴關係？真他娘的牛頭對了馬嘴！

　　由於當慣了主角，一登臺我仍然習慣性地往臺中間一站，轉念一想，今天是陪鬥，趕緊往一旁挪了兩步把正中間的位置讓給了老楊。

我朝臺下看了看，今天的情況似乎有點不同往常：平時開會都是男女混坐，今天在前兩三排卻看不到一個男的，清一色全是女性同胞。

主持人宣佈批鬥大會開始後，一位手持批判發言稿的人上臺走到麥克風前正準備開口，忽然從臺下猛然竄上幾位女將，定神一看，全是農場有名的厲害角色。

厲害歸厲害，據我所知這幾位平時對階級鬥爭似乎從來不怎麼感興趣，還從未見她們在批鬥大會上出過風頭。再說幾位並不在同一個隊裏上班，今天突然同時聯手並肩上陣，不知是要唱哪齣戲？

更令我感到奇怪的是，其中有兩位身穿噴農藥時的防護服和圍腰，臉上戴著口罩，雙手戴著長袖手套，每個人的手裏都拎著一個加了蓋的小木桶，以此種穿戴打扮登臺，實在猜不透她們究竟想幹什麼。

就在我驚疑不定之際，兩位女將突然氣勢洶洶地衝到了我的面前，其中一位當胸給了我一掌，接著惡狠狠地指著我的臉罵了起來：「你這個死反革命給老娘聽好了，今天你必須老老實實地接受我們貧下中農對你的批判，你要敢不老實，看老娘們怎樣收拾你！」一邊罵一邊狠狠地把我往後推，左一掌，右一掌，很快就把我逼到主席臺的邊沿，再退半步眼看就要掉下去了。這時她們指了指地面又戳了一下我的額頭，警告我說：「你替老娘就站在這裏不准動，要敢邁出半步，就打斷你狗日的兩條腿！」

接下來發生的事可真夠我驚心動魄的。

我一退到臺角，臺中央就只剩老楊一人了，這時幾位女將像餓狼一般的向他撲了過去。

眾人先是劈劈叭叭在老楊臉上扇了幾個嘴巴，接著那兩位穿防護服的揭開了木桶蓋，每人手捧一堆黃色黏乎乎的東西朝老楊的臉上抹去。霎時間，只聽到老楊大聲慘叫了起來，他一邊從口中不停地往外吐一邊拚命地甩著頭，那兩位一人夾住老楊的脖子一人繼續往他的臉上抹，老楊滿頭滿臉很快就糊滿了那黃色黏呼呼的東西。

　　儘管我離老楊挺遠的，一股強烈的惡臭還是傳了過來，我頓時明白，那黃乎乎的東西原來是什麼了。眼看那玩意兒一股腦地糊滿了老楊的頭臉，嘴裏也被塞進不少，我忍不住一陣噁心。

　　臺下同樣熱鬧非凡。一些女同胞發了狂似地扯著嗓子吶喊助威：「給他吃屎！給他吃屎！」「幹吃屎的事，就該讓他吃屎！」「敵人不投降，就讓他吃屎！」好多人拚命地拍著掌，有的吹著口哨，有的則領頭高呼「無產階級專政萬歲！」、「無產階級文化大革命萬歲！」全場一片沸騰。

　　可憐的老楊一面拚命的阻擋、閃躲，一面用手扒著臉上的糞便到處亂甩，嘴裏也一口接一口地四處亂吐，那嗷嗷的慘叫聲就像一頭被宰牲口斷氣前的哀鳴。我遠遠望著幾員女將圍住老楊瘋狂攻擊的場面，不由得想起非洲大草原上一群飢餓母獅圍殺一頭角馬時的情景。

　　主持人和幾個大會糾察看著那糞便橫飛的場面，沒有一個敢上前攔阻，只是躲得遠遠的連聲喝令「住手」（那位上臺發言的，早就嚇得跳下臺去了），可那種情境下哪會有人聽他們的！

　　那一刻所有人都忘掉我這個陪鬥角色了。有一瞬間我本能地在腦中閃過一個疑問：這幾個女人在搞完老楊之後，下一步會不會順手牽羊對我如法炮製？如果真要那樣，我該如何應對？

　　打兩下罵幾句我倒無所謂，但這朝臉上抹糞便的事是絕對不在忍受範圍內的，一旦被逼到絕境，今天看來只能是「魚死網破」了！儘管我素來遵從「好男不跟女鬥」的準則，但眼前的可不是普通女性，而是一群紅了眼的母狼！我甚至想好了受到攻擊時如何先發制人的狠招，並暗暗活動著自己的手腳。

　　不過我很快又斷然否定了這個想法。

　　如果她們也想搞我的話，那麼行動前就毫無將我從老楊身邊推開的必要，兩人站在一起，搞起來豈不更方便？她們之所以連推帶搡地把我逼到臺角，顯然是為了讓我遠離老楊，免得動手時「殃及池

魚」。這些情況恰恰表明她們事先就商量好要搞的只有老楊一人，絲毫不想將我牽扯進去，因而才嚴厲地命令我「站在這裏不准動」。至於左一句右一句惡狠狠地罵我「狗日的死反革命」，我想那不過是為了掩人耳目。既然這樣，我就不必擔心什麼。

果然，就在老楊抵擋了一陣終於筋疲力盡地倒地之後，母老虎們的雌威大概發洩夠了，一個個跳下臺揚長而去，臨走時連看都沒看我一眼。

接下來的會不到一小時就結束了。被折磨得不成人形的老楊被勒令站了起來，兩個上臺發言批判的匆匆念完發言稿後，大會就草草收場了。

這是我有生以來第一次親眼目睹用大糞來展開「革命大批判」的實例。

先把我押回去後，幾名看守冒雨帶老楊到水塘裏洗了澡，他弟弟給他送了一套衣服來。回到浴室一看，那張臉已被打到變形，眼睛腫成了兩道縫，整個面孔像是在水裏泡漲了的紫茄子。雖然洗過澡，他身上那股糞臭仍然陣陣熏人，我當即向看守們提出了抗議，後來他們送來一大盒蚊香，算是「改善環境」的補救措施。

那天我一直被這場批鬥會弄得心緒不寧，臨睡前我還在想著那驚心動魄的場面。我始終不明白，那些女人和老楊平日既無冤也無仇，老楊所侵害的女呆子也與她們一不沾親二不帶故，不知她們為何非得要用那種殘忍的手段折磨他？從另一面看，她們和我一向毫無交情，我還是全農場天字第一號的「反革命」要犯，她們為什麼會放過我？論起「民憤」，老楊顯然遠不及我（所有槍斃或判刑的佈告中，沒有一個「反革命」不是「民憤」極大的！），但這些往往最能體現「民憤」的潑婦們，偏偏對我這個「民憤」極大的「反革命」高抬貴手，這究竟又意味著什麼？我望著牆上那張「群眾是真正的英雄，而

我們自己則往往是幼稚可笑的」毛主席語錄出了半天神，這「幼稚可笑」究竟是指誰呢？他老人家自己，還是那群潑婦？

8月正是酷暑，軍代表和專案組特准我每晚可以在室外放風一小時，看守們大概聽到我即將轉走的風聲了，樂得做個順水人情，便睜一隻眼閉一隻眼的讓我在室外乘涼到夜裏11、12點。時間一長，他們偶爾也會圍住我閒聊幾句，有天晚上扯到老楊的那次批鬥會時，他們告訴了我一點內情。

就在開會的前一天，那幾個潑婦就串通好了，準備在會上惡搞老楊一頓，當眾要老楊在臺上吃屎，就是她們精心策劃的得意之作。當有人告知她們我也在場陪鬥時，潑婦們一致的看法是：「一人做事一人擔！老畜牲楊××幹了吃屎的事，那就活該吃屎！方子奮雖然是反革命，該殺該剮那是政府的事，但他和楊××不是一路貨，我們可不能瞎搞人家。」

更令我沒想到的是，她們在開會前，還特地去看守班要他們轉告我，到時在臺上無論發生什麼事都不要慌，她們絕不會動我一根毫毛。但看守們卻沒將這顆定心丸交給我，害得我白白緊張了一陣。怪不得會前叫我「在臺上一定要聽話」，原來他們早就知道將會發生什麼事，這班狗娘養的！

儘管批鬥會已經過去好多天了，在聽到這些情況後我的心中仍然極不是滋味。按理說我多少得感謝這幾個潑婦，但一想到她們兇惡地圍住老楊的那些鏡頭時，卻又無法原諒她們。

該怎麼看待和評判這些女同胞呢？

說她們可惡嗎？當然！──但她們天性中的良知似乎又未完全泯滅。

說她們兇殘嗎？有些。──但她們始終不願傷及無辜。

說她們愚昧嗎？似乎。──但她們又懂得如何看人下刀。

說她們卑劣嗎？也許。──但她們畢竟只是用卑劣的手段懲治同樣卑劣的犯罪！

唉！人性啊人性！

（老楊和我在69年8月20日轉至白下區看守所，後來以「流氓罪」被判了十年。1979年刑滿出獄後不久病逝。）

接　見

這個故事並非我親眼所見，它發生在我的父親身上，不過根源卻出自於我。

我被「隔離」後大約半個月左右，農場原黨委書記陳汝霖去了一次我家，將我被「隔離」的事通知了我父母。

這位陳書記自1963年到農場任職後，農場的階級鬥爭很快就躍上了新臺階，承蒙他關照，幾年來我一直是他緊緊盯住的「靶子」。不知是我過於狡猾還是「不是不報，時候未到」，直到文革爆發時，他始終沒能了卻把我送進勞改隊的夙願。具有諷刺意味的是，為革命奮鬥了大半生的他，反倒在文革開始後成了革命對象，為此吃了不少苦頭，也出了不少洋相。1969年初，他被「解放」並被結合進革委會，到了我出事被「隔離」時，他又成了審理我案件的專案組成員。這次終於再度輪到他名正言順地收拾我了。到我家去通知我父母就是他毛遂自薦的。

母親一聽到我被「隔離」，當場淚如雨下，情急之中一再懇求陳書記高抬貴手，希望領導能給我一條出路。我父親解放前曾參加過「二七」大罷工，還當過長辛店罷工總部的糾察，算是多少見過點市面的人，一見陳汝霖那副勝利者居高臨下的得意姿態，馬上明白陳汝霖是在玩貓捉老鼠，名為通知家屬，實際上是希望看到「反革命」家

屬那種跪地懇求的可憐相，以滿足他的階級鬥爭快感。於是我父親當即大聲喝止了我母親的哭求，不冷不熱地給了陳書記幾句：「到了這種地步，我們說什麼也沒用了。共產黨歷來主張一人做事一人當，該怎麼辦，就由他自作自受吧！」

陳汝霖臨走前說：「目前我們還是竭力在挽救你們的兒子，關鍵是看他的認罪態度了。我們希望你們去農場看看他，從親人的角度規勸他徹底坦白地交代，大膽地檢舉揭發，只有這樣才能爭取從寬處理。」

我父親表示會盡快去農場看我，但對書記的「挽救」卻不怎麼領情：「自己養的兒子我自己清楚，他和我一樣是個不太能聽進別人話的犟種，我們的話是否有用不敢保證，只能盡力而為。」

陳汝霖去後第三天，我父親去了農場。

那時南京通往農場的公車一天四班，上、下午各兩班，清晨5點多一班，8點一班，全程近一小時，下車後還得步行半小時，我父親趕到農場時已經快10點鐘了。

那些天我正在全場各生產隊間巡迴批鬥，我父親去的當天，正巧輪到在最偏遠的千畝地生產隊。一清早八位看守就押著我去「趕場」，等到我父親抵達場部時，我早就站在批鬥大會臺上亮相好久了。專案組的人沒提我被押去批鬥的事，只是含混其詞地說我去開會了，叫他等我散會回來。

我父親只好在場部門口一塊大石頭上坐下來等。老遠趕來卻沒見到兒子，心中不禁湧過一陣悲涼。

我父親到農場「接見」我的消息不知怎麼就傳開了，很快就有不少人特地趕到場部門口，去看看我父親究竟是何許人也。在人們心目中，我既是赫赫有名的「現行反革命」要犯，能一手培養出這種兒子的父親，諒必也不是等閒之輩。當看到坐在石頭上的只是一個衣著

寒酸、滿頭白髮的老人時，一個個不免有些失望，目光逐漸由好奇、驚異轉為同情、憐憫，有的人低沉地嘆息著。

一直到中午下班鐘聲響起，我父親仍未見到我的人影，他到專案組詢問，我什麼時候能夠回來，一個正帶門出來的女人冷冷地要他耐心等。

所有人都去食堂吃飯了，我父親打開手帕，拿出帶來的三塊燒餅，又用自備的破搪瓷杯到水龍頭下接了一杯自來水，默默地坐下低著頭開始啃著冷燒餅。

這時，有個人走到了我父親的身邊。

「對不起，老人家，害您久等了。」

我父親抬頭一看，一個四十多歲的中年男子正帶笑地看著他。來人個子不高，體型微胖，一副知識份子的模樣。

「您是……」我父親趕忙放下手中的燒餅站了起來。

「啊，我姓周，就叫我老周好了。」來人熱情地握住了我父親的手。「上午就知道你來了，不巧我一直在開會，剛剛才散。」

「啊，您忙您忙。」

來人瞥了一眼石頭上那塊已咬了個月牙形缺口的燒餅，微微皺了一下眉，隨即拉著我父親跟著他走：「來來來，我們先吃飯去，邊吃邊聊。」

「不用不用，我已經帶乾糧來了，您自己請便吧！」面對這意外的邀請，我父親有點不知所措，趕緊客氣地推辭。

「不用客氣，老人家，跟我來吧！」來人半拖半拉把我父親帶進了他的辦公室。

他讓我父親坐定又倒了一杯茶後，他安慰我父親說：「原來講好讓他中午回來吃飯的，大概有點什麼事耽擱了。你別急，我們先吃飯再說。」

不等我父親回話，他隨即輕輕帶上門走了出去。

十來分鐘後他提了個小竹籃走進來，然後把籃子裏的飯菜一一放在桌上：兩碗米飯、三盤菜、一小盆湯。十多年後，每當我父親回憶起這段往事時總會特別強調，那些菜中正好有他最愛吃的紅燒獅子頭。

「老周」熱情地舉箸相邀：「都是食堂菜，沒什麼好吃的，請隨意用，不必客氣。」

我父親是懂事的人，儘管來人還未自我介紹身分，但從「老周」的言談舉止和能擁有自己獨立的辦公室來看，他一定是位幹部。另外，他剛才自稱開了一上午的會，估計還是革委會的人。作為領導的「老周」，為什麼會這樣客氣？我父親一時間感到非常迷惑不解。

「現行反革命」家屬來「接見」「現行反革命」的兒子，不管受到什麼冷遇甚至是粗暴對待，這在當前走到哪裏都是天經地義的事，可身為領導幹部的「老周」卻一反常人地如此熱情，這其中會不會另有什麼目的？我父親的「警覺性」不亞於我，他不得不防一手。從另一面看，如果「老周」的這番熱情確實出自真心，那表明他非常同情我的不幸遭遇，但又因為幫不了忙而有些遺憾，只能藉此機會，通過家屬稍稍表示一下同情，假使真是這樣的話，我父親首要考慮的是千萬不能連累人家！請人吃頓便飯本來很平常，但招待一個「反革命」家屬吃飯可絕不是小事。這種不合時宜的行為很可能會給他帶來不小的麻煩，甚至影響他的前程……

見我父親愣在那裏發怔，「老周」以為他想兒子，一面婉言勸他別擔心，一面殷勤地往我父親的碗裏夾菜，不停地催他用餐。

左思右想，我父親始終沒有動筷子。最後站起身來禮貌地謝絕了「老周」的好意：「真不知該怎樣感謝您才好，只是我不能給您添麻煩，您的好意我心領了。」

見我父親那副有些不容商量的認真神態，「老周」大概看出了老人的心思，沉吟了一會就沒再堅持。我父親當即起身告辭退了出來，桌上那杯特地為他泡的茶一口也沒喝，手中仍端著那杯自來水。

「老周」隨即尾隨出來對我父親說：「老人家，既然你實在不肯吃飯，我就不勉強了。不過這會外面太熱，你就在我們大會議室裏休息吧，那裏蠻涼快的。」見我父親沒再謙讓，他便將我父親領進了會議室，又找了塊抹布仔細抹淨了乒乓球臺面後讓我父親一個人留了下來。

兩分鐘後他一手提了隻水瓶一手端了杯茶送進來，隨手把我父親那杯自來水潑到了地上。

隔了一會「老周」又來了，一進門就滿含歉意地告訴我父親，由於下午還要接著「開會」，我一時半會回不來，恐怕還得等。望著我父親滿臉的失望，他耐心地勸我父親別急：「既然還得等，不如先到我房間休息一會，我特地打井水抹了草蓆，您好好睡一覺，醒來後估計他就回來了」。

我父親再次謝絕了他。眼看勸不動我父親，他只好走了。

不知是革委員會存心不讓我們父子見面，還是考慮會場太遠，往返不便，反正我父親始終沒見到我。那天中午我一直被關在千畝地隊的會議室裏，下午2點又被押往鄰近的下西崗二隊趕了另外一場批鬥，快6點回到浴室時，我父親早就走了。第二天我才知道他在場部苦苦等了我將近一天。

下午上班後，我父親從會議室出來再次坐到場部門口的大石頭上繼續等我。時間一分一秒地過去，眼看已經快3點了，仍然不見我的人影。末班車是3點40分，到車站還得走半小時，看來是不能再等了。我父親去專案組打了個招呼，請他們轉交帶給我的幾元錢和五斤糧票後出了場部。我父親還有些不死心，朝著遠方又望了一會才快快地拐上去車站的小路。

經過葡萄園時，幾位正在修剪枝條的女工看我父親那副極度失望的樣子，一起圍了過來。她們都聽說了我父親來看兒子卻撲空的事，好心地安慰了他幾句，勸他別急別難過，我父親默默地點了點頭。

大約在小道上走了半里路不到，我父親聽到後面有人在叫：「老人家等一下，老人家等一下。」回頭一看，「老周」小跑著追了上來。

「老周」有些無奈地對我父親說，他也不明白我中午沒回來到底是怎麼回事，一聽說我父親沒見到人就走了，他趕緊追了過來。

接著他陪我父親一直走到車站。

中午他和我父親見面時一直沒怎麼提到我的事，估計是為了防止隔牆有耳。在去車站的小路上，他盡其所知地向我父親通報了我的情況。他告訴我父親，這次我出事是南京市公檢法軍管會直接下來辦的案，與農場並無多大牽連。他說他了解我的情況，不過沒談什麼具體內容，只是一再用惋惜的口氣說，我是個聰明、有才華的青年，可惜命途多舛，生不逢時。至於那些希望家屬配合革委會，規勸子女徹底坦白之類的屁話隻字未提，和去過我家的那位陳書記相比，分明不是一路人。

抵達車站時，「老周」爭著替我父親打了四角錢的車票。車來之前，他拉著我父親枯瘦的手說：「事到如今，你和他老母親只能想開一點，一定要多多保重，千萬別急壞身子，不然他在裏面更不安心。當前形勢擺在這裏，出事的也不只有你們一家，再說他畢竟還年輕，來日方長，以後政策也許會鬆一些，將來總會有出路的。」

滿腹對兒子的思念加上探視撲空的失望，使我父親的內心悲苦到了極點，經「老周」這番真情委婉的安慰，我父親不禁老淚縱橫，哽咽難言。父親一生錚錚鐵骨，遇事從不輕易動容，這是他多年中難得的一次落淚。

車來時，「老周」將我父親送到車門口並推著他的背將他塞上了車。

這段故事直到十年後的1979年我回到家時，才從我父親的口中得知。儘管過去那麼多年了，我父親對當時的經過和細節仍然記得清清楚楚，一再稱那位「老周」是他「一生中難得遇見過的好人」！

四年後我父親病逝，就在他去世前一個多月和我閒聊時還念叨過這件事。對一位歷經八十年風雨、即將沉入歷史的垂暮老人而言，一生中真正值得記住的事應該不多了，可那次「接見」撲空時所發生的一切卻始終令他念念不忘，最後將它們帶進了永恆。

我父親生前談到這段往事時多次問過我「老周」到底是什麼人？和我到底是什麼關係？他之所以那樣同情我們又是為了什麼？

在我出獄後父親第一次提到這件事時我就簡單介紹了「老周」的情況，告訴他「老周」是我的領導，並且還是專門審理我案件的專案組成員，多年來我和他極少接觸，談不上有任何私人感情。但我父親怎麼也不相信，我和「老周」關係就這麼簡單，不論我怎麼解釋，他始終就是不信。他懷疑的最大根據就是既然人家和你一無來往、二無交情，那究竟為什麼要同情我們，並且又那樣熱情地接待他？他是不是對所有人都這樣？

按他的意思，似乎我對他刻意隱瞞了些什麼。

面對老爺子這種倔強的思維方式，我還真不知如何才能說清。

其實，我根本沒對我父親隱瞞什麼，這位「老周」真的和我沒有什麼交往。文革前他就是農場的副場長，兼任西崗地區黨支部書記，他分管西崗地區，而我在東流地區上班，平時難得見面。地位的懸殊加上政治環境的制約，他既不可能折節下交我這個底層的另類，我當然也高攀不上身為共產黨幹部的他。我只知道他是北京農學院五十年代初的高材生，畢業後當過畜牧師、教過書，後來被安排到農場擔任領導工作。他給我的直觀印象一直不錯：沉穩、謙和、儒雅，待人彬彬有禮，言談舉止得體。和農場另外兩位敵後武工隊出身的

一、二把手相比，除了缺少革命幹部特有的專橫霸道之外，我看他才像是一位真正的領導。既然是領導，對其也只是敬而遠之而已。

作為農場的主要領導，又是我專案組的成員，他當然非常了解我的歷史和來農場後的一貫表現。就憑我檔案中那些豐富多彩的內容，在他的印象中我肯定是個打了重點記號的對象。

我對「老周」的了解，加起來就只有這麼多。

不過，我父親的疑問確實又很有道理，換成其他人遇到這種情況，難免也會迷惑不解，既然和我關係如此簡單，他究竟為什麼會對我父親展現出那種大大不合時宜的熱情，並且幾乎不加掩飾地表示出明顯的同情呢？

這其中的緣由，只能根據我的認識水準來猜度了。

人與人之間的同情可以有各種各樣的原因，但就根本而言，不外乎是出於對弱者的憐憫。但我認為「老周」那份與眾不同的同情又絕不僅如此簡單，以他的出身經歷和一貫為人來看，其中一定還包含著一種忠厚長者對青年──特別是他認為有為的青年──一輩的惋惜，以及一位有良知的知識份子在那種政治壓力下「無力回天」的苦惱。一句話：這些都出於他內心世界中的正義感和責任感。按當時革命的標準，恐怕他也是位「世界觀尚未得到徹底改造」的知識份子。

緣此推及，我隱隱感到他和我在思想的某些方面一定有著某種共鳴。這也許才是他同情我們父子的根本原因。

如果不是這樣，那就無法理解如此沉穩的他，居然會熱情真誠地接待一個「現行反革命」要犯的家屬，這既不符合解放後大多數中國知識份子的德性，更有悖新生紅色政權中革命幹部的常規。當然，這其中也不排除這樣一個巧合：他正好是專案組的成員，他有理由以動員「反革命」家屬規勸子女坦白交代為藉口來接近我父親，從而不必太過顧慮自己的行為是否會帶來麻煩。

這些情況歸納起來之後，就構成了一個非常深刻的問題——對於人性的深層內涵，我們究竟應該如何認識？而這一點恰恰又是我這個文史哲門外漢無法用三言兩語說清楚的。我之所以難以向我父親說明白，原因也正在此。

很多年後，當「老周」和我能夠平起平坐一起毫無拘束地聊著天時，終於從他那裏印證了我的看法。這時他已從南京某局局長的位子上退休，無官一身輕的他再也不必掩飾自己的真實感情了。

當我談及這段往事時，他一再說我不必對他感激些什麼，倒是他當年常為不能多關照我們父子而有所不安，他說自詳細看了我的檔案之後便明白怎麼回事，只是無法幫得上忙。多年來他聽說過很多政治冤案，能這樣直接面對的還是第一次，他不想把手搞髒，但他又很難始終保持清白，為此他在無奈中常常感到苦悶。

他在回顧一生時替自己做了這樣一個總結：「幾十年來做了一些工作，自己受過一些罪，也得罪過一些人，現在回想起來多少有些安慰的是，我這輩子從來沒害過人、沒坑過人、沒整過人。」

寥寥數語，道出了為官數十載的感慨。

如今的「老周」已年屆八旬，精神矍健，紅光滿面，祝這位老領導健康長壽！

發生在除夕的故事

　　晚餐才結束，女兒帶著外孫笑吟吟地走了進來。人剛坐下便掏出一張紙遞給老伴，說是大年三十的「時間表」，要我們定奪一下。為圖省事，她和老伴早商量好，今年春節不再忙菜，乾脆在南京有名的「綠柳居」素菜館訂了一桌年夜飯，並由菜館送上門來。母女倆正商量著，外孫飛飛已像牛皮糖般地黏到了我身上，非要我明天抽點時間陪他去買煙花爆竹不可，說人家的小朋友早已買齊，就等除夕時放了。望著小外孫這副急不可耐巴望過年的神情，不由得勾起我童年過年時的殘存記憶。最盼望過年的，莫過於無憂無慮的孩子們了。

　　一晃之間這春節又到眼前了，一生六十多個春節已悄然遠去，其間所經歷的悲歡離合、喜怒哀樂，大都隨著歲月的流逝漸漸淡出記憶，只是有幾個春節所遭遇的事卻一直難以忘卻，每臨春節總不免觸景生情，惹出一番感慨，尤其是年逾花甲之後，此情愈甚。

　　返顧自己一生的遭際，早就不該多愁善感，幾十年來之所以老是縈懷那些不堪回首的往事，除了表明自己本性中的脆弱尚未得到完全改造之外，另一個很重要的原因就是我實在無法忘掉那些在我落難時所遇到的好人，我必須終生記住他們。正是這些和我一樣活在社會底層的草民在那人性缺失的年代裏展現出的善良本性，使我在茫茫黑夜裏看到一線光明、在徹骨的嚴寒中感受到一絲溫暖，從而使我即便面對周圍的絕情冷酷卻始終沒有丟失自己身上人類的感情，沒有完全失去自我，沒有讓我當年那顆年輕的心急劇枯萎，最後幸運地活到了今天。

　　當我有感於此時，那些消逝的歲月抖落厚厚的蒙塵頓時又擠到了我的眼前，四十多年前一個大雪紛飛的除夕所發生的一切，在眾多

的回憶裏特別清晰地凸顯了出來，它們一下子攪亂了我內心的平靜，並令我萌發了一種強烈的傾訴衝動。我走進書房在電腦前坐了下來，在嫋嫋煙霧中，隨著我這雙衰老顫抖的雙手笨拙的敲擊，它們在螢幕上化成了一行行飽含辛酸的文字……

時間是1965年的農曆臘月二十九。

下午起天氣就變了，早晨時還有點太陽，中午後卻漸漸陰沉了下來，下午上班時天空已佈滿了陰霾，氣溫也陡然下降，瞧這樣子可能要下雪了。入冬以來天氣一直不錯，也不怎麼冷，眼看明天就是除夕，後天就是大年初一了，天老爺卻在年關前一下子變了臉。

4點多鐘從車間辦公室散會一走出來，立即感到寒氣襲人，我禁不住連打了兩個寒顫。會議臨結束時隊長宣佈本月的兩元交通費取消，這個令我沮喪的消息加上撲面而來的寒風，我頓時感到冷冽骨髓。

原本決定今天傍晚隨場部包來的幾部大客和住在城裏的青工們一起進城回家過年的，誰知臨時突然取消了交通費，沒有這每月規定發放的兩元錢車資，身無分文的我實在掏不出三角五分錢買車票，乘車回家的打算頓時成了泡影。

今年農場破天荒地發了年終獎金，最高的一等獎二十四元，最低的五等是八元。中層幹部、黨團員、積極份子大部是一、二等，一般表現的二等或三等，較差者四等，少數落後份子五等，絕大多數人都拿到了十幾元的獎金，而我是全場一千多職工中除四類份子外唯一的「等外品」——沒有分文獎金的特別人物。

原因是我去年在十二隊下地幹活的那段日子，莫名其妙地參加了一個「反動小集團」，而且是小集團的「外交部長」，算是小集團中的三號人物。

去年我還在十二隊時，一天晚上停電，十來個小青工聚在我所居住的宿舍裏海天胡地亂吹，也不知怎麼就扯到我所在的一班經常受

隊長批評的事。有人說這是三班老在領導面前告我們狀造成的，於是眾人七嘴八舌地建議我們要給三班的人一些顏色看看，有的說夜裏把他們晾在外面的衣服丟到田裏去，有的說把三班人的熱水瓶塞子一起偷偷甩到廁所去，有的還主張夜裏裝鬼叫嚇唬他們等等，這一班十多歲（其中兩人才十六歲）的小青工，幾乎把能想到的惡作劇鬼點子都翻出來了。最後又紛紛表示要團結起來，和三班戰鬥到底，為了行動統一，推選班長雷××為司令，副班長為副司令，後來說我最有學問，口才又好，一致選我當外交部長。他們瞎吹時我自始至終都躺在床上，沒開過口，只是在一旁聽熱鬧。不久電來了後，眾人各回各的宿舍下棋、打樸克牌去了，這場小小的鬧劇誰也沒記在心上。

前不久，農場展開了以狠抓階級鬥爭為中心的「社會主義教育」運動，這件早被忘得一乾二淨的事，不知被誰作為階級鬥爭的內容彙報給了農場黨委。那位對階級鬥爭就像蒼蠅見血一般感興趣的書記陳汝霖一接到這份情報，立刻興奮得兩眼發光、渾身顫抖。當時他正在為農場缺乏新鮮的階級鬥爭素材而犯愁，成天集中精神、瞪大眼睛、豎起耳朵、張著鼻孔地捕捉著哪怕是極微弱的階級鬥爭資訊，皇天不負有心人，眼下這現成的靶子居然送上門來了，豈能輕易放過？在黨委會上，他激動得連聲音都變了：「同志們哪！大魚終於浮出水面了！」

黨委連夜召開了擴大會議，首先是黨委統一認識，將那個停電的夜晚參與談話的成員定性為「反革命小集團」，後來大概覺得實在過於牽強，又改為「反動小集團」。接著進行戰鬥佈署，具體落實如何揭開我們這個「反動小集團」黑幕的方法，該鬥的鬥，該抓的抓。鬥爭的重點是兩位「司令」和我這個「外交部長」。特別是我，當時雖然一言未發，但不開口本身就是問題，這恰恰表明我的「陰險」。再說眾人為什麼不選其他人當「外交部長」，獨獨相中我？我在歷史

上既是1957年的漏劃右派，平時又一貫思想反動，這次更榮任了「外交部長」，毫無疑問列為「重中之重」！

南京市公安局很快就來了人。

事先書記親自去市局做了專門彙報，聲稱我們農場揪出了一個「反動小集團」，成員有三青團骨幹、漏劃右派、富農子弟和出身反動家庭的青工，這伙人經常糾集在一起，密謀打擊、迫害積極進步的黨團員和積極份子，煽動消極怠工、破壞生產工具，最後發展到「封官許願」、內部分工，已經封了司令，還有外交部長，請公安部門立即介入偵破，打擊階級敵人的破壞活動云云。

市局一聽當然不敢怠慢，立即派人來農場了解情況，車子來了三部，將近有十個人，清一色的便衣，全是精明強幹的老手。

來人聽取了保衛科的彙報，會同黨委開了個短會。出乎意料的是，會後卻什麼人也沒找，也沒索取什麼材料，半天不到便匆匆結束了調查。

事後據食堂趙班長偷偷告訴我，那天晚餐結束告別時（那時還不興酒店宴請、桑拿招待，只在食堂吃了頓便飯、喝了些農場酒廠釀造的葡萄酒），公安局帶隊的一位處長拍著我們陳書記的肩膀吐了幾句酒後真言：「老陳啊，我們是老熟人了，說句你別在意的話，今後再遇到這類的事時，就麻煩你們單位自行酌情處理吧。今天你非要我們帶人走，這恐怕由不得你，不管怎樣我們得按政策辦，假使這些亂開玩笑的小紕漏也要抓的話，那國家得掏多少人民幣來蓋看守所！」說完就駕車揚長而去。

書記幾天來絞盡腦計、煞費苦心的一番努力就這樣白忙活了。

釣「大魚」的希望落了空，又在公安局來人面前討了沒趣，陳書記自然不甘心，一氣之下撤掉了兩個「司令」的正副班長職務，我這個「外交部長」則從機械廠發配到基建隊去做苦力。我們機械廠的兩位領導是挺不錯的老實人，在我移交了手中的圖紙和技術文件之

後，他們還安慰了我一番，叫我去基建隊好好幹，以後有機會再設法把我弄回來。副隊長趙維義護送我離開，一路上結結巴巴地再三表明這是黨委的命令，他們沒法違抗。看他一臉過意不去的神情，倒是我反過來勸了他幾句。

評年終獎時，十二隊那兩位「司令」不知怎麼地各混到了一份四等獎，唯獨我一人「名落孫山」，一文不名。機械廠兩位隊長有些為我抱屈，主動到黨委會去幫我說情，請領導看在我平時工作賣力的份上，能否照顧照顧給個最低獎？誰知進了書記辦公室，剛剛說明來意，便被一臉慍色的陳書記怒斥為大腦糊塗，趕緊灰頭鼠臉地退了出來。

俗話說：「福無雙至，禍不單行。」按國家規定，家在城裏的農場職工每月發兩元錢交通費，但就在這放假前夕，我們那個小商販出身、素以吝嗇出名的新四軍老幹部黃場長，眼看職工一下子拿到那麼多獎金，有些心疼，不知是出於節約國家財政的考慮，還是認為錢發多了不是好事，乾脆大筆一揮，把兩元交通費砍掉了。

別人交通費即使被扣掉了還有獎金，但對我來說就不一樣了。我十九元的工資早就用光，最近被調去基建隊之後，繁重的體力勞動使我飯量大增，我不得不花高價買黑市米到食堂去換飯票。前兩天賒來幾斤米，到現在還欠著人家米錢沒還，目前我所有的家當只有半斤飯票，要想年前趕回家中，唯一的指望就是這兩元錢交通費，沒有這兩元錢，我得花五六個小時走進城。更要命的是，我唯一的那雙三元錢買來的舊反毛皮鞋早已底通縫裂，它能否經受將近三十公里步行的考驗，使我揪心不已。

5點整進城的大客車按時開出，幾百個回城的職工提著大包小包擠上了車，只有我一人孤零零地立在寒風中，一臉無奈地望著遠去的大客車後方揚起的塵土發呆。

傍晚時北風越颳越大，淒厲地嚎叫著掠過空曠的田野，隨著黑暗籠罩大地，我更加感受到嚴寒的侵襲。

晚餐時只有三四個人在食堂吃飯，我端著碗蹲在燒水大灶的爐口取暖，爐膛裏熊熊的火舌不由得撩起了我對年邁父母的思念。他們大概以為我今天會回去的，也許這會兒正等著我吃飯，但他們的期盼又落空了。在我那低矮狹小的家中，父母親寬廣博大的慈愛總是那樣讓我感到親切溫暖，可是我不能靠他們那微薄的收入來養活我。為了活命度日，我不得不棲身在這該死的農場混口飯吃。儘管我落到今天這種地步，他們卻從來沒有埋怨過我，也正因為他們的慈愛和寬容，使我一直跨不出那危險也是最有前途的一步，在幾近絕望的無奈中打發日子。

從食堂出來時，氣溫更低了，風像刀片般地割著耳朵，儘管雙臂緊緊摀住棉襖，我的前心後背仍然一片冰涼。在透骨的寒風中，我身上這件形同虛設的棉衣幾乎完全失去了保暖作用，我冷極了。

剛來農場時我還有一個皮箱的衣服，在兩年不到的時間裏，為了填飽肚子，所有稍為值錢的衣物都和農民換成山芋、胡蘿蔔吃掉了，最後把空無一物的皮箱也換成了食物。到了1963年時，就私有財產的擁有程度而言，我已成了最徹底的無產階級。我身上穿的這件棉衣，並非原來的舊物，說起來還有點小來歷。

前年冬天農場系統搞了一次社會主義教育宣傳畫展，領導不知怎麼就相中了我，抽調我去臨時幫忙，想不到最後在農場系統評比時竟拿了個頭等獎。工會主席老胡帶我去領獎時（管理局有關領導指名要見一下我這個畫畫的），見我身上的棉衣實在襤褸不堪，不知是出於惻隱之心，還是為了使農場派出的成員不致過分丟人現眼，臨時決定補助我一件新棉襖。所謂的新棉襖，不過是從勞保用品商店買來的棉工作衣，藍色面料和白布裏子都很粗糙，卻十分厚實，有了它那個冬天變得很暖和。

開春後由於沒有單衣，窮則思變，腦筋一動，我去十一隊請劉裁縫將這件棉襖改成了一件藍外套和一件白襯衣，中間的棉花作為手工費給了劉裁縫。去年一年由春到夏、由夏到秋，我就全靠這兩件單衣遮體度日。去年三八婦女節前後曾有一位南京城裏畫畫的朋友送過我一件舊的單層風衣，可穿了沒多少日子便被我用來和漢府街長途汽車站旁一位賣香煙的老頭進行商品交換：老頭給了我四包白皮香煙外加供我打車票的四角錢，我則當場將還帶著體溫的風衣脫下並丟給了他。

轉眼冬天又到，這次可沒有人補助我棉衣了。當冷空氣第一次「光臨」時，我不得不再去找劉裁縫，請他幫忙把兩件已快穿破的單衣還原為一件棉衣。這劉裁縫身手倒也不凡，當天晚上就完成了這項「合二為一」的工程。七拼八湊地縫合好之後，替我在夾層中塞進了一些丟棄在角落的爛棉絮，為了防止起團，又專門在前後心縱橫縫成一塊塊的方格，外形頗像當今波司登名牌羽絨衣的款式。這再版的棉衣樣子雖與普通棉衣無二，但上身之後發現禦寒力極差，估計比當年孔夫子門徒閔子騫的晚娘替他縫的那件蘆花棉衣好不到哪裏。那倒楣的閔子騫貼身可能還有一兩件單衣，而我裡面只有一件比魚網強不到哪裏的破球衫。

前段日子幸好一直不太冷，一天一天總算勉強捱了過來，在今天這突然而至的寒流面前，這款式獨特但名不副實的棉襖一下子失去作用，我的牙齒不禁對叩起來。

上空的電線在呼嘯的寒風中奏出詭異的旋律，小路邊不遠的松林中，瑟瑟的松濤聲彷彿幽靈的嗚咽，折磨著人的神經，我渾身都打著寒顫。這裏原本有一盞路燈的，今晚不知怎麼滅了，我好不容易高一腳低一腳地摸黑回到了宿舍。

我的住處原先是個廢棄不用的造醬油的小車間，裏面住著一位名叫陶寶華的騾馬飼養員。「反動小集團」事件後，我被勒令搬出原

來在場部旁邊的集體宿舍，住進了這醬油車間。領導的考慮總是有深遠道理的，讓我「喬遷」至此，既可防止我用資產階級反動思想腐蝕、拉攏集體宿舍的小青工，又能使我在陶寶華的暗中監督之下不敢蠢蠢欲動。這陶寶華是個五十多歲的老光棍，出身貧農，一字不識，平時對牲口動輒棒打腳踢，對領導卻一向唯命是從。在領導眼中，越是不識字的越可靠，他既不可能被我腐蝕、拉攏，又會欣然接受監督我的任務（貧下中農對領導交給他們的這類政治任務，總是很感興趣的）。另外讓領導放心的是，我住處周圍的方圓百米內沒有任何其他住戶，只有隔壁牲口棚內的騾馬與我為鄰，縱然我想腐蝕、拉攏，也只能是「對馬彈琴」。其餘的不說，就從安排住宿這些小事如此精心來看，黨組織的的確確對我做到了「仁至義盡」。

打開宿舍那盞十五瓦電燈，發現陶寶華的床鋪上已經空空如也，估計老傢伙連夜趕回江寧縣咸田老家過年去了。每次休假回去他總要扛走那床補丁疊著補丁的鋪蓋，也不知是怕我趁他不在時偷走賣錢，或是老家實在沒有多餘的棉被讓他臨時蓋兩天。

這醬油車間四面透光（好在屋頂不漏雨），寒風從各處縫隙拚命往裏鑽，噓出陣陣的口哨聲。看著我那床有十幾個破洞的被子，我心裏不禁犯起愁來。幸好前幾天我從隔壁的騾馬房裏抱來兩大捆稻草鋪在床上，否則在這冰窟似的醬酒車間裏真的像普契尼歌劇《杜蘭朵》詠嘆調中唱的那樣「今宵難以入睡」了。

在昏黃的燈光下，貼在破蚊帳裏那張克拉瑪斯柯依的《貴婦人》正坐在馬車上由上而下地睥睨著我，此刻她的美色和眼中的傲慢我根本無心在意，而她穿的那件貂皮領大衣今晚卻令我眼饞不已——此時若能有件皮大衣蓋在身上那該有多好！上星期我從牲口棚拎來幾條麻袋，晚上加蓋在破被上，夜裏感覺暖和多了，但剛用了兩天便被陶寶華要走鎖進了工具房，拿走不說，還不忘振振有詞地教訓我「不該隨便亂用公家的東西」。

　　我穿著全身所有的衣服、褲子，裏著那床破被子（人們通常以鑽入被子來表示入睡，但我那床基本散架的破被子已經無法鑽了）蜷縮成一團開始入睡，但破被加上我的衣服實在抵禦不了嚴寒，越睡越冷，越冷就越睡不著，寒意從我每一個毛孔往體內鑽，我感到快要凍僵了，不得不起來活動身體。

　　在這死寂的寒夜裏，孤零零的我在燈下機械地轉著圈子取暖，仰望頭頂上那盞散發著昏黃燈光的燈泡，轉啊轉的我進入了一種半恍惚狀態，慘澹的燈光在眼中漸漸幻成了瀰漫整個空間的黃色光霧，它們突然觸發了我一個奇特的聯想：不久前中國的第一顆原子彈爆炸陡然使我內心升起一股強烈的衝動——我虔誠地盼望在我所待的土地上空爆炸一顆原子彈！

　　還有什麼比「蘑菇雲」更能使全世界真正的受苦人得到最徹底的解放呢……

　　總算天無絕人之路，後來我好不容易在一個角落裏找到了厚厚一疊倒空了水泥的紙水泥袋，不管髒不髒，我將它們沿縫撕開一層層地壓在被子上，最後我像條狗一樣蜷縮在一堆稻草、破棉花和紙水泥袋裏睡著了。

　　早晨醒來，大概已有8、9點鐘，門才打開，一股冷風就夾著雪片打著旋，迎面向我撲來，我不禁呆住了。夜裏不知何時下起了雪，門前的小徑已不見蹤影，田野全被皚皚白雪所覆蓋，極目遠眺，天地間皆是白茫茫的一片。

　　原本想在上午趁早步行進城的，可在這漫天大雪之中要怎麼走呢？雨衣和傘對我來說早成為想都不敢想的奢侈品，沒有遮雪用具，漫長的五十多里路怎麼走？老天爺也未免太作弄人，偏偏在除夕來了這場該死的大雪！

但不走更不行。春節期間食堂停伙（即使有人值班我也沒法吃飯，我最後的半斤飯票已在昨晚吃光了），這一連幾天叫我怎麼過？望著滿天飄舞的鵝毛雪片，一時間我茫然不知所措。

不爭氣的肚子這時又咕咕叫了起來，我決定先去食堂看看能不能搞點吃的再說。我找了兩段廢鐵絲在破鞋上繞了幾圈，背起瓦工小帆布工具包，順手揀了兩張水泥紙袋頂在頭上，門都沒關就匆匆地向食堂走去。

離食堂老遠就看見門還開著，心裏稍微定了一下，只要有人在，也許會有辦法的。進門一看，伙房趙班長已經換了一身挺整齊的衣服，正忙著準備封爐子，看來他已收拾停當要回去過年了。見我頂著水泥袋進來的狼狽樣，他忍不住笑了起來，問我怎麼不回家過年？我趕緊打了個岔搪塞過去，接著擠出討好的微笑問他能不能幫忙搞點吃的？他一聽怔了一下：「哎呀，什麼都沒有了，食堂從今天起停伙，我這正準備封火關門，你晚來一步我就走了。」

大概是我一臉的失望神情打動了他，他想了一下後說：「還有一點夜裏幾個值班幹部吃夜餐時剩下的菜，你要不嫌棄的話，我幫你熱一熱，湊乎一頓怎麼樣？」到了此時我哪敢嫌棄人家的剩菜？連稱不嫌不嫌。他將幾碟剩菜連湯帶汁一起倒進鍋裏，加了一勺水，利用灶內最後一點餘火，替我拼成了一道雜燴，接著又去後面找來幾塊鍋巴放了進去，稍稍燜了一會後，一大盆冒著熱氣的「什錦鍋巴」便端到了我的面前。

千恩萬謝之後，我表示過了年一定來補交飯票，但趙班長說「都是吃剩的，算了吧。」

我貪婪地吃了起來。吃著吃著，我的眼淚撲簌簌地掉進了飯盆裏。

一直在一旁饒有興趣地看著我吃飯的趙班長一見此景，深深地嘆了一口氣，點起根煙走了出去。

　　四十多年了，那個大雪紛飛的除夕、那盆熱氣騰騰的雜燴鍋巴，還有趙班長那張胖胖的帶著微笑的臉，一直牢牢地焊在我的記憶神經上，至死都不會忘卻。

　　同樣是這位趙班長，在四年多後的1969年，又特地為我做過一頓午餐，令我終生感銘。

　　1969年8月24日，我由南京白下區（文革期間更名為朝陽區）看守所被押回農場開大會正式宣佈逮捕，到農場時已時過正午，押運的公安由專人招待，我則被押進食堂吃午飯。那天趙班長正好當班，專案組人員叫他弄點飯給我吃。趙班長惡狠狠地瞪了我一眼後罵了起來：「開飯時間早過了，哪還有什麼飯？這種反革命餓死了才好，還給他吃飯？他只配吃屎！」專案組人員皺了皺眉說行了行了，隨便弄點什麼給他吃算了。稍等之後，趙班長端來一碗飯、一碗水「砰」地一聲篤在桌上，嘴裏還念念有詞：「吃吃好死了！」

　　人到那種地步，挨罵早已習以為常，何況這趙班長以前對我不錯，哪能和人家計較？

　　那是一隻頭號粗瓷大碗，飯堆得尖尖的，上面什麼菜也沒有，只是澆了些剩菜滷。在看守所裏一天兩餐，成天餓得頭昏腦暈，如今見到這一大碗飯，我兩眼立即冒出光來。

　　就在我扒飯的時候，筷子尖似乎撥到了什麼東西，稍稍扒開一個小洞後，下面竟露出了一塊紅燒肉，再扒開點一看，飯下面竟然全是紅燒肉！

　　這情景頓時令我百感交集。趙班長真是個有心人，剛才那一番臭罵，原來全是為了讓我能吃上一頓紅燒肉的表演臺詞！

　　為了防止身旁看守我的專案組人員察覺這隱藏在飯下的祕密，我盡量偷著先吃下面的肉，一大碗「蓋澆肉」全部下肚後，我已五飽六足。

下午大會一結束我就被銬上了車，不久後去了勞改隊，從此再也沒見過趙班長。

1979年我平反後得知趙班長已在三年前不幸病逝，我一直想到他的墳上燒一柱香，遺憾的是始終未能遂願。

我們的當局總想通過階級鬥爭消滅掉幾千年澱積下來的人性，可這人性就像生長在石頭下面的小草，只要有一絲縫隙，它總會不失時機地鑽出地面。我認識趙班長好幾年，平時並無多大交情，有次還和他吵過一架。在我那落魄倒楣的日子裏，他給我的那盆鍋巴和那碗帶罵的紅燒肉，並非私交所致，我感受到的是一位好人對弱者可貴的同情，這種同情正來自輝煌燦爛的人性。

一大盆什錦鍋巴下肚後，渾身暖和了起來，我決定立即動身進城。

趙班長幫我找了一頂舊草帽，又在灶披間替我弄來一大塊修房子剩下的黑油毛氈，我用菜刀在中間挖了一個人頭大的洞，往身上一套，儼然成了一件挺實用的雨衣。有了這兩件行頭，看來問題不大了。我再次謝過趙班長，頭頂草帽身披毛氈，順手抄起根柴火棍，迎著漫天風雪踏上了回家的路。

望不到盡頭的公路上鋪滿了積雪，空蕩蕩的連鬼影子都看不到一個，只有遠處村落偶爾傳來的一兩聲爆竹聲提醒我今天正是除夕。鞋內很快就被雪水浸透，踏在雪地上叭嘰叭嘰作響，單調的腳步聲不禁使我回顧起這幾年的種種遭遇。我的青春歲月就像在這紛飛的大雪中行走一樣，每走一步都要付出艱辛，而前方始終白茫茫一片，看不見任何希望。

隨著一步步向城裏走近，想到年邁雙親見到我這副落魄模樣時將會如何難過，我腳下的步履頓時沉重起來。

走到麒麟門時，我在鎮上唯一的一家百貨商店門洞下的臺階上坐下休息了一會。牆上的時鐘正指著12點，從出發到現在，我用近兩

個小時走了十五里路。農村到了除夕已經很少有人購買日雜用品，店堂內空蕩蕩的，兩個女營業員捧著飯碗邊吃邊聊天，看到別人吃午飯，我禁不住嚥了嚥口水，勒緊褲腰帶繼續上路。前面到南京的三十多里全是柏油馬路了，由於往來的車輛較多，路面的積雪大都被碾化，比剛才的路要好走得多，這時雪也小了起來。

麒麟門的鎮面不過是百米左右的一條街，原有的二三十家小店鋪這會兒基本上都關了門，只有兩三家小茶館倒開著，裏面幾個老頭坐在破條凳上閒聊。其中一家小茶館的門前擠了一堆人，經過時我伸頭一看，一個留著山羊鬍子的老頭正在賣對聯，邊寫邊賣，每副一角錢，生意看來不錯，門前有十來個人在等他寫。山羊鬍老頭年紀大了，加上天冷，顫抖的手寫字出奇的慢。我默算了一下，一副十幾字的對聯竟要花上六七分鐘，等待的人們不停地催促他，結果越催越慢，等的人也越來越不耐煩起來。就在這時又有好幾個人匆匆地趕來擠進了買對聯的行列。

當時我覺得有點奇怪，剛才我還看到百貨商店門口的櫃檯上有不少對聯陳列在那裏，格式整齊而且字也好看，這些人為什麼不去店裏買，偏偏擠在這裏排著隊等老頭現寫？還是幾個等字的人相互閒扯才使我明白，原來農村人大都認為，只有現寫的才更富有傳統門聯的喜慶，對印刷品他們不感興趣。早兩天這裏一直有人寫對聯賣，但今天是除夕又下著雪，賣對聯的都沒來，只有山羊鬍老頭一人堅持在這裏。到這會才來的都是前幾天沒空買門聯的人，按照習俗，家家必須在除夕年夜飯前貼上門聯，下午再不買就沒日子了，因此一時之間出現了供不應求的情況。

老頭的字寫得倒還說得過去，只是人老手抖，速度實在太慢，我都忍不住替他乾著急。

突然間，一個念頭如電光石火般閃過我的腦海：根據這情勢看來，下半天肯定還會有不少人要買對聯，我何不趁此機會發一筆小

財？幼時為練毛筆字挨過老爺子不少打，幾年下來好歹積了一點功底，如今在這偏僻小鎮上寫點對聯賣應該問題不大。

但哪來的錢買筆、墨汁和紅紙呢？我想起了包中那隻軍用搪瓷碗。1960年我從學校畢業時帶走了兩隻食堂搪瓷碗作紀念，一隻已於前年換了香煙，這一隻一直捨不得出手，平時出門總帶在身邊喝水吃飯，為解眼下燃眉之急，現在只能忍痛割愛了。

我穿過馬路來到斜對面的一家小茶館（所謂的茶館，只是一個黑洞洞的小門面，兩張破桌子、幾條一個巴掌寬的窄條凳，桌子上放著兩把茶壺和十來個有缺口的粗瓷茶杯），開茶館的是個駝子，五十多歲，眼睛似乎也不太好，一隻大些，一隻瞇著。我掏出搪瓷碗直接表示想賣給他，他湊在眼前仔細看了看後問要多少錢，我開價八角，他還價四角，稍再協商後以五角成交。我又說想借他的桌子和地方賣一會對聯，不管有無生意我都付他一角錢的茶資，如果賣得好我會再加錢。駝子盯著我的全身看了一會（估計他看我那身打扮不像個能寫對聯的）後說行。

五角錢到手後，我立即去百貨商店買了一枝毛筆、一小瓶墨汁，餘錢買了紅紙，最後還多了兩分零錢。

找駝子借了把刀將紙全部裁成條狀後，我即揮毫書寫，一口氣將紅紙全部寫完，茶館的桌上、地面上全都攤滿了對聯。我走到門外吆喝起來：「要買對聯的快來！要買對聯的快來！」喊聲才落，對面山羊鬍老頭門前等著買對聯的人紛紛跑過街來，一看有現成的不用等，字也比老頭好，個個掏錢來買，有的還買了兩三副。我的定價是每副一角，寬的大門聯一角五，用於房門、廚房的窄小對聯八分。

五分鐘不到，首批的十幾副全部賣光，還有好幾位沒買到。一共賣了近兩元錢。

我一看有門，趕緊再去百貨商店用所有到手的錢買了二十幾張大紅紙，又買了一瓶墨汁。駝子看我的生意來了，也過來幫忙裁紙、

遞拿，我只管奮筆疾書，一分鐘不到一副，墨跡未乾馬上就被買走，門口很快也像山羊鬍老頭那裏一樣擠滿了人。

昨晚在醬油車間宿舍裏找了半天才找到兩個香煙頭勉強過了口癮，今天從早到現在還沒抽到煙，駝子平時除了賣茶外還賣土造煙，我買了一包，連抽兩支，陡然長了不少精神。

3點鐘不到，第二批紅紙就已全數賣光。這時門口還有人在等。我盤算了一下：到天黑最多還有三個小時，這對聯過了除夕就毫無用處了，要貼的話就必須趕在今天下午這兩三個小時裏買到，既然供不應求，我決定適當地提高單價：普通的一角五，大的二角，小的一角。

我趕緊再去買紙，快步跑到百貨店一看，那兩位女士正準備打烊，我趕忙說好話請她們幫忙再做一筆生意。這次我又買了三十張紅紙和一瓶墨汁。

令我感到欣喜的是仍然不斷有顧客上門，「漲價」之後，有人咕噥說太貴，大約是急著趕回去在天黑前貼上，最終還是買了。上午趙班長那盆雜燴鍋巴早就消化掉了，肚子咕嚕咕嚕地直叫，可現在對我來說每分鐘都是錢，賺錢的強烈慾望很快就壓住了飢餓。

大約4點多時，一個不知何時擠進來的、身穿軍大衣的軍人拍了拍我的肩膀，他先自我介紹說他是麟麟門東邊西村靶場的，然後問我大字對聯寫不寫？我問多大，他說每張頭開大紅紙上只能寫一個字，一共二十個字。算算若接下這筆生意，剛買的紅紙只能給他一人用了，另外墨汁恐怕也不夠，我說可以寫，但我的紅紙和墨汁不夠了，百貨商店已經關門，買也買不到，如果你自備紅紙和墨汁來，可以幫你寫。他想了一下說可以，接著問要多少錢？我接過他的底稿字條一看，那二十個字的內容是「千萬不要忘記階級鬥爭，練好本領消滅來犯之敵」。我一看不由得他媽的來氣，但馬上又意識到對這上門的買賣可不能意氣用事，前面賣的那些對聯，好多內容不也是「翻身不忘

×××，幸福全靠×××」、「讀×××書，聽×××話」之類的鬼話嗎？眼看到手的錢哪能不賺？我狠了狠心，報出價格：「每字八毛，少一分不幹！」話雖如此，心想能有五毛一個字，我就相當滿足了。誰知軍人比我還乾脆，一口說行，八毛就八毛。說完便轉身離開。

隔了老半天也沒見軍人來，我想也許是我要價太高，人家事後想想反悔了。好在一直有人來買，即使軍人的生意沒有成交也無所謂了。隨著傍晚臨近，已經很少有人光顧，紅紙還剩四五張，我決定再賣一會就罷手。現在我有錢買票乘車了，南京到湯山的末班車5點開出，到終點調頭回南京，經過麒麟門最起碼要到6點半，我的時間還很寬裕。

天很快黑了下來，雪不知何時也停了，鎮上開始響起了爆竹，看來生意就到此為止了。駝子幫了一下午的忙，我給了他四毛錢，還剩兩張紅紙，我全部裁開寫成對聯送給了他。

就在這時，一部「嘎斯69」軍用吉普嘎的一聲停在了茶館門口，那個軍人匆匆跳下車走了進來，臂下夾著一捲紅紙，手裏拎著兩瓶墨汁，連聲說：「來遲了，對不起，對不起。」原來他們靶場內部的小路積了雪，好不容易才勉強把車開了出來，看我一直等到現在，顯得很過意不去。

一看他腕上的錶，時間已經是5點40分，我默算了一下，寫這二十個字有半小時足夠了。

忽然間一個大問題把我驚住了——我光想到紙和墨汁，卻把筆給忘了！寫這麼大的字，我哪來這麼大的筆啊？我用的是八分錢一枝的學生大楷，兩枝併起來也寫不出這麼大的字，先前我沒要他帶筆來，如今事到臨頭拿什麼來寫字呢？

情急中我想到了一招。

去年和農場同事周君去他伯父周齊老先生的家中時（周齊老先生是江浙一帶大名鼎鼎的書法家，筆名「江東周齊」，解放前南京商家的招牌大都為周齊所書），見周老正在為南京新街口有名的李順昌服裝店寫大字招牌，周老當時手握一團白綢代筆，飽蘸墨汁後凝神靜氣習地一揮而就。我見過後印象極深，至於我自己能否仿效卻從未想過。如今事急別無他法，只有硬著頭皮一試了。

我向駝子要了一塊乾淨又柔軟的破布，將其握成一團，蘸上墨汁後，先在一張舊報紙上試寫了兩個字，軍人說可以可以，就這樣很好。他帶來的是質地很好的粉紅鉛板紙，書寫性能頗佳，我將其鋪在地上後開始落「筆」，頭三個字筆劃少，間架走勢都還可以，但寫第四個「要」字時，上面的「西」字寫大了，趕忙換面重寫，第二次倒挺令我滿意的。下面的字寫得很順，一口氣寫下來，二十個字只用了一刻多鐘。這時四周圍滿了看熱鬧的人，見破布團也能寫字，一個個驚奇得不得了。駝子茶館的隔壁有間小理髮店，他借了把破吹風機過來很快吹乾了墨跡。

駝子打了盆熱水給我洗了手，同時附在我耳邊悄悄誇了我：「真看不出你還有這一套。」

軍人付完款後謝了我，握手告別時告訴我他姓賴，稱呼他「賴幹事」就行，叫我以後有空去玩。我告訴他我是農場的，不過沒報出真名，這賣字的事萬一傳到書記的耳朵裏，那可夠我受的！

我拿到十六元後，又給了駝子一元錢，並向他道了謝。他的茶館生意清淡得可憐，今天收了我一塊四毛錢他已經很滿足，一番感謝之後，他轉身拿出下午我賣給他的那隻搪瓷碗非要還給我，我當然不能拿，儘管他賭咒發誓說我不收下就是看不起他，最後還是被我婉辭謝絕了，我說就算留個紀念吧。臨別時，他半開玩笑地說明年除夕歡迎你再來賣對聯，我笑著說不死一定來。

　　後來我經過麒麟門時還去看過他，一談起賣門聯的事我們就忍不住哈哈大笑。到了八十年代，那裏的老房子早就拆光，駝子也不知去向，多年來我一直記得這個外表猥瑣但心地忠厚善良的老實人。

　　雪早就停了，那個油毛氈披風和草帽都已經沒用，被我扔進了茶館山牆的柴堆裏。

　　我在車站路燈下清點了一下今天下午的收入。手一伸入棉襖的貼胸口袋，發現錢塞得滿滿的，我一張張摸出那些毛票、分票，各自按面額歸類折成疊，再放進另一邊的口袋，忙了好久才統計出總收入：除了付駝子一元四角外，我共掙了四十七元多！

　　這是我1961年從杭州船舶專科學校退職回來後，幾年來第一次擁有如此巨大的一筆財富！一時之間我竟然懷疑眼前的這一切是否真有其事。我不時隔著衣服撫摸鼓鼓的內裏口袋，以此來驗證這不是一場虛幻的美夢。就像巴爾扎克筆下的老葛朗臺摟著金子就感到無比暖和一樣，我懷中那一大把零碎的鈔票使我暫時忘卻了寒冷和飢餓！

　　農場的黨員、團員、積極份子們辛辛苦苦地巴結領導、靠攏組織、努力表現，拚死拚活忙了一年，也不過拿了一個二十四元的頭等獎（這還是多年來絕無僅有的一次），而我這個漏劃右派居然一個下午就賺到了兩個頭等獎！無怪當局要深惡痛絕地批判資本主義，要把我這種天天夢想走資本主義道路的「階級異己份子」打倒在地再踏上一隻腳！

　　我的成都老友R君（天涯社區有名的資格龍先生）在六十年代初為了活命，曾不得不把齊白石親筆為R君父親饒幼懷老先生所畫的一把折扇，作價四十五元出售給蘇州文物商店，錢才到手，立刻去換成十五斤糧票買米來維繫生命。就是這幅和十五斤糧票等價的「海棠蜻蜓」折扇，在中國嘉德國際拍賣有限公司2005年秋季拍賣會上（拍品編號1881），以十萬元底價起標，最後以三十萬元成交！這位海內外頂尖級大師的真跡當年的賣價，竟然還抵不上我這宵小草民寫的門

270

聯，由此足見這次賣門聯的收入令我何等驚喜，這也正是多年來始終難以忘懷的原因之一。

可能是除夕末班車人多加上路滑車速慢的緣故，快7點半時車子才到，車廂內已像火柴盒般密密地塞滿了人，我好不容易硬從人縫中鑽了上去。到漢府街終點站時，已經是8點40分了。

雪後除夕之夜的街道上靜得怕人，路過新街口廣場時同樣是一片清冷，結了冰的路面在路燈下反射著寒光，幾處稀落的霓虹燈在寒冷的夜空中萎靡不振地閃爍，9點才過，空曠的大街上已看不到一個行人，只有我那叭嘰叭嘰的腳步聲在身後迴蕩。

終於走到了巷口，再拐進去幾十步路我就能進入家門，一分鐘後就有溫暖親切的笑容迎接我，雙親的慈愛將會立刻消融我所有的痛苦和委屈，我忍不住激動起來；可我立即又醒悟到這都是暫時的，就像一根火柴瞬間的光亮和溫暖不能改變冬夜的黑暗和嚴寒一樣，經歷了短暫的心靈慰藉後那漫長的寒夜將令人更加難捱。為此我實在又怕見他們。

從巷口到門前，我的每一步都異常艱難，每一步都錄下了我的猶豫和徬徨。

在矛盾的無奈中，我終於叩響了家門。頃刻間，裏面傳來了母親熟悉的腳步聲……

1969年6月身为"现行反革命"要犯在此（原浴室）隔离。

当年的食堂，"什锦锅巴"和"红烧肉"的故事均发生于此

❋ 黑　姑 ❋

　　黑姑已經死去三十多年了，現在還能記起她的人已為數極少。作為一位僅僅在人世活了三十個春秋就不幸逝去的青年女子，生命為何如此短暫，往往總會伴隨一段值得人們記住的不幸故事，但那一切都發生在人命如草芥的年代，人們對於身邊不斷有人不明不白地死去，早已習以為常。偉大領袖為了防止人們對死亡大驚小怪，還特地對此有過一段精闢的說明：「要奮鬥就會有犧牲，死人的事是經常發生的。」既然為革命奮鬥者的犧牲都成了家常便飯，一個社會最底層農村女性的死，當然更沒有值得人們記住的理由，被人遺忘也就毋足為奇。

　　但我卻一直懷念這個美麗善良的農村女子。

　　我自有懷念她的原因。

　　我們的民族素有「選擇性失明」和「選擇性失語」的毛病，在記憶功能方面，同樣也因為犯有「選擇性失憶」的怪疾而聞名於世。我既身為這民族中一員，自然概莫能外，不過我「失憶」的選擇取向素來與眾相反，別人「失憶」的內容，我偏偏情有獨鍾且過目不忘，而廣為宣傳、強調必須「牢記」、「永銘」、「緬懷」的那些破事，我卻忘得比狗舔的還乾淨。有這種不合時宜的記憶怪癖，對我來說記住黑姑也就再自然不過。

　　另外，由於家門不幸，祖上缺德，我生在舊社會，長在紅旗下，這輩子最寶貴的青春歲月偏偏正好躬逢革命盛世，當時礙於我的特殊政治身分，周圍的革命群眾和我都保持著足夠的安全距離，為此我的朋友一直很少，女性朋友則更屬鳳毛麟角，在我那些未到而立之年即英年早夭的朋友當中，黑姑是唯一的一位年輕女性，因而在我心

中一直有著獨特的地位。她的悲劇性結局儘管不像文革中慘遭冤殺的幾位好友那樣令我痛徹心肺，但她的死卻給我留下了一種綿長的、漫無休止的鈍痛，一種說不清、道不明，甚至難以直接找到痛根的痛，二十多年來我一直被這長期的隱痛所折磨，即使我想忘掉也力不從心。

於是便有了這篇回憶文字。

一

1967年深秋，我剛從某單位畫完一幅毛××像後回到農場。一天下午，附近公社某大隊來了兩人找到我，請我盡快幫他們畫一幅毛××像。兩位說已經撲了幾趟空，今天好不容易才見到我，請我無論如何要幫這個忙。

來人見我遲遲不表態，怕我擔心去他們農村生活不便，趕忙信誓旦旦地做了一大堆保證：一定以好煙、好酒、好茶招待，並有專人服侍，絕對不會虧待我。最後甚至提出，如果我真想要點「出勤補貼」，那也可以商量。

那時替外單位畫毛××像是不能索取報酬的（否則會被扣上很可怕的罪名），除了吃喝招待之外，頂多在完事後送點紀念品罷了。既然沒有「物質刺激」，加上做這事要冒很大的政治風險，因此，會畫像的美術工作者一般都不願幹，只有少數革命覺悟高、對偉大領袖懷有深厚感情者例外。

照理說，我這種「思想一貫反動」的「階級異己份子」對這種事是絕對不願染指的，但實際情況卻恰恰相反：我對畫毛××像不僅感興趣，而且懷有極大的熱情。

　　唯一的原因是，這種風靡一時的勾當，能最大限度地滿足我的基本生活需求——首先能吃飽肚子，再就是有煙抽。

　　那時我每月只有十九元工資，窮得有如當年卡爾·馬克思挖苦巴枯寧時說的像隻「教堂裏的老鼠」。當我在半飢半飽的煎熬中得悉，替外單位畫毛××像可以享受到免費的豐盛飯菜和香煙時，那份驚喜真可與「叛國投敵」逃到維也納風景秀麗的湖畔、一邊狂啃奶油麵包一邊聽莫札特相比！儘管我非常明白畫毛××像風險極大，稍有差池，重者可掉腦袋，輕者亦有牢獄之災；但我生來是個意志薄弱的人，尤其對飢餓，幾乎懷有一種先天性的恐懼，我實在無法抵禦食物的誘惑，為了填飽肚子，我根本管不了那許多。面對老老實實地忍饑挨餓或冒著風險吃飽肚子的兩難選擇，我沒有片刻的猶豫便將自己變成了鋌而走險的亡命之徒。

　　正因如此，不僅那些要畫毛××像的單位找上門時我總是來者不拒，有時我還會通過一些社會關係主動尋找「業務」。一位陳姓朋友就幫我介紹過兩處，其中一處是外地的一家酒廠，後來這位朋友曾以助手的身分跟著我吃喝一個多月，事隔多年後仍對那裏的陳年佳釀讚不絕口。

　　在那段日子裏，我就靠這些「外快」吃得紅光滿面，從而大大改善了我的體質，致使體重增加了近二十斤。偉大領袖給我一生最大的恩澤就是他老人家在文革中讓我足足吃了一年飽飯，這一點也正是我始終不同意將文革貶得一無是處的唯一原因。

　　不過這一次情況有點意外。儘管這個大隊的來人費盡口舌，好話說遍，但我始終沒有答應。我這倒不是有意刁難人家，而是他們來的不是時候——在此之前，另外兩家早已和我有約在先，中國人愛好排隊是出了名的，即便是上廁所，也得講個先來後到。

　　如果接下這幅畫像，按次序排起碼要在一個多月後才能輪到他們。算算那時已是隆冬，佇立在凜冽的寒風中作畫可不是件快活的差

事，再說我連一件像樣的禦寒棉衣都沒有，寒冷的威脅壓過了煙酒飯菜的誘惑，我不得不忍痛推掉這筆上門的生意。

出乎意料的是這個大隊的頭頭很會辦事。他們不知從哪裏打聽到我特別愛啃嫩玉米，於是緊緊抓住了我嘴巴的這個薄弱環節做了點小文章，最後使我不得不改變了主意。

就在我推辭的次日，這個大隊的大隊長在我一個農場同事的帶領下，親自扛著一隻大麻袋氣喘吁吁地摸到了我的宿舍，人剛進門，即將肩上的麻袋「撲通」一聲摔在地上，我一看，盡是些六、七寸長的淡黃色玉米棒，正是嫩玉米中那種最香甜可口的上品。

大隊長還沒等我反應過來便滿臉堆笑的說：「聽說您喜歡吃苞蘆（即玉米），特意帶了一些來。不值錢的東西，吃完再給您送來。」接著就直奔主題，把眼下大隊的為難一下子全倒了出來：全公社每個大隊都建了忠字臺，都有了毛××畫像，唯獨他們還缺一幅，上面要求他們一定要在陽曆年（元旦）前把毛××畫像豎起來，否則就要追究態度問題，不用說，他這個大隊長也不必再當下去了。為此他和書記急得像熱鍋上的螞蟻，四處求人，但就是請不到會畫毛××像的，最後好不容易才打聽到了我。他再三懇求無論如何要在這關鍵時刻拉他們一把，日後一定不忘報答云云。

俗話說：「拿人手短，吃人嘴軟」，更加難能可貴的是，他們居然會把我的愛好摸得這麼清楚，由此足見人家的一番誠意。望著地上那一大袋誘人的玉米，再看看大隊長那一臉焦急的神情，我終於被他打動，當即承諾三天之內去他們大隊。

就這樣，我有了唯一一次下鄉作畫的經歷，也正由此得以認識了本文的女主人公，從而有了這篇故事。

二

就在大隊長找我的第三天，我背著畫夾去了那個大隊，趕到那裏時天正下著小雨，大隊書記一番熱情後很快便切入正題。他拿出一張畫稿鋪在桌上，告訴我這次要畫的就是這幅。我一看是張新華書店公開發售的毛××在北戴河海邊的彩照印刷品，毛背手地站在海邊的沙灘上，頭戴灰帽、身著淺黑色大衣，左下擺被風拂起一角，兩眼微瞇地正視遠方，身後的背景是深藍色的大海，幾排白浪正滾滾向岸邊湧來。整個畫面結構簡單，色調也不複雜，將這種照片臨摹放大成油畫是再容易不過的事，我叫書記放心，頂多二十天就可完工。

一聽二十天就能畫好，他高興地直拍桌子：「太好啦！太好啦！這下我就放心了！老方同志啊，真不知如何感謝你才好哇！」大隊書記是個四十多歲的壯漢，紫膛面孔，嗓音宏亮，一看就知道是個爽朗又風趣的農村基層幹部。

正說話間，兩天前扛著玉米棒找上門的大隊長走了進來，身後還跟了位姑娘。他見我冒雨準時趕來非常感動，一把握住我的手說了一大串感謝的話，接著將他身後的姑娘讓到了我面前。

就在和她對視的那一瞬間，我的心頭突然掠過一陣驚悸——我被眼前這位姑娘的美貌鎮住了！

除了膚色比一般女子稍黑一些之外，這位姑娘無論是長相、身高、線條，全身上下幾乎沒有任何可以挑剔之處。她上身穿著一件白底棕色小格子的對襟衫，下面一條黑褲，腳上套了雙老式的黑色元寶膠鞋。這身再樸素不過的打扮不僅絲毫未減她驚人的美麗，反而更襯出一種天然雕飾的清新本色。我不由得驚嘆天地日月的造化，在這偏僻的鄉村中，竟然會有如此漂亮出眾的女孩。

　　特別是她長長睫毛下那雙顧盼有神、自然含笑的眼睛，目光剛
一接觸，立即令我產生一陣暈眩，那一瞬間，我的腦海裏鬼使神差般
地跳出了萊蒙托夫長詩〈惡魔〉中的片斷：

> 我憑著
> 夜半的星辰
> 黎明的曙光
> 和夕陽的餘暉名義起誓——
> 自從人世失掉天國以來
> 還沒有這麼美麗的女郎
> 在南國的陽光下開過花
> ……

　　還好，我的失態非常短暫，很快就恢復了正常。

　　「這是我們大隊這次專門協助您工作的小徐同志，今後有什麼
事直接找她就行。」書記指著這位姑娘向我做了介紹。他想了想又笑
著補充說：「我們原來都叫她黑丫，她不高興，後來改口叫她黑姑，
您也叫她黑姑吧！這樣大家就不顯得見外。」

　　大隊長接著向她介紹我：「這是我們好不容易才請來的畫主席像的
老方同志，他是方圓百里內有名的畫師，你一定要好好照應人家。」

　　書記接著又補了一句：「照顧好老方同志是一件嚴肅的政治任
務，黑丫你可不能馬馬虎虎。」

　　隊長和書記都是四十多歲的人了，兩人一起稱二十多歲的我為
老方同志，這大概是他們能想出來的最尊敬的稱呼了。令我感到滑稽
的是，他們居然把照應我這個畫畫的草民百姓煞有介事地稱為「嚴肅
的政治任務」，我差點笑出聲來。

　　黑姑大概也覺得有點好笑，裝著咳嗽捂了一下嘴。

　　接著，黑姑領我去察看了豎像的現場。那道水泥畫壁已砌好不少日子了，幅面大約4×3米，大隊想得蠻周到，畫壁前還特地搭了簡易的腳手架。唯一沒考慮到的是上方沒搭雨棚，以致後來碰上下雨，不得不停了兩天。

　　在回大隊部的路上，雨突然大了起來，黑姑在泥濘的小路上靈巧地避讓著腳下的一個個水坑，隨著腰肢的扭動，兩條長辮不停地歡快跳躍。從她身後看著她在傘下那曲線曼妙的背影，我有好幾次由於過於出神而忘了腳下，以致一連打了好幾個趔趄，直到她回眸一笑囑我留意時我才清醒過來。

　　這幅雨中的畫面，至今我還記得，那是我有生以來第一次感到，自己在美的面前竟然是如此脆弱和狼狽。

　　第一天的午餐是在大隊長家吃的，黑姑也被留下來作陪。隊長的老婆是個非常熱情的胖女人，忙前忙後地擺弄了一大桌菜。那天正巧是重陽節，桌上那盤三角形重陽糕給我很深的印象，每塊上面還插著一面花花綠綠的小重陽旗，黑姑像個孩子般拈著一面小旗嘟著嘴輕輕地吹著，這些勾起了我兒時的美好回憶，讓我頓時有種久違重逢的親切感。

　　席間隊長把我在畫像期間的生活待遇講了一下。為了讓我吃好，他們特意安排我平時在黑姑家中包飯，而不像通常招待外客那樣在食堂用餐。除了每日兩餐外，下午另有一道點心，香煙隨意抽，酒盡量喝，想吃什麼就吩咐黑姑辦，絲毫不用客氣。最後一再問我還有什麼具體要求，儘管直說無妨。

　　說實話，這在當時的農村已是相當不錯的招待，看得出大隊為此費了一番心，我趕忙說：「沒有什麼其他要求，這樣就已經夠麻煩你們啦！」

　　隊長又用筷子點著黑姑說：「老方同志想吃什麼菜你就買什麼，可不許偷懶嫌麻煩，不然小心我敲你腦袋瓜。」

　　黑姑笑著伸了一下舌頭：「放心吧，隊長，我一定招待好老方同志，保證完成任務。」提到「老方同志」時，她故意模仿了書記隊長的那副語調，說完又笑著瞟了我一眼。

　　後來我所受到的款待，表明黑姑不愧是大隊領導信得過的人，她非常認真地履行了自己的職責。在我畫像的那二十天當中，我在黑姑那裏共吃過三十多頓飯，幾乎每一頓都給我留下了燦爛的回憶，特別是那些金黃色的大閘蟹，到現在還在我面前散發著略帶腥味的特殊香氣。人的一生總有些永遠值得回味的日子，事隔多年後我仍然無法忘卻1967年秋天在那個鄉村的二十天。

　　自我在她家吃飯的第二天開始，她就摸清了我的口味，從此餐桌上每頓都少不了螃蟹、河蝦。（那時農村的螃蟹、河蝦極為便宜，價格不及豬肉的一半，八十後的青年一輩恐怕不敢想像哩！）有次大隊書記順道路過走進她家看我們吃飯時，怪她「怎麼淨買這些有殼的招待人家？」黑姑笑著正想解釋，我趕忙說：「書記千萬莫怪黑姑，這些都是我指名要的，牠們全是我的命哪！」書記一聽大笑起來，拍著黑姑的肩頭裝出嚴厲的樣子下令：「既然這樣，那你就天天買，買不到就拿你的命來抵老方同志的命。」以後每當招呼我吃飯時，黑姑總會笑吟吟地喊我：「喂，吃『命』啦！」

　　我這人一日兩餐另外有煙抽即可，下午從不要點心，這給黑姑省了不少事，為此，她老誇我特好伺候，說我不像有些請來的師傅架子大，難服侍，成天要這要那，動不動還會喝得爛醉如泥。我故意扳著臉問她：「那我的缺點呢？」她抿著嘴笑道：「缺點嘛，就是抽煙太多！老遠就能從你身上聞到一股煙味。」說歸說，每天晚餐後我臨走時，她總不忘遞一包煙給我，有次我進城買顏料，頭天晚上她一口氣就給了我一條。

　　在那之前以及後來到其他單位畫像時，我享受過更高檔次的款待，但沒有任何一處能與黑姑那裏相比，每每想到那些金黃的大閘蟹

和一旁黑姑托腮凝眸注視我剝蟹時的可愛神情，我的心就溢滿了莫可名狀的歡樂。秀色本就可餐，再加上膏滿脂溢的肥蟹，為人在世，夫復何求！

三

第二天我正式開始工作，上午10點、下午4點，黑姑準時回家做飯，到吃飯時她來喊我，其餘的時間都陪我待在現場。

頭兩天有件事一直讓我有些納悶：每次在她家吃飯時，總是只有她一人獨自陪我，從未見過她的家人。我想，她家裏人會不會因為大隊的招待他們不能「揩油」，故而才在吃飯時有意避開？我好幾次叫她把家人請來一起用餐，但她總是淡淡一笑叫我別管，由於初來乍到，我自然不便多說什麼。

大約是認識她的第三天，我知道了箇中原委。黑姑原來是個孤兒，家中沒有任何其他人。

那天早晨，我剛剛調好顏料準備動筆，天忽然下起雨來，我們趕緊收拾畫具、蓋好畫面，一起跑到黑姑家躲雨，誰知那雨到了晚上仍然未停，我在黑姑家幾乎待了一整天，就在這雨天的閒聊中，黑姑將她的身世告訴了我。

土改運動那一年，她五歲，在一個大雪紛飛的早晨醒來時，她的父母突然雙雙不見了蹤影，事前既無任何徵兆，臨行前也沒留下任何痕跡，從此杳無音訊，不知所終。弱小的黑姑就這樣一夜間成了孤兒。在她的記憶中，對父母親已經沒有任何印象。

在這對夫婦身上究竟發生了什麼事？是什麼原因驅使他們忍心拋下自己幼小的骨肉悄然離開？全村人都一無所知，對黑姑來說當然更是一個永遠的謎。

　　當鄰居循著越來越微弱的哭叫聲破門而入時，發現這小女孩已經快被凍僵了，一位老中醫燒了一大木盆熱水，將她浸入其中泡了一個時辰才救活了這條小命。在以後的日子裏，先是那位老中醫收養了她，1956年成立高級社後，她作為孤兒被公家收養，由一位會計的老母親代為照料她的生活。中國農民的變化往往總比社會形勢的發展慢半拍，五十年代他們樸素善良的本性還未消失殆盡，出於憐憫同情，全村老少對這個苦命的孩子給予了力所能及的幫助，在眾人的拉拔下，黑姑終於一天天長大，而且出落成全村最漂亮的女孩。

　　1966年她高中畢業，大隊安排她在隊部做勤雜，書記、隊長、會計、民兵營長、團支書、婦女主任都是她的頂頭上司，人人都愛支使她，用她的話說，她成了眾人的「使喚丫頭」。說這話時她一臉調皮的燦笑，看得出大家都很寵這個不僅長相討人喜歡而且又很懂事聽話的「使喚丫頭」。

　　到大隊上班之後，她第一次有了自己的家。大隊分了一間三十平方左右的平房給她，家具全是公家給的。她用的那張八仙桌和老式雕花板床，據說還是土改時沒收地主的浮財，公社得知有個大隊收養的孤兒單獨成家，特地派人將這兩件在庫房堆放多年的老家具抬了過來。

　　那天淅瀝的秋雨一直滴答未停，屋內的空氣中瀰散著淡淡的淒清。聽了她的身世訴說，不由得使我想起死去多年的小妹。

　　1954年，我唯一的一個妹妹由於缺乏必要的食物活活餓死，打那之後，每當遇到在貧困、孤獨、飢餓、寒冷中受罪的小女孩，我都會情不自禁地聯想到死去的妹妹。儘管黑姑談及十多年來的成長過程時口氣是那樣的輕鬆，我仍然透過這表面的輕鬆想到了現實生活的沉重想到了一個苦命孤兒成長的艱難，一個沒有父母呵護的女孩兒的孤單、委屈、酸楚、哀傷，這種複雜的感受使我一時默然無語，望著眼前娓娓細語的黑姑，心中頓時湧起一陣兄長的愛憐。

　　那晚吃完飯離開時，我對黑姑說：「今後不要再喊我老方同志了，我不太喜歡這個稱呼，你直接喊我老方就行。如果你願意的話，叫我方大哥也行。」她很乾脆地答道：「那我就稱呼你方大哥啦，你可別怪我不尊重你啊！」我一下笑了起來：「哪能呢？不過，我今後要是喊你黑丫，你也別生氣啊！」她有點羞澀地點了點頭：「那好吧。」

　　就這樣，她後來就一直喊我方大哥。

　　後來，她男朋友第一次見到我時也喊我方大哥；後來她們雙雙送喜帖來邀請我去參加他們的婚禮時，卻省去了「方」字而直接稱我為大哥；後來當我在他們的婚禮上亮相時，她們當眾介紹我是他們的大哥；後來我和他們新婚夫婦依依惜別時，她流著淚囑咐我「大哥多多保重！」……

　　可惜的是，自打那之後就再也沒有後來了。

　　四十多年過去，現在只留下了我這個曾被她稱呼為大哥的、劫後餘生的老人，獨自敘述著那些不堪回首的「後來」。

四

　　我和黑姑越來越熟了，初識的拘謹和客套很快就一掃而光，她那一聲聲「方大哥、方大哥」的親切稱謂，像一隻溫柔的小手輕輕撫慰著我往日的心靈傷疤，我體驗到了前所未有的溫馨，每次走進她家時，我都會有一種非常親切的感受。

　　那間陳舊的房子被她收拾得非常潔淨，特別引我注目的是裏間窗前小桌上的那盆金黃色菊花，它使那間老屋充滿了一種蓬勃的生氣，我到現在還記得當陽光透過窗格照在菊花上時那耀眼的金黃，它

們讓人感受到生命和青春的燦爛，那些日子我常癡癡地望著那盆菊花，陷入一種奇妙的遐想之中。

那時南京城內的武鬥尚未絕跡，到處都是暴力肆虐留下的痕跡，這裏卻是一片出奇的寧靜，我常在晚餐前沿著附近的一條小河獨自散步，望著遠方被晚霞渲染成玫瑰色的天幕下那些淡白色的裊裊炊煙，我就會產生一個幻想，我要是能有黑姑這樣一個在農村的妹妹該有多好，每當我蒙受災禍、委曲、羞辱時，總還可以有這麼一處暫時躲避的地方，儘管這裏不是世外桃源，但總比我那農場險惡的環境好多了。我只盼望遠離囂嚷的市塵，遠離那些瘋狂的仇殺和殘酷的鬥爭，我甚至想過，能在這裏安靜地死去也是種幸福呢！

隨著時間的推移，我發現黑姑悟性挺高的，是個聰明、好學的女孩。

自從我開始作畫以後，她就對繪畫表現出濃厚的興趣。剛開始她總在一旁全神貫注地盯著我怎樣用筆調色，接下來一有空就用畫筆試著調和各種顏料並在廢報紙上塗鴉，她很快地就掌握了三原色之間的混合關係，到我畫人臉時，她已經能大概報出要用哪幾色的顏料，講的雖不全面，基本色調卻是對的。

我特別欣賞她那強烈的求知慾，儘管這使我費了不少口舌。當我畫完毛的頭部時，她有點猶疑地說：「好像不太像毛××嘛！」我叫她退後五步再看，她規規矩矩地數完五步，一看後立即拍著手叫了起來：「哎呀！真像真像！太像啦！」接著就纏著我問：「這是怎麼搞的？為什麼近看明明不像，稍遠之後卻會那麼逼真呢？」

我笑著說：「這可是我的看家本領，任何人都不傳的，一說出去我靠什麼混飯吃啊？」

大概是這「吃」字觸動了她，給了她一個報復的機會。她先是淡淡一笑說：「不講也罷，反正我們這種笨人聽了也不明白」，稍後又彷彿猛然想起一件重要的事情說道：「哦，有件事忘記告訴你了：

這兩天螃蟹不太好買，今天好不容易才搞到幾隻，明天早晨還不知能不能買到呢！」

我一聽馬上明白她這是故意在拿捏我的「命脈了」，我趕忙討饒：「我講我講，我全講，我徹底坦白地交代還行不行？」

那天我足足花了一個小時跟她講解了一些有關透視、塊面造型、層次、視差等基本原理，一邊講一邊還在紙上為她示範，她聽著聽著那張小嘴越張越大，大概沒想到這其中竟會有這麼多學問，最後她笑著對我說：「難怪你來之前隊長一直誇你是個了不起的人，今後你可要多教教我啊！」

「那當然，那當然。不過——」我裝出一副提心吊膽的模樣問道：「那明天早上，你是不是有把握能買到這個啊？」說完活動著手指，模仿出螃蟹橫爬的樣子。

她咯咯笑了起來：「那……到時候再說吧。」

我到現在還記得我們餐桌上那些螃蟹的不幸下場：

由於她老是在吃飯時不停地纏著我問畫畫的事，我又不得不耐心講解，因此，我們一頓飯經常要吃上兩、三個小時，那些螃蟹經過左一次右一次的加熱複蒸，最後蟹足全部掉光，只剩下光禿禿的蟹身了，看著螃蟹那滑稽的樣子，我們總會一起開心地大笑起來。

為了畫畫的事，黑姑還哭過一次。

有天晚餐時，她用手拈著個空蟹殼問我，怎樣才能畫好蟹殼？

我告訴她，螃蟹好畫，蟹殼卻不太容易，因為螃蟹的外形特殊，很容易被人的視覺辨識，而蟹殼則不然，必須要有鮮明的對比層次、適當的觀察角度，還要注意色調的變化，才能使人一目了然。接著我又告訴她各部位該用哪些顏色、注意哪些問題。

第二天早上我到她家去拿畫夾時，進門一看，地上橫七豎八地躺著十幾張紙，只見上面畫的全是一個個金黃色的玉米麵餅子。當我問她那是些什麼時？她說：「是蟹殼啊！」

我一聽眼淚都笑出來了。

誰知我的眼淚卻引出了她的眼淚，她先是低頭不語，接著抽泣起來。

見她竟然哭了，我一時愣在那兒不知所措，我怎麼也沒想到，這丫頭竟然會如此介意這個絕無絲毫惡意的玩笑！何況我還是老大哥哪！最後我哄了半天，好不容易才使她的臉色「雨轉多雲」。

這雖然是一起普通的小風波，過後我卻想了好久。多年以來，黑姑雖在她生長的鄉村環境中受到過不少關愛，但她畢竟和自小在父母親身邊長大的女孩不同，她的內心世界始終有其脆弱的一面，孤兒特有的敏感很容易使她在遇到外部刺激時產生不同於常人的感受，因而也就特別容易受到傷害。聯想到當下狐鬼滿路的險惡人生，我對黑姑今後的命運不禁產生了一絲難以說清的隱憂。

我對自己這個小小的過失一直耿耿於懷，為了補償黑姑那次的眼淚，離開那裏後，我特別畫了一幅450×350的水粉靜物送給了她，畫面的主題有些奇特——紫色臺布的桌面上放著一盆金黃的菊花，旁邊是一隻盤子，盤中盛放的是一堆吃剩的蟹殼。

黑姑的努力還是有了一些成效，那幅毛××像的海浪部分就是她完成的。我事先勾出輪廓並調好顏料，讓她自己往畫面著色，她用一天的時間畫完了全部的海浪，臨尾我只是稍稍潤色了一下。

畫像最後驗收時，我鄭重地向書記和大隊長做了說明，告訴他們這幅像並非我一人所畫，而是「和黑姑同志合作完成的」。他們原先以為我在開玩笑，當發現我是在認真說事時，不禁驚得瞪大了眼睛。大隊長還有點不信，問黑姑這是不是真的？黑姑不好意思地說她只是在我的指導下畫了毛××身後的海浪。隊長說：「能畫海浪也不簡單啊，這可是毛××像，一般人誰敢輕易動筆？」書記激動地握住我的手直搖：「老方同志，你幫了這麼大的忙，又替我們帶出了個赤腳畫家，功德無量，功德無量啊！」

五

認識黑姑的男朋友徐鵬高，是在完成畫像的前幾天。

頭一天晚上吃飯時，我發現黑姑的神情有些異樣，她一改往日黏著我查高問低的德性，說話極少，只是靜靜地看著我吃。我感到她可能有什麼心事，但從她開朗的眉宇間時而閃露的笑意來看，似乎又不像。

那晚飯後不一會我就向她告辭了，正當我站起身來準備出門時，她低著頭一邊用手拈著辮梢一邊說：「我想對你說一件事。」

「說吧。」

「明天我有個朋友要來，白天可能要抽點時間陪陪這位朋友，這樣一來就不能去畫像那裏陪你了，你看行嗎？」

一聽說她有朋友要來，聯繫到剛才晚餐時她異祥的神態，我馬上猜出要來的是她男朋友，而且肯定是關係非同一般的男朋友。

當我問是不是「未來的他」時？她頓時臉紅了。隔了片刻，她微微地點了點頭，正想開口說話，又笑了笑低下了頭。

看她那欲言又止的樣子，我明白她很想把男朋友的情況讓我知道，只是出於女孩兒的羞澀一時不知如何啟齒。我決定先把談話氣氛搞活躍一些再說。

我當即清了清嗓子裝出一副威嚴的聲調：「這件事嘛，恐怕有點不太好辦，你是你們領導派給我的隨身丫頭，除了燒飯之外，我在哪裏工作，你當然得跟我到哪裏，一旦需要人幫忙時你卻不在，那我只能將手中的事放下了。」說到這裏我停了下來——上次笑她畫螃蟹殼，卻將她惹哭的教訓還歷歷在目，對這小丫頭可得小心，得先看看她能否經得起逗再說。

「人家把你當老大哥，你卻故意急我。」這次她顯然一下子就明白我是在逗她，立即笑著埋怨我。

「那好吧，誰叫我讓人家天天喊我方大哥呢，不行也得行啊！不過……」說著，我點起了一枝煙，在小竹椅上重新坐了下來，「讓我這個老大哥了解一點他的情況，總還是應該的吧！」

這段小過門果然引出了黑姑的敘述，那晚她把男朋友的一切原原本本地說給了我聽。

他和黑姑一樣也姓徐，叫徐鵬高，家住安徽某縣。

更巧的是，這個小伙子和黑姑一樣也是個孤兒，父母在五十年代初先後因病去世，也是農村集體收養他後將他培育長大。他比黑姑大四歲，那一年二十五。

高中快畢業那一年他參了軍，部隊在陝西某地。入伍不到一年，在一次首長下來檢查「大比武」比賽時，被一位副軍長相中，點名要了去，此後跟著首長當了四年警衛員。

隨著和首長全家關係的日益密切，在第三年時，首長的女兒不知為何主動看上了這個帥氣的年輕人。首長太太同樣也對這個有可能成為乘龍快婿的警衛員另眼看待，有了首長全家的恩寵，徐鵬高很快就入了黨，「提幹」指日可待，一條金光燦爛的大道一下展現在這個孤兒的面前。

但和首長的女兒接觸不久後他就發現，這位貌豔如花的千金卻是個性格刁鑽、極為專橫拔扈的女子，前面一個青年軍官就是因為受不了她時時處處的頤指氣使而逃之夭夭。徐鵬高和這位前任「預備未婚夫」一樣，很快也領教到首長千金的傲慢和霸蠻，只是不敢公然表露而已。經過反覆考慮，他果斷地決定，自己的一生絕不能活在別人的陰影中，在美色、前途、富貴榮華和個人自由面前，他選擇了後者。用他的話說，寧願回農村一輩子面朝黃土背朝天，也不能一生一世在將軍府受窩囊氣。

　　當首長千金看出徐鵬高出於自身處境的考慮，只是和她虛意周旋而絲毫不動真情時，很快就明白這次她又挑錯了追逐的對象，好在她雖然性格刁蠻，心地還不壞，並未因自己降尊紆貴、主動示愛卻備受冷落而心生報復，只是狠狠地羞辱他一番就另尋白馬王子去了。首長夫婦是對宅心仁厚的長者，深知寶貝女兒的德性，也毫沒計較徐鵬高的不識抬舉。

　　超期服役一年後，徐鵬高復員回到了家鄉。（至於徐後來為何沒能「提幹」，黑姑倒是沒說。）光榮參軍四年，又在部隊入了黨，回鄉不久後就當上了大隊團支書。

　　黑姑和徐鵬高會認識純粹源自一個偶然。一年多前，黑姑同村一個要好的姐姐經人介紹嫁到了徐鵬高的村裏，結婚時黑姑作為同村姊妹一起去男方那裏參加婚禮，就在婚宴上認識了徐鵬高。

　　談到這段巧遇時，黑姑雖然只是一語帶過，但從她洋溢著幸福的臉上可以想像出，這對靚女帥男一見傾心之後迅速燃燒起來的愛情是何等熾熱。

　　接著，她轉身從室內取出用紅頭繩紮著的一束信，挑了半天，從中揀出一封遞給我，笑著要我打開看看。我一看是他們的情書，趕忙搖手：「這怎麼行？看了會得紅眼病啊！」她嘟著嘴說：「要你看你就看嘛！」

　　既然如此，我只好恭敬不如從命了。這封信只有薄薄兩頁，內容也沒多少一般情書中黏乎乎的文字，倒是一筆流利的鋼筆字給我頗深的印象，那種斜著書寫的「雷鋒體」，一看就知道那字的主人曾在部隊待過，並且是經常動筆的精明人。

　　信尾的一段話引起了我的興趣：「……大隊已幫我們蓋好了房子，你要是看了一定很滿意。公社王書記要我們盡快把事辦了，說我的工作可能會調整，我決定在下星期六去看你，把具體事情定一

下。」落款的簽名挺有特點，那個草寫的「高」字末端繞了個圈，向左拐出好遠，像條甩動著的豬尾巴。

「我沒猜錯的話，明天他是特別為了這事來的吧？」我指著這段文字，笑著問黑姑。

她低著頭，像蚊子般地哼了一聲「嗯」。

第二天上午10點左右，我正聚精會神地往畫面著色，只聽見身後有人咳了一聲，回頭一看，黑姑正滿臉春風地和一個高個青年並肩站在一起對我笑，我趕忙從腳手架上跳了下來。

我剛放下手中的畫筆和調色板，黑姑身旁的青年立即用他那雙大手緊緊地握住了我：「你好，方大哥！」

不用說，這就是徐鵬高了。

「你好，你好，鵬高！」昨晚，我認真想過見到他時究竟如何稱呼是好，最後決定還是直呼其名，這樣比較親切。

我一邊寒暄一邊仔細打量他，一米八的身高，國字臉、濃眉大眼、鼻樑挺拔、嘴巴微抿，果然是個百裏挑一長相出眾的小伙子，難怪那位首長千金一眼就相中了他。

看看黑姑這位帥岸的年輕夫婿，再看看黑姑在他身旁那副小鳥依人的樣子，我心裏直為這對天造地設的絕配叫好，望著鵬高將目光投向黑姑時的深情，以及黑姑微仰著臉注視鵬高講話時的那一臉癡迷，喜悅、嫉妒和祝福攪和在一起，使我有了一種強烈的感動。

十年以來的種種遭遇，幾乎使我和世間的一切美好事物絕了緣。我的周圍全是批判、鬥爭、檢舉、揭發、告密、陷害，想不到在這偏僻的鄉村裏，卻有機會親眼目睹只有在詩歌中才出現過的美好愛情。「人生美好」這個早被遺忘的概念，彷彿又在我的心中復甦，我頓時覺得自己渾身輕鬆了起來。

午餐時，我與鵬高聊了好久。他講了不少部隊的事，包括一些軍界高層人物的內幕。看來，幾年的警衛員他沒白當，首長們的那些

事加上部隊中的種種現象，催熟了這個單純的農村青年，「毛××思想大學校」果然是培養人才的好去處。

令我有些意外的是，他對文革居然也流露出一種明顯的憎惡，特別是談到燒書、抄家、毀壞文物古蹟等紅衛兵惡行時那種露骨的言辭，簡直令我不敢相信面前這個惡毒攻擊無產階級文化大革命的竟然是個身為黨員的復員軍人，而且還是個大隊團支書。我納悶的是，即使他有這些「犯忌」的想法，照理講是絕不能輕易說給人聽的，對我這個初次見面的陌生人，他何以如此放心？

我當然不便對他多說什麼。按中國的國情，說「反動」話，罪在不赦自不必說，而聽「反動」話往往也會構成嚴重的罪行，倘若是聽了「反動」話卻不及時彙報，那問題更大。我可不想為圖一時的口舌之快而連累別人，特別是面前這個思想頗有見地的青年人，何況他又是黑姑的未婚夫。

為了不打擾他們，那天下午我提前收工，晚餐也沒在那裏吃，臨別時我告訴黑姑，明天白天我進城有事，不過晚上要趕回來吃飯。

第二天我進了城，傾我囊中所有，在大行宮菜根香飯店買了一些鴨子、口條、滷牛肉、一斤油炸花生米、一包油炸蠶豆瓣，最後乘末班車趕到了那裏，進黑姑家門時天已經黑了。

那晚我們喝了個痛快，在我的一生中，從來沒喝過那麼多酒。

剛開始喝酒時，大隊書記也趕來湊熱鬧，一聽說我自掏腰包從城裏買了這麼多滷菜，連說：「這怎麼行，這怎麼行」，立刻掏出張十元鈔票硬塞給我。喝了一會，書記大概感到有他在場氣氛有些沉悶，敬了一輪酒後就藉故走了。

他這一走，我們都鬆了口氣，幾杯下肚後，鵬高的話多了起來。除了部隊和家鄉的那些事之外，談到最多的就是我，說黑姑給他的每封信中都會提到我，稱我是位非常有學問的老師，為人仗義又很風趣，從我身上學到了好多東西，這次見到我，發現果然如此，一再

聲稱能認識我他感到非常榮幸。他說，黑姑還把那次畫蟹殼的故事告訴了他，說幸虧我像哄妹妹一樣把她哄好了，不然她就再也不理我了。我一聽，趕忙問黑姑：「是不是真的這樣啊？」黑姑笑著捶了他一下，罵他「狗肚子裏存不了四兩油，什麼話都憋不住」，這個鵬高看來確實是個很坦率的人。

大概是覺得我很少談到自己，說到後來他試探性地問了我一句：「聽說方大哥以前是老師，後來怎麼會到農場來？」

我一聽，隨即將目光轉向了黑姑，顯然黑姑不知從哪裏打聽到我的一些情況，又把它們告訴了鵬高。

黑姑大概沒有想到鵬高會提出這個問題，稍稍沉吟了一會後告訴了我一些實情。

原來她們大隊在找我之前，曾先找過農場革委會籌備小組（當時農場革委會還在籌建階段），想以對公名義借我去幫忙畫像，但當時的革籌小組只是臨時權力機構，誰也不買它的帳，估計我也不會將其放在眼裏，因此要大隊直接找我本人商量，這才有了事後大隊長扛玉米親自上門的故事。不過革籌小組雖然沒有直接表態，卻出於一種高度的革命責任感，將我的個人情況向大隊來人作了介紹，內容包括我檔案中的那些記載——漏劃右派，兩次最後警告處分，思想一貫反動，多次散佈反動言論，還當過「反動小集團」的「外交部長」……。

大隊書記和大隊長在了解我的情況後倒沒怎麼犯躊躇，特別是書記，當時就明確表態：「哎呀，人家過去的那些事，我們計較它幹什麼？他又不是地主、富農！我們只不過是請人家來畫一幅像，又不是發展他入黨，我想他還不至於故意把毛××像畫壞吧。你們放心，出了事我兜著！」大隊長的話更乾脆：「不是我說句思想不好的話，這年頭越是這種人越有真本事，你們去看看，××大隊那個毛××像畫成了什麼樣？聽說還是湯山一個專門畫人像的黨員來畫的，媽的，連我都看不過去！」

在我去了之後，書記還在暗中特意關照過黑姑：「兩天前我們議論老方的事，你千萬別對人家講，免得人家心裏不舒服。人家既然幫我們這個大忙，我們可不能虧待人家，一定要好好招待。錢嘛你別煩，只要是用在畫主席像上面，諒誰也不敢說三道四！」

講完這些經過後黑姑對我說：「你別怨我這些天一直沒把這些事告訴你，我倒不是怕書記他們怪我多嘴，主要是怕你知道以後心裏不舒服。我們不知道你以前到底出過哪些事，不過我們都肯定你是個好人。」

彷彿怕我不信似的，她又把前兩天隊長趁我不在來看畫像時說的話告訴了我：「……這個鬼老方真不簡單哩，你看這主席畫得多有氣派。這麼有本事的人，不知怎麼會混到農場去的，真是好人沒好命啊！」

這一番說明聽得我心裏酸酸的，人際之間貴在知心，既然他們在知道了我以前的一些事後仍然這樣信任我，我總得多少做些自我介紹才是。

於是我緩緩地向他們談了自己這些年來的一些遭遇，包括我怎麼會到農場來，以及到農場後的那些倒楣事。我記得當時講了很長的時間，邊說邊喝，以致酒力使我的舌頭逐漸不聽使喚起來，我依稀記得，不知何時鵬高和黑姑一左一右地緊靠到了我身旁，鵬高握住了我的一隻手臂，黑姑那雙美麗的大眼睛裏噙滿了晶瑩的淚珠。

再後來，好像我們乾了好多次杯，他們除了一再表示為能認識我感到榮幸而乾杯之外，更多的是祝我今後平平安安而乾杯，我則一次又一次地為他們的美滿幸福回敬，到最後，隨便一句話都成了我們乾杯的理由，我記得單是提議為那盆金黃菊花乾杯就有好幾次。

接下來的事更模糊了，只記得那晚門外月色很好，後來他倆扶著我，搖搖晃晃地走到了月光下，我曾仰臉面對皎月，背了蘇學士的

〈水調歌頭〉，念到末句「但願人長久，千里共嬋娟」時，我不禁淚流滿面……

次日下午，鵬高走了。吃午飯時我問他們決定什麼時候辦大事？黑姑笑著望了鵬高一眼後告訴我：「反正到時一定會請你的。」臨別時，鵬高很動感情：「能夠認識你，方大哥，我真的感到非常榮幸，通過這兩天的接觸，我更感到您是位難遇的好人，小弟不會說多少客氣話，只是希望方大哥多多保重，多多保重！」

六

一晃二十天到了，整幅畫像已經完成，在對某些局部進行修飾後，我在畫面均勻地刷上了一層凡立水（清漆），這樣做的目的，是為了避免油彩和空氣、雨水直接接觸，減少氧化程度，從而使畫像在露天環境中長久不變色。書記和隊長來過好幾趟，每次看完，總免不了又誇又謝。

寫到這裏，有件事忘記提了，就在結束的前兩天，我還為黑姑畫過一幅速寫。

前文已經提到，為了讓她高興，也算是對她多日以來熱情學畫的鼓勵，我決定讓她畫毛××身後的海浪背景，那是畫面中無關緊要的部分，即使畫得不好，我也能立即壓色修改，油畫最大的好處之一就是修改起來相當方便。替黑姑畫速寫的時間就在她畫海浪的那天上午。

南京一年中最美好的季節莫過於秋天，那天正是一個陽光燦爛的秋日，沐浴在金色陽光下的黑姑正聚精會神地往畫面著色，微仰的臉上那副凝神專注的神情，實在是美極了，從側面望去，彎彎的瀏海下、精美的鼻樑和微抿的嘴巴，尤其是隨著抬臂而形成的優美身體曲

線，簡直看得我心蕩神迷。我只感到一陣強烈的創作衝動如潮水般襲來，我趕緊取出炭條和白紙，五分鐘後，我為她勾出了一幅側面速寫。

　　論起我的速寫技巧，只能用貧下中農的俗話：「麻袋繡花──底子太差」來形容，我幾乎從來沒畫過一幅像樣的人物速寫，但這次我要自誇一下：這幅表現黑姑的速寫絕對是拿得出手的作品──線條簡練、結構準確、人物傳神、特徵鮮明。特別令我滿意的是那眼神和那微抿的嘴，維妙維肖地表達了主人公專心作畫時的忘我神態。當我簽上名字、再次審視這幅速寫時，我心頭忽然湧過了一種怪異的感覺：我越看越不相信這居然是我親手所畫，一定是上天垂憐我枯萎的心中對美的渴求，眷顧我對一位妹妹聖潔的愛，從而賜予了我五分鐘的靈感，假我之手完成了這幅神來之作。

　　黑姑非常喜歡這幅速寫，她小心翼翼地捧著向我保證，她一定會好好保存，我也鄭重地希望她收好，我說這種速寫大概一生只能畫好一次，今後我再也畫不出了，她若有所思地點了點頭。

　　半年多後，我去參加她和鵬高的婚禮時，走進新房第一眼就看到了這幅速寫，它被嵌在一副深綠色的玻璃相框內掛在了梳粧檯鏡子的上方，這個顯眼的位置足以表明了居室主人對它的珍愛程度。

　　畫像終於完成了。驗收的第二天還搞了個落成儀式，公社特地來了兩名幹部，其中一位自始至終對這幅毛××像讚不絕口，說把包括公社門口在內的那些毛××像全部「比趴了」。中午在大隊部酒席上這位幹部不斷和我碰杯，同時一再誇我畫技高明，說我「主席著作學得好，思想作風硬，技術上精益求精。」我斜著瞟了黑姑一眼，見她正偷偷地捂著嘴在笑，這使我不由想起第一天在大隊長家午餐時黑姑笑著保證一定好好招待「老方同志」的情景。在座人幾乎都向我敬過酒了，有點醉意的大隊書記用筷子敲著酒杯提醒黑姑：「黑丫，你怎麼不敬你老師一杯呀？老師馬上就要走了，以後敬酒的機會可不多

啦！」書記這番出自禮節的客套話一下觸動了我，特別是「機會可不多啦」幾個字，讓我頓時有種悵然若失的感覺。當黑姑笑吟吟地端著酒站到我面前時，我由於陷入惆悵，差點忘了舉杯。

下午我背著畫夾離開了那裏，書記一直把我送到村口，大隊長堅持送我回農場，這兩個農村基層幹部待人確實很實誠，一清早特意安排黑姑買了一袋螃蟹讓我帶走，臨行前又在袋內塞進了幾條煙。

黑姑纏著我說她也要送我回農場，最後拗不過她，只得任其隨同。她大概做夢也沒想到，我居住的破茅屋竟會那樣殘敗，我特別留意她看到我糊滿補綻的破蚊帳和黑乎乎的破草席時那複雜的神情，她幾次嘴唇動了動，似乎想說什麼，大約是因隊長在旁說話不便而沒有開口。

臨別之際隊長再次向我道謝，叫我有空時一定去玩，輪到我和黑姑握別時，我明顯感到她的笑容很勉強，眼裏閃著淚光。望著夕陽下他們遠去的背影，一股淡淡的空虛岑寂從我心底縷縷升了起來。

就這樣，我結束了一生中唯一一次去農村作畫的經歷，告別了黑姑和那個給我留下美好記憶的鄉村。

七

1968年快過春節時，黑姑到農場看過我，去時帶了一竹籃農村過年時訂做的米糕，兩寸見方，上面還點了一小塊紅點的那種。可惜那天我不在，她將年糕拿給我一個住在隔壁的同事，請他轉交給我，第二天，這位鄰居轉交給我時說：「是個漂亮的農村『二妹子』送來的」，我心上頓時湧過一股暖流。過小年時，她又去了一次，這回我見到了她。記得她邀請我到她那裏去吃元宵，好像當天我有什麼事，結果沒去成。

　　1968年4月的一天晚上，我正在宿舍內看書，忽然聽見有人在叩我的窗子，開門一看，黑姑和鵬高正笑著站在門口。

　　我趕緊一手一個將他倆拉進門。和幾個月前剛見面時相比，黑姑似乎更加風光了，長辮已剪短成兩根短短的刷子垂在胸前，額前的瀏海燙得鬆鬆的，圍束在頸子上那條薄薄的白絲巾，使她俏麗的臉上更襯出一種成熟風韻。鵬高依然那樣高大英武，引我注目的是，頭髮已經吹成當時流行的「青年式」，大概他還記得去年初次見面時我老盯著他那「農村頭」看，這次來之前特地理了髮。

　　見她們突然喜孜孜的光臨，我把時間一算，估計是她們要辦婚事了，果然鵬高很快掏出一張粉紅色的結婚請柬，雙手捧著遞給了我，日期是5月的某天，按農曆，那是個末位帶「八」的好日子。

　　令我非常感動的是請柬上的抬頭稱呼──她們抹去了「方大哥」前面的「方」字，內容是：「恭請大哥於5月××日參加我們的婚禮」。雖然只有一字之差，卻使我心頭陡然漾起了一種溫暖的親情。

　　見我老是盯著那份寥寥數語的請柬，鵬高大約知道我在想什麼，他站起身來，輕輕地握住了我的手說：「大哥，我們的身世您都清楚，我們沒有一個親人，特別是黑姑，連個親戚都沒有。人家結婚時，女方娘家總會有一大幫親人出場，但她卻是孤孤單單，無親無眷，我怕到時黑姑心裏難過，特別想在這次婚禮上請您以黑姑大哥的身分出席。」想了想，他又接著說：「既然我和『黑姑』都把您看成大哥，那您就是我們理所當然的大哥，如果您認為還要有什麼儀式的話，現在我們就辦。」說完，拉著黑姑就要下拜，我趕忙止住了他們。

　　承蒙人家如此看重，照理說應該自豪才是，但我內心卻充滿了矛盾。不為別的，我怕自己以後會連累他們。

　　1968年春，一場聲勢浩大的「清理階級隊伍」運動已在全國鋪開，我的兩位好朋友都和這次運動沾上了邊，隨時有「進去」的可

能，他們如果一旦有事，我勢必也難逃厄運，真到了那一步，再來個「順藤摸瓜」，黑姑和鵬高恐怕也會無端受到牽連。試想兩個由集體撫養長大的貧農後代，一貫積極要求進步，其中一個還是黨員幹部，這種無產階級革命事業的接班人，居然會主動認一個既屬漏劃右派又有重大「現行」問題的階級敵人為「大哥」，這究竟意味著什麼？對我來說，最多在老問題上再添一筆諸如「拉攏」、「誘惑」、「腐蝕」之類的新帳，但對他們就不一樣了，憑空冒出的「大哥」很可能使他們一生的前途蒙上可怕的陰影。

問題是我的這些顧慮又不便對他們明講，於是我只好很委婉地對他們說，我當然非常高興能有一次「冒充」黑姑的大哥去吃喜酒的機會，不過這只是騙騙外人的，目的只是為了替黑姑壯壯娘家的聲勢，此外別無他意。

誰知黑姑對我這番表態很不滿意：「什麼騙騙外人的？我們就是誠心誠意要認你這個大哥！」

一見她認真，我趕忙笑著糾正剛才的話：「好好好，不是騙人的，是真的，這總行了吧！」

「不許騙人啊！」黑姑說著，把小指伸了過來，我趕緊和她打了個勾。

鵬高告訴我，他們這場婚禮挺隆重的，公社革委會決定來人為他們主持結婚儀式，到時希望我代表女方親屬出面講話，以我的口才，一定會讓革委會領導刮目相待：別看女方只來了一個親屬，其言談舉止卻非常人可比。另外他說，黑姑曾多次對人提到她在南京有個大哥，有本事得不得了，一肚子學問，這次要特地趕來參加她的婚禮。言下之意是希望我一定要在婚禮上幫他們掙足面子。

我該怎麼辦呢？儘管上述那些擔心一直哽在心頭，同時對他們的這點小小虛榮心也有些不以為然，但我又實在不忍心拒絕。面對他

們的殷切期待，我唯一能做的就是一口答應，日後的事看來只能聽天由命了。

他們結婚的那天是個非常美好的初夏日子。我清早動身趕到下關擺渡過江，接著搭了兩次車抵達××縣城，最後花一角錢坐「二人車」（自行車後座），在田埂小路上顛了一個多小時才找到鵬高家，時間已是下午3點。

鵬高那幢落成不久的新屋的確挺氣派的。整齊的青磚青瓦、漆得通紅的大門、窗戶上斗大的「囍」字，老遠望去非常惹眼，和周圍一些低矮的草房相比，形成了明顯的反差。更令我驚訝的是那房宅的結構，它完全不同於農村普通平房那種中間堂屋、兩側臥房「一明兩暗」的佈局，進大門後是片天井，兩側各有廂房一間，再往裏才是堂屋和兩間居室，這是一座在尋常農村人家中很少見的小型四合院。當時我心裏忍不住想：公家出錢替他們蓋這麼大的住宅，不用說，鵬高這傢伙不久後肯定會成為這裏的「土皇帝」！上次他給黑姑的信中自稱「工作可能會調整」，這幢作為身分標誌的住宅已經預示，他接任大隊一把手只是遲早的事。

從大門朝裏望去，四合院內熱鬧非凡，地上到處是鞭炮殘骸、葵花子殼和一些紅紅綠綠的碎紙片。一個姑娘問明我的身分後，立即朝後面高聲喊了起來：「黑姑，黑姑！南京來人啦！」話音剛落，只見黑姑像隻美麗的大蝴蝶般飛了出來，一面興奮地叫著大哥，一面擁著我的一隻膀子，將我帶進了新房。

當我問鵬高去哪時，他急匆匆地走了進來，剛見面就一把抱住我的雙肩大聲地埋怨我：「怎麼這會兒才到？」他伏在我耳邊悄悄地說：「你再不到，黑丫非哭不可。」我笑著各握住他們的一隻手道了喜，接著把背在肩上的一捲禮物交到鵬高的手中。

說起禮物，還真有些慚愧。以我當時的經濟條件，實在無力買什麼像樣的禮品，再三考慮之後，決定送他們一幅油畫，這是在任何

時代都拿得出手的禮物，既不媚俗，又能巧妙地遮蓋我的寒酸。我原先打算臨摹一幅列維坦的《白樺林》，後來似覺不妥，最終臨了一幅毛××在天安門上的揮手像。為了這幅畫，我偷偷到庫房剪了一大塊厚帆布，又從醫務室搞了一瓶福馬林做了防腐處理，前前後後熬了好幾夜才完成。

這幅油畫倒是為黑姑和鵬高掙了不少面子，他們將畫掛在堂屋的正中央，讓人進屋第一眼就看到它，每當有人在讚嘆之後問起此畫的來歷，黑姑總會一臉得意地傲稱「我大哥畫的！」同時不忘把我拉到客人面前炫耀一番。那晚的婚宴至少擺了二十桌，主桌設在新宅後進的堂屋中心，天井兩側四桌，其餘安排在左鄰右舍的人家裏。我作為女方唯一的親人被安排在主桌，上席是公社革委會來的兩個頭頭，其他在座的是大隊頭頭和新郎、新娘。所謂的儀式，是所有的頭面人物一起擠在天井中聽革委會的兩個傢伙讀了兩頁賀辭，大隊頭頭講話後，我以新娘大哥的身分致了簡短的祝詞，內容不外乎是感謝當地領導關懷、祝「妹妹、妹婿」白頭偕老之類的套話。農村不像城市婚禮那樣在結婚儀式上鬧新人，講話一結束，便「各就各位」，開始吃喝。那晚，鞭炮放得特多，第二天早晨一看，門內外的地面全是散發著殘留火藥味的紙屑。

酒宴結束後，我被安排到鵬高家附近一個遠房堂哥家睡覺，這位堂哥比鵬高大不少，約莫四十多歲了，不知怎麼少了一隻眼睛，為人卻極好客。聽說我是黑姑的大哥，特地把他們夫婦的大床讓給了我。三十多年後當我重新踏上這塊舊地時，這位獨眼堂哥依然健在並認出了我，多虧他的健在，讓我了解了後來發生的一些事。

第二天，我就回南京了。

黑姑夫婦一再留我多住幾天，但我執意要走。當時我朋友李立榮的處境已經很不妙，我根本沒有心思在外消遣。後來他們找來一輛手扶拖拉機送我到縣城，在他們住宅後面一條大河（好像叫叉河）的

河堤上分了手。黑姑抹著淚再三囑咐我多多保重，鵬高也是一臉戚然，這對新婚夫婦的傷感似乎表明他們對我此去之後預感到了什麼，但我怎麼也沒想到，這次分手竟成了今生今世的永訣！我至今還記得那相互依依惜別的畫面：堤下是波光粼粼的河水，拖拉機突突地冒著黑煙在等我上車，我一邊一個牽著他們的手，安慰他們，信誓旦旦地表示不久之後我一定會再來……

可惜的是，在其後將近一年的時間裏我一次也沒去過，不是不想，而是不能去——我已經預感到自己遲早要「進去」，我不能連累這對無辜的年輕夫婦。

大約是在1969年4月的中共「九大」期間，我收到了一封他們的信，大意是鵬高已經當上了大隊書記，黑姑則被安排到公社小學去教書。他們非常想念我，希望我有空時去看他們。這封信留給我最深的印象是結尾之後另外加上的一段「又及」：「不久之後，你就要做舅舅了！」

自1957年「反右」之後，我就養成了絕不保存來信的習慣，這封信一讀完，當場就被我燒掉了，但最後那段「又及」中的每一個字卻深深地刻在了我的心上。特別是文字下面的那條波浪線，它總使我情不自禁地聯想起黑姑家附近那條波光粼粼的大河。在後來的艱難歲月裏，我不知有多少次回味過這句話中所包含的希望、憧憬、幸福、溫情，每到這時，我都會心旌搖曳地蕩進一種美妙的遐想境界之中——假如他們有了小寶貝，那一定是個可愛的小女兒，而且是那條大河沿岸百里方圓內最漂亮的小人兒，在金色陽光的撫慰下，我正牽著她的小手在大堤上漫步，一邊逗她不停地喊我舅舅……

隨著形勢的急轉直下，在接到此信的兩個多月後我突然被捕，接著進勞改隊開始了漫長的十年鐵窗生涯，從此和黑姑、鵬高失去了一切聯繫。

八

十年之後的1979年。

這年10月的某天，我去農場辦理平反後的工資補發事宜，下午4點多辦妥後，天突然沉了下來，我匆匆趕到車站，等候末班車回城。就在我站在路邊候車時，發現一個騎自行車、農民模樣的人老遠就一直盯著我瞧，近前一看，我們一下驚喜地認出了對方——來人正是當年扛玉米請我去畫像的那位大隊長！

十年歲月已使這位隊長的兩鬢染上了白霜，只是精神似乎仍不減當年。見我正在候車，他稍稍寒喧後便一把搶過我隨身的拎包，要我今晚別走，一定得去他家好好聚一聚。

我笑著說回去還有點事要辦，改日一定專程前來拜訪。

「老方啊，我們大概有十年多不見了吧！你的事我都聽說了，現在總算熬出頭了，我打從心裏為你高興啊！今天難得這麼巧見面，今晚你無論如何不能走！」

見我似乎不為所動，他急著又補了一句：「我還要特地跟你談一個人哩！」

「誰？」

「黑姑！」

一聽到黑姑這名字，我立即興奮起來。走出監獄一個多月了，這些日子一直忙於平反善後和落實飯碗，有好幾次想去看望他們，但當年的地址早已被我遺忘，又不知他們是否還待在那裏，為此正急著打聽他們的下落，想不到今天如此湊巧，正好碰到隊長，而他又主動地提到了黑姑！我急不可耐地一把抓住了他的手：「黑姑怎麼樣？他們一切都好吧？我正要看他們去呢！」

　　隊長盯著我的臉看了一會，接著又將目光緩緩移向了遠方，語調明顯的低了下來：「說來話長啊，老方，到我那裏好好敘敘吧。」

　　見他那副凝重的神情，我隱隱預感到了一絲不祥，看來今晚是走不掉了，隨即二話不說跳上了他自行車的後座。

　　路上他告訴我，他早就不當大隊長了，現在專門生產紙筋賣，日子過得不錯。他好幾次找人打聽我的下落，可是始終未能如願，今天的巧遇，真是老天有眼。

　　隊長的房子已經翻蓋一新，門前又多了幾個池子，裏面漚滿了棕黃色的紙筋，他老婆正忙著往池內倒水，見到我後先是一愣，接著很快地就認出我來：「哎呀！你是……是老方同志吧！稀客稀客！裏面請，裏面請！」隊長的老婆還是像以往那樣好客，只是比十年前又胖了一些，走動起來，胸前一對大奶子像兩隻兔子般在罩衫下跳動。真想不到她記性如此之好，十年不見，居然一眼就把我認了出來。

　　晚上的酒席很熱鬧，隊長老倆口加上兒子、媳婦、孫子、孫女擠滿了一桌。當年他們的幾個兒女還是小傢伙，如今一個個都成了家並有了孩子，我和隊長夫婦不禁感慨了一番。等到幾個年輕人吃完之後，隊長叫老婆將酒菜移到茶几上，拉著我坐到那張簡易長沙發上開始了我和他的單獨對酌。

　　外面不知什麼時候下起了雨，屋簷滴滴的雨聲勾起了往日的回憶，記得那年在黑姑家她把身世告訴我時也是一個雨天。我耐心地看著隊長，等著他那「說來話長」的敘述。

　　「老方啊，這些事我原本不打算告訴你的。不為別的，就是怕你難過，但想想還是覺得應該讓你知道。」說到這裏，隊長和我碰了一杯：「我當年就知道你對黑姑不錯，她也一直把你當成哥哥看待，你出事後，她一提到你就掉眼淚，那可是真感情啊！怎麼也想不到，她沒能等到你有今天啊，唉！」最後的一聲嘆息，明顯夾著一言難盡的淒楚。

　　我一聽心中不禁為之一震。好在十年的腥風血雨已使我不管面臨什麼都有足夠的心理承受能力，我只是靜靜地等待下文。

　　隊長默默為我和他自己篩滿了杯中酒，象徵性地朝我舉了一下杯後仰脖一飲而盡，接著緩緩地向我道出了後來發生的事⋯⋯

　　1970年後，鵬高當上了大隊書記。出身好，高中畢業，又是復員軍人，加上一副英俊的外表，這在當時的農村基層幹部中，無疑屬於出類拔萃的人材，按農村的幹部路線，美好的前程正等待著這個年輕人。黑姑依仗夫君的地位，婚後不久就當上了公社小學的教師，1969年秋，她生了一個白白胖胖的兒子。

　　這個活潑可愛的小男孩出世後，黑姑他們只給他起了個乳名，大名一直空著，說要留待小傢伙遠方的舅舅來起名。

　　嫁得一個如意郎君，又有了寶貝兒子，即使在幾十年後的今日農村，像黑姑這樣的農村女，也是很多人羨慕的對象。婚姻美滿、家庭幸福的黑姑沉醉在人生的歡樂之中，滿懷欣喜地憧憬著燦爛的未來。

　　但誰也沒料到的是，一場從天而降的打擊突然落到了她的頭上。

　　事情起源於偉大領袖那個別出心裁的號召：知識青年下放農村！

　　從1968年底開始，除了極個別權貴子女中學畢業後可以留在城市之外，絕大多數的中學生畢業後必須「插隊農村」去「接受貧下中農再教育」（美其名曰：「農村是塊廣闊的天地，在那裏是大有作為的。」），1972年，黑姑所在的大隊也來了一批從城市來的插隊知青。當時黑姑家天井兩側的廂房正好有一間空著，於是便安排兩名女知青住了進來。

　　這些剛出校門的學生雖然沒有能力決定自己的命運，但由於他們的出現，往往改變了很多農村人的命運。從女知青住進黑姑家的那一刻起，本文下面的悲劇也就拉開了帷幕。

　　這兩個女知青中的一位，由於家庭經濟狀況較好，僅僅在鄉下待了半年不到便回城投靠老爸、老媽去了，另一位由於家道貧寒，回城無靠，不得不留在「廣闊天地」裏「大有作為」。沒走的這位女知青和鵬高、黑姑一樣也姓徐，來自安徽某市，當時才十九歲，小姑娘長得很漂亮，為人也非常老實本分。

　　提到這位姑娘時，隊長一臉茫然地搖起了頭：「想不到天下竟有這種巧事啊！鵬高姓徐，黑姑也姓徐，偏偏這個女知青又是姓徐，老天有意把這三個姓徐的捏在一塊，這是天意啊！」

　　由於同住一院，時間一長，這小徐知青和黑姑夫婦的關係也越來越親密，黑姑把小徐知青當成了妹妹，小兒子也特別依戀這個阿姨，再到後來，小徐知青乾脆在黑姑家入了伙吃飯，彼此儼然成了一家人。

　　初為人母的黑姑自從有了兒子後，幾乎將全部的精力都傾注到愛子的身上，婚前的花前月下，成親後的繾綣纏綿，都隨著愛情結晶的誕生逐漸遠去，身為丈夫的鵬高不免有點失落，不知究竟是否像後來判刑公告上所寫的「資產階級思想嚴重」，還是出於男性喜新厭舊的天性，他漸漸喜歡上近旁的漂亮知青小徐。

　　孤身在農村的小徐，正值情竇初開的花季年齡，面對年輕英俊的大隊書記的熾熱目光，很快地也報之以會心的笑容。兩情既已相悅，等待的只是機會，在黑姑去縣城開教師會沒回來的一個夜晚，鵬高和小徐越過了最後一道道德防線。

　　有了第一次，便有了N次。此後兩人多次趁黑姑不在時在家裏幽會，對丈夫的忠誠從來不抱懷疑的黑姑，直到後來事發時都仍渾然不覺。

　　講到這裏隊長有些激動起來：「這鬼黑丫怎麼就那麼笨呢？那麼機靈的一個女娃，丈夫就在身邊搞女知青，怎麼一點苗頭也看不出來呢？」

　　不久之後，小徐發現自己懷有身孕。

生理的變化立刻使她驚恐不安起來，但這個老實的姑娘不知出於何種考慮，從頭到尾一直沒將此事告訴鵬高，只是在發現懷孕之後主動中斷了和鵬高的來往，而鵬高對女方懷孕始終一無所知。

據說後來法庭在宣判前讓被告做最後呈述時（鵬高一案一直拖到1975年春才判決。當時軍管已經結束，刑事審判已恢復了一些文革前的形式。）鵬高一再強調，自己確實不知道女方懷孕，否則一定會採取措施，避免悲劇發生，為此請求法庭量刑時充分考慮，遺憾的是法庭未予採納。這是後話，暫且按下不表。

轉眼之間離春節不遠了，小徐和其他知青一樣，必須回城與父母過年團聚，換成別人早就數著日子巴望春節了，她卻摸著一天天大起來的肚子暗自發愁。目前雖然還沒人知道這個見不得人的祕密，但母親是絕對瞞不過去的。一個女孩兒未婚懷孕，對方又是有婦之夫，父母親怎能容忍這種傷風敗俗的醜事發生在女兒身上？眼看春節一天天逼近，這個可憐的女孩在六神無主的焦慮中度日如年。那一個個夜晚都是獨自蜷伏在被子裏啜泣中度過的，白天還得強打精神出工下地，幾個月前還是那麼健康、活潑、美麗的她很快憔悴下來，在無助的絕望中，她想到了自行打胎，她決定服用奎寧，盡快打掉自己肚子裏的這個小孽障。

直到後來悲劇發生，也沒人知道她究竟從哪裏打聽到奎寧可以打胎，只知道她以自己患了瘧疾（打擺子）為由，從大隊赤腳醫生那裏搞到了一瓶奎寧片。據說那個赤腳醫生是個挺謹慎的人，他知道奎寧（金雞納霜）不僅是治療打擺子的特效藥，而且還有一定的墮胎作用，在民間特別是農村，常被用於私下打胎。由於這種非正規流產往往有一定的危險性，因此他和其他的農村醫生一樣在給藥時都會控制數量。但這次當小徐前來要奎寧時，醫生卻犯了一個致命的疏忽：在他印象中，小徐是個很本分的女孩，而且他知道小徐和大隊書記一家的關係極好，他壓根也沒想到眼前這個面黃肌瘦、確實像患了瘧疾的

女知青來要奎寧的目的竟是為了打胎，為圖省事，他一下就給了小徐一瓶！

當晚夜深人靜時，小徐服下了大半瓶奎寧。按她的設想，劑量越大作用越快，只有一次解決掉腹中的隱患，才能治好自己的心病，她滿懷希望，同時忐忑不安地等待藥物的反應。

那一刻，她似乎看見了希望——最多半個月，一切就能恢復正常。自己畢竟還年輕，今後的一切都可以重新再來。

這之後究竟發生了哪些具體的情節，恐怕永遠也無法弄清楚了。我們只能根據事後公安部門會同公社察看現場和檢查小徐的住處後的綜合分析，推斷出以下情況：

不知過了多久，她感到腹中難受起來，接著是強烈的口渴。喝完水瓶中的水之後（後來檢查發現，桌上的熱水瓶內滴水不剩），一時找不到水，她拿了隻搪瓷杯悄悄出門尋找水源。在皎潔的月光下，她走向了屋外不遠處一口面積很大的飲水塘，當她沿著跳板走到盡頭處彎腰舀水時，突然一陣暈眩襲來，她一頭栽進了兩米多深的水中，再也沒起來。（據說這個水塘以前一直很淺，當年春天修水利時順帶挖深了一米，誰也不曾料到因此導致了半年後的這場悲劇。）

人體落水的聲音，只驚起了最後一批南飛候鳥的夜棲，月夜下的鄉村很快就恢復了死寂。直到第二天近午時分，人們才發現漂浮起來的小徐的屍體。

公安很快來了人。綜合勘察現場後，確定死者係溺水身亡。經過屍體解剖，確認死者生前已經懷孕，胃中含有過量的奎寧。法醫的推斷是：死者為了私自打胎，誤服過量的奎寧而出現藥物中毒，導致頭昏、口渴，在取水時落水身亡。

一個女知青由於懷孕私自打胎而溺水死亡的事當然馬虎不得，當天下午縣裏立即派來了一個調查組，頭一件要查的就是，造成死者懷孕的男方到底是誰？是知青，是農民，還是幹部？

就在當天晚上鵬高主動向調查組交代了和小徐知青的關係，不過他一再表明自己並不知道女方已經懷孕。至於鵬高的主動坦白，到底出自何種考慮，今天去推究已經毫無意義，有一點可以肯定的是，他此舉還算識相——三天以後，調查組從死者屋裏一處隱密的角落搜出了一本日記，那上面記述了死者和鵬高發生關係的日期、地點以及大致經過。

儘管如此，主動坦白並沒能改變他日後的命運，他連夜被一輛北京吉普送進了縣公安局牢房，後又被轉到地區看守所。最使他懊悔的是，臨去調查組之前，他和黑姑連招呼都沒打，當然也沒顧得上看一眼兒子，他做夢也沒想到，擺在前面的會是一條不歸路。

突然而至的打擊一下震昏了黑姑，她怎麼也不相信丈夫竟會做出這種事來，而且這一切就發生在她的眼皮底下。當調查組把鵬高自己的交代告訴她時，她頓時感到天要塌下來了！

在一些學校同事的啟發下，她想到了鵬高當年的首長。鵬高替首長當了幾年警衛員，首長倆口子都很喜歡鵬高，女婿雖然沒當成，比起一般下屬，感情上總歸要深一層。首長是高級將領，大人物出面總會有些效用的。

她翻出過去的信件，按上面的地址給首長寫了封情辭懇切的長信，在詳細彙報了鵬高的遭遇之後，懇請老首長看在鵬高給他們當過幾年警衛員的份上，無論如何一定要救救他。根據一位年長女教師的建議，黑姑還附寄去了全家的照片，並特地在兒子一張放大照片的背面寫了一行字：「請首長爺爺救救爸爸，別讓我成為孤兒。」

首長已升遷到另一個軍區擔任要職，信轉到他手上後，很快地覆了一函。他對鵬高犯這種錯誤表示很痛心，但要黑姑相信黨的「給出路」政策。最後他表示，他將想想辦法，要黑姑好好工作，帶好孩子。

既然首長答應「想想辦法」，黑姑的心總算稍稍安定下來。

　　一晃眼半年多過去了，案子卻一直沒有消息。每個月她都按規定，抱著兒子去看守所「接見」（名為「接見」，只是送些肥皂、牙膏、草紙等日用品進去，人是絕對見不到的。），多次哭求看守讓她看一眼丈夫，均未獲准。到了1974年秋某次送東西去時，她被告知，鵬高已被轉到地區看守所。回來向懂法律的人一問，由縣裏轉到地區，表明鵬高的案子已經「升級」。

　　當時，全國各地軍墾農場和地方農村發生了很多起幹部利用職權姦污女知青的醜聞，當局為此相當惱火，特別下達了嚴肅處理此類案件的紅頭文件，個別地區還槍斃過幾個「典型」。1974年正處於打擊這種犯罪的「風頭」上，黑姑終日提心吊膽地為丈夫的命運擔心，既盼鵬高能早日得到寬大處理，回來團聚，又怕因為趕在「風頭」上來個「從重從快」，在這種殘酷的心靈折磨中，艱難地熬到了1975年的春節，鵬高一案仍無消息。

　　任何坐牢者的親屬都會盡量往好的方面幻想，黑姑當然也不例外，眼看打擊「風頭」最盛的1974年已經過去，她似乎感到希望越來越大。就在這年春節期間，我畫像的那個大隊一批人去看望黑姑，並在那裏陪了她兩天，書記、隊長、黑姑的乾媽和一干做姑娘時的小姊妹都去了，眾人的勸慰，總算讓黑姑過了一個稍微舒心的年。臨別時，黑姑牽著兒子一直送了好遠，眾人千叮嚀萬囑咐後，才依依不捨地爬上了手扶拖拉機。

　　隊長講到這裏時，聲音已經有點哽咽：「唉！沒想到那次分手竟是最後一面啊！」平靜片刻後他看著我的臉說：「已經到那種地步了，她還念著你這個大哥哩，一再問我知不知道你判刑後的下落，叫我打聽到之後寫信告訴她。真是個有情有義的丫頭啊，可惜命就那麼苦！」

　　春天很快又到了，鵬高已經關了一年出頭。春節過後沒多久，公社有人告訴黑姑說，最近地區要判一批人，其中可能有鵬高。公社

那位熟人暗示黑姑要有思想準備：一是這次判起來可能不會輕，二是除了已經死去的知青小徐之外，鵬高另外還搞過一個女知青。

日夜思念丈夫的黑姑怎麼也想不到，左盼右盼等來的卻是這個晴天霹靂！萬般無奈的她又再次想到鵬高當年的老首長。上次首長在信中答應要想想辦法的，後來也不知是否有和相關部門聯繫過，如今已是緊要關頭，唯一的希望只能寄託在老首長身上了。她把兒子託付給一位同事後，連夜登上了西行的列車，她決定遠赴西北，親自上門懇求首長出面搭救丈夫。作為一個妻子，只要還有一線希望就必須盡力爭取，她唯一能做的也只是如此了。

三天後，一路風塵僕僕的她趕到西北某市，好不容易找到了首長府邸。見面後，剛剛自我介紹完就是一個長跪不起，一邊哭訴來意，一邊以首叩地，泣求首長救救自己的丈夫。

看著眼前這個遠道而來、跪在地上哀求的當年警衛員的小媳婦，首長老倆口不禁惻隱之心大作，當即扶起黑姑叫她放心，他將馬上和在案發當地省軍區當領導的老戰友聯繫，請老戰友想想辦法。

次日，首長安排手下替黑姑買了一張返程的臥鋪車票，臨行前，首長夫人又買了不少小孩的衣服、食品，讓黑姑帶給孩子，並派人將黑姑送上了火車。

回到家向要好的同事們講述此行的經過後，大家都說黑姑命好，遇到了大慈大悲的貴人，有貴人出面相助，鵬高這下肯定有救了，有的還堅持認為，沒多長的時間，鵬高肯定能放回來，最多判個「交群眾監督」。

一切似乎都好轉起來。就在黑姑從西北回來後沒幾天，一位軍人乘了部吉普來到了黑姑家。來人自我介紹是首長手下的一個參謀，這次奉首長的命令，專程從西北飛來省城向軍區某領導面交了一封信，首長叫他順便看望一下黑姑，並口頭轉告她，已向這邊的老戰友打了招呼，讓老戰友迅即和地方公檢法協商，盡量爭取寬大處理鵬

高。這位參謀告辭時對黑姑說，這事若放到兩年前的軍管時期，只不過是小菜一碟，但現在軍管已經結束，辦起來不得不費點周折。不過首長既然這麼重視，這邊的軍區領導又一再保證盡力，肯定不會有大問題，參謀一再要黑姑不必過分擔憂。

有如此大來頭的暗中運作，眼看對鵬高一案的從寬發落已是不爭的事實，黑姑甚至已經做好鵬高歸來的準備，每天都在期盼丈夫突然笑吟吟地出現在面前。

可人算不如天算，命運之神偏偏不肯大發慈悲。

鵬高一案獨獨遇上了一位不按「遊戲規則」辦事的法官！

這位法官文革前就是地區中級法院的審判員，素以不講情面、不懂人情世故聞名。科班出身的資歷加上豐富的司法實踐經驗，並未能使他在文革前期「砸爛公檢法」後免遭「下放」的命運，此後一連在幹校農場當了幾年苦力，由於對幹校的軍人頭頭一貫不買帳，直到1974年幹校解散，才最後一批調回法院。鵬高一案，是他重新坐上刑庭審判席後接手的第一起案件。

在「五七」幹校幾年的變相勞改，使他恨透了那些不可一世的軍代表，當他接手此案後得知上面軍方有人出面干預並要他筆下開恩時，頓時氣不打一處來，毫不客氣地將所有上下左右的說情全都擋了回去。無論來人如何曉之以情、動之以利害，法官一概「油鹽不進」，他自有他理直氣壯的理由：軍管早就結束，現在該是我們法官依法獨立辦案的時候了！

估計上面對他也有些無可奈何，雖說省軍區領導親自打了招呼，但現在已經不是軍方說了算的年代，地方政府和法院犯不著為了一個犯人惹惱這個不買帳的法官。再說，法官審理此類案件時手中還有一把尚方寶劍——中共中央關於嚴厲打擊姦污女知青的紅頭文件。誰也不願甘冒風險去碰這根高壓線。

從最後的判決結果來看，我們無從得知這位法官究竟是真正出於對政策、法律的天然敬畏，或是由於軍方在軍管時期的胡作非為激起了他的逆反心理，只是有一點可以肯定——鵬高老首長和他老戰友的努力，在法官身上不僅絲毫沒起作用，反而很可能在一定程度上幫了倒忙。

遇上這位頭上長角的法官，我們只能看作是鵬高、黑姑夫婦的命中註定。

老首長派人送信後不到一個月，地區中法開了一次公判大會，鵬高和其他幾個殺人犯一起被判死刑，會後立即執行了槍決。判刑佈告上的罪狀是「……破壞偉大領袖關於知識青年上山下鄉的戰略部署，利用大隊書記職權姦污女知青二人並致死其中一人，性質極為惡劣，後果特別嚴重……」

判決前一直盼著丈夫歸來的黑姑並沒接到任何通知。

噩耗是當天傍晚傳來的。公社派人送來了判決書和鵬高生前用過的被子、臉盆等生活用具。

出乎所有人意料的是，黑姑沒哭一聲，一滴眼淚都沒掉。接到判決書後，她只是呆呆地立在天井正中仰頭盯住天空，天黑夜深之後，仍然紋絲不動地立在那裏。幾位熱心的鄰居不忍打攪她，一直陪著她在春寒料峭的夜空下站了一夜，直到幾顆寥落的寒星在黎明的曙光中消隱時，她才走進屋內頹然倒在床上，旋即又坐起來死死盯住熟睡中的兒子，半晌後發出了一聲撕心裂肺的叫喊：「兒子！兒子！今後我們怎麼活啊！……」

一連幾個日夜，黑姑都是在同事和鄰居們的陪伴下度過的。隔了幾天，鄰居們感覺黑姑的情緒已經逐漸舒緩才放心下來。死去的不會復生，沒死的總還得活下去，人們以為黑姑也會像常人一樣從喪夫的哀痛中慢慢走出，誰也不曾料到另一場悲劇正悄悄逼近。

鵬高死後半個月左右的一個美好的春天夜晚，對人生徹底絕望的黑姑將兒子託付給一位鄰居之後，回屋裏梳洗打扮一番並穿上了一身新衣，最後用一根紅綢被面結成的帶子套在屋樑上，結束了自己年輕的生命。

那一年，她剛滿三十歲。

自殺前她留下了一封信，不過沒寫收件人。

信上主要表達了對鵬高老首長、同事、眾鄰里鄉親的感謝，另外談了她和丈夫、兒子的命運。她和鵬高自幼都是孤兒，原指望他們的兒子一定會有一個溫暖幸福的家，沒想到兒子最終也無法逃脫孤兒的命運……信末，她再三懇求領導和鄉親們善待她的孩子。

隊長說這封信挺長的，有好幾張紙，不過他只打聽到這點內容。

最後，大隊替黑姑修了一座墳。據說骨灰落穴時全村老小都去了墓地，婦女們都落了淚。悲劇總是引發人們同情的，黑姑的不幸結局很快就傳遍了方圓百里，每天都有人趕來看這個美麗善良女人的墳塋，既有好奇，也有感慨，更多的是一掬同情之淚。

和黑姑、鵬高小時候一樣，他們的兒子被公家收養了。一位和黑姑最要好的公社小學老師負責照管孩子的一切，所有費用由公社列支。

講完這些經過，牆上掛鐘的時針已經指向午夜12點。一瓶瀘州老窖已經喝完，隊長返身進屋又拿了一瓶出來。

外面的雨還在下，我和隊長小口的啜著酒，既不互敬，也不碰杯，各自望著面前的酒杯，默默地想著自己的心事。

「不知那封信中還有哪些內容啊？」我有點不太相信黑姑在決心離開人世之前只留了那麼一點遺言，不然怎麼會寫了好幾張紙呢？

「是啊，我和書記兩人也不相信那封信上只有那麼一點內容。」隊長頓時激憤起來。「我和書記在黑姑死了好幾天之後才得知

消息，第二天，我們就趕了過去。到那裏以後聽說黑姑留了一封信，我們便向那裏新上任的大隊書記提出要看一下，但那個書記就是不肯。我們說黑姑是我們大隊一手拉拔大的，我們好比是她上人，現在姑娘死了，怎麼連做上人的都不給看看女兒留下的遺書？天下哪有這種道理！但那個B養的書記一口咬定當時信就被上面收走了，連他自己都沒看過。

「幸好我們在黑姑家門口遇到了一個小青年，他是村裏的基幹民兵，黑姑出事的那天晚上，他是第一批趕到現場的人，一看桌上有封信，隨即打開看了一遍，我所知道的內容就是他告訴我們的。小傢伙說信上好像還提到一些人名，當時因為匆匆忙忙沒能記住，他能記得的只有這麼多。小傢伙還說徐書記夫妻都是好人，死得真可惜！」

後半夜我躺在隊長特地為我讓出的大床上，始終難以入睡。窗外的雨聲撩起了所有關於黑姑的回憶。那一瞬間，我又想起了那個雨天，我彷彿又看見她撐著花傘笑吟吟地迎面走來，臉還是那樣美麗，身形還是那樣婀娜，笑聲還是那樣充滿青春活力，我不敢相信那樣一個年輕美麗的鮮活生命竟會如此脆弱，一切真像場夢！

經受了十年血的洗禮，殘酷的現實早已使我的心變得又冷又硬，但在聽到黑姑的悲劇之後，我仍然無法抑制潮水般湧來的哀傷。和十年前幾位好友被冤殺時帶給我的感受最大不同是，黑姑之死帶給我的不是撕心裂肺之痛，而是一種緩緩沁入骨髓卻又找不出痛根的痛。十年前那些瘋狂的虐殺曾在我心中激起過強烈的復仇火焰，然而現在我卻產生不出任何報復的慾望。我仔細地回味了隊長所講的經過之後，逐一審評了每一個和黑姑之死有關的人物：鵬高、知青小徐、赤腳醫生、老首長、老首長的老戰友、法官，除了對他們的某些作為有些不以為然以外，我發現自己對其中任何一個人都恨不起來。

　　我在悲愴中想道，真正悲劇的意義應該不單單在於揭露那些戕害善良無辜者的兇手，更多的則是啟迪人們展開寬廣的視角，從紛繁複雜的社會因素中找出發生悲劇的原因。黑姑悲劇的發生，顯然和七十年代的政治背景、知青政策、司法制度，甚至農村落後的醫療條件有著一定的關係，但令我感受最深的則是道德傳統、家庭觀念、人文倫理、人性變異等等更深層的因素對一個農村女子的致命影響。這起發生在七十年代中期的悲劇，本身看起來似乎並不涉及那個年代遍佈各地的暴力，但我仍然嗅到了從歷史變遷過程中所散發出的血腥。

　　於是，我在審視了這段發生在特定歷史時期的悲劇之後便有了許多無奈，並由這些無奈中生出許多感慨，一種人生無常、轉眼即逝的悲嘆，一種花草匆匆、三春先謝的哀愁。

　　我忽然覺得自己老了，儘管我明白自己才三十九歲。

九

　　2000年秋天，隊長的兒子來了一通電話，說他爸爸患了肝癌，正住在省腫瘤醫院，估計日子已經不多，很想見我一面。

　　兩年前我去看他時，發現他身體比我還好，快八十的人了，能吃能睡，每天照常喝兩遍酒，我就說：「老兄你活一百歲沒問題。」當時他笑著說：「人生在世，誰也不知道明天的事，你別看我這樣，說不定哪天說不行就不行了。」想不到如今真應驗了他那番話。

　　我趕去醫院見到他時吃了一驚，原先那壯實的身形已成了一具乾癟的軀殼，只是在見到我時那眼中一亮的神情，才使我又看見他過去的熱情直率。我說了番「安心治療」、「多加珍重」之類的安慰話後，他只是勉強地笑了笑，看得出他對自己的病情已經心中有數，於是我不便再多說什麼。最後，在我起身告辭時，他突然提到了黑姑：

「唉，這麼些年了，也沒替黑姑上過一次墳，以後有機會時你代我燒點紙錢吧！」說畢眼裏有了一層潮霧。我趕忙握住他的手，連聲說一定一定。

2001年元旦前接到了他的噩耗，我趕到江寧上坊火葬場參加了他的遺體告別儀式，接著又陪著家屬將他的骨灰送到了墓地。下午在隊長家吃完散席酒後，我陪隊長的老婆談了好久，聊到隊長生前的一些情況時，隊長的老婆說：「老頭一直誇你是個夠朋友的好人，上次你從醫院走後，老頭說當年黑姑要是跟了老方，現在該有多好啊！唉，這都是各人的命啊！」

是啊，都是命啊！每當我們陷入人生的無奈時往往都歸之於命，但命又是什麼呢？我們又有何種力量能把握自己的命呢？

隊長也走了，黑姑和我在人世的最後一根鈕帶也消逝了，塵歸於塵，土歸於土，當我也化為塵化為土時，我，黑姑，隊長，我們還能作為大自然的元素再次相聚嗎？

隊長的話我一直縈繞於胸，2001年清明時我履行自己的承諾，去為黑姑掃了墓。

有隊長生前留下的地址和我三十年前的殘存記憶，我以為不難找到當年黑姑的住處，但沿途的變化實在太大，儘管我坐的是小車，還是邊開邊問，直到午後快2點鐘才找到那裏。村裏也有了變化，原來的泥土路換成了水泥路，記憶中的茅草房已經看不到了，幾棟小二樓使全村有了點現代氣息。令我激動的是，黑姑家原來那間小四合院還在那裏，外貌雖然有了歲月的痕跡，剛進村口時我還是一眼就認出了它。

我下車後的第一件事，就是找當年婚禮後我借宿的那個鵬高的遠房堂兄家，能找的也只有他了。

堂兄家的那座房子幾乎一點也沒變，門前的一小塊水泥地曬場上，有位髮鬚皆白的老人正坐著揀菜，那隻明顯的獨眼使我肯定他正

是我要找的人。我趕忙上前打了招呼，老人注視我良久之後，臉上漸漸露出了驚喜：「哦！想起來了，想起來了。你是那年鵬高成親時來的黑姑大哥吧！」衰老的外表下，想不到老人的記憶力居然還如此之好。他趕忙把我迎進了屋。

我們談了一個多小時的話，當年的事他都記得，隊長生前告訴過我的那些情況，基本上都被他一一驗證，另外還補充了一些細節。後來他又談到了那位法官，老人一個遠房親戚是法官的多年同事，說法官當時得知黑姑自殺的事之後有些悔意，退休後曾私下多次說過：「辦了一輩子案，基本上沒什麼大出入，唯獨對徐鵬高一案下手重了些。」

這使我一下想起了隊長生前那句「一切都是命」的嘆息。當年若是換了一個心態平和的法官，也許本文男女主人公的「命」就大不一樣了。但正因為是「命」，任何人都無法改變！

黑姑和鵬高的兒子情況還不錯，中學畢業後進了一家鄉鎮企業，早幾年又去了南方打工，在那裏娶了個川妹子並生了一對雙胞胎。據說兩人工資挺高，春節回來看望養母時，替黑姑夫婦重修了一下墳。

最後我告辭時，老人說他腿腳不太靈活就不陪我了，同時特地喊來孫女帶我去了黑姑的墓地。

黑姑夫婦的並穴墓位於大堤下一處松林中。令我感到有些詫異的是周圍沒有任何其他的墳塋，只有他們一座獨墳孤零零地躺在那裏。通常依農村習俗都是好多墳墓集中在一塊，既為節約土地，也符合人們讓死者去世後能有左鄰右舍作伴、免得孤單淒惶的想像，像這種「單家獨舍」的安排可謂極為少見。

沉思片刻後我忽然悟出了其中的緣由：這恰恰出於當年鄉鄰們選擇這塊墓址時的獨特用心啊！——讓這對苦命夫妻長年單獨廝守

吧，別讓任何人來打擾他們！我不由得對那位獨特用心的提出者充滿了敬意。

墓修得很好，外部和地面都敷設了水泥，周圍環砌了一道半人高的水泥墳圈，墓前的三層臺階上還鋪了一層拼色大理石，黑色大理石墓碑看來是新立不久的，顯然是他們兒子年初重修時所豎。我將帶去的十捧包裝精美的花束均勻地放在墓碑前面，按隊長生前的囑咐，我點燃了帶去的滿滿一大袋紙錢。

一陣微風過處，松林間迴盪起了低沉的嗚咽，白色的紙灰打著旋在空中飄舞起來。同去的司機小王說：「他們知道你來了，這是告訴你錢已經收到，並且向你表示感謝哩！」在裊裊升起的煙霧中，我眼前漸漸幻出了黑姑的臉，她正帶著淒美的笑容輕輕地怨責著我：「大哥，你怎麼這麼多年才來看小妹啊？」我趕忙要祈求她原諒，但我已經哽咽難言。

默默佇立許久後，我走出松林登上了大堤，夕陽下的大河閃耀著金色的波光，壯觀極了，當年和黑姑夫婦告別也是在這道堤上，分手時他們曾對我的未來充滿了擔心，沒想到他們自己竟會過早地走進了歷史。我回首看了看堤下黑姑長眠的松林，眼中不禁噙滿了淚水。

今年10月中旬某晚9點多忽然接到一通電話，一聽是隊長的兒子打來的。我腦筋一轉：這麼晚來電話，該不會是他媽媽有什麼事吧？誰知果真如此！就在當天下午，隊長的老婆在常州二兒子家溘然長逝，享年八十，無疾而終。隊長的兒子說他爸媽在世時常常提到我，作為先人的故舊，他特地告訴我一下。

也許是巧合吧，本文的好多情節都和雨天有關，接隊長兒子的電話時，老天恰巧又下著雨。這使我不由得回憶起近四十年前第一次在隊長家吃飯、也是第一天見到黑姑的那個下著雨的重陽節中午。開朗爽直的隊長，熱情好客的隊長老婆，年輕美麗的黑姑，這些在我生

命中一度和我有緣的人們的笑語，壓過書房窗外的風雨聲一起在我耳畔響了起來，還是那麼親切，那麼溫暖，那麼令我心蕩神迷。

　　風雨繼續叩打著窗扉，電腦桌面的日期小視窗顯示著10月15日，屈指一算，再過幾天又是重陽節了，惱人的秋風秋雨使我想起了唐人潘大臨那句膾炙人口的獨句詩：

　　——滿城風雨近重陽。

半斤糧票、一把斧子和兩條人命

　　出了一身臭汗，不知經受了多少次的擠壓、碰撞，我好不容易提著皮箱從擁擠的登船人群中掙了出來，在船務室簽了票後，我進了三等艙。

　　這裏既安靜又舒適，全無通艙那種到處人滿為患、拖兒帶女、大哭小叫的喧雜，不僅鋪位整潔，外口甲板上和內口走廊裏也空無一人，艙區兩頭門口各有個船員站在那裏值班，四等以下的乘客一律不許入內。

　　這是我第一次坐三等艙。按規定，大專院校學生在畢業分配去工作單位的途中，可以享受幹部差旅待遇，在我國幹部是個特權階層，乘船最起碼可坐三等艙，級別高的還可以住二等或頭等。眼前舒適的環境不禁使我有種感慨：難怪人們千方百計要當幹部，同樣是人，普通百姓就享受不到這種待遇。

　　一星期前我從漢口機器學院人事處接到調令，部裏已將我調至杭州船舶機械專科學校工作。報到時間很寬裕，只要在9月2日之前趕到杭州即可，這意味著我有近兩個月的暑假時間可以自由支配。四天前我從武漢乘船沿江而下，第一站來到了九江，和我要好的同學李永惠、王煥秀，畢業後被分到九江儀錶廠，這次我在他們那裏聚了三天。現在我又登上了江亞輪，下一站是故鄉南京。

　　剛在甲板上站了一會船就開了。在重濁的氣笛聲中，船繞了個大圈子，調過頭後速度漸漸快了起來，隨著九江碼頭慢慢遠去，我開始思念起兩位老同學來。三天以來，他們用最好的飯菜款待了我，但臨別時卻怎麼也不肯收下我丟給他們的三斤糧票，在遍地饑荒的1960年，這可是難得的情份，即便是同胞兄弟姊妹，恐怕都很難做到。登

船前夕，他們拉著我的手再三叮囑我，到了新單位一定要處處留神，記取以前的教訓，千萬要管好自己的嘴巴，面對這種真誠的關切，我一時感動得說不出話來。今日一別，何時重逢？惆悵漸漸襲上了我的心頭。

隨著黃昏的臨近，涼爽的江風很快拂走了身上的燥熱，讓人感到夏日少有的愜意。遠方深黛色的群山緩緩地向後退去，極目處遼闊的江面，在夕陽的映照下閃耀著億萬點金色的波光。不知為什麼，面對浩蕩的大江，並未令我的心胸開朗起來，滾滾東流的江水反而令我產生了一種前景渺茫的隱憂。學生時代總算結束了，此一去，不知等待我的將會是什麼⋯⋯。

當船沿著航標駛入近岸航道時，岸邊近處人家屋頂依稀可見的炊煙，倏地將我拉回了現實。這是二十來戶人家的一個小村落，遠處望去，大都是些茅屋，每個屋頂上都豎著一根細細的煙囪，但經我仔細觀察後，發現只有三家在冒煙。那三條嫋嫋升起的乳白色炊煙頓時引發了我的聯想：二十多戶人家，怎麼只有三處在冒煙呢？其餘的那些住戶到哪裏去了？是斷糧缺薪而難為無米之炊，還是舉家外出各謀生路而人去屋空？即使煙囪冒煙的那三家，也不知他們的鍋裏在煮著什麼，是米？是麵？是雜糧？是野菜？是樹葉、草根？還是⋯⋯

喇叭裏播放的晚餐開飯消息打斷了我的遐想，一個湖北腔的女播音員反覆通知乘客去餐廳用餐：憑船票每人一份，半斤全國糧票，兩角錢。

按我設想，開飯時刻餐廳內一定人員爆滿，你爭我搶，甚至難免相互打鬥。當我艱難地穿過那些擠坐在甲板走廊上的散客們的腿腳、走到餐廳時，果然如我所料，門口擠了一堆人，其中孩子特別多。當我好不容易擠進餐廳之後，卻驚異地發現餐廳裏的人很少，只有二三十位乘客坐著，大半部分位子竟然都空著！我回頭向那些餐廳門口的人群一看，一個個都在門檻外眼饞地盯著廳內的用餐者，幾個

孩子雙手捧著個空空的粗黑碗，不時地上下擺動，那動作分明是在乞討，原來擠在門口的眾人都是些等待施捨的乞討者！

我拿著船票、糧票和鈔票去發餐處買飯，一個胖子對我遞過去的兩角錢看也不看就隨手甩進了錢盒，對我的半斤全國糧票卻正反兩面反覆檢查了半天才放進另一個小鐵盒子內。接著又在我的船票上蓋了個印有「×月×日晚」字樣的條形戳（表示晚餐已購），最後昂了昂下巴，示意我從旁邊的臺子上自行端走已經打好的的一份飯菜。

飯是用那種大號粗瓷碗盛的，地道的江西中熟糙米，堆尖一碗，分量看來倒挺足夠的。另一碗盛的是水煮包菜，上面飄著十來片指甲大的油渣，辣椒粉放了不少，整碗紅通通的。那一份飯菜在近五十年後的今天，起碼夠我吃兩天。

當我從發餐處端著飯菜經過門口走向飯桌時，門外那些空碗一起朝我上下搖了起來。給我印象最深的是一個老頭，赤裸著上身跪在餐廳門外，不停地在門檻上咚咚地叩著頭，叩兩三下就抬起臉，張開黑洞似的嘴巴苦苦哀求：「行行好吧！賞點剩飯，行行好吧！賞點剩飯！」一個十一二歲蓬頭垢面的小女孩壓在老頭的背上，伸著一隻破碗上下拚命地搖著。

在年初乘船時我就得知，這些乞討者並不是一般常見的乞丐，和我一樣，他們都是購了票上船的乘客。照理說，他們每人都能憑船票買到一份飯菜，兩角的飯錢對他們來說並不是一個大數目，關鍵是他們沒有糧票。

因為他們大都是農民，而農民是領不到糧票的。即使能搞到點當地糧票，他們也無法換到全國糧票。按政策規定，只有城鎮居民因公出差時，才能憑出差證明到糧站換到全國糧票，而且每天只能換一斤。

同樣是人，同樣是乘客，然而在糧票面前，乘船的農民們只有挨餓的份。中國不同階層老百姓的命運，就是如此懸殊。

我硬著心腸揀了個角落坐下來。才吃兩口，一位高個子的年輕乘客也端著飯菜坐到我的對面，就座時他禮貌地對我笑了笑，我也微笑著朝他點了點頭。這是位長相很帥氣的青年，身高近一米八，白淨的臉上架著一副玳瑁邊眼鏡，上身穿著漿洗得筆挺的米色襯衫，胸前別著武漢大學的校徽。

我和他都很快地吃完了自己的這份飯菜。這位大學生試探著問我：「不知再去買一份行不行？」我當即告訴他：「每人每餐規定只能買一份，就算你有再多的糧票也不行！」大學生一聽發起牢騷來：「這是哪一家的規定？怎麼連用自己的糧票買飯也要限制？」我無可奈何地聳了聳肩。說實話，這份飯菜下肚後，我也只有半飽而已，恨不得再來兩份才過癮，不過比起門邊那些搖碗討飯的，我們算是夠幸運的了。

回到艙房後，我去浴室沖了把澡，浴後沿著樓梯登上頂層來到了船頭。天已經黑下來了，整個船頭甲板上空蕩蕩的，只有一個人倚著欄杆乘涼，待我走到欄杆邊時，發現他正是晚餐時同桌的那位大學生，而他也認出了我。同是飯後無事的孤身旅客，我們便很自然地攀談了起來。

他是武大法律系的學生，今年正好畢業，分配留校任教，目前回鎮江老家度暑假。和我一樣，他也在九江待了三天，半年前他曾被安排到九江市中級法院實習過一段時間，這次順道來九江拿法院補發給他的實習結論。

大學生挺健談，扯了些一路見聞後，主動和我聊起了他在法院實習的那段生活。

實習期間，他被安排擔任見習書記員，院方指定了刑庭的一位庭長作為他的指導老師，此後他跟著這位庭長辦了好幾件案子。按他的說法，這是他生平頭一回親身參與辦案，因而感到非常新鮮，通過實際接觸，也首次領略到中國司法實踐和法律條文之間的明顯脫節。

在我二十一歲的生命旅程中，還從未接觸過法律工作者，他的專業和經歷立刻引起我極大的興趣。和所有初出茅廬的年輕人都會對逮捕、關押、判刑之類的情節感到神祕一樣，出於好奇，我再三請他聊聊他所接觸過的案子，最好能介紹一些大案或要案，如果有判死刑的案子那就更好了。（那時我做夢也不會想到，十年之後我本人居然也會成為「反革命」大案的要犯。）

見我如此來勁，他想了想之後朝我笑了笑：「好吧，既然你很想了解這方面的事，我這就講一件殺人案給你聽。」

我一聽來了精神，當即拎了兩把椅子讓他和我坐了下來。

在講述之前，他告訴我，這起案子的被告前不久已被執行死刑，判決佈告到現在還貼在法院門口的公告欄裏，因此案子本身沒有什麼要保密的。不過此案的一些內情由於涉及當前的一些敏感問題，肯定不宜外傳，他儘管不是正式辦案者，但作為從頭到尾都直接參與審理並且清楚每個細節的見習人員，多少要負有一點保密義務，故而他再三希望我「只當故事聽，別對其他人多說什麼」。

我當即鄭重地做了保證。

下面的故事，就是根據他當時敘述的內容寫就的。

儘管將近半個世紀過去了，爾後的幾十年中，我也接觸過不少刑事案件，但這起案件由於其案情的獨特，多年來始終被我牢記在心。那位學法律的大學生不僅健談，而且表述事物非常生動準確，這也是我久久難以忘懷的原因。

1960年3月一個春寒料峭的傍晚，九江碼頭出口不遠處一座小飯店內靠角落的一張桌子旁，貼牆坐著一個憔悴的中年漢子。漢子生有一張黝黑的臉，左眼裏生有一小塊渾濁的白翳，從眼角明顯的魚尾紋和夾著白毛的一頭灰髮來看，此人年齡當在五十上下，後來在查實他的身分之後才知道，他的實際年齡只有三十九歲。他上身穿著一件薄

薄的再生勞動布舊棉襖，腰間勒了根麻繩，下面是條膝蓋上打著補綻的軍褲，腳上那雙已綻出裂口的舊反毛皮鞋沾滿了灰土。漢子腳旁的地上站著一隻長方形木箱，裏面豎放著一把斧子、一把鉋子和幾枝木鑿，木箱旁靠著一把鋸子和一頂竹斗笠。顯然，這人是個木匠，再根據他那身寒酸的衣著和相貌來判斷，他似乎屬於那種遊走四方的農村木匠。

從下午2點多鐘起他就一個人坐在這裏了，什麼飯菜也沒點，只是默默地盯著來往的顧客。這是家不起眼的小飯店，店堂裏只有五六張桌子，平時主要做碼頭來往客人的生意。經營品項也極為簡單，除供應饅頭、烤餅、麵條之外，最考究的是所謂的「份飯」：一碗米飯、一盤炒菜，外加一碗湯。這種小飯店的光顧者幾乎全是上船、下船的勞苦大眾，碰到什麼也不買，只是進來臨時休息一下的過路人，飯店也不會將他們趕走，做碼頭生意的店家大都了解人生的艱難。

不過，這個什麼吃食也沒點的木匠和那些臨時進來歇歇腳的人相比，其神情舉止又不一樣：每當有客人坐下來用餐時，他的目光總是圍繞著他們的碗打轉，等到他們起身準備離開時，他會立刻過去察看碗裏有沒有剩下點什麼。

幾個小時以來，他已記不清這種情況發生過多少次了，但幾乎每次都發現那些碗裏、盆裏、碟子裏空空如也，有的甚至乾淨到用舌頭都舔不出味道的地步。隨著一次又一次的希望落空，木匠臉上越來越明顯地露出了痛苦和焦慮不安，到外面天色開始晦暗的時候，他那緊鎖雙眉下的眼睛裏閃出了一種令人望之生畏的寒光，特別是那隻生有白翳的眼睛，看起來，簡直叫人感到毛骨悚然。

整整兩天了，到現在他還沒吃過一頓飯。昨天這時候，肚子還會咕嚕咕嚕地叫，但從今天早上開始它卻沉默了，這會他只感到胃裏有一隻長著長長指甲的手在刮著胃壁，整個腹腔裏瀰漫著火燒般的灼痛。一小時前，他總算有了整個下午唯一的一次機會——兩個女人吃

完麵條後剩了一點湯，當他喝了那一點剩湯之後，飢餓不僅毫未平息，湯裏醬油的味道反而更加刺激了他越來越瘋狂的食慾。

櫃窗裏陳列的那些再普通不過的饅頭、烤餅，此時正強烈地誘惑著他的每一根神經。鼻子、眼睛、舌頭，甚至皮膚，甚至每一個細胞，早就透過密封的玻璃感受到了食物特有的香味。那香味像興奮劑般折磨得他快發狂，他漸漸感到全身的血液正往頭部湧去，眼球發漲，耳內轟鳴，這些難受的感覺陡然間在他的腦中化成了一個念頭：管他媽的B，搶他狗日的吃了再說！

那些散發著香味的食物，離他只有幾步之遙，衝過去後一斧頭就可以砸碎玻璃吃到它們，那堆疊成三角形的饅頭堆，他一分鐘就可以全部吞下去，那些烤餅，還有那桶內的米飯，他也能一口氣吃得半點不剩！他微微彎下腰，悄悄地伸手從工具箱內抽出了斧子。

他起身前定眼朝櫃檯那邊望了一下卻猛然驚住了——櫃檯後面正坐著兩個強壯的年輕伙計，更糟糕的是，兩把明晃晃的菜刀離他們手邊只有一尺遠，看來，所有的飯店在這災荒年代都保持著高度警惕，尤其臨近夜晚時更加注意防範。

他放回斧子又頹然坐了下來。

四年前，當他在湖北武穴（現在可能改名為鄂州了）一帶四處幹木匠活時日子過得挺舒心，吃喝住宿都由主家包辦，完工後還能拿到一份工錢。儘管老婆是個跛腳，又有三個孩子，日子倒也還過得下去。後來一家街道小工廠聘用了他，每月有五十多元的收入，這使他的生活更趨穩定。唯一不便的是，每個月要從家中扛米到單位去換糧票，時間一長倒也習慣了。

但好日子在去年年底到了頭。先是小工廠被兼併，不得不辭退了他，經他再三懇求，才同意讓他再做一段日子，接著全國性的災荒，使他九江郊區農村的老家全村斷糧，他再也拿不到一粒米外出換糧票。不久前，中央又下來了個「調整、鞏固、充實、提高」的政

策，工礦企業普遍緊縮編制，小工廠無法再留他，他只得背著木工箱離開了那家待了三年的單位。他曾試圖再到農村挨家挨戶地找木工活幹，但很快就發現農村早已今非昔比，餓得奄奄一息的農民，這時有誰還會需要木匠？他不得不回到老家。剛跨進家門，老婆就哭著說家中早已斷糧多日，他用身上僅有的一點錢託人買了些黑市雜糧，混著野菜煮成稀粥湊合了一段日子。

春節剛過幾天，最後的半碗雜糧終於吃完了，全家只能靠苦澀的野菜度日。冬天還沒結束，野菜是那樣難挖，他滿山遍野地跑一天，才能勉強讓全家老小每人都分到一碗。最令他難受的是，才一歲半的小兒子偏偏又得了一種怪病，吃什麼拉什麼，一碗野菜吃下去，半個鐘頭不到就會拉出一灘墨綠色的黏水，接著便是沒完沒了的啼哭。由於極度虛弱，那啼哭實際上只是像初生的耗子一樣吱吱地哼著……。

幾天前他背起木工箱再次走出了家門。作為男人，作為丈夫，作為父親，他實在無法再忍受妻兒在飢餓中掙扎的慘狀。臨出門的那一刻他發了狠心，這次無論如何要搞點糧票回來，冥冥之中，他似乎相信總能找到一點機會，天無絕人之路，總不能眼看全家待在一起餓死吧。

前天他幸運地在九江市郊區一家飯店找到了一點活計。那飯店在夜間被人破門而入，幸好打烊之前已藏好所有能吃的東西，結果什麼都沒被偷，只有門板被撬得一塌糊塗。木匠耗去大半天的時間修好了那些門板，報酬是一缽米飯外加鹹菜豆腐湯，這算是他好久以來最豐盛的一頓飯，但之後他再也沒找到任何活幹，當然他也再沒吃過任何東西，到現在為止，已經兩天過去了。

天色漸漸暗了下來，這時有三四個客人陸續進了飯店。其中有個戴著舊呢帽的，看起來似乎有些與眾不同，高挑的身材，鼻子上架副眼鏡，肩上背個布包，從那副眼鏡看似乎有點像個文人，但腳上那

雙褪了色的舊解放鞋又讓人很難判斷其真實的身分。他進入飯店後，先看了一會收銀處旁小黑板上寫的供應內容，接著又走近食品櫃窗掃了一眼，最後站到收銀處旁掏錢買票。

戴眼鏡的這些動作引起了木匠的注意。

下午以來，木匠已經觀察過好多客人買票的過程，絕大多數人買票前，都會謹慎小心地掏出錢包或布包，從中夾出一張糧票，仔細地用手指搓一下，生怕兩張混為一張，確定沒有錯之後才會遞給售票員；若有找零時，個個都會非常認真地辨認那些皺巴巴的小面額零碎糧票，然後才小心翼翼地將它們藏好。有的人糧票用布裹得嚴嚴實實的，左一層右一層，半天才能打開，木匠看了都有點為之著急。

然而這個戴眼鏡的掏票的動作完全不同於常人！乾淨，俐落，甚至可以稱得上極有派頭。只見他解開藍色舊中山裝胸前的一粒鈕扣，右手探入內袋，眨眼之間就摸出了一張一斤面額的全國糧票，然後看也不看就放在售票員的面前：「來份米飯，麻煩稍微快點！」

從解鈕扣到掏糧票，從掏糧票到交糧票，前前後後只用了幾秒鐘。掏錢的速度倒是慢了些，從屁股後面的口袋掏出所有的雜物翻了一會，才揀出幾張毛票。

這一切都映入了木匠的眼簾。

木匠的思維並不缺乏邏輯。在那個糧票勝過生命的年代，任何一個正常人在購買食物時，總會有一個理性的習慣：能付零糧票的盡量付零糧票，只有零糧票不夠時，才會用整糧票去找零。但這戴眼鏡的一出手就是整斤的全國糧票，掏糧票掏得那麼乾脆，交糧票時又那樣毫不在意，這說明什麼呢？這說明他的內衣口袋裏裝著的全是整斤的全國糧票，而且數量肯定不在少數！

他早就聽說過，城裏有不少專門倒賣糧票的黑市販子，這些有來頭的傢伙，動不動就是成百上千斤的買賣，他們一筆生意起碼夠木匠一家五口吃一年。別看眼前這戴眼鏡的外表並不驚人，從他的行動

舉止看來，十之八九就是做這種黑心買賣的角色，在他那貼胸的口袋裏，肯定藏著數量可觀的全國糧票。前些時候，他們的大隊會計因為貪污被警車帶走了，抄家時搜出了幾千斤糧票，那些捆得整整齊齊的糧票，讓村人都看呆了，眼前這戴眼鏡的口袋裏的糧票也許沒那麼多，但幾百、至少幾十總該有吧！有了它們，全家五口的性命馬上就有救了。想到這裏，小兒子耗子般吱吱的哭聲又在木匠的耳畔響了起來。

戴眼鏡的正在吃飯，但木匠這時對他的飯碗已不再注意，只是死死地盯著他的胸口看，那裏明顯凸出了一塊，不用說，肯定是裏面口袋的糧票撐的。他開始按木匠估料的眼光計算那些糧票的數量。

戴眼鏡的很快地吃完飯，隨即起身走出了飯店。這時，目光一直緊隨戴眼鏡的木匠背起木工箱跟了出去。

這是個寒冷的春天夜晚，清冷的月光使空蕩的街道更顯得冷冷清清。寒風颼颼地朝人脖子裏直鑽，但此時的木匠卻絲毫無覺，不久前那種極度飢餓所造成的腹痛，竟然也奇蹟般地消失了，他暫時忘卻了寒冷和飢餓，全身的感覺都被前方五六十米外的這個人吸引過去了。現時他最擔心的是戴眼鏡的會從視線中突然消失，那樣一來一切希望就會落空，他就會失去搞到糧票的唯一機會，他會餓死，家中等他帶糧票回去的妻兒也會餓死，全家五口的生死，就看能不能在戴眼鏡的到家之前從他身上搞到那些救命的糧票了。幸好，戴眼鏡的始終在前面不急不徐地走著。

街道兩旁的建築越來越少，路上已漸漸看不到行人，繞過一個大湖後，路面陡然變窄，這裏已到了郊區。又向前走了一段之後，道路兩邊出現了荒涼的田野，路燈不知何時早已消失，月光將灌漿路面照得一片蒼白，戴眼鏡的身後拖曳的黑影在路面上顯得格外分明。木匠腳下加快了步伐，同時從木工箱內抽出了斧子。

　　四十米，三十米，二十米，十米，五米……隨著距離的縮短，木匠的腳步越來越快也越來越輕，在只有半步之遙的那一剎那，木匠雙手握著斧子，朝戴眼鏡的後腦狠狠地劈了下去。

　　戴眼鏡的哼都沒哼，噗咚一聲倒了下去。據木匠後來交代說，戴眼鏡的倒地後右腿只是蹬了兩下就再沒動過，正因如此，木匠沒有補第二下。

　　寫到這裏，可能有讀者會提出疑問：按一般的犯罪心理分析，罪犯在行兇殺人之前，出於對法律的畏懼或良心的拷問，多少總得有一個思想鬥爭的過程，但本文對此卻隻字未提，這究竟是筆者在描述這起兇案的過程中行文的疏漏，或是另有其他用意而故意略去？

　　對此我可以負責地回答：兩者都不是。當時的情況確實就如上面所敘述的那樣，殺人的過程既簡單又直接。

　　那位武大學生在談到案件審理過程中的細節時提到了這點。公安、檢察和法院在提審訊木匠時，都再三盤問過木匠在殺人前是怎麼想的，特別是在尾隨戴眼鏡的那段不算短的時間裏，有沒有考慮過行兇殺人、搶劫財物的後果？當時是否有過激烈的思想鬥爭？但木匠對這類問題的答覆始終是「沒有」。大學生仔細地看過那些審訊記錄，他發現木匠在公檢法三家的口供表現出驚人的一致：「當時我只想要搞到那些糧票，只想到有了那些糧票，我們一家就能活下去，當時我就想到這些，別的什麼都沒想過。」

　　於是我們只能這樣設想：在1960年3月那個月光皎潔的寒夜裏，木匠的腦中除了糧票之外已經別無它物，犯罪，殺人，判刑，槍斃，這些常人提起無不為之色變的可怕概念，已擠不進木匠那被糧票塞滿了的大腦空間。

　　當糧票的價值超出生命的價值時，殺人就那麼簡單！

接下來的一幕不僅出乎木匠的意料，也出乎我的意料，大約也出乎所有看到此處各位朋友的意料，當木匠解開戴眼鏡的衣服、搜遍全身之後，發現他所有的家當只有半斤糧票外加一元多錢，而那半斤糧票正是在飯店買飯時找回的那張，由於貼胸收藏，上面還殘留著他的體溫。

除了這點可憐的財產之外，戴眼鏡的左胸內袋裏確實有挺厚的一樣東西，不過那並不是厚厚的一疊糧票，而是一本精緻的袖珍影集。

打開一看，扉頁是一個女人和兩個孩子的合照，再往後翻時，一張帶格子的字紙落了下來，月光下那紙上的字不好細認，只有題頭「釋放證明」幾個大字看得很清楚，最下方蓋了一個圓圓的紅章印。

難怪戴眼鏡的左胸部位凸了出來，原來祕密在於內袋裏的那本影集。

難怪戴眼鏡的掏糧票會掏得那麼乾脆、那麼快捷，原來他的貼胸口袋裏，除了影集之外只有獨獨一張糧票。人們從多個相同的元素中隨意抽取一個元素時，一定會很快、很方便，因為所有元素都完全一樣而不必選擇；人們取出唯一的元素時則更快捷、更方便，因為器皿中僅此一個，別無選擇。木匠的直線思維方式只想到了前者，卻忘記了後者同樣可能存在。

終於明白真相的木匠，仰天慘叫了一聲：「天哪！」之後，雙手揪著頭髮，在戴眼鏡的身旁混合著腦漿的血泊中跪了下來。

兩小時後，他提著那柄沾著血跡的斧子，敲開了最近一處公安派出所值班室的門。睡眼惺忪的值班員警望著眼前跪在地上、渾身是血的自首者，頓時驚呆了，趕緊拉響警笛叫醒了弟兄們，二十分鐘後，一起押著木匠趕到了現場。

預審、批捕、起訴都進行得很順利，直到起訴階段，木匠才從檢察員口中得知受害人的情況。戴眼鏡的原來是個右派，被害前幾天

才從漢口某勞改工廠勞教期滿，勞教單位考慮到戴眼鏡的家中有一位長期臥病在床的老母，破例沒讓他留廠就業，准予釋放回家。影集第一頁照片上的女人和孩子，是他離婚的妻子和帶走的一雙兒女。檢察員還告訴他，兇案發生的地點，離戴眼鏡的家僅僅一里路多點。

木匠聽到這些之後，只是茫然地望著天花板不斷喃喃自語：「我該槍斃，我該槍斃。」

刑一庭庭長親自開庭主審了此案。這位庭長是個孝子，當他已從教師崗位上退休的母親得知這起為了半斤糧票而殺人的案子之後，曾示意兒子能否對木匠適當從寬，但庭長始終沒有在母親面前表態。

開庭前，庭長認真仔細地分析了案情並親自提審了被告。事實、證據、定性、程序，這些判決的要素都不存在任何問題，但在量刑這個環節上，庭長陷入了沉思。

被告出於極度飢餓的折磨，出於一家五口免遭餓死的擔心，其犯罪動機畢竟是源自活命之需，由此看來其情似有其可憫之處；再說被告有自首情節，認罪態度較好，按法律規定，多少具備了一定的從輕條件。另外，開庭前與檢方交換看法時，從公訴人的口氣似乎可以聽出對被告在某種程度上也懷有一定的同情，如果法庭從輕處理，檢方不至於會提出抗訴。綜合這些因素，庭長曾多次考慮能否筆下留情、給被告留條活命。

但庭長又有另一種截然不同的考慮。

被告為了非法佔有他人賴以活命的糧票，不惜危害他人性命實施殺人，性質惡劣，手段殘忍，且影響極壞，如不判處極刑，實為天理國法所不容。被告殺人後雖能主動投案，但自首情節並非量刑時從輕或減輕的法定要件，綜合分析被告犯罪的情節、性質和社會影響，確實不應對被告從輕處罰。另外還有一個很重要的因素是，當前飢荒遍及全國，任何為搶糧票而殺人的事件都會造成極壞的政治影響，這種罪犯如果不殺，法院勢必會遭受來自各方面的強大壓力。

衡量再三之後，後一種理由終於佔了上風，開庭的當天，庭長在合議達成的死刑判決文本上簽上了自己的名字。

木匠接到死刑判決後沒有上訴。庭長在上訴期即將結束前夕親自到看守所最後一次提審了木匠，再次當面告知了木匠上訴的權利，但木匠只是搖頭不語。當反覆問他為什麼不上訴時，木匠默然良久後淒然答道：「我真的該死，我對不起那個戴眼鏡的。」武大學生跟隨庭長參加了這次最後提審，回來的路上庭長對他發了不少感慨，其中有句話意味特別深長：「人活得真不容易啊！」

二十天後木匠被執行了死刑。大學生隨同法院和檢察院人員親眼目睹了全部過程。

那天上午9點，木匠拖著大鐐走出牢房後，被帶進一間看守值班室，屋內中間的地面上放著滿滿一臉盆米飯、一盆漂著厚厚一層油的雞蛋湯，飯上插著一把木勺。一位看守盯著木匠的臉說：「這是法院領導親自關照，特意為你做的，坐下來吃吧，吃飽！」木匠坐了下來，神情木然地抓起木勺開始喝湯，兩口湯下肚後，木匠的眼中滾下了淚珠，突然間，他爬轉身子跪在所有執行人員面前哽咽著求了起來：「求求政府領導做做好事，把這盆米飯轉交給我老婆和我小孩吧！你們就當是我吃了好不好？求求你們，求求你們了……」說完，不停地叩起頭來。

所有在場的人頓時都怔住了。

在他們多年的執法生涯中，臨刑前哭的、鬧的、叩頭懇求饒命的、嚇癱在地的，以及其他各種舉止怪異的死刑犯見過不算少了，但苦苦哀求將自己臨死前最後一頓飯留給親屬的，這倒是頭一次遇到！

在場者一時不知該如何應對。後來還是一個快要退休的老看守阻止了木匠，叫他不要這樣，要他先把飯吃了再說。老看守向他保證，等他老婆來取東西時，一定讓她另外帶一臉盆米飯回去。木匠一聽哭著說：「不用了，不用了，有這盆就夠了，有這盆就夠了。」

除了剛開始喝了幾口湯之外，木匠始終沒動一粒米飯，無論怎麼勸都沒用。最後，看守們只好答應了他的要求。

行刑前，庭長按法定程序問木匠還有什麼遺言，他搖搖頭說沒有什麼要講的了，只是請領導們說話算話，一定要把他沒捨得動的那盆米飯交給他老婆。一臉嚴肅的庭長神情軟了下來，和藹地朝木匠點了點頭，然後用筆記在了一個黑色封皮的本子上。

木匠死後的第二天，由庭長帶頭發起了一場小範圍的募捐。庭長、庭長的母親、大學生和幾位刑庭法官，都捐了一些糧票出來。檢察院兩位公訴檢察官聞訊後也各送來了半斤糧票，最後共得糧票六斤七兩，庭長又掏出三兩湊成了七斤。

三天後是星期天，庭長和大學生騎了近三小時的自行車找到了木匠家，將七斤糧票交到木匠老婆的手上。這次庭長破例對當事人的親屬說了謊，一本正經地告訴瘸腿女人，這些糧票是木匠留下來的，他們只是例行公事來此將其交給家屬。按規定，法院送交死者遺物時，收件的家屬必須簽字，但庭長自始至終沒提這點，木匠的老婆哪懂得這些規矩，因而也就永遠不知道這七斤糧票的真正來歷。她做夢也沒想到，這七斤糧票正是那些判他丈夫死刑的法官和檢察官們從牙縫中硬省下來救濟她的。

臨走前，大學生特地問及她那個小兒子的病是否好些，她哭著說孩子早在木匠進看守所後的第二天就死了。

故事結束時已近深夜，講者和聽者一時間似乎都沒來得及從這起不幸的案件中走出來，我們坐在那裏沉默了好久，耳邊只有船首犁開江水時規律的嘩嘩聲。

 瑣憶嚴鳳英

一把破傘

我第一次聽到嚴鳳英這個名字，純粹是因為一個偶然。而這個偶然的發生，卻又相當奇特，它緣於一場雨，更確切地說，那是由一把破傘引起的。

1955年，我十四歲，正在南京五中讀書。一個苦風淒雨的初冬晚間，我剛剛放下飯碗，住在同街的同學聶良熙來喊我到學校去看電影，說是今晚連續放映兩部片子，都是蘇聯戰爭片。外面的雨正大，好在他帶了把頂上有個缺口的傘，我匆忙地和他頂著那把破傘趕去學校，進了大禮堂後早已座無虛席，我倆只得蹲在第一排前面的地上。那時我們還是大孩子，只要有電影看，哪還計較位子的好壞？

首先放映的是蘇聯國內的革命戰爭片《革命搖籃維堡區》，乒乒乓乓，又打又殺，壞人敗了，好人勝了，看得挺過癮的。第一部結束後，中場休息十分鐘，喇叭裏預告下一部放映的是戲曲故事片《天仙配》。我身後的兩位高中女同學說，這是部黃梅戲片，講的是七仙女下凡的故事，唱得蠻好聽的。我一聽是什麼黃梅戲，頓無興趣，拖起同學就要回家，但我這個同學是個對電影貪得無厭的傢伙，不管什麼片子，從來不願白白放棄。更糟糕的是，外面的雨越下越大，沒有他那把破傘，我根本回不了家！不得已之下，只好再蹲下來耐住性子「陪著公子讀書」。

那時，我在我們的音樂老師余尚志先生的教誨和影響下，已開始對古典音樂感興趣，這余老師是華東音專畢業的，鋼琴彈得極好，曾經舉辦過獨奏音樂會。他見我這個「蘿蔔頭」居然也喜愛古典音樂，對我頗另眼相看，經常給我開點「小灶」，講些韓德爾、巴哈、海頓、莫札特、貝多芬、孟德爾頌、布拉姆斯、柴柯夫斯基等大師的生平和作品。（他特別喜歡柴柯夫斯基，我之所以終生酷好老柴的作品，和余先生對我的影響大有關係）這余先生還有個怪癖：特別討厭中國地方戲。按他的話說，那都是些「登不了大雅之堂的『花鼓淫戲』」。有這位使我崇拜得五體投地的老師的如此說法，加上少年的無知和狂妄，地方戲給我的印象也就可想而知，說得婉轉一點是不感興趣，內心實則是嗤之以鼻。記得當時越劇片《梁山伯與祝英臺》曾經轟動一時，我對這部片子就不屑一顧。

然而為了等同學的那把破傘，現在我不得不看這《天仙配》了。

銀幕上很快地出現了茫茫雲海，一段若隱若現的中國簫前奏過後，漸漸飄來七仙女哀怨的「天宮歲月太淒清，朝朝暮暮數行雲……」，我一聽，覺得有點耳熟，那時年紀小，腦子轉得快，馬上想到這段旋律竟有些接近柴柯夫斯基的《歌謠風行板》，緩慢低沉、淒婉動人，完全不是我想像中地方戲那種輕佻低俗的怪腔怪調。不僅曲調動聽，伴奏和背景音樂也非常優美，聽著聽著，不覺有些入迷，我不禁奇怪起來：中國怎麼有這麼好聽的戲曲音樂？看來余老師說的並不對呀！

就在鏡頭拉近七仙女，出現她的面部特寫時，我身後的高中女同學突然激動起來：「她就是嚴鳳英，她就是嚴鳳英！」

這是我第一次聽到嚴鳳英這個名字，第一次知道黃梅戲這個從未聽過的劇種。

在接下來的路遇、上工、織絹……裏，我很快就融進那些精彩的表演和優美的音樂裏，七仙女那動人的唱腔有如千萬縷五彩繽紛的

絲線，牽動著我的每一根神經，將我帶進了主人公的悲歡之中，這時我已完全置身戲內，什麼下雨、傘、回家⋯⋯早就被拋到九霄雲外。

當七仙女撲在昏迷的董永身上悲愴地唱著：「⋯⋯你我夫妻多和好，我怎能忍心把你丟拋」時，螢幕上嚴鳳英聲淚俱下的動人表演，打動了所有觀眾的心，全場一片唏噓之聲，我身後兩個女同學早已哭成淚人兒。

最使我難忘的是那尾聲——

在樂隊輕柔的弦樂振音的背景上，女聲二部合唱由弱漸強，淒婉地唱出了「啊⋯⋯」，接著轉入齊唱：「來年春暖花開日，槐蔭樹下把子交⋯⋯」，那儷人魂魄的旋律，聽得我如醉如癡，每一個字、每一個音符都敲擊著我的心靈，到最後一句激昂的「⋯⋯天上人間心一條」時，我已淚流滿面，難以自持。當七仙女飛向高空的身影越來越遠溶進天幕，漸入的「完」字由小到大，最後定格不動了，我依然淚眼模糊地盯住那一片白色的螢幕⋯⋯

還是我同學把我拉了起來。

那時，我還正處於「少年不知愁滋味」的年齡，但這部《天仙配》，使我強烈地感受到了人間的悲歡離合，並由此激發起對極權專制的憎恨和對善良弱者的同情。這些感情後來之所以在我心中牢牢紮根一生，不能不說和這場電影大有關係。

那個雨夜的那場《天仙配》，無疑已成為我人生旅途中一個極為重要的里程碑，它記錄下了我一生中一個非常重要的情結的誕生。從那一瞬間起，嚴鳳英和她的黃梅戲就與我結下了不解之緣，並伴隨我度過了漫長的人生歲月。

正因如此，我始終記住那個雨夜，那把破傘，那個奇特的偶然，儘管那已是半個多世紀以前的遙遠往事。

從此以後，我癡迷地戀上了嚴鳳英的黃梅戲，同時，石揮、桑弧、時白林、王文治、陸洪非等創作、編導影片《天仙配》的前輩，

都成了我尊崇的對象；特別是石揮和時白林，始終是我終生仰慕的傑出大師！

石揮先生以其卓越的大手筆，將《天仙配》拍成了一部膾炙人口、歷久不衰的戲曲故事片，使嚴鳳英和她的黃梅戲名揚天下，給後人留下了一部傳世絕作，名垂千古！沒有這位中國電影巨匠導演的影片《天仙配》，很難想像本來名不見經傳的黃梅戲，能在一夜之間走進億萬人家，並從此奠定在中國戲曲界的地位。儘管石揮先生命途多舛、英年早逝，就憑這部不朽的傑作即足以令其彪炳史冊，永遠值得後人景仰。

黃梅戲音樂在海內外的廣泛流傳，則主要歸功於時白林先生。

時白林先生創造性地運用古典音樂的傳統手法，對先天不足的黃梅戲大膽地進行了創新、改革，為黃梅戲音樂注入了新鮮的血液。隨著對黃梅戲音樂結構的重大調整和不斷完善，和聲、對位、配器的引用，極大地豐富了黃梅戲音樂的表現形式。在中國的戲曲音樂中，能將複調手法如此成功地運用到唱腔、伴奏和描寫音樂中的，當推時白林先生為第一人！《天仙配》中的「劇終合唱」、《女駙馬》中的「洞房合唱」、《牛郎織女》中的「雲房合唱」，已經成為中國戲曲音樂中合唱的經典之作，優美的旋律通過嚴謹的對位並行，充分發揮了多聲部豐滿、和諧的特長，讓人聽後留下極深的印象！

除了唱腔之外，時白林先生在影片《天仙配》中的描寫音樂和背景音樂的設計上也傾注了大量的心血並取得了絕佳的效果，「鵲橋」、「下凡」、「路遇」、「織絹」中的幾段描寫音樂，既充滿了詩情畫意，又有對主人公情緒的渲染，優美的旋律加上充分發揮各種樂器音色特點的配器，使人聽後迴念難忘。即以「織絹」臨尾部的那段背景音樂為例：從一聲雞鳴提醒天將拂曉，六位姐姐深情地齊聲道出：「七妹，你要多多的保重……」開始，到七妹仰望遠飛九重的姐姐們的背影，在這段五十秒姊妹珍重道別的畫面中，時白林先生匠心

獨具地設計了一段二胡二重奏，這段纏綿悱惻的優美旋律，極為貼切地表達了六位姐姐和七妹分手時戀戀不捨、依依惜別的動人情景。接下來，隨著七女面部由悲到喜的表情切換，背景音樂轉入輕快活潑的小快板，引出了董永和七女的贊絹對唱。幾十年來每聽到此都止不住擊節讚嘆！

時白林先生改編的《滿工對唱》，可謂中國五十年來最受歡迎的黃梅金曲。可以毫不誇張地說，在中國不會唱「起來，不願做奴隸的人們」者不乏其人，而不會唱「樹上的鳥兒成雙對」的則寥若晨星！一個中國人即使身處異國他鄉，只要哼起「樹上的鳥兒成雙對」，馬上就能找到自己的同胞。

從看了那第一場《天仙配》開始一直到1965年，凡是我所在的城市中，只要電影院放映《天仙配》，我總要去看。有次南京延齡巷兒童劇院（後改為新光影劇院）放了兩天《天仙配》，頭一天我從上午早場一直到晚場，一連看了五場。第二天，特地告假又連看了五場，以至門口的收票員後來都用驚異的眼光打量我，懷疑我精神上是否出了毛病。這十年中，我至少看過二百遍《天仙配》。

除了1955年第一次看的那場《天仙配》之外，最令我難忘的是我還在勞改服刑期間看的那一場。

1978年暮秋，隨著政治氣候的變化，一些「毒草」文藝作品逐漸被解放，那時我還在南京第四機床廠勞改。11月初一個星期天休息日的下午，我正在俱樂部室內拉琴（那時我在獄中的處境已有很大的改善），突然中隊幹部來通知全體犯人到大禮堂集合看電影，由於是管教科臨時決定，事前誰也不知道放什麼片子。

在勞改隊看電影，一直被視作教育、改造犯人的一種手段，凡是放電影，全體犯人必須集合到指定場所觀看。1977年後，隨著處境的改善，我經常在放電影時以身體不適為藉口，一人留下，「老幹」們對此倒也不予計較。這天我鬼使神差般隱隱感到，今天也許不會放

《南征北戰》、《地道戰》等看過無數遍的「洗腦破爛貨」，決定隨大家一起去消遣一下。

當螢幕上的字幕還沒出現，卻突然奏出那段我熟悉得不能再熟悉的片頭音樂時，我頓時驚呆了！心臟立即劇烈地狂跳不已！

——這是《天仙配》！這是久違十幾年的《天仙配》！這是不知令我魂縈夢繞多少回的《天仙配》！

就像一個死去的親人突然活過來微笑著站在面前一樣，一種難以抑制的暈眩，使我一瞬間忘掉了一切，我已不能思想，我已喪失感覺，我的眼前只有一片茫然的空白……

等到我清醒過來，再度看到那些親切的畫面，耳邊又被那些醉人的旋律所環繞，那時我才真正體驗到什麼叫百感交集！欣喜、悲哀、歡樂、痛苦、希望、失落、興奮、惆悵，一一交錯著在我心頭掠過，特別是面對螢幕上七仙女那美麗姣好的形象和柔美婉轉的演唱，再想到嚴鳳英已步石揮的後塵永遠離開了人世，在悲愴的絕望中，我不禁心如刀絞……

就在這種種複雜情感的反覆折磨中，不知不覺間看完了影片。那晚我一夜通宵未眠，眼前一直不停地晃動著銀幕上嚴鳳英的形象，這張美麗親切的臉已久違十多年了，可是現在她卻沉入了歷史！一部膾炙人口的影片的導演和女主角，先後在政治風暴中被迫自殺，且均屬英年早逝，在人類電影史上絕無僅有，蒼天瞎了眼哪！

我們政治犯的命運和文藝界「毒草」的命運，似乎從來都是休戚相關的，《天仙配》這株打入地獄多年的「大毒草」的重新問世，在堅冰尚未解凍的1978年，使我隱隱看到了遠處地平線上的一線曙光，我預感到，離天亮可能已經不遠了。

兩元錢

1957年7月，我已在武漢讀書，當時正是反右鬥爭期間，由於我在班級南京會議上一次不識時務的發言，一下成了被批判的對象。（參見〈慧園里6號的母子冤魂〉一文）我幾乎每天都在不停地寫檢查、在大小會議上做檢討，並接受別人的批判。

一天下午開完對我的批判會之後，我從教室返回宿舍，途中經過教學主樓門洞時駐足看了一會報欄裏當天的報紙，忽然一則醒目的演出消息映入眼簾：「安徽省黃梅戲劇團來漢演出」！仔細一看，嚴鳳英、王少舫、潘璟琍等都來了！明天下午在漢口武漢劇院演一場，後天晚上在武昌湖北劇場演一場。

這個從天而降的喜訊，頓時將我多日以來的委屈、傷心、煩惱、痛苦全部一掃而空。自從看過電影《天仙配》後，我一直幻想有一天能親眼目睹嚴鳳英的演出，哪怕只是一齣折子戲，甚至一句親口唱、一個親身招式也好，想不到這夢魅以求的機會突然從空而降，徑直飛到了我的面前！儘管這來的不是時候，但已令我欣喜若狂，及致忘乎所以！

當我一邊用勺子敲著搪瓷碗一邊笑咪咪地吹著口哨到食堂去時，同學們都用詫異的眼神看著我，懷疑我精神是不是出了毛病：一小時前還站在臺前被批得如喪家之犬，怎麼轉眼之間，一下變得如此興高采烈起來？從幾位和我挺要好的同學臉上的表情看，我明顯地感到了他們的某種憐惜。

果然，一位平素對我很好的老大姐主動走近了我身邊，她用手摸了摸我的額頭，口氣非常溫婉地問我，是不是對下午的批判會感到有些受不了？她說：「同學們批判歸批判，但對你沒什麼惡意，大家都說你年紀小，不懂事，這次批判你，多少也算是為你好，讓你今後

懂得要聽話，不能信口開河、胡說八道。你只要好好吸取教訓，改了就行了，但千萬不能鑽牛角尖，你小小年紀，來日方長，可別幹蠢事……。」

我一聽立刻明白。原來以往每次批判會後我總是垂頭喪氣，有時還會哭鼻子、抹眼淚（那時我才十七歲！），今天突然一反常態，如此得意忘形，她怕我會不會被鬥出神經病來了？我趕忙說：「沒有沒有」，再三保證，不管怎麼鬥，我都受得住。

「那為什麼這麼高興？」她不放心地又追問了一句。

見老大姐如此真誠地關心，於是我將嚴鳳英來武漢演出的事悄悄地告訴了她。她一聽立即笑著扭住了扭我的耳朵：「難怪人家說你是個不長記性的傢伙，這才挨過鬥，怎麼一轉臉就忘得一乾二淨，居然還有心思想著去看戲？」

記得那天晚上正好有一道我特別愛吃的排骨燒藕，加上嚴鳳英來武漢的喜訊，我胃口大增，一口氣吃了三碗飯。那時還不懂喝酒，否則肯定會痛飲一番。

儘管有了這個好消息，但我立即又為買戲票的錢發起愁來：我搜遍了所有的口袋之後發現，我的全部家當只有九分錢。報上登的票價是三角、五角、八角三種，這八角是不敢奢望了，可這最便宜的三角是少不了的。那時我一個月的零花錢只有五角，除去理髮、買肥皂、買牙刷牙膏和寄信之外，哪能剩什麼錢？這三角錢對我來說，可是一筆不小的數目！

從哪裏去湊足這三角的戲票錢呢？

晚自習前我獨自一人沿著漢水江堤散步，江畔的晚風倒挺清涼愜意的，眼前這戲票錢從何而來的頭等難題，卻使我渾身躁熱無比。

想來想去，只有向人借錢了。但我平生最怕的事情之一就是向人借錢，一想到借錢遭到拒絕時的尷尬和羞愧，我的臉就會發燒。開口向人借錢，簡直和不打麻藥就張著嘴等待拔牙一樣可怕。

但除了厚著臉皮去借錢之外，又有何法呢？情急無奈之下，我想起了晚餐前和我說話的老大姐。

這位老大姐名叫薛秀英，比我大六歲，平時對我特別關愛，生活中洗衣服、縫被子這些難事都是她幫我解決的。有時我想家或遇到苦惱的傷心事，她總是像大姐姐般親切地哄我，在她眼中，我是個既調皮搗蛋卻又不失聰明機靈的小老弟，我對她自然也像對姐姐一樣依戀。現在既然決定要借錢，我想只能找她了。另外我也了解她的經濟條件比我好得多，她的幾位哥哥經常寄錢給她。

一切希望只能寄託在這位老大姐身上了。

當時的晚自習是安排人人寫大字報「向黨交心」，反正我已經是批判對象了，交不交心也就那回事，整個晚上我只想著如何向她開口借錢。究竟是編個急用錢的故事騙她，還是實話實說，要買票看戲，這使我躊躇了好一會，最後決定還是老老實實地告訴她，我明天需要三角錢去看嚴鳳英的戲，否則我就完了。我甚至想到，萬一她不肯，我該如何和她軟磨死纏、死乞活賴，即使到苦苦哀求的地步也未嘗不可。我是小老巴子，在老大姐面前不怕丟人，反正我就是要借到那性命交關的三角錢！

借錢畢竟不是光彩之舉，這只能向她單獨開口才行。好不容易熬到了晚自習結束，我見她出了教室，趕緊尾隨跟上，誰知這時她身邊有四五個同學正和她同行，我又沒有勇氣直接喊她停下，只得在後面跟著，她聽到身後的腳步聲，回頭看到是我便沒說什麼。一路上她們一直嘰嘰喳喳地談個不停，女生宿舍眼看就要到了，她們始終沒有散開，最後只好眼巴巴地望著她們的背影消失在女生宿舍的大門內。

完了！一切的希望全泡湯了！

突然間，我有點無端地恨起她來。

回到宿舍後，我沒心思沖澡就爬上了床。武漢7月的天氣炎熱似火，其他同學都在外面的草地上乘涼，我卻一人躺在床上泡在汗裏，

一邊懊惱一邊胡思亂想：明天有什麼法子能混進劇場？那裏的圍牆有多高？能不能翻得過去？有沒有暗門可以偷偷進入？能否苦苦哀求大門口的驗票員高抬貴手，讓我免票進入？或者讓我進去免費看戲，散戲後幫他們打掃劇場作為補償行不行？⋯⋯反正一切能想到的都想到了，但想來想去，也想不出一個可行的辦法。

就在這冥思苦想之際，忽然間窗外一位男同學高聲叫我出去，說有人找我。我趿著木拖出宿舍門一看，薛大姐正在不遠處笑吟吟地向我招手。天哪！這女菩薩怎麼這會來找我，老天有眼！老天有眼啊！

她把我帶到了圖書館前的樹下，見四下無人，開口問我找她有什麼事。她這主動一問，反倒讓我有點手足無措起來，慌忙中支支吾吾地說：「我沒有找你呀。」看我那副德性，她頓時忍不住笑了起來：「上晚自習時看你像隻無頭蒼蠅的那個樣子，我就知道你想什麼鬼心思！出教室後，你又一直在後面跟著，你以為我不知道呀？」「我⋯⋯」不等我編假話，她一把將我的手抓過去，將兩張鈔票放在了我手心上。就著路燈一看，是兩張一元的，一共兩元！

「這⋯⋯」

「別說了。」她輕輕地拍了拍我的肩膀：「先拿去看你的嚴鳳英黃梅戲吧！只是以後聽話些，開會時態度放好一點就行了，別老是不服氣，硬和別人頂嘴，自討苦吃。」

還沒來得及容我道謝，她已轉身向女生宿舍走去，隔了好遠回頭看我還站在那裏望著她的背影發呆，又向我連連揮了兩下手，示意我快回去。

我像個呆子一樣，在那裏站了好久。

我還有什麼可說的呢？她既知道我急於想去看戲，又了解我囊中羞澀，為了顧及我的面子，還特地把我帶到僻靜無人處給了我兩元錢，而我剛才還莫名其妙地恨人家！

我抬手給了自己一記耳光！

第二天正好是星期天，我一大清早就趕到漢口循禮門武漢劇院，售票處的窗口還沒開，但已經有不少人在排隊，我買了一張五角的，座位號是十二排九號。五十年了，這個座號我始終沒忘記。

那天下午2點，我有生以來第一次親睹了嚴鳳英的演出，她演的是《扯傘》和《拜月記》、《送香茶》、《蘭橋會》等傳統戲的片斷，除了一名搭擋之外，其餘都是王少舫演男主角。其他還有潘璟琍、張萍，也演了幾齣折子戲。

武漢劇院是座建築結構相當好的劇場，專門演戲，不放電影，全場只有十九排，座位呈圓環形分佈，同一排的每個座位都和舞臺等距。我所在的十二排九號是個很不錯的位子，但我太貪心了，剛開演不久我就悄悄溜到最前面的樂池後面蹲著看，在那裏我聽到的是嚴鳳英的真嗓，這正是我夢寐以求的聲音。

現在我很難用文字來描述那次看戲的感受了。在三個小時的演出中，我一邊貪婪地看和聽，一邊揪心地默計著閃過的一分一秒，我唯一的希望是時間能凝固、停滯，永恆地固定在那場演出的時段上，我永遠忘不了當時突然對「時間不可逆」這個自然規律所產生的刻骨仇恨！

眨眼間，三個小時的演出就結束了。

結束之後，不少人上臺獻花，我趁亂從邊梯混上了舞臺，悄悄地站在上場門邊等機會。大幕落下後，演員們都到後臺卸妝，當時嚴鳳英正在和一個年紀較大、幹部模樣的人談話，等她們剛剛握手道別，我一下就衝到嚴鳳英身邊喊了聲嚴老師，緊接著鞠了一躬，然後雙手捧上戲單（即演出介紹說明書。封面紅色，字體燙金，五分錢一張。）請她簽名留念。她看了我一眼，又盯著我胸前的校徽注視了一會，隨即微笑著伸手接住我遞過去的鋼筆，在戲單內頁空白處簽上了她的名字。和我的想像有所不同的是，她的字娟秀又不失剛勁，流利而絕無輕浮，在女性特別是女演員中堪稱難得。

我感激地向她道謝，她燦笑著點了點頭。

　　那是我今生唯一的一次面對面、近距離見到她那美麗、親切、溫暖、燦爛的笑容。那個笑容已經遠遠超脫人與人之間的禮節之上，並作為人世間最美好的事物鑴刻在我那顆少年的心裏。在後來我親歷的那些悲慘遭遇中，每當我的精神臨近崩潰、心理瀕於絕望時，只要想到她的天籟之音、想到她那燦爛的笑容，我就感到這個世界還有美好的東西值得留戀，值得回味，這時我就會煥發出努力活下去的勇氣、樹立起等待「來年春暖花開日」的信心！

　　第三天晚上，我沒上晚自習，偷偷溜出校門去武昌閬馬場湖北劇場看了第二場演出。這場戲是嚴鳳英、王少舫主演的全本《打金枝》（張雲峰飾演皇帝），劇終後，我準備和前天一樣混上臺去請嚴鳳英簽名，但這一次好運沒有眷顧我——湖北劇場的舞臺兩側沒有邊門邊梯，更糟的是，臺前站著不少劇場工作人員，讓人根本無法爬上舞臺。當華麗的大帷幕落下後，我只能眼睜睜地看著一盞盞水銀燈逐個熄滅，最後孤零零一人走出劇場大門。

　　第二場儘管意猶未盡，但我還是知足了，畢竟我已看過兩場嚴鳳英的親身演出實況，這在我一生中已經很值得自豪。那兩場演出，已足夠我平生慢慢地回顧、品味，就像美酒一樣，時間越長久就越加醇厚、濃烈、芳香。

　　我當然永遠也忘不了薛大姐那雪中送炭的兩元錢。正是她對我這個小兄弟的眷顧和慷慨解囊，不僅了卻了我的心願，更重要的是讓我體味到人情的溫暖，並讓我懂得了關懷、幫助弱者的意義。

　　那兩張撕了半截的戲票，特別是有嚴鳳英簽名的那份戲單，我一直當作最心愛的物品珍藏，遺憾的是，我未能保存下來。

　　——1969年6月16日我被捕時，它們連同我其他的私人物品一起作為「反革命」的罪證被南京市公檢法軍管會全部抄走，在我1979年獲得平反後去追討時，得到的答覆是「不知去向」，另附了一句冷冰冰的「對不起」。

三封信

1968年我還在南京西崗農場勞動，當時正處於文革的中期，生產沒人抓，上不上班基本上無人過問。我本就是個「天生好逸惡勞的懶坯」（這是領導對我的一貫評價），對「抓革命、促生產」的號召從來無動於衷，這麼一來，我就有了足夠的時間讀書、拉琴、畫畫、練字。間或也到外地看朋友，「天下大亂」給我的最大實惠有兩樣：一是可以堂而皇之地不上班，再就是可以不用掏錢買車票、船票，想去哪就去哪。

1968年3月初，我決定到上海去看望一位以前在杭州工作時的同事。在南京下關四號碼頭很輕鬆地逃票上了一艘江輪，船過鎮江已是黃昏，我百無聊賴地在甲板走廊上遠眺夕陽下的江岸，這時忽然聽見一陣頗覺動聽的二胡聲音飄過來，遂循琴聲一直走到船頭甲板，見一年輕女子正坐在錨筒上專心地拉琴。一曲過後，旁邊圍聽的幾十個聽眾一起鼓起掌來，見到此景，我忍不住上前和那女子搭訕。幾句話一談，她知道我不是外行，很客氣地將二胡遞了過來。稍稍謙虛一番之後，我一連拉了幾首獨奏曲，剛剛停弓，她連忙請教我貴姓，問我是哪個樂隊的。我不好意思說自己是個農場的半勞改，便謊稱是某中學音樂的老師。就這樣我們開始攀談起來，從二胡談到音樂，從音樂談到文藝界的動態。她原來是合肥某區宣傳部的一位幹事，由於政府機關全部關門打烊無事可做，準備去上海姑媽家小住一段日子。既然是宣傳部門的幹事，對合肥省級文藝團體的情況肯定有所了解，於是我迫不及待地向她打聽起嚴鳳英的情況來。

據她介紹，嚴鳳英和王少舫早在1966年就被打成安徽文藝界的牛鬼蛇神，特別是嚴鳳英，合肥全城都貼有揭發批判她的大字報，說她是曾希聖的「黑姘婦」，解放前是舞女、娼妓，做過地主惡霸的小

老婆，有的大字報還揭發她惡毒攻擊文化大革命、攻擊江青，有的甚至說她是王光美安插在安徽的美國特務……

聽到這些事我倒絲毫不覺得不奇怪，在全國文藝界知名人物統統被放倒的情況下，嚴鳳英肯定也無法倖免，覆巢之下，安有完卵？她不倒楣，那反而是怪事。

當我問到嚴鳳英等的人身自由、平時行動是否受到限制時，她說這倒不清楚，她估計還不至於到失去自由的地步。據她說，合肥鬥人的手段比起其他大城市來似乎還算說得過去，基本上沒發生過當場把人鬥死的情況。她還說老百姓和嚴鳳英無冤無仇，又都愛聽她的戲，誰會去鬥她？主要是她們團裏的造反派在整她。另外，由於平時有不少人嫉妒她，現在機會一來，借溝出水，牆倒眾人推，政治上的問題找不出，就揭她解放前的那些事，無非是要把她搞倒、搞臭。

和這位拉二胡的女士告別後，夜間躺在通艙地鋪上默默地想著嚴鳳英的處境，突然之間我的腦中閃過一個念頭，這個念頭使我立即興奮起來。

去年（1967年）夏天時，我們農場幾個血氣方剛的小青年，曾經將北京造反派和南京造反派到處緝拿的張啟龍藏在農場裏好幾個月，直到風頭過後才把他送走，從而使其逃過了一大劫。

這張啟龍原是彭德懷的「鐵桿部下」，官居中共中央組織部副部長，部長安子文因替彭德懷「翻案」被罷了官，由常務副部長張啟龍主持中組部工作，誰知這張啟龍很快又因牽涉到組織文人撰寫《平江革命鬥爭史》（當時認為此書替彭德懷歌功頌德）一案犯了天條，在中組部第一把交椅上屁股還沒坐熱，一下子連降數級，於文革前夕貶至江蘇擔任南京市副市長（排序倒數第一）。文革開始後，張啟龍由於不在顯要的位置上，頭幾輪的轟炸被他滑過去了，但至1967年「深入開展鬥、批、改」時，北京造反派想起了他，多次到南京來緝拿，幸好在我們農場藏身，讓他安然無恙地躲了過去。

由此我想到了嚴鳳英。

既然張啟龍那麼大的官都能躲得過去，我想嚴鳳英同樣也能如此。根據以往的經驗，只要能避開運動的風頭，到了運動後期一般都不會有什麼事。

五天後我返回南京，剛到家就給嚴鳳英寫了一封信。

由於年代太久，信的具體文字已記不清楚，不過大致內容還記得，現根據回憶錄於下：

嚴鳳英同志：您好。

1957年夏，我曾在武漢市的武漢劇院和湖北劇場看過您的演出，並請您在戲單上簽過名。那時我還是個學生，您可能忘掉我了，但我始終記得您這位深受廣大革命群眾喜愛的著名表演家。

聽說您在無產階級文化大革命期間犯了一些認識上的錯誤，並受到革命群眾的批判，這是很正常的事，對偉大領袖毛主席親自發動的無產階級文化大革命，我們都經歷了一個從不理解到理解、從缺乏認識到逐步加深認識的過程，相信您一定會很快地認識自己的錯誤，認真批判自己非無產階級的意識，盡快回到毛主席的革命路線上來。

我們這裏是南京近郊一個山明水秀的好地方，空氣清新、環境幽靜，既適宜靜心休養，恢復健康，積蓄更飽滿的精力，以投入革命文藝事業，又不失為定心讀書學習、提高革命覺悟的好去處。為此，特邀請您來暫住一段時間。我們將和您一起，相互交流如何通過文藝演出進一步宣傳戰無不勝的毛澤東思想的經驗，將無產階級文化大革命進行到底！

我們都是您的忠實觀眾，一定會在各方面對您提供方便，請相信我們。

請盡快回信，確定何時來此，以便讓我們做好接待準備。

最後附上了回信地址、我們農場的詳細地理位置以及乖車路線。

收信人是:「合肥市安徽省黃梅戲劇團　嚴鳳英同志收」。

此信寫好後當天傍晚,我特地到南京健康路郵局寄出。日期大約是3月中旬。

由於寄出後沒接到回信,隔了二十天左右,又寄去一封,內容基本上和第一封一樣,只是加了一句「請立即覆一信」。

大概隔了一個月,再次給她發去一信。

以上三信發出後,均未收到回覆。

很多年後,我曾多次深深表示過遺憾:倘若當年她收到了我的信,並能到我這裏暫避一段時間,避過那陣風頭,捱到1968年底再回去,也許不至於發生那震撼人心的悲劇,那該有多好!

但我又不得不承認,在那種波譎雲詭、變幻莫測的險風惡浪年代,身處逆境的她又怎敢輕信一個陌生者的邀請貿然外出避難!這會不會是一個圈套?會不會由此給她和家人帶來更大的災難?換成是我,難免也會有這樣的疑慮。

當年為了逃脫那幾個惡霸兵痞對她的欺凌、迫害,她曾遠逃上海、南京等地,並且幸蒙好心之人收留接納,但那是人性未失的白色年代,到了如今人性滅絕的紅色年代,又怎能同日而語?「君不見雲山處處刀光閃」,階級鬥爭的天羅地網早就籠罩全國,縱有插翅的能耐,又有何處可飛?

再到後來,當我了解到更多有關她生平的情況之後,更感到自己的想法實在過於天真。即使當年她收到了我的信,並且排除了種種疑慮而相信了我的真誠,我想她也絕不會應邀躲到南京來避風頭。

原因很簡單——那絕不是嚴鳳英為人行事的風格!

性格決定了命運!

作為她那種寧為玉碎、不為瓦全的剛毅女子，一旦明白自己身處「再要回頭難上難」的絕境，對她來說，「縱然把我剁成泥」、「縱然把我化成灰」，也絕不可能低頭屈服、忍辱偷生，面對魑魅魍魎的淫威和世間冷澈透骨的絕情，她只有唯一的選擇——玉碎！

何況，我寫給她的三封信，看來她一封也沒收到，估計全落到軍代表和爪牙那班毫無人性的畜牲們手中了！

當時我做夢也沒想到，就在我發出第二封信的前後，嚴鳳英已含恨離世！直到我入獄後，才從一位安徽來的難友那裏得悉這個噩耗。

所有熱愛嚴鳳英的人莫不為她的英年早逝悲慟萬分，也深為她驚天地、泣鬼神的玉碎之舉而扼腕痛惜，而我想到更多的則是古希臘哲學大師伊比鳩魯的那句名言——

「死不是死者的不幸，而是生者的不幸！」

她在世時，我們已經見慣了她那鮮活的生命色彩在我們眼前閃耀，她的一顰一笑、一嗔一喜，無不散發著生命的活力，輻射出人類最美好的情感。她像一片五彩祥雲一般，將絢麗繽紛的光輝溫柔地映照在我們身上，使人沐浴在光明和溫暖之中。而當她隨著那陣飛沙走石的狂風消失之後，我們才痛切地感受到少了她意味著什麼！人啊人，總是在失去後才悟出珍貴！

嚴鳳英生前珠聯璧合的演出老搭擋、傑出的黃梅戲演員王少舫先生，晚年在登臺表演前，多次因為旁邊那個當年嚴鳳英在世時固定的化妝席人去座空、物在人亡而老淚縱橫，感傷不已。

——斯人已去，誰堪與共？

碩果僅存的黃梅戲音樂泰斗時白林老先生儘管已屆八十高齡，仍勤於作曲及講學，當有感於筆下流淌出的優美旋律再也無人能如嚴鳳英那樣唱出其中的神韻時，往往陷入不堪回首的往事而惆悵萬分。

——曲在人亡，琴存弦斷！

當年影片《天仙配》中的四姐，這位無論在戲中或日常生活中都與嚴鳳英同為姊妹的丁俊美女士，幾十年來辛勤執教，門下弟子逾百，佼佼者亦不在少數，一生總想培育出能填補嚴鳳英空缺的後進，但始終難遂此願，最後她終於悟出：集天地靈氣、日月精華於一身的嚴鳳英，人世間再也出不了第二個！三春先謝的「七妹」，留給「四姐」的只是無窮的思念和「花正紅時寒風起」的感傷。

——紅顏薄命，情同此傷！

隨著她的不幸去世，她那優美動人、絕世無雙的唱腔，她那出神入化、精湛卓絕的舞臺表演，都伴著那顆苦難的靈魂一起飄進了靜謐的永恆。當我們只能從她留給我們那些絕版的音像資料中百遍千遍地回味她的音容時，我們的心就充滿了無窮的懷戀和深沉的哀傷。當我們回想起當年，她曾經怎樣給了我們絕妙的藝術享受，怎樣激發起我們對美好的追求、對自由和正義的嚮往時，我們永遠無法抑制靈魂深處對她深深的感激。

良知的甦醒往往總是遲來一步，當這株閃耀著奪目光彩的藝苑奇葩消逝後，好多人開始悔恨了，而且隨著時間的流逝越加強烈。

但這能怨誰呢？

上天把她賜給了世人，她理應受到善待，受到呵護，受到尊重，受到珍惜，而人們卻被權力、財富、名譽、地位迷失了自己的本性；是人褻瀆了上天的賜予，是人天性中的殘忍、醜惡、自私、嫉妒，逼使上天提前召回了這尊下凡歷劫的精靈，人們理應承受上天的懲罰，並為自己的愚蠢，追悔千秋萬世！

無論怎樣頻頻回首，她的一切都成了無法再現的往事；不管如何苦苦追憶，我們的眼前只是茫然一片絕望的虛空。

她，永遠永遠的走了，而我們，永遠永遠留在了不幸之中。

✤狗日的檔案✤

　　老友曹君，數年前從單位留職停薪，自謀生路，今年9月年滿花甲，遂去原單位南京汽車製造廠辦理正式退休手續。勞動人事部門在審核工齡時，發現缺少曹君在1965～1966那一年多的檔案，而當年的勞資幹部早已走的走、退的退、死的死，遍問之下無一人知道箇中原因，這樣一來，雙方都遇到了一個不大不小的麻煩。

　　作為單位，缺了這一年多的檔案內容就難以認定曹君的連續工齡，從而無法計算退休工資，算多了國家吃虧，算少了當事人又不答應，經辦人一時之間急得不知如何是好。

　　作為曹君，遇到這事比那位經辦人更加著急，他倒不是在乎退休金的多少，也非急等這筆錢去買米，而是擔心這一年多的檔案空白，弄得不好會惹來極大的麻煩。對此曹君可是有足夠的歷史教訓，偉大領袖常說：「歷史的經驗值得注意」，曹君也正是這麼想的。

　　凡是從五十年代走過來的中國人，個個懂得檔案對一個人的重要意義。具體說來，人的一生，從生死存亡、吉兇禍福、功過是非、榮辱褒貶到衣食住行、功名利祿、貧富貴賤、子女前程，莫不與檔案環環相扣。國家對某一個人如何看待、社會對某一個人如何評價，往往並不是由你的實際表現決定，關鍵得看你那檔案裏記了哪些內容。偉大領袖就如何看待一個人時多次說過：「看一個人的過去，就可以知道他的現在，看他的過去和現在，就可以知道他的將來」，這裏所說的「看」，就是指看檔案。過去人們在談到如何評價某某人時常愛說「群眾的眼睛是雪亮的」，其實這是一句屁話——一千萬雙眼睛，也抵不上他檔案袋裏那薄薄的幾張紙。

中國人的檔案歷來具有中國的特色。

一是檔案內容有極強的嚴密性。一個人從呱呱墜地到遺體告別，在漫長的一生中總會有人隨時記下所有發生在你身上的事，特別是有關政治和思想方面的各種表現，絕不可能出現半點遺漏，一切都會記錄在案。當然，對於應該怎樣記錄，國家自有一套特別的規定，什麼該記、什麼不該記，那得由人事部門根據政治需要、時代精神，再加上人事官員們個人的主觀臆斷來做出必要的選擇。

二是檔案的緊密依附性。但凡中國人學會走路後，不管身在東南西北，哪怕浪跡天涯海角，你的檔案都會像影子一樣緊緊相隨，從不離身，一個人哪怕寒酸到沒褲子穿了，但絕不至於窮到連檔案都沒有的地步。

三是檔案的神祕性。根據檔案制度，檔案的記錄全是在祕密的情況下進行的，檔案的保管則由保密部門負責，檔案的內容從不和當事人見面，因此一個人到死也不可能知道自己的檔案裏究竟有哪些內容。一個傑出的天文學家可以了解數百億光年之遙的星球，一位偉大的物理學家可以洞悉微粒子的奧祕，但他們對自己那份裝在牛皮紙袋裏的個人檔案內容卻永遠一無所知。

有如此重視檔案的國情，又有如此滴水不漏的檔案制度，這檔案在國人眼中無疑成了閻王老爺手中的生死簿，既神祕莫測，又令人誠惶誠恐，一個人一生的命運如何，那全得由檔案來決定。

曹君作為年屆花甲的中國人，當然應該和其他中國人一樣有一份完整的檔案，清清楚楚，一目了然。至於是好是壞，反正斯人已老，倒也不必多煩，按中國慣例，草民百姓年滿六十後，只要不造反、不賣國、不殺人放火、不綁架販毒，一般不會再有人往檔案裏裝什麼新貨。曹君總以為這檔案再不會折磨他的神經了，誰知在此當口竟然會出現這種找不到檔案的怪事。

此事若發生在普通的花甲老翁身上，似可不必大驚小怪，但問題在於曹君偏偏不是一般的良民百姓——他是一個有重大歷史問題的「過來人」！

1970年，他曾因「惡毒攻擊偉大領袖毛主席和他的親密戰友林副主席、攻擊江青同志、攻擊無產階級文化大革命、攻擊社會主義制度」而被判過徒刑，他的兩位好朋友甚至被判了死刑！直到三中全會後，才在1978年獲得了徹底平反。經歷此劫之後，曹君不得不記取歷史教訓，夾緊尾巴做人，二十餘年來倒也平安無事。如今退休年齡已到，回首大半生，雖有那段「前科」，好在過去的老帳早已算清，縱然和「歷史清白」無緣，倒也算得上「歷史清楚」；如今這1965到1966年的檔案突然不翼而飛，眼看連「歷史清楚」也難以保住了。

根據以往的教訓，在歷次政治運動中，一個人最怕遇到的事，往往不是自己有什麼已被記錄在案的問題，而是有一段沒有任何記錄的空白歷史。前者反正已是白紙黑字、鐵證如山，儘管諸多不實，辯解也是枉然，不承認也得承認，該怎麼辦就怎麼辦，總還可以來得痛快些；而後者則不一樣，既然是空白，那你就得交代那段空白時間你幹什麼去了？有沒有幹過壞事？幹過哪些壞事？壞事是怎麼幹的？……，這反反覆覆一連串的疑問、質問、責問、拷問，不把你逼瘋才怪！

現在就是這種情況。這1964到1965年的一年多時間裏，曹君既未從人間蒸發，又見不到檔案記錄，那這段時間他究竟人在何處？究竟幹了哪些事？這如何能說得清！面對中國一以貫之的「疑罪從有」政策，拿什麼來證明這段時間他沒有逃到臺灣當特務，沒有賣身投靠中央情報局或KGB呢？

曹君的擔心還不僅如此。

萬一那段檔案並非空白，而是早就被塞進更為致命的內容，被單獨轉移到其他更加機密的部門保存起來了，如果真是這樣的話，那

後果就更加不堪設想！天天想著自己的檔案裏有一顆隨時都可能引爆的定時炸彈，這後半生的日子要怎麼過？

這一驚就更加非同小可。

一個飽經憂患的老人哪經得住這種精神折磨？這退休手續沒辦成，反招來如此驚嚇，從發現找不著檔案的第二天曹君就病倒了。經過老伴、兒子和兄弟、朋友們的百般勸解開導，總算稍稍恢復了點元氣，只是精力已大不如前，半個月不到，人老了一大截，每每一人獨坐發呆或目光盯住一處陷入冥想，漸漸「露出那下半世的光景」來。

此時多虧一位古道熱腸的W女士在關鍵時刻幫了大忙。

這W女士原先擔任會計，與曹君同事多年，以前曾臨時代理過幾天的檔案室管理員，多少了解一點檔案管理的內情。W女士眼見曹君這般光景，知道心病只能心藥治，遂自告奮勇地幫曹君去探查那丟失的檔案究竟怎麼回事。經過南汽人事部門協助，W女士奔走多次後居然在南京市檔案館找到了曹君那一年多的檔案。經查，原來是曹君過去所在的單位在併入南汽時，沒將曹君在該單位工作期間的人事檔案轉到南汽，而是直接上交市檔案館保存起來了。打開一看，裏面只有幾頁一般表格，包括一張當年南京市玄武區公檢法軍管會拘留曹君時簽發的「拘留呈批表」，別無其他內容，當然也沒有曹君擔心的「定時炸彈」。

根據文革期間的規定，公檢法凡是抓人時，必須要將拘留審批文件送交當事人所在的單位備存。恰恰是這張「拘留呈批表」證明曹君那時身在原單位上班，並未叛逃海外或賣身投靠「帝修反」。這樣一來，曹君不僅個人歷史不存在空白，工齡也算續接上了，他終於恢復了「歷史清楚」的資格。

這歷史一「清楚」，病也霍然而癒，他趕忙拿著那張「拘留呈批表」的複印件去辦理退休手續，半小時不到，捧著退休證笑咪咪地走出了勞動局的大門。

一場虛驚，就此結束。

令人怎麼也想不到的是，就在W女士熱心為曹君奔走尋找檔案的過程中，竟然還有一個意外收穫——替曹君取出了保存在勞動局的他本人的全部檔案。

說起這個意外收穫，還有個頗帶戲劇性的小插曲——

1995年曹君在單位辦了留職停薪，2000年又辦了退職，按照職工的檔案管理制度，南汽隨即將曹的檔案全部轉到當地的勞動與社會保險部門代為保管。根據規定，每年還得支付一定的委託保管費。

可這南汽在南京是出名的大企業，企業一大事情就多，事情一多就難免顧此失彼，這每年交保管費的區區小事哪能記得住？多年來早就把這交費的事給忘得一乾二淨。而作為要害衙門的勞動社保局，下面管著成千上萬的企業，南汽不主動繳交檔案代管費，他們又哪裏清楚？再說即使知道，哪有那份閒功夫去催要？就這樣分文沒收，替南汽白白保管了十來年的檔案。

這次W女士去查曹君的檔案時，經辦人一查代管記錄，發現委託單位十幾年來居然一分委託保管費都沒付過，頓時氣不打一處來：你他媽的南汽，也太不把我們放在眼裏了，這麼多年一文錢不交，連招呼也不打一個，實在欺人太甚！一怒之下，當即決定今後凡是南汽來查檔案的，不管誰來，一律讓來人把自己的檔案帶走，老子再也不做冤大頭替你白當保管員了！

就這樣，W女士捧回了曹君滿滿一口袋的檔案。

曹君一看自己檔案竟然到了自己手中，其神態不亞於當年孫悟空大鬧地府時在閻王爺生死簿上塗掉自己的名字那樣興高采烈。人逢喜事精神爽，前幾天的衰老萎頓不僅一掃而空，人還像吃了王母娘娘的仙桃一般年輕了十歲！

　　檔案到手之後，曹君足足花了整整一個晚上反反覆覆地看了自己的檔案。盯著那些寫著荒誕離奇內容的發黃紙張，頓時覺得那上面一行行的文字像蜈蚣在蜇咬著他的神經。

　　請看——

　　1964年曹君報名高考時，江蘇省高校招生工作委員會南京考區政治審查組在「社會青年報考高等學校調查表」中有以下記錄：

　　在「政治思想表現」一欄的內容是——「該員的思想是比較落後的，在1963年時曾說過許多落後話，甚至有些是反動的，如『吃不飽、餓死人為什麼報上不登載』，『毛主席為人民服務，為什麼還會餓死人』……」；

　　在「所在單位組織或人事公安部門的甄別意見」一欄的內容是：「該員受資產階級思想的影響較深，對現實不滿，與黨的又紅又專與工農群眾相結合的教育方針相差甚遠，故無培養前途，考慮不予錄取」。落款及公章是南京市公安局華僑路派出所；

　　在「社會青年等個別考生政治審查表」的「考生的政治思想表現」一欄內的結論是——「該生思想反動」；

　　南京市教育局的意見是：不宜錄取；

　　江蘇省高校招生工作委員會南京考區政治審查組的審查意見是——「政審不合格」（專用章）；

　　江蘇省高校招生工作委員會政治審查組的審查意見是——「政審不合格」（專用章）！

　　更為離奇的是，自小受到良好教育、一貫品行端正，年方十幾歲的曹君，僅僅因為「不聽老師的話」，檔案裏竟然寫著「過去有過小偷小摸的行為」，偷什麼、摸什麼未見記錄，滑稽的是後面又有一句「由於家長管教嚴格，現已改正」。

　　三年災害期間，不諳世事的曹君（當時才十四歲）由於天天挨餓，對同學說「吃不飽，餓死人」、「現在新聞不自由、餓死人，報

紙上也不登」、「美國物質文明好，失業工人吃白麵包，我們連豆腐渣都吃不到」、「如果跟敵人打戰，我吃不飽，而敵人能吃的飽的話，我就投降敵人」，這些作為「落後的甚至反動的話」全部記錄在檔案裏。

曹君愛好音樂，拉得一手好琴，檔案中對他的言論記錄是：「準備考音樂系，藝術是沒有階級性的，蘇聯音樂家到美國演出，看的人很多，都是有錢人，收入很多美元」，說他「社會青年活動從不參加，整天在家拉提琴，一心準備考藝術」！

另外，檔案中還詳細記錄了曹君議論有關領導人的言論：「毛主席為人民服務，毛主席好，為什麼餓死人？」、「毛主席私生活不好」、「毛主席有幾個愛人」、「赫魯雪夫不錯，老百姓生活水準好」、「赫魯雪夫萬歲」。

更令曹君驚愕的是，在他的檔案裏居然還塞進了他父親的有關材料。

曹君的父親曹子恩教授是中國著名的麻醉學科泰斗級權威之一，長期擔任南京醫科大學教授、江蘇省人民醫院麻醉科主任，幾十年來勤勤懇懇地工作，救死扶傷不計其數。就這麼一位德高望重的醫學界前輩，一直到去世都沒想到，他在反右鬥爭中曾經被內定為「中右」，並且有如下的政治結論──「該員思想極端落後，在鳴放中被內定為中右，現表現仍落後，對黨的各項方針政策抵觸，曾說過農村幹部簡直就像土皇帝，1958年大躍進教學質量差等等……」而更令他做夢也不曾料到的是，這些污七八糟的破爛竟然還會塞進他兒子的檔案！

（限於篇幅，檔案內容僅節錄到此，詳見本文附件）

事隔四十多年後的今天，曹君才明白當年兩次高考儘管成績都不錯但就是不被錄取的原因。官員、員警、校長、老師那麼多人從中

「熱心幫忙」，在這九百六十萬平方公里的範圍內，哪所高校敢冒天下大不韙錄取這個被打入另冊的高才生？

嗚呼哀哉！一個政黨，一個國家，一屆政府，一級組織，在編寫一個不諳世事的少年的檔案時尚且如此，對其他人更是可想而知！有如此的黨國政府組織，夫復何言！

一連被這檔案折磨了多日，經歷了一番與檔案有關的離合悲歡，現在又回頭看到自己幾十年前的「表現」，曹君實在不知說什麼好，瞠目結舌良久，只是對著散放滿桌的檔案啐了一句──這狗日的檔案！

（攝自當事人檔案）

姓 名	曹少年	曾用名			性別	男
出生年月	1946年9月	實足年齡	17		民族	汉
家庭出身	醫生	個人成份			宗教信仰	無
籍 貫	江苏省启东县					

健康情況：60年状患急性肾炎又经治疗至愈 现身体均健康

家庭住址	江苏 省 南京 城(市)	广州路兴中里阳713号	生产大队	生产队
	區		胡同	号

何地 何時 何參 加共产	李	何時何地轉正	書	介紹人姓名		本人曾任職務
何地 何時 何參 加共青	書					

何時在何地 因何緣故受 过何种奖励 或处分

解放前（或土改、私營工商業改造前）家庭經濟情況及生活來源：家庭经济 出院靠 父亲的工资。

解放后（或土改、私營工商業改造后）家庭經濟情況及生活來源：家庭经济 出院靠 父亲的工资 和母亲的工资。

02

大寨亞克西

在拙文〈『革命歌曲』雜憶〉的頭一段，我曾講過自己十歲那年因革命歌曲而首開平生政治錯誤記錄的童年軼事，本文所述的則是我一位難友由於唱革命歌曲而遭殃的前後經過。這兩個故事雖都源自革命歌曲，性質卻有明顯不同：我犯錯誤是由於唱錯，他倒楣卻是因為錯唱——準確的說，他是在一個不恰當的日子裏唱了一句內容不恰當的歌。

給他招惹不幸的那首歌名《大寨亞克西》，在上世紀七十年代一度很流行，如今五十歲以上的女士先生們諒必還有些印象。

1976年，本人正以「現行反革命」戴罪之身在南京第四機床廠（江蘇省第十一勞改隊）勞改，有段時間監區的廣播喇叭中天天播放這首《大寨亞克西》。我這人愚頑已久，儘管此歌天天不絕於耳，可我卻從來沒搞清楚過它的歌詞，只知道「亞克西」一詞在新疆老維語言中是好的意思，這「亞克西」和「大寨」一姘，不用說是歌頌大寨如何如何好，希望它千秋鼎盛永不垮臺之意。

雖然沒弄清歌詞，我對這歌卻極為反感，特別是噁心它的曲調。也不知為什麼，第一次入耳時就使我聯想起西藏喇嘛坐在死人旁邊超度亡靈時的嚎喪，再一細聽，發現和江南一帶流行的《小寡婦上墳》竟也有幾分相似。

個人的感覺畢竟不能替代別人的感覺，其他犯人似乎並不像我如此「敏感」。他們不但不討厭這《大寨亞克西》，好多人還將其當成了隨口溜，不時會哼幾句。特別是那句「亞克西呀嘛亞克西」，一時居然成了有些人掛在嘴邊的流行「金曲」，頗像前一陣子某些時髦青年愛哼「妹妹你坐船頭，哥哥我岸上走」一樣。

在這些愛哼「亞克西」的人當中，本文開頭提到的那位遭殃者就是其中之一。

我這難友姓戴，和我一樣也因為患「大腦炎」被判了十年，主要罪狀是「思想一貫反動，多次散佈反動言論，惡毒攻擊偉大領袖；長期收聽敵臺，四處擴散敵臺反動宣傳內容」。老戴到勞改隊不久就和我分到同一個中隊，後來又同在一個組，前後同「窗」有七八年。他原在南京某機械廠工作，有一手不錯的鏜床技術，在我們汽車分廠裏算得上頂尖高手，管教幹部對他的勞動表現挺滿意，經常會表揚他。在勞改隊「現行反革命」比殺人、放火、強姦、詐騙、偷竊的刑事犯要低一等，眼看老戴常受表揚，難免令刑事犯們眼紅得要命。

好多人說我們這些「現行反革命」大都是些頭腦聰明活絡、只是不肯安分守己的傢伙，此言也許不無道理，我這難友老戴就屬這類人。老戴不僅鏜工技術出色，另外還有兩手絕活，一是修鐘錶，二是針灸。勞改犯人一律不准戴錶，因此他的修錶技術毫無用武之地，倒是那針灸手藝經常能派上用場，牙痛、胃痛、跌打損傷的找到他，一針下去，不出十分鐘保證霍然而癒。我那時經常牙痛，每次總少不了請他救急。

上帝造人時，大概和社會主義國家對老百姓實行憑票計劃供應生活品一樣，好的總得搭點孬的，老戴的情況也不例外。除了聰明能幹、多才多藝這些長處外，他身上也有不少缺點，其中最主要的一條就是愛「興」（去聲，南京話讀做「信」。這「興」的通俗解釋是遇有高興事沉不住氣、按捺不住內心激動從而表面情緒失控之意）。但凡遇到某些開心事，比如某管教幹部因為「生活作風」問題被處分，某勞改積極份子由於勾心鬥角落敗而遭批鬥，這時老戴絕對免不了要「興」一陣。

說起這「興」，老戴的原判罪行中「惡毒攻擊偉大領袖」一條就是他硬「興」出來的——

　　1968年12月26日這天是老戴小侄女的生日，老戴一早出去買麵條，可騎車轉了兩個小時，一根也沒買到。一打聽原來今天也是偉大領袖的誕辰，糧站和菜場的代銷點一清早就有人排隊買麵條，不到一個小時全部賣得精光。撲空的老戴只得快快而歸，誰知天無絕人之路，快到家時正巧附近一處麵條代銷點臨時突然到貨！一看有這等好事，老戴奮不顧身地擠上前一下買了好幾斤，興沖沖地吹著口哨回了家。稍後不久，忽有鄰居兩老大媽來串門，見老戴家桌上有一大攤麵條，趕緊問他何處購得？老戴答就在前面不遠拐彎處，老大媽說才從那裏過來，早被人搶買一空。失望之餘，老大媽順嘴誇了老戴幾句，說他真有辦法，一下買到這麼多。一聽有人誇獎老戴興頭未免大增，連說不容易不容易，把如何如何轉了兩個多鐘頭才買到的經過原原本本說了一遍，想想覺得意猶未盡，跟著又加了一段即興發揮：「中國人真他媽的邪門，平時哪一天不能吃這倒頭的麵條？一個個偏偏要擠到今天來趕時髦，也不知湊的哪門子熱鬧。這好，麵條搞得比金條還難買，成了他媽的什麼鬼世道！」他這邊說得痛快，那兩個老太太中恰好有一位是居委會「小腳偵緝隊」的成員，這位祕密偵探前腳剛出戴家，後腳就跨進了居委會。半個小時後，老戴「惡毒攻擊偉大領袖毛××，惡毒攻擊廣大革命群眾自發紀念偉大領袖生日，把大好革命形勢下的社會主義污蔑成『什麼鬼世道』」等等罪行被居委會「革命群眾專政小組」記錄在案，日後成了老戴「惡毒攻擊」的鐵證。

　　老戴個子不高，一張瘦臉方方正正、有模有樣，怪的是卻偏偏生了張大嘴，而且一旦說到興頭處嘴巴咧得特大，嘴角上還會不時泛出一堆白沫。嘴大，愛說，遇事又愛「興」，於是我另兩位難友曹君和陳君就給他起了個極為貼切的外號——蛤蟆。

　　認識老戴不久我就看出他有這個毛病，平時少不了經常提醒他多加注意，千萬別「興」出麻煩來。承他情倒也聽得進勸，幾年來好歹沒出過什麼大問題。話說回來，從1970年到1975年，中國也沒發生

過什麼值得我們「反革命」高興的大事，老戴即使想「興」也難有機會。

說到機會，到了1976年9月9日這天，老戴還真的迎來了個大興特興的天賜良機。

9月9日下午三時許，我從廁所出來途經總調度室門口時，裏面不知誰的半導體正在播一陣哀樂，我一聽不由得為之一動：今年上半年已經接連走了兩個重量級人物，這次不知又是哪位趕往馬克思那裏報到去了？接著中央廣播電臺廣播員念道：「中國共產黨中央委員會、中華人民共和國全國人民代表大會常務委員會、中華人民共和國國務院、中國共產黨中央軍事委員會告全黨全軍全國各族人民書……」一聽這一長串「來頭」，緊接又是「告全黨全軍全國各族人民書」，我心中不禁一陣狂跳，莫非……，就在大腦飛轉之際，下文緊接著念了出來：「……患病後經過多方精心治療，終因病情惡化，醫治無效，於1976年9月9日0時10分在北京逝世。」

一聽到這個從天而降的特大喜訊，我再沒心思等下面內容了，現在我迫切需要找個地方平靜一下，於是快步向自己的工作點走去。我的設計室在三道崗之外，環境僻靜，同室只有三人，相互關係極好。

同室的老莫一見我進門，馬上搖著手中那個老掉牙的半導體興奮地迎了過來：「好消息、好消息啊，老方，廣播儂聽到了伐？」

我笑著點了下頭。

見我已經知道，老莫更來了勁：「老B養的走啦，老B養的走啦，格愣一來阿拉出頭的日腳快到啦！開心煞人啦，開心煞人啦！」說畢哈哈大笑，身體像跳「忠」字舞般扭了起來……

老莫是上海人，原是某研究所技術員，1959年下放農場時，因為餓得吃不消，偷了公家三隻兔子被判兩年「勞教」，滿期後又被強制留廠「就業」，前前後後在勞改隊已待了十七年。按管教幹部原意，為了監督我和我徒弟小孫，特地安排他這個「二勞改」和我們這

兩個犯人在一道，誰知剛認識不久就和我們臭味相投成了好朋友。這傢伙平時表面蠻謹慎，想不到今天如此一反常態，這真應了「人逢喜事精神爽」那句老話。

我剛坐下不久，突然有人來通知全體犯人緊急集合。根據勞改隊的慣例，出了大事肯定要給我們勞改犯「上勁」，不過沒想到這次來得如此之快。待我跑到大車間的前面空地時，全體犯人已排好隊形，所有大隊和中隊管教幹部也都親臨現場，大隊×教導員一臉戚然地站在隊前正準備訓話。走入佇列後我瞥了一眼排在左後方的老戴，他也正盯著我看，那臉上分明佈滿了按捺不住的興奮。我趕忙使了個眼色，他撇了撇嘴扮了個鬼臉。

我們這×教導員是個結巴子，口才極差卻又偏偏愛訓話，平時沒少出洋相。今天大概氣氛不同，沒敢信口開河，只是照著事先準備的講稿結結巴巴念了一遍。前半段是從廣播中抄下來的悼詞，後面的大意是從現在起對全體勞改犯實行「嚴管」，只許規規矩矩，不准亂說亂動，特別要警惕少數壞人乘廣大革命人民沉痛悼念偉大領袖不幸逝世之機搞破壞，一旦發現這些壞傢伙，有一個打擊一個，有一雙打擊一雙，有多少打擊多少。最後×教導結結巴巴宣佈了一長串「不准」：不准娛樂活動，不准嘻笑打鬧，不准唱歌哼曲，不准大聲喧嘩，不准交頭接耳，不准互送吃喝，不准……。

結巴教導員念完後另一位大隊幹部又補充了兩點，一是勞改犯一律不准戴黑袖章、佩小白花搞任何悼念活動，二是不准藉悼念為名亂嚎亂哭。特別強調「廣大革命群眾悲痛之日，正是反革命份子幸災樂禍之時」，要求大家加強相互監督，一旦發現有人幸災樂禍，必須立即報告，否則按同犯處理。

緊箍咒一念果然有效，當晚整個監房靜得和太平間差不多，個個像死了娘老子般哭喪著臉，連放屁都瞥著三分，生怕沾上「幸災樂禍」嫌疑。我們這些「現反」更是特別留神，相互照面招呼都不敢

打，最多擠下眼、撇下嘴表示心照不宜。我記得自己直到上床鑽進蚊帳後才敢用被單悶著頭暗笑。

第二天早晨上班不久，我正在車間埋頭檢查一臺磨床的運轉情況，忽然聽見兩聲響亮的咳嗽，抬頭一看，只見老戴朝我走來。瞧他那一臉得意神情加上癲狂的步伐，我心中暗道不妙：這小子看來發病了，而且很可能是急性大發作。

果不其然，剛到身邊他就一把將我拖到磨床身後的隱蔽處。

「老方啊！老B養的終於翹辮子啦！我的乖乖，巴了這麼多年終於讓我們巴到囉！老天有眼哪！老天有眼哪！」還沒等我站穩，那張泛著白沫的大嘴便像機關槍口向我噴出了一連串驚嘆號。

大車間可是人多眼雜之地，瞧他這副癲狂樣，我哪敢搭腔，趕緊要他快走，叫他立即回到自己的崗位上，千萬別到處亂轉、別與人交談、別沒事找事，一句話，這種時候千萬不能犯老病！

「我有數我有數，我這馬上就走。」經我如此一頓搶白，他總算沒再繼續往下發揮，臨轉身想想又笑著說：「我這是實在蟄不住才找你聒兩句的，昨晚上我興奮得大半夜都沒闔眼，想想恨不得爬起來痛痛快快大笑一場才好……」說著說著又有些情不自禁，一條腿像四小天鵝舞步左右蕩了起來。眼看又來了勁，我趕忙一掌將他推走了。

望著他的背影我心裏湧過一陣不祥，這會兒勞改積極份子們一個個正瞪大眼盯著我們這些「反革命」，弄得不好，蛤蟆可能要出事。

下午4點剛過忽然宣佈收工集合。往常總要拖到五點半才下班，今天這麼早收工，肯定發生了什麼事。我們一個個提心吊膽地排好了隊。

點名報數之後，臉色陰沉的指導員開始訓話。他首先肯定全中隊大部分犯人在「嚴管」第一天的表現還可以，基本上都能遵守昨天×教導員宣佈的一系列「不准」，不少犯人還連夜寫了思想彙報，對

偉大領袖×××的不幸去世深感哀痛，表示一定要化悲痛為力量，進一步加深認罪服法，努力生產勞動，以實際改造行動悼念偉大領袖，有的還寫了決心書，保證痛改前非、加快思想改造步伐，有的保證要出大力、流大汗，提前完成本月生產任務等等。

我一聽這都是些過門話。他們可不會為了表揚我們一番而這麼早收工的！再瞧瞧他那一臉冰霜，後面肯定有好戲。

果然，緊接著話鋒一轉，說雖然大多數犯人能遵守政府的法令，但是也有極少數堅持反動立場的「反革命份子」極不老實！這種人出於不可告人的陰暗心理，對偉大領袖的去世幸災樂禍，公然違抗「嚴管」期間禁令，逢人喜笑顏開，走道連蹦帶跳，更為惡劣的是竟然肆無忌憚地到處吹口哨、哼小曲，擾亂改造壞境，影響極壞！

說到這裏，指導員掃視眾人後將目光釘在了老戴臉上：「在這極少數人中，戴××是最突出的一個！」

接著指導員揚了揚手中的筆記本：「從上午起我們就接到很多彙報，並且對彙報內容進行了查實，現在讓大家看看『反革命份子』戴××在偉大領袖毛××去世後幹了些什麼！」

說畢翻著筆記本念了起來。

「上午8點××分在廁所門口，一邊繫褲子，一邊吹口哨，吹的曲子是印度尼西亞民歌《哎喲媽媽》。」

「上午8點××分去工具房領刀頭，一路走一路哼，哼的是《亞克西呀嘛亞克西》。」

「上午9點××分在金鋼石鎧床幹活，嘴裏反覆不停哼《亞克西呀嘛亞克西》。」

「上午收工前在洗手池旁，一邊洗手一邊哼《亞克西呀嘛亞克西》。」

「下午2點××分在檢驗臺，一隻腳蹺在工具箱上，一邊抖一邊吹口哨，吹的是《大寨亞克西》。」

「下午2點××分到工具房還工具，趴在工具房小窗口吹口哨，吹的是《大寨亞克西》，工具房吳××叫他別吹口哨，他說：『關你什麼屌事啊？』」

「……」

由於年代久遠，我已記不全一共多少條了，只記得指導員每念一條，我心中就咯噔一下。

說實話，我們這指導員倒不是個沒事找碴的人，也不怎麼偏聽偏信，短短的半天多接二連三收到這麼多彙報，而且時間、地點、情節又如此具體，換成是我恐怕也不得不信。現在明擺著的問題是：偉人前腳剛走，老戴後腳唱歌，更要命的是什麼歌不唱偏偏唱這「亞克西」，這不是「喪心病狂」地幸災樂禍又是什麼？蛤蟆啊蛤蟆，你小子這次算是撞在槍口上了！

我越想越替老戴擔心，以致指導員接下來的惡狠狠訓斥都沒怎麼聽進去，直到臨尾才注意到他宣佈的決定：從今晚起，戴××在小組內接受批鬥。

我一聽有點不敢相信自己的耳朵！

在勞改隊，小組批鬥就像一日三餐般平常，只有雞毛蒜皮小事才在小組會上解決。根據歷史經驗，老戴這種時候犯了這種大忌，最起碼該大會批判鬥爭，進而戴銬戴鐐、關禁閉，最後是否會加刑，那還得看運氣，想不到現在僅僅安排小組批鬥，這後面會不會隱藏著一種更為可怕的「安排」？我歷來站在黨和政府立場上考慮問題，在這種大是大非上還從來沒弱智過！

誰知這次我卻難得的犯了回「經驗主義」錯誤！

沒隔兩天我從「老廠」那裏打聽到，就在老戴「幸災樂禍」的當天，上面下來了個緊急通知：在偉大領袖治喪期間，除極個別有重大現行活動的階級敵人應立即鎮壓外，各種揭發、批判、鬥爭之類的常規活動一律暫停。我估計有如老戴這種「幸災樂禍」的，全國恐怕

372

絕非少數，可不能讓這些傢伙干擾革命大弔喪。大約正由於此，老戴算是暫時逃過了一劫。

結果是老戴在本小組內只批鬥了三個晚上，批鬥方式也不算激烈，既沒觸及皮肉，更談不上觸及靈魂。

老戴當然還沒「興」到不知死活的地步，接下來總算安生了一段日子。他本非笨人，事過難免後怕。他明白自己的問題不是三個晚上的小組批鬥就能解決的，晚娘打兒，遲早一頓。老戴為此很是憂心忡忡了好多天。

不知老天有眼還是氣數使然，誰料萬歲歸天才不到一個月，忽然發生了震驚中外的宮廷政變，一夜之間英明領袖華主席坐上了龍椅，老公屍骨未寒的江皇后連帶幾個奴才則和我們一樣成了階下囚。

中國歷來是一朝天子一朝臣，朝延這一變，從京畿大臣到地方諸侯再到下面各級大小頭頭，這一大班「公僕」們首要考慮的是自已腦袋上的烏紗，勞改部門當然也不例外！常言道「一心無二用」，既然主要心思集中在「新形勢」下如何保住位子，其他事只能暫擱一旁，這樣一來對我們勞改犯的日常關心未免大大打了個折扣，一個多月前×教導宣佈的「嚴管」決定和那一大串「不准」，不知何時早被忘得一乾二淨。在此後的幾個月裏，我們勞改隊過了一段相對平靜的日子，老戴的事也沒再提起。

轉眼到了1977年，隨著靠「文革」發跡新權貴們的倒臺，「文革」前的老幹部開始吃香，我們中隊原來那位年輕的指導員被調走，新來了位滿頭白髮姓Z的指導員。這Z指導員文革前就已經是大隊教導員，「落實政策」之後照理該官復原職或再升一級，怎奈一時僧多廟少實在塞不下，不得已屈尊降一級成了我們的指導員。他剛來時我們從他那頭白髮估計年紀起碼六十開外了，後來才知道他剛過五十，來了沒幾天個個背後稱他Z白頭。

　　和所有東山再起後的老幹部都急於找回掌權的感覺一樣，Z白頭一上任就來了個新官三把火。那段時間上面一直沒佈置什麼新運動，他仔細翻閱原來指導員留下的犯人材料後，一眼相中了年前老戴的「幸災樂禍」事件，決定先把這碗冷飯炒熟再說，於是老戴成了Z白頭第一把火的對象。

　　主意一定，Z白頭立即組建了一個專門解決老戴問題的學習班。

　　利用刑事犯整政治犯是勞改隊的一貫優良傳統，老幹部對此當然再熟悉不過，於是三個刑事犯被Z欽點為老戴學習班的「幫學」成員。他們的任務是共同幫助老戴「提高認識」，這「提高認識」的主要內容是「徹底交代實質問題」、「深挖幸災樂禍的反動思想根源」。為了防止老戴心存僥倖蒙混過關，Z特地關照首先要使老戴「端正態度」。在勞改隊裏，「端正態度」一詞有極豐富的內涵，其必不可少的成分則是強大的「政策攻心」壓力，以及形形色色的「必要手段」。這一點但凡上世紀七十年代坐過牢的朋友們可謂無人不知。

　　出於老幹部的謹慎，考慮到萬一出事便於推卸責任，Z當然不會忘記告誡三個「幫學」的打手，要他們一定要「適當注意政策，適當注意影響」。言外之意是具體怎麼搞你們看著辦，只要別把人搞死就行。

　　學習班的地點選在監房內的大值星辦公室，那間小屋約十個平方，既緊湊又不影響施展身手。為避免夜間「學習」時響動過大驚動他人，還特地對門窗的密封性能進行了增補。

　　學習班集中學習的時間從晚上7點開始，等我們大伙的例行學習結束後，他們再關門夜戰，一直「學」到打手們自己筋疲力盡為止。第二天他們可享受夜班待遇補休一個上午，老戴則要和我們一樣一早上班幹活。

佈置停當之後，這個被稱之為「大寨亞克西」的學習班於1977年1月19日正式開張，老戴的惡夢也就由此開始。這開張日期我之所以能報得這麼準，倒非我記憶力超強，而是老戴當時把有關學習班的經過偷偷記在了一個小本上，平反出獄時又把這本「變天帳」帶了出來並一直珍藏至今，前不久我去拜訪時他特意找了出來。

關於老戴在為期二十四天的學習班中所經受的各種折磨，為了免使讀到本文的朋友們精神受到刺激，在此不一一細表了。這裏僅僅介紹一下老戴每晚那兩小時的「面壁思過」，即足窺一斑。

由於晚間7到9點學習班和其他犯人的學習時間重合，為了避免「干擾」他人，這兩個小時特意不安排「互動」式學習，而由老戴獨自考慮問題，打手們對此美其名曰「面壁思過」。這「面壁思過」可不是通常想像的面朝牆壁靜心考慮問題，「面壁」者首先得雙腳從牆根後退一個腳長的距離，然後身體筆直前傾，一直到頭頂牆壁為止。其中還有個特別的規定：全身軀幹不允許有任何彎曲，必須像一根撐門棍斜靠在牆上一樣！其餘三位坐在一旁負責監督，一旦發現姿勢不符規範，馬上用特製的小木棍敲打「變形」的部位。

按這種頭頂牆的姿勢斜立，任何人也難以堅持半小時。老戴每晚難免要「變形」若干次，每「變形」一次就是一頓棒擊。事後老戴給我看過他那最易彎曲的膝蓋，那裏一片紫黑，腫得像「三年自然災害」期間的黑饅頭！

中國歷來是人權最絢麗多彩的國度之一，即便我不詳細介紹那些豐富的「學習」內容，我想凡是親歷「文革」的過來人都明白當年的學習班會發生哪些事。對沒經過「文革」的青年人，只要看看當今公安派出所內頻頻死人、看守所裏「貓貓」屢見不鮮的報導，一定有足夠的智慧能想像出當年的情景。三十多年後，本文主人公老戴把那次學習班的感受濃縮為一句話：「那是一生中最能觸及皮肉和觸及靈魂的日子！」

當時有個叫「小董」的犯人偷偷告訴我，他睡的鋪位與學習班只有一牆之隔，經常在夜裏將耳朵貼在牆上偷聽隔壁的動靜，每次都能隱隱聽到老戴的慘叫，從聲音判斷，老戴叫喊時肯定有人在拚命捂他的嘴。「小董」說那聲音又淒慘又可怕，聽過後往往好久難以入眠。

有天學習班中一個姓程的技術上有事求我，我套了番近乎後問他老戴經過學習「態度是否有了些轉變？」，這小子一聽氣哼哼地說：「日媽媽的，這傢伙真頑固！他一口咬定當時唱『亞克西』是因為江西的妹妹正巧剛生了個胖兒子，由於心裏高興才哼了幾句，其實內心深處對偉大領袖毛××的去世也無比悲痛。」

當我試著打聽他們下一步準備怎麼辦時，這小子說：「現在還真有點麻煩，我們該用的辦法都用了，可這傢伙就是一口咬死不承認幸災樂禍！我們去請示指導員，指導員卻不作聲。」

我一聽心裏既為老戴叫好，同時又擔心他還能否挺得下去。

常言道「人算不如天算」，沒隔兩天果然出現了戲劇性的重大轉機。

這天晚上我們正在學習，突然從學習監獄間內傳出一陣殺豬般的大聲慘叫，那聲音不僅驚動了我們中隊整個監房，連緊鄰我們的磚瓦二中隊好多犯人也紛紛從窗戶鐵欄杆中伸出頭察看，還有幾個犯人在哄喊「又打人囉，又打人囉」！我們中隊利用犯人打犯人是出了名的，周圍幾個中隊個個知道。

我一聽喊聲馬上明白是老戴，當即一下往學習班衝去，接著幾位組長也跟了過來。只見小房間的門半開，老戴正仰躺在地上，兩手緊緊摳住門框，一個打手騎在老戴身上正在用一塊髒抹布捂老戴的嘴，旁邊兩個傢伙一邊在用腳踢他，一邊不停惡狠狠地罵道：「叫你不老實！叫你不老實！……」我到近前一看，老戴半個臉都腫了，口

鼻往外冒的血在那張絕望蒼白的面孔上特別扎眼，我幾乎認不出這張再熟悉不過的臉了。

那一刻我只感到自己全身的血一下衝上了大腦，耳朵在嗡嗡作響，立即大吼了一聲「住手！」和我一道趕來的張汝高在後面拉了一下我的衣襟，提醒我別過分衝動。那一刻我哪還顧得上別的，上前一把托起老戴問他到底怎麼回事？

「我……我……我今天拉……拉肚子，剛……剛才實在忍……忍不住了，可他……他們硬……硬不讓……讓我上廁所……還……還說我要……耍花招……」可憐的老戴，一面大口大口喘氣，一面斷斷續續訴起了苦。

當我把他扶起站立後，忽然一陣惡臭在小屋內瀰漫開來，這時我注意到老戴的褲腳管正在向下流淌黃色的黏液——由於憋不住加上激烈的掙扎，老戴的一大泡稀屎全拉在褲襠裏了！

和我一道過來的組長中，有兩位當即指出這樣做太過分了，要打手們「注意影響，不能過分」。

打手們意想不到我們竟敢出面多管閒事，一臉不屑地扛出了後臺：「Z指導員再三指示，對這傢伙首先要整治他的態度，哪能由著他想大便就大便，想小便就小便？」其中那個領班的侯××朝外直揮手：「去去去，這是我們學習班的事，不用你們操心，到時別自找不痛快！」

這屌傢伙的傲慢樣子頓時激怒了我，我當即指著他罵了起來：「放你媽的屁！你狗日的是在打著紅旗反紅旗！指導員什麼時候說過不讓人大小便的？你們這是故意挑起事端，故意製造醜聞，故意醜化黨的勞改政策，以此來給政府臉上抹黑，從而達到你們內心不可告人的目的！」對付這些傢伙最好的辦法莫過於歪著斧子對砍，七年勞改下來，這種套路我早就爛熟於胸。

三個傢伙看我這個平時的「老好人」今天居然也跳了出來，一時有些猝不及防。稍稍緩過神後，姓侯的冷笑著說：「行行行，算你會說，算你水平高，現在你們好走了，我們要接著學習了。」邊講邊扳著門將我們往外推。一看他如此攆我們走，我猛地用肩膀將門「呼」地一聲撞在了牆上：「不行！今天這事不能這麼了結，我馬上去報告幹部。你們要敢再這樣搞，出了事你們得全兜著！」

其他幾位組長早就看不慣這幾個打手的惡行，平時只是敢怒不敢言，今晚見我跳出來和他們較起了真，立即同聲附和我的意見，叫我快去報告，他們負責看住現場。

隨即我趕緊走出監房到監區大院的鐵門前向崗哨大聲報告，說我們中隊有重大情況，請我們中隊幹部趕快來處理。那個站崗的小兵見夜晚有犯人到大門來喊報告，不免有些緊張，盯著我看了會後，一邊拿槍對著我、一邊抓起了報話器。

五分鐘後×幹事匆匆趕了過來。他剛跨進大鐵門，我立即把剛才發生的事向他做了扼要彙報，重點強調學習班把戴××打得屎拉在褲襠裏了，戴的慘叫驚動了隔壁幾個中隊，造成極壞影響。我說我們去制止時，他們一再聲稱是指導員要他們這樣幹的。我來勞改隊已經七年，從沒看見政府幹部動過犯人一根手指頭，也沒聽說過政府幹部指示犯人打犯人，侯××等顯然是在惡意攻擊黨的勞改政策，惡意誣衊政府幹部……

在勞改隊絕對不能老實，要想「先聲奪人」告倒對手，必要的「添油加醋」斷斷不可缺少。我明顯看出×幹事眉頭越皺越緊，臉上佈滿了烏雲。接著他把我帶回了監房。

一見×幹事來了，學習班幾個傢伙立即迎了上來，×絲毫沒理睬他們直接跨進了小房間，我則回到了本組繼續學習。事後聽說×把那幾個傢伙狠狠熊了一頓，姓侯的還挨了兩腳。

　　當晚學習班沒再「學」下去，下學習後我看見老戴可憐巴巴地蹲在自來水旁洗褲子，我發動同組弟兄們每人捐出一水瓶開水，讓老戴痛痛快快洗了把澡。

　　第二天剛上班沒一會，突然有人通知我到樓上辦公室去，說Z指導員找我。

　　我一聽心想弄得不好，昨晚的事惹出麻煩來了。×幹事昨晚只是臨時處置了一下，最終如何還得由指導員定奪，Z很可能會怪我多管閒事而問罪。我和老戴關係不錯素為人知，倘若硬替我安一個「反革命包庇反革命」的罪名，那也並非不可能。

　　誰知事情大大出我意料之外。

　　Z見我後只是簡單問了一下昨晚的事情經過，不僅毫無怪罪之意，還微笑著表揚了我，說我昨　到大門口報告「很必要，也很及時」。更令我想不到的是向我宣佈了一個決定：「從今天起，戴××調入你們8組，在你們組接受批判幫助。」要我們「徹底批判他的反動思想，認真監督他的一言一行，別讓他到處亂說亂動！」

　　聽完他的指示，我盯著他那滿頭白髮看了半天：這個老傢伙怎麼會想起來把老戴調到我們組來的？我和張汝高這兩個組長本身都是反革命（補充介紹一下：張汝高先生是「文革」期間蘇州市大名鼎鼎的冤案受害人，1978年獲平反。當時他和我都是8組組長，他負責生產，我負責學習），現在又把老戴這個重點批鬥的反革命交給我們，莫非是懷疑老戴和我有什麼勾結，故意把我們放在一道，藉此放線釣魚，以便讓我們「徹底暴露」，從而好「一網打盡」？對這種經驗豐富的白頭前輩，不得不提防他來這一手！

　　見我盯著他看沒吭聲，Z似乎察覺到了什麼，先是對我多年的「改造表現」誇了一番，接著笑了笑說：「把戴××調你們組沒別的意思。這傢伙自以為技術上有一套，一般人根本不在他眼裏，聽反映說他彎服你的，我看就調你們8組吧，不過你們一定要把他管好。」

　　見Z如此說，我趕忙表示一定按指導員指示辦，一定對老戴「狠批狠鬥」，把他「管得服服貼貼」。

　　後來我才知道，就在辦老戴「學習班」的同時，鉗工組一個犯「投機倒把」罪姓劉的犯人由於不認罪老是申訴，也被辦了「學習班」，結果在「學習」過程中耳膜被打穿成了聾子。劉某在家屬來接見時把耳聾的事捅了出去，這劉某在省政法口正好有個親戚，那個親戚知道後通過關係找了我們勞改隊，一追就追到了Z白頭的頭上。最後雖然官官相護，沒對Z怎麼樣，但Z肯定受到了一定的壓力。就在這當口恰巧又發生老戴被打得屎拉在褲子裏的事，Z當然不想再惹什麼麻煩，於是老戴的專題學習班就這樣不明不白地散了伙。

　　充當打手的三個傢伙也沒落到好，就在老戴調我組的當天，Z白頭一下把學習班兩個打手的組長職務全給擼了，罪名是「假傳聖旨」、「給政府臉上抹黑」。

　　後來和Z白頭接觸時間長了，發現Z倒也不是那種一心要把人往死裏整的心辣手狠之輩。他雖然整了老戴，畢竟只是「新官上任三把火」做給人看看的，並未堅持他自己所說的非得「挖出戴××幸災樂禍的反動思想根源」不可。其實如果真要朝深裏「挖」，就憑老戴在偉大領袖翹辮子時大唱特唱「亞克西」，往上一報加個三年兩載刑決不算稀罕事。我們這位白頭指導員還有兩件事給我印象很深：一是有個犯人偷公家銅賣給了周圍農民，按律應該上報加刑，可Z白頭始終壓著沒報，只是鬥了幾場了事；再就是在他當權的一年多時間裏，從沒給任何犯人上過手銬、戴過腳鐐，這在勞改隊也算很難得的事。

　　另外有件事更有意思——

　　1978年某晚我在車間加班，一臺自動設備突然發生故障，為此我趕緊上樓報告。在樓梯上我就聽到辦公室內有人在唱京戲，可登樓一看卻見辦公室門緊閉，我從窗外向裏望去，只見Z白頭正跨著京劇臺步來回踱，左手捧著幾顆花生米，右手拈著往口中送，嘴裏一邊在

唱。我一聽竟是馬連良的《搜孤救孤》中陳嬰那段唱：「娘子，不（啊）必太烈性……」！由於心思過於專注，我敲了好多下他才開門。彙報完情況，臨走時我恭維了他兩句：「指導員嗓子真不錯，老遠聽以為是半導體裏在唱哩。」他大概欺我不懂京劇，煞有介事的說：「這《智取威虎山》還真不大好唱，怎麼也唱不出楊子榮那種味兒來。」我一聽差點笑出聲。

在八個樣板戲猖行的年代，這位公檢法老前輩居然還對這種「封資修」舊戲情有獨鍾，也真算難為他了。這些舊公檢法老人雖然也屬於專政機器上的「螺絲釘」，但比起極左的少壯派來畢竟多了些人情味，在此特地耗點筆墨替他們講幾句公道話。

接Z白頭指示後，我隨即和張汝高商量晚上學習時怎麼批判老戴，談著談著不約而同地想起了同組的無錫老七。

這老七姓朱，車工技術特棒，五十年代初就是七級車工技師，為此大家都叫他老七，時間一長連他的真名都被遺忘了。老七在六十年代前期因與一位團長太太有染，以「破壞軍婚」被判了兩年，刑滿後留在南京老虎橋監獄就業。「文革」期間，因多次惡毒污衊「文化旗手」江青同志是「爛汙貨」、「送把我伲睏都弗要」，結果和我們一樣成了「現行反革命」，一下被判了十年。這老七文化不高卻非常能聊，尤其特別擅長「憶苦思甜」，明明一件微不足道的日常小事，經他三言兩語一轉，馬上就能從新舊社會的對比扯到「解放」前他在上海攤當學徒時那些花花綠綠的舊事。在勞改隊談論「舊社會」這些事往往會被認為是「宣揚資產階級腐朽沒落的生活方式」，可這傢伙由於技術棒、人緣好，幹部對他印象也不錯，倒也沒人計較他這「憶苦思甜」的癖好。他一直是我們小組的一個寶，每當奉命批判誰時，只要有他在，絕不用擔心冷場，有時他一個人能連包幾個晚上，別人想發言都插不上嘴。

我把老戴調我組並接受批判的事告訴了老七，請他再一次起個良好的「帶頭作用」，而且內容盡量要「全面一些」、「豐富一些」。老七一聽心領神會，笑著向我保證：「倷放心好了，老戴的事包在我格身上了！」

當晚的小組批判會上老七果然不負眾望。我簡單傳達了Z白頭關於深刻批判老戴的指示後，老七緊接著一馬當先開炮。

一上來是三分鐘的「上綱上線」，從老戴的反動思想引出階級鬥爭的尖銳性、複雜性和必要性，由階級鬥爭引出新舊社會對比，由新舊對比引出「解放」前工人階級受壓迫、受剝削的悲慘處境。到此，他的「主題」自然而然地切入。

他詳盡地回憶了「解放」前在上海當學徒時遭受的種種「非人待遇」，說老闆一貫殘酷地剝削他的勞動力，每天要幹十幾個小時活。一天勞累下來，晚上還得伺候他到四馬路去嫖娼，並且硬要老七坐在妓院門口等到深夜。他耐不住寂寞就悄悄跟到裏面去看老闆究竟幹什麼，只聽老闆在房內大呼小叫，還有女人哎喲哎喲拚命叫喚，有好多次裏面還不止一個女的……。老闆如此，那老闆娘更不是東西，從不把老七當人看。這不當人看的主要根據是洗澡時要老七替她打洗澡水，要伺候她脫衣服，還要幫她擦背。由於天天看老闆娘白花花的身子，連她下面幾根毛都記得一清二楚等等……。在生動地詳盡描述這些細節的過程中，老七還不時插入一些維妙維肖的模擬動作和音響效果，其中包括替老闆娘擦背時的咯吱咯吱聲，老闆娘光屁股伸懶腰的神態……

就這樣，接連幾個晚上都由老七獨自一人包場，全組一個個聽得如癡如醉、不亦樂乎，就連我們的主角老戴一時都忘了自己的身分，和其他人一樣笑得前仰後合。

多年後當我談起這段趣聞時，往往有人不信「文革」期間在共產黨的監獄裏居然會有這種事，懷疑我是否又在編「黑色幽默」。這

真是冤死我了。好在同組的難兄難弟們如今都健在，我想只要一提當年「大寨亞克西」學習班和老七的「老闆娘洗澡」，肯定個個都能津津有味地道出那段有趣的往事。

其實那時我們組也有兩個勞改積極份子，他們肯定對這種批判鬧劇有「看法」，只是礙於有我們這兩個「反革命」組長罩著，誰也不願出頭唱反調、做惡人，不如樂得跟在其中聽熱鬧。另外還有一點也很重要，那就是到了1977年時，中國的政治氣候已出現了微妙的變化，換在偉大領袖還「萬壽無疆」的年代，我和張汝高也沒這麼大膽子。

不久就是春節了。勞改隊在節前照例都要搞些大幹苦幹迎節日之類的活動，我們8組都是些生產技術骨幹，生產一忙，大部分人晚上都要加班，晚間參加學習的最多四、五個，這一來對老戴的批判無形中就形存實亡、不了了之。春節過後，我整理了一份小組批判老戴的記錄交給了指導員。我這人文字功力雖不怎樣，「創作」這種記錄倒也遊刃有餘，洋洋灑灑寫了好多張。Z白頭大概翻了翻說：「不少嘛，發言還挺熱烈嘛。」我說每人都發了言，氣氛很熱烈，通過批判後，戴××對自己的罪行有了較深刻的認識，再三表示今後一定要老老實實，認罪服法，特別是不能再亂說亂動。Z說：「那就到此為止吧。不過你們一定要加強對他的監督，一旦發現他有什麼反改造言行，一定要即時彙報。」我趕忙連口稱是。

就這樣，老戴的「大寨亞克西」風波終於告結。一番高空驚險，最後總算跌跌爬爬軟著陸。

1978年冬，老戴一案經複查確定為冤案，獲徹底平反。三十年來我們一直保持著良好的友誼，他的「大寨亞克西」故事，一直是我和其他難友們中久談不衰的經典「段子」，大家見面只要一共話當年，「大寨亞克西」肯定是繞不過去的傳統「故」事。

　　如今老戴早已退休。為了發揮「餘熱」，他在家門口街道旁擺
了一個鐘錶修理攤，由於技術精湛、收費低廉，關鍵是誠信待客，多
年來生意一直不錯。早些年剛出攤時，當地城管曾以「佔道經營」為
名攆他滾蛋，當老戴向幾個大蓋帽自報家門痛陳那段落難史，特別是
講述了「大寨亞克西」的故事後，從此再無任何人上門找麻煩。

國家圖書館出版品預行編目

慧園里6號：文革血淚親歷記 / 方子奮著. --
一版. -- 臺北市：秀威資訊科技, 2009.11
面；　公分. --（史地傳記類；PC0096）
BOD版
ISBN 978-986-221-311-7（平裝）

1.傳記　2.中國

782.187　　　　　　　　　　　98017984

史地傳記類　PC0096

慧園里6號 —— 文革血淚親歷記

作　　　　者 / 方子奮
主　　　編 / 蔡登山
發　行　人 / 宋政坤
執 行 編 輯 / 詹靚秋
圖 文 排 版 / 鄭維心
封 面 設 計 / 蕭玉蘋
數 位 轉 譯 / 徐真玉　沈裕閔
圖 書 銷 售 / 林怡君
法 律 顧 問 / 毛國樑　律師
出 版 印 製 / 秀威資訊科技股份有限公司
　　　　　　台北市內湖區瑞光路583巷25號1樓
　　　　　　電話：02-2657-9211　傳真：02-2657-9106
　　　　　　E-mail：service@shovwe.com.tw
經　　銷　　商 / 紅螞蟻圖書有限公司
　　　　　　台北市內湖區舊宗路二段121巷28、32號4樓
　　　　　　電話：02-2795-3656　傳真：02-2795-4100
　　　　　　http://www.e-redant.com

2009 年 11 月　BOD 一版
定價：400 元

讀 者 回 函 卡

感謝您購買本書，為提升服務品質，煩請填寫以下問卷，收到您的寶貴意見後，我們會仔細收藏記錄並回贈紀念品，謝謝！

1.您購買的書名：＿＿＿＿＿＿＿＿＿＿＿＿＿＿＿＿＿＿

2.您從何得知本書的消息？

　　□網路書店　　□部落格　　□資料庫搜尋　　□書訊　　□電子報　　□書店

　　□平面媒體　　□ 朋友推薦　　□網站推薦　□其他＿＿＿＿＿＿

3.您對本書的評價：(請填代號　1.非常滿意 2.滿意 3.尚可 4.再改進)

　　封面設計＿＿＿　版面編排＿＿＿　內容＿＿＿　文/譯筆＿＿＿　價格＿＿＿

4.讀完書後您覺得：

　　□很有收獲　□有收獲　□收獲不多　□沒收獲

5.您會推薦本書給朋友嗎？

　　□會　□不會，為什麼？＿＿＿＿＿＿＿＿＿＿＿＿＿＿＿＿＿

6.其他寶貴的意見：＿＿＿＿＿＿＿＿＿＿＿＿＿＿＿＿＿＿＿

＿＿＿＿＿＿＿＿＿＿＿＿＿＿＿＿＿＿＿＿＿＿＿＿＿＿＿＿

＿＿＿＿＿＿＿＿＿＿＿＿＿＿＿＿＿＿＿＿＿＿＿＿＿＿＿＿

＿＿＿＿＿＿＿＿＿＿＿＿＿＿＿＿＿＿＿＿＿＿＿＿＿＿＿＿

讀者基本資料

姓名：＿＿＿＿＿＿＿＿＿＿　年齡：＿＿＿＿　性別：□女 □男

聯絡電話：＿＿＿＿＿＿＿＿　E-mail：＿＿＿＿＿＿＿＿＿＿

地址：＿＿＿＿＿＿＿＿＿＿＿＿＿＿＿＿＿＿＿＿＿＿＿＿＿

學歷：□高中(含)以下　　□高中　　□專科學校　　□大學

　　　□研究所(含)以上 □其他＿＿＿＿＿＿＿＿

職業：□製造業 □金融業 □資訊業 □軍警 □傳播業 □自由業

　　　□服務業 □公務員 □教職　　□學生 □其他＿＿＿＿＿＿

To：114

台北市內湖區瑞光路 583 巷 25 號 1 樓

秀威資訊科技股份有限公司　　　收

寄件人姓名：

寄件人地址：□□□

(請沿線對摺寄回,謝謝!)

秀威與 BOD

BOD（Books On Demand）是數位出版的大趨勢，秀威資訊率先運用 POD 數位印刷設備來生產書籍，並提供作者全程數位出版服務，致使書籍產銷零庫存，知識傳承不絕版，目前已開闢以下書系：

一、BOD 學術著作—專業論述的閱讀延伸
二、BOD 個人著作—分享生命的心路歷程
三、BOD 旅遊著作—個人深度旅遊文學創作
四、BOD 大陸學者—大陸專業學者學術出版
五、POD 獨家經銷—數位產製的代發行書籍

BOD 秀威網路書店：www.showwe.com.tw
政府出版品網路書店：www.govbooks.com.tw

永不絕版的故事・自己寫・永不休止的音符・自己唱